Direito Natural e História

Leo Strauss, filósofo político teuto-americano de origem judaica, nasceu em Kirchhain, Alemanha, em setembro de 1899. Especialista no estudo da Filosofia Política Clássica, passou a maior parte de sua carreira como professor de Ciência Política na Universidade de Chicago (1949-1969), onde foi mestre de várias gerações de estudantes. Fundou a escola de pensadores "Straussians" e foi ferrenho crítico da filosofia moderna. Originalmente formado na tradição neokantiana com Ernst Cassirer e imerso no trabalho dos fenomenologistas Edmund Husserl e Martin Heidegger, Strauss mais tarde focou sua pesquisa nos textos gregos de Platão e Aristóteles, fazendo uma releitura das interpretações que o pensamento medieval islâmico e judeu fizeram desses autores e encorajando a aplicação de suas ideias à teoria política contemporânea. Faleceu em Annapolis, Estados Unidos, em outubro de 1973.

Leo Strauss
Direito Natural e História

Tradução
BRUNO COSTA SIMÕES

Revisão da tradução
ANÍBAL MARI
MARCELO BRANDÃO CIPOLLA

SÃO PAULO 2019

Esta obra foi publicada originalmente em inglês com o título
NATURAL RIGHT AND HISTORY
por The University of Chicago Press
Copyright © 1950, 1953 by The University of Chicago
Todos os direitos reservados. Este livro não pode ser reproduzido, no todo ou em parte, nem armazenado em sistemas eletrônicos recuperáveis nem transmitido por nenhuma forma ou meio eletrônico, mecânico ou outros, sem a prévia autorização por escrito do Editor.
Copyright © 2014, Editora WMF Martins Fontes Ltda.,
São Paulo, para a presente edição.

1ª edição *2014*
2ª edição *2019*

Tradução
BRUNO COSTA SIMÕES

Revisão da tradução
Aníbal Mari
Marcelo Brandão Cipolla
Acompanhamento editorial
Márcia Leme
Revisões
Ana Maria de O. M. Barbosa
Letícia Castello Branco Braun
Edição de arte
Katia Harumi Terasaka
Produção gráfica
Geraldo Alves
Paginação
Studio 3 Desenvolvimento Editorial

Dados Internacionais de Catalogação na Publicação (CIP)
(Câmara Brasileira do Livro, SP, Brasil)

Strauss, Leo, 1899-1973.
 Direito natural e história / Leo Strauss ; tradução Bruno Costa Simões ; revisão da tradução Aníbal Mari, Marcelo Brandão Cipolla. – São Paulo : Editora WMF Martins Fontes, 2019. – (Biblioteca do pensamento moderno)

Título original: Natural right and history.
ISBN 978-85-469-0308-5

1. Direito natural 2. Filosofia política I. Mari, Aníbal. II. Cipolla, Marcelo Brandão. III. Título. IV. Série.

19-31681   CDD-320.01

Índices para catálogo sistemático:
1. Direito natural : Filosofia política   320.01

Cibele Maria Dias – Bibliotecária – CRB-8/9427

Todos os direitos desta edição reservados à
Editora WMF Martins Fontes Ltda.
Rua Prof. Laerte Ramos de Carvalho, 133 01325.030 São Paulo SP Brasil
Tel. (11) 3293.8150 e-mail: info@wmfmartinsfontes.com.br
http://www.wmfmartinsfontes.com.br

ÍNDICE

Apresentação VII
Prefácio IX
Prefácio à 7ª tiragem (1971) XI
Introdução 1

I. O direito natural e a abordagem histórica 11
II. O direito natural e a distinção entre fatos e valores 43
III. A origem da ideia de direito natural 97
IV. O direito natural clássico................................... 145
V. O direito natural moderno.................................. 199
   A. Hobbes 201
   B. Locke.. 244
VI. A crise do direito natural moderno.................... 305
   A. Rousseau 305
   B. Burke 357

Índice remissivo 393

APRESENTAÇÃO

Durante muitos anos, o estudo da responsabilidade do poder público do ponto de vista da filosofia política foi deixado em segundo plano na ciência política americana. Foi característica desse período a completa rejeição da lei natural, padrão pelo qual, tradicionalmente, as relações de autoridade política eram julgadas. A lei e os direitos emanavam dos Estados. Sob regimes democráticos, sustentava-se que a vontade da maioria criava a lei e garantia os direitos. Para além desses limites, nenhuma restrição da lei poderia obrigar o Estado soberano. Em tempos recentes, um fenômeno peculiar ao século XX – os regimes totalitários – fez reviver entre os filósofos políticos o estudo da doutrina tradicionalista da lei natural, enfatizando-se a autoridade limitada do Estado.

Esta obra do professor Strauss, baseada em suas conferências na Fundação Walgreen, apresenta uma análise penetrante da filosofia do direito natural. Trata-se de uma crítica de determinadas teorias políticas modernas e de uma apresentação competente dos princípios básicos do ponto de vista tradicionalista.

JEROME KERWIN
Presidente da Fundação Walgreen

PREFÁCIO

Esta é uma versão ampliada de seis conferências que ministrei na Universidade de Chicago em outubro de 1949, sob os auspícios da Fundação Charles R. Walgreen. Ao preparar as conferências para publicação, tentei preservar na medida do possível sua forma original.

Sou grato à Fundação Charles R. Walgreen e, especialmente, ao seu presidente Jerome G. Kerwin, por me convencer a apresentar de modo coerente minhas observações sobre o problema do direito natural. Sou também grato à Fundação Walgreen pela generosa assistência em matéria de secretariado.

Algumas seções deste estudo já tinham sido publicadas, seja na forma atual seja numa versão abreviada. O capítulo I foi publicado na *Review of Politics*, em outubro de 1950; o capítulo II, na *Measure*, na primavera de 1951; o capítulo III, na *Social Research*, em março de 1952; o capítulo V (A), na *Revue internationale de philosophie*, em outubro de 1950; o capítulo V (B), na *Philosophical Review*, em outubro de 1952.

Gostaria de agradecer ao editor da *Revue internationale de philosophie* por sua gentil autorização para esta reedição.

Chicago, Illinois
Outubro de 1952
L. S.

PREFÁCIO À 7ª TIRAGEM (1971)

É quase desnecessário dizer que, se fosse escrever este livro de novo, eu o faria diferentemente. Mas em toda parte as pessoas me asseguram que ele, tal como está escrito, foi e continua a ser útil.

Desde a época em que o escrevi, acredito ter aprofundado minha compreensão do tema "direito natural e história". Isso se aplica em primeiro lugar ao "direito natural moderno". Minha opinião foi confirmada pelo estudo de *La scienza nuova seconda*, de Vico, obra que se volta para uma reconsideração do direito natural e que não é adequadamente abordada e compreendida por aqueles que tomam a "consciência histórica" como um dado incontestável. Visto que não escrevi nada sobre Vico, posso apenas encaminhar o leitor interessado ao que escrevi durante esse período sobre Hobbes e Locke em meus artigos "On the Basis of Hobbes' Political Philosophy" (Sobre as bases da filosofia política de Thomas Hobbes) e "Locke's Doctrine of Natural Law" (A doutrina da lei natural em Locke); ambos os artigos foram novamente publicados em *What is Political Philosophy*? (The Free Press of

Glencoe, 1959). Refiro-me particularmente ao que escrevi sobre a espinha dorsal do argumento de Hobbes (p. 212 n.).

Nos últimos dez anos, concentrei-me no estudo do "direito natural clássico" e, em particular, em "Sócrates". Desde 1964, tenho lidado com esse tema em alguns livros já publicados; considero-o também num livro novo, intitulado *Xenophon's Socrates* (*O Sócrates de Xenofonte*), que está quase pronto para publicação*.

Nada do que aprendi abalou minha tendência a preferir o "direito natural", especialmente na sua forma clássica, ao relativismo reinante, seja ele positivista ou historicista. A fim de evitar um mal-entendido comum, acrescentarei a observação de que o apelo a uma lei mais elevada, sendo essa lei compreendida, nos termos de "nossa" tradição, como distinta da "natureza", é historicista em seu caráter, se não na intenção. A situação será evidentemente diferente caso se faça apelo à lei divina; não obstante, a lei divina não é a lei natural, muito menos o direito natural.

L. S.
Setembro, 1970
St. John's College, Annapolis, MD.

---

* *Xenophon's Socrates*. Ithaca: Cornell University Press, 1972.

Havia dois homens numa cidade: um rico e o outro pobre. O rico tinha de sobra muitas ovelhas e vacas. Mas o pobre nada tinha senão uma ovelhinha, que havia comprado e criado. Ela cresceu junto com ele e com seus filhos; comia do que ele próprio comia e bebia do seu copo, dormia no seu colo; era para ele como uma filha. Eis que um viajante veio ter com o homem rico, que não quis tirar das suas próprias ovelhas e vacas a fim de servir o viajante que o visitava; tomou, porém, a ovelha do pobre e preparou-a para o homem que viera ter com ele.

Nabot de Jezrael tinha uma vinha em Jezrael, ao lado do palácio de Acab, rei de Samaria. E Acab assim falou a Nabot: "Cede-me tua vinha, para que eu a transforme numa horta, já que ela está situada junto a meu palácio; e em troca te darei uma vinha melhor, ou, se preferires, pagarei em dinheiro o seu valor." Mas Nabot respondeu a Acab: "O Senhor me livre de ceder-te a herança de meus pais."

INTRODUÇÃO

Por razões que vão além da mais óbvia, é conveniente que eu inicie esta série de conferências na Fundação Charles R. Walgreen citando uma passagem da Declaração de Independência. Esta passagem tem sido frequentemente citada, porém, dada a sua importância e grandeza, permanece imune aos efeitos degradantes da excessiva familiaridade, que provoca desprezo, e do mau uso, que provoca fastio. "Consideramos estas verdades evidentes por si mesmas, que todos os homens foram criados iguais, foram dotados pelo Criador de certos direitos inalienáveis, entre os quais estão a vida, a liberdade e a busca da felicidade." A nação que se dedicou a essa proposição tornou-se agora, sem dúvida até certo ponto como consequência dessa dedicação, a mais poderosa e próspera das nações da terra. Mas será que essa nação, na sua maturidade, ainda cultiva a fé na qual foi concebida e criada? Será que ainda considera tais "verdades evidentes por si mesmas"? Até uma geração atrás, ainda era possível que um diplomata americano dissesse que "a fundação natural e divina dos direitos do homem... é evidente por si mesma para todos os americanos". Por volta dessa mesma época, ainda era possível que um acadêmico alemão descrevesse a diferença entre o pensamento alemão e o do ocidente europeu, junto ao dos Estados Unidos, dizendo que o ocidente ainda atribuía importância decisiva ao direito natural, ao passo que na Alemanha os próprios termos "direito natural" e "humanidade" "tornaram-se agora quase incompreensíveis... e perderam completamente sua vida e suas cores originais". Ao abandonar a ideia de direito natural e pelo fato de abandoná-la, continua ele, o pensamento alemão "criou o sentido histórico", acabando, assim, por ser levado a um relativismo irrestrito[1]. Aquilo que era uma descrição razoavelmente precisa do pensamento alemão há vinte e sete anos afigura-se agora como verdade em relação ao pensamento ocidental em geral. Não seria a primeira vez que uma nação derrotada no campo de batalha e, por assim dizer, aniquilada como entidade política, privou seus conquistadores do fruto mais sublime da vitória, impondo sobre estes o jugo de seu próprio pensamento. Qualquer que seja a verdade atinente ao pensamento do povo americano, certamente a ciência social americana adotou para com o direito natural a mesma atitude que, até uma geração atrás, ainda podia ser descrita, com certa plausibilidade, como característica do pensamento alemão. Entre os eruditos que ainda aderem aos princípios da Declaração de Independência, a maioria interpreta esses princípios não como expressões do direito natural, mas como um ideal, se não como uma ideologia ou um mito. A ciência social americana dos dias de hoje, na medida em que não se confunde com uma ciência social católica,

---

1. "Ernst Troeltsch on Natural Law and Humanity", in Otto von Gierke, *Natural Law and the Theory of Society*, tradução inglesa e introdução de Ernest Barker, I (Cambridge: Cambridge University Press, 1934), 201-22.

INTRODUÇÃO

parte do princípio de que todos os homens são dotados, quer por meio do processo evolutivo, quer por um destino misterioso, de muitos tipos de anseios e aspirações, mas certamente de nenhum direito natural.

Entretanto, a necessidade do direito natural é tão evidente hoje quanto o foi durante séculos e mesmo milênios. Rejeitar o direito natural é a mesma coisa que dizer que todo direito é direito positivo, e isso significa que aquilo que é certo é determinado exclusivamente pelos legisladores e pelos tribunais dos diversos países. Ora, trata-se de algo obviamente significativo, e por vezes até mesmo necessário, falar de leis "injustas" ou de decisões "injustas". Emitindo tais juízos, queremos dizer que existe um padrão de certo e errado independente do direito positivo e mais elevado que ele: um padrão por meio do qual somos capazes de julgar o direito positivo. Hoje, muitos sustentam a opinião de que o padrão em questão, na melhor das hipóteses, se reduz ao ideal adotado por nossa sociedade ou nossa "civilização" e incorporado no seu modo de vida e em suas instituições. Mas, de acordo com essa mesma opinião, todas as sociedades têm seus ideais, e as sociedades canibais os têm tanto quanto as civilizadas. Se os princípios estão suficientemente justificados pelo fato de serem aceitos pela sociedade, então os princípios do canibalismo são tão defensáveis ou sólidos quanto os da vida civilizada. Desse ponto de vista, aqueles princípios não podem de modo algum ser rejeitados como simplesmente inferiores. E, uma vez que se reconhece que o ideal de nossa sociedade está mudando, nada, exceto nossos hábitos maçantes e rançosos, poderia nos impedir de aceitar placidamente uma mudança em direção ao canibalismo. Se não há nenhum padrão mais elevado que o ideal de nossa sociedade, somos completamente incapazes de assumir um distanciamento crítico em relação a esse ideal. Mas o simples fato de podermos pôr em questão o valor do ideal de nossa sociedade mostra que há algo no homem que não está escravizado à sociedade onde ele vive, e que temos a capacidade – e, logo, o dever – de procurar um padrão a partir do qual possamos julgar os ideais de nossa própria sociedade, bem como de qualquer outra. Esse padrão não pode ser encontrado nas necessidades das diversas sociedades, pois as sociedades e as suas partes têm muitas necessidades que conflitam umas com as outras: surge o problema das prioridades. Esse problema não pode ser resolvido de maneira racional se não tivermos um padrão pelo qual seja possível distinguir as necessidades verdadeiras das necessidades imaginárias e em seguida discernir a hierarquia dos vários tipos de necessidades genuínas. O problema posto a partir do conflito de necessidades sociais não pode ser resolvido se não tivermos o conhecimento do direito natural.

Parece, pois, que a rejeição do direito natural está condenada a produzir consequências desastrosas. E é obvio que certas consequências, vistas como desastrosas por muita gente e mesmo por alguns dos mais eloquentes adversários do direito natural, efetivamente resultam da rejeição contemporânea do direito natural. Nossa ciência social pode nos tornar muito sábios ou espertos no que diz respeito aos meios para alcançar quaisquer objetivos que viermos a escolher. Mas ela admite ser incapaz de nos ajudar a diferenciar entre objetivos legítimos e ilegítimos, justos e injustos. Tal ciência é instrumental e apenas isso: nasceu para ser a serva dos poderes ou interesses estabelecidos. Aquilo que Maquiavel aparentemente fez, nossa ciência social faria efetivamente se ela não preferisse – só Deus sabe por quê – um liberalismo generoso à coerência rigorosa: com igual competência e entusias-

INTRODUÇÃO 5

mo, dar conselhos a tiranos assim como a povos livres[2]. De acordo com nossa ciência social, podemos ser, ou vir a ser, sábios em todas as questões de importância secundária, embora tenhamos de nos resignar à ignorância total nos aspectos mais importantes: não podemos ter nenhum conhecimento sobre os princípios últimos de nossas escolhas, ou seja, quanto a serem eles bem ou mal funda-

---

2. "Vollends sinnlos ist die Behauptung, dass in der Despotie keine Rechtsordnung bestehe, sondern Willkür des Despoten herrsche ... stellt doch auch der despotisch regierte Staat irgendeine Ordnung menschlichen Verhaltens dar ... Diese Ordnung ist eben die Rechtsordung. Ihr den Charakter des Rechts abzusprechen, ist nur eine naturrechtliche Naivität oder Überhebung ... Was als Willkür gedeutet wird, ist nur die rechtliche Möglichkeit des Autokraten, jede Entscheidung an sich zun ziehen, die Tätigkeit der untergeordneten Organe bedingungslos zu bestimmen und einmal gesetzte Normen jederzeit mit allgemeiner oder nur besonderer Geltung aufzuheben oder abzuändern. Ein solcher Zustand ist ein Rechtszustand, auch wenn er als nachteilig empfunden wird. Doch hat er auch seine guten Seiten. Der im modernen Rechtsstaat gar nicht seltene Ruf nach Diktatur zeigt dies ganz deutlich." [Não faz nenhum sentido a afirmação de que no despotismo não existe ordem jurídica, e sim de que predomina apenas a arbitrariedade do déspota [...] o Estado governado com despotismo também apresenta certa ordem do comportamento humano. [...] Essa ordem é justamente a jurídica. A única coisa que lhe tira o caráter de direito é uma ingenuidade ou superioridade do direito natural. [...] O que é interpretado como arbitrariedade é apenas a possibilidade jurídica do autocrata de atrair para si toda decisão, de determinar incondicionalmente a atividade dos órgãos a ele subordinados e de anular ou alterar normas legais a qualquer momento, com vigência geral ou apenas especial. Uma situação como essa é uma situação legal, mesmo que seja percebida como desvantajosa. Entretanto, ela tem seus lados bons. O apelo nem um pouco raro no moderno Estado de direito pela ditadura mostra isso com muita clareza.] (Hans Kelsen, *Algemeine Staatslehre* [Berlim, 1925], pp. 335-6). Visto que Kelsen não mudou sua atitude para com o direito natural, não consigo imaginar por que razão ele omitiu esta instrutiva passagem na tradução inglesa (*General Theory of Law and State* [Cambridge: Harvard University Press, 1949], p. 300).

dos; nossos princípios últimos não têm nenhuma outra base além de nossas preferências arbitrárias e, portanto, cegas. Encontramo-nos, pois, na condição de seres sóbrios e sensatos quando envolvidos nos afazeres triviais, mas que se entregam à mais desvairada jogatina quando confrontados com questões sérias – sanidade no varejo e loucura no atacado. Se nossos princípios não têm nenhuma outra base além de nossas preferências cegas, todas as coisas que um homem tiver ousadia para fazer serão permissíveis. A rejeição contemporânea do direito natural conduz ao niilismo – ou melhor, é idêntica ao niilismo.

A despeito disso, os liberais de espírito generoso veem o abandono do direito natural não apenas com naturalidade, mas com alívio. Parecem acreditar que nossa incapacidade de adquirir algum conhecimento genuíno daquilo que é intrinsecamente bom ou correto nos obriga a ser tolerantes para com qualquer opinião sobre o bom e o correto, ou a reconhecer todas as preferências ou todas as "civilizações" como igualmente respeitáveis. Somente uma tolerância ilimitada seria conforme a razão. Mas, com isso, postula-se o direito racional ou natural de toda preferência que tolere outras preferências ou, sob o ponto de vista negativo, o direito racional ou natural de rejeitar ou condenar todos os posicionamentos intolerantes ou "absolutistas". Estes últimos devem ser condenados porque são baseados numa premissa demonstravelmente falsa, a saber, que os homens podem conhecer o que é bom. No fundo dessa rejeição apaixonada de todos os "absolutos", percebemos o reconhecimento de um direito natural ou, mais precisamente, daquela interpretação particular do direito natural segundo a qual a única coisa indispensável é o respeito pela diversidade ou individualidade. Mas existe uma tensão entre o respeito pela diversidade ou individualidade e o reconhecimento do direito natural. Quando os liberais ficaram impacientes com os limites absolutos estipulados à diversidade ou à individualidade, até mesmo pela versão mais liberal do direito natural, tiveram de fazer uma escolha entre o direito natural e o cultivo irrefreado da individualidade. Escolheram este último. Uma vez dado esse passo, a tolerância mostrou-se como um valor ou ideal entre muitos, e não intrinsecamente superior ao seu contrário. Em outras palavras, a intolerância mostrou-se como um valor igual em dignidade à tolerância. Mas, na prática, é impossível aceitar a igualdade de todas as preferências ou escolhas. Se a desigualdade hierárquica das escolhas não decorre da desigualdade hierárquica de seus objetivos, há de decorrer necessariamente da desigualdade hierárquica dos próprios atos de escolha; e isto significa, no fim, que a escolha genuína, distinta da escolha espúria ou vil, não é senão a decisão resoluta ou fatalmente séria. Esse tipo de decisão, porém, é mais semelhante à intolerância que à tolerância. O relativismo liberal tem suas raízes na tradição do direito natural da tolerância ou na noção de que cada um tem o direito natural de buscar a felicidade tal como a entende; mas, em si mesma, essa tradição é uma escola de intolerância.

Uma vez constatado que os princípios de nossas ações não têm nenhuma outra base senão nossa escolha cega, nós realmente não acreditamos mais neles. Já não conseguimos agir com convicção a partir deles. Não nos é mais possível viver como seres responsáveis. Para viver, temos de silenciar a voz facilmente silenciável da razão, que nos diz que nossos princípios são, em si mesmos, tão bons ou tão maus quanto quaisquer outros princípios. Quanto mais cultivamos a razão, mais cultivamos o niilismo: e tanto menor a nossa capacidade de ser membros leais da sociedade. A consequência prática inescapável do niilismo é o obscurantismo fanático.

A experiência cruel dessa consequência levou à generalizada renovação do interesse pelo direito natural. Mas este mesmo fato nos aconselha escrupulosa cautela. A indignação é má conselheira. Quando muito, nossa indignação nos prova que somos bem-intencionados. Ela não prova que estamos certos. Nossa aversão ao obscurantismo fanático não deve nos levar a abraçar o direito natural num espírito de obscurantismo fanático. Acautelemo-nos do perigo de buscar o objetivo socrático com os meios e a disposição de Trasímaco. Certamente, a gravidade da necessidade do direito natural não prova que essa necessidade possa ser satisfeita. Um desejo não é um fato. Mesmo que se prove que determinada concepção é indispensável para o bem viver, tudo o que se prova é que tal concepção é um mito salutar: não se prova que ela é verdadeira. A utilidade e a verdade são duas coisas inteiramente distintas. O fato de a razão nos obrigar a ir além do ideal de nossa sociedade ainda não garante que, ao darmos esse passo, não nos confrontaremos com um vazio ou com uma multiplicidade de princípios de "direito natural", incompatíveis entre si ou igualmente justificáveis. A gravidade do problema nos impõe o dever de encetar uma discussão distanciada, teórica e imparcial.

O problema do direito natural é, hoje, uma questão de recordação, não de conhecimento atual. Precisamos, portanto, de estudos históricos que nos familiarizem com toda a complexidade da questão. Por certo tempo, precisamos tornar-nos estudiosos daquilo que se chama de "história das ideias". Ao contrário do que popularmente se pensa, isso agravará, e não eliminará, a dificuldade do tratamento imparcial. Para citar lorde Acton: "Poucas descobertas são tão irritantes quanto aquelas que desnudam o *pedigree* das ideias. Definições perspicazes e análises severas levantariam o véu sob o qual a sociedade esconde as suas divisões, tornariam as disputas políticas demasiado violentas para que fossem possíveis as soluções de meio-termo, evidenciariam a precariedade das alianças políticas e exasperariam a política com todas as paixões das lutas sociais e religiosas." Só podemos superar esse perigo abandonando aquela dimensão em que o comedimento político é a única proteção contra o entusiasmo ardente e cego do partidarismo.

O tema do direito natural se apresenta hoje como uma questão de fidelidade partidária. Em nosso entorno, vemos duas posições hostis, extensamente fortificadas e rigorosamente protegidas. Uma delas é ocupada por liberais das mais diversas categorias e a outra pelos discípulos católicos e não católicos de Tomás de Aquino. Mas ambas as tropas, bem como aqueles que preferem ficar sentados em cima do muro ou esconder a cabeça na areia, estão, para empilhar as metáforas, no mesmo barco. Todos eles são homens modernos. Estamos todos enredados na mesma dificuldade. O direito natural na sua forma clássica está vinculado a uma concepção teleológica do universo. Todos os seres naturais têm um fim natural, um destino natural, que determina qual tipo de operação é bom para eles. No caso do homem, a razão é necessária para discernir essas operações: a razão determina o que é certo por natureza, em razão de uma consideração última do fim natural do homem. A concepção teleológica do universo, da qual faz parte a concepção teleológica do homem, pode dar a impressão de ter sido destruída pela ciência natural moderna. Do ponto de vista de Aristóteles – e quem pretenderia ser nesta matéria melhor juiz do que Aristóteles? –, a questão da concepção mecânica e da concepção teleológica do universo é decidida pela maneira como são resolvidos os problemas do firmamento, dos corpos celestiais e dos seus movimentos[3]. Ora, nesse sentido, que do próprio ponto de vista de Aristóteles era decisivo, a questão parece ter sido decidida em favor da concepção não teleológica do universo. Duas conclusões opostas poderiam ser extraídas dessa decisão crucial. De acordo com uma delas, a concepção não teleológica do universo deve ser acompanhada por uma concepção não teleológica da vida humana. Mas essa solução "naturalista" expõe-se a graves dificuldades: parece ser impossível oferecer uma explicação adequada dos fins humanos quando eles são concebidos como meros frutos dos desejos e dos impulsos. Portanto, a outra solução prevaleceu. Isto significa que as pessoas foram forçadas a aceitar um dualismo fundamental e tipicamente moderno entre uma ciência natural não teleológica e uma ciência teleológica do homem. Essa é a posição que os seguidores modernos de Tomás de Aquino, entre outros, são obrigados a assumir, posição que pressupõe uma ruptura com a concepção abrangente de Aristóteles bem como do próprio Tomás de Aquino. O dilema fundamental, no qual estamos enredados, é fruto da vitória da ciência natural moderna. Uma solução adequada para o problema do direito natural não poderá ser encontrada enquanto este problema básico não for resolvido.

Desnecessário dizer que as conferências que se seguem não podem tratar desse problema. Estarão limitadas àquele aspecto do problema do direito natural que pode ser elucidado no campo das ciências sociais. A ciência social de hoje rejeita o direito natural por dois motivos diferentes, que, entretanto, estão em grande medida associados: rejeita-o em nome da História e em nome da distinção entre Fatos e Valores.

---

3. *Física*, 196ª25 ss., 199ª 3-5.

CAPÍTULO I
O DIREITO NATURAL E A ABORDAGEM HISTÓRICA

O ataque desferido contra o direito natural em nome da história assume, na maioria dos casos, a seguinte forma: o direito natural afirma-se como um direito discernível pela razão humana e universalmente reconhecido; mas a história (incluindo a antropologia) nos ensina que tal direito não existe; em vez da suposta uniformidade, encontramos uma variedade indefinida de noções de direito ou de justiça. Ou ainda, em outras palavras, não pode haver direito natural se não houver princípios imutáveis de justiça; mas a história nos mostra que todos os princípios de justiça são mutáveis. Não se pode compreender o significado do ataque desferido contra o direito natural em nome da história enquanto não se tiver percebido quanto esse argumento nada tem a ver com o assunto. Em primeiro lugar, o "consenso de toda a humanidade" não é de forma alguma uma condição necessária para a existência do direito natural. Alguns dos maiores proponentes do direito natural afirmaram que, exatamente pelo fato de o direito natural ser racional, a sua descoberta pressupõe o cultivo da razão, e portanto o direito natural não será conhecido universalmente: não se deve esperar nenhum conhecimento real do direito natural por parte dos selvagens[1]. Em outras palavras, quando se prova que não há nenhum princípio de justiça que não tenha sido negado em algum lugar ou em algum momento, nem por isso se prova que essa ou aquela negação é justa ou razoável. Além disso, sempre se soube que diferentes noções de justiça prevalecem em momentos distintos e em nações distintas. É absurdo afirmar que a descoberta de um número ainda maior dessas noções por parte dos estudiosos modernos afetou de alguma forma a questão fundamental. Sobretudo, o conhecimento de uma variedade indefinidamente ampla de noções acerca do certo e do errado, longe de ser incompatível com a ideia de direito natural, é antes a condição essencial para o surgimento dessa ideia: a constatação da variedade de noções do direito é o incentivo por excelência para a busca do direito natural. Para que a rejeição do direito natural em nome da história tenha alguma importância, ela precisa ter outra base que não seja a evidência histórica. A sua base deve ser uma crítica filosófica da possibilidade, ou da cognoscibilidade, do direito natural – uma crítica de alguma forma vinculada à "história".

O raciocínio que parte da variedade de noções do direito e chega à inexistência do direito natural é tão velho quanto a própria filosofia política. A filosofia política parece começar com o argumento segundo o qual a variedade de noções de direito prova a inexistência do direito

---

1. Considerar Platão, *República* 456^{b}12-^{c}2, 452^{a}7-8 e ^{c}6-^{d}1; *Laques* 184^{d}1-185^{a}3; Hobbes, *De cive*, II, 1; Locke, *Dois tratados do governo civil*, Livro II, seção 12, junto ao *Ensaio sobre o entendimento humano*, Livro I, capítulo iii. Comparar Rousseau, *Discurso sobre a origem da desigualdade*, Prefácio; Montesquieu, *O espírito das leis*, I, 1-2; e também Marsílio de Pádua, *Defensor pacis*, ii. 12. 8.

natural ou o caráter convencional de todo o direito[2]. Chamemos essa doutrina de "convencionalismo". Para elucidar o sentido da rejeição atual do direito natural em nome da história, devemos primeiramente apreender a diferença específica entre o convencionalismo, por um lado, e, por outro, o "sentido histórico" ou a "consciência histórica" que são típicos dos séculos XIX e XX[3].

O convencionalismo pressupunha que a distinção entre natureza e convenção é a mais fundamental de todas as distinções. Com isso, dava a entender que a natureza tem uma dignidade incomparavelmente maior que a convenção ou a sanção da sociedade, ou que a natureza é a norma. A tese de que o direito e a justiça são convencionais significa que o direito e a justiça não têm nenhuma base na natureza, que são, em última análise, contrários à natureza e que têm seu fundamento nas decisões arbitrárias, explícitas ou implícitas, das comunidades: sua única base seria algum tipo de acordo, sendo que o acordo pode produzir a paz, mas não pode produzir a verdade. Os adeptos da moderna concepção histórica, por outro

---

2. Aristóteles, *Ética a Nicômaco*, 1134^{b}24-7.

3. O positivismo jurídico dos séculos XIX e XX não pode simplesmente ser identificado quer com o convencionalismo, quer com o historicismo. Parece, entretanto, que a sua força deriva fundamentalmente da premissa historicista em geral aceita (ver particularmente Karl Bergbohm, *Jurisprudenz und Rechtsphilosophie*, I [Leipzig, 1892], 409 ss.). O argumento rigoroso de Bergbohm contra a possibilidade do direito natural (que se distingue do argumento que pretende apenas mostrar as consequências desastrosas do direito natural para a ordem jurídica positiva) se baseia na "verdade inegável de que não existe nada eterno e absoluto, exceto Aquele que o homem não pode compreender, senão apenas pressentir num espírito de fé" (p. 416 n.), isto é, na hipótese de que "os padrões a partir dos quais formamos nossos juízos sobre a lei histórica, positiva... são, eles próprios, absolutamente produtos de sua época e são sempre históricos e relativos" (p. 450 n.).

lado, rejeitam e tratam como mítica a premissa de que a natureza é a norma; rejeitam a premissa de que a natureza tem uma dignidade maior que a de qualquer obra do homem. Em vez disso, imaginam que o homem e as suas obras, aí inclusas suas várias noções de justiça, são tão naturais quanto todas as outras coisas reais, ou então afirmam um dualismo básico entre o reino da natureza e o reino da liberdade ou da história. Neste último caso, dão a entender que o mundo do homem, da criatividade humana, é exaltado muito acima da natureza. Em consequência disso, não consideram que as noções de certo e errado sejam fundamentalmente arbitrárias. Tentam descobrir as causas dessas noções; tentam tornar inteligíveis sua variedade e sequência; identificando-as como produtos de atos de liberdade, enfatizam a diferença fundamental entre liberdade e arbitrariedade.

Qual a importância da diferença entre a concepção antiga e a moderna? O convencionalismo é uma forma particular da filosofia clássica. Existem, obviamente, profundas diferenças entre o convencionalismo e, por exemplo, a posição assumida por Platão. Mas os adversários clássicos concordam quanto ao ponto mais fundamental: ambos admitem que a distinção entre natureza e convenção é fundamental. Isso porque essa distinção está subentendida na ideia de filosofia. Filosofar significa ascender da caverna à luz do sol, isto é, à verdade. A caverna é o mundo da opinião, que se opõe ao conhecimento. A opinião é essencialmente variável. Os homens não podem viver, ou melhor, não podem viver juntos se as opiniões não se estabilizam pela sanção social. A opinião torna-se então a opinião dotada de autoridade, ou o dogma público, ou a visão de mundo (*Weltanschauung*). Filosofar significa, então, ascender do dogma público ao conhecimento essencialmente privado. O dogma público é originalmente uma tentativa inadequada de responder à questão da verdade todo-abrangente ou da ordem eterna[4]. Qualquer concepção inadequada da ordem eterna é, do ponto de vista dessa mesma ordem, acidental ou arbitrária; a sua validade não se deve à sua verdade intrínseca, mas à sanção social ou convenção. A premissa fundamental do convencionalismo, portanto, não é senão a ideia de filosofia como tentativa de apreender o eterno. É exatamente essa ideia que os oponentes modernos do direito natural rejeitam. De acordo com eles, todo pensamento humano é histórico e, portanto, essencialmente incapaz de apreender algo eterno. Enquanto para os antigos filosofar significa abandonar a caverna, para os nossos contemporâneos todo filosofar pertence essencialmente ao "mundo histórico", à "cultura", à "civilização", à "visão de mundo" (*Weltanschauung*), vale dizer, àquilo que Platão tinha chamado de caverna. Chamemos essa concepção de "historicismo".

Observamos anteriormente que a rejeição contemporânea do direito natural em nome da história está baseada não na evidência histórica, mas numa crítica filosófica da possibilidade ou cognoscibilidade do direito natural. Observamos agora que a crítica filosófica em questão não é particularmente uma crítica do direito natural ou dos princípios morais em geral. É uma crítica do pensamento humano como tal. No entanto, a crítica do direito natural desempenhou um importante papel na formação do historicismo.

O historicismo surgiu no século XIX sob os auspícios da crença de que é possível o conhecimento do eterno, ou pelo menos um pressentimento dele. Mas solapou gradativamente a crença que o abrigara em sua infância.

---

4. Platão, *Minos* 314^{b}10-315^{b}2.

Subitamente, se fez notar em nossos dias na sua forma madura. A gênese do historicismo não é adequadamente compreendida. No presente estado de nosso conhecimento, é difícil dizer em que ponto ocorreu, no desenvolvimento moderno, a ruptura decisiva com a "abordagem não histórica" que prevaleceu em toda a filosofia antiga. Com vistas a uma orientação resumida, é conveniente iniciarmos pelo momento em que o movimento, antes subterrâneo, veio à superfície e começou a dominar as ciências sociais em plena luz do dia. Esse momento se deu com o surgimento da "escola histórica".

Os pensamentos que orientavam a escola histórica estavam muito longe de ter um caráter puramente teórico. A escola histórica surgiu como reação à Revolução Francesa e às doutrinas do direito natural que haviam preparado esse cataclismo. Opondo-se à ruptura violenta com o passado, a escola histórica insistia na sabedoria e na necessidade de preservar ou dar continuidade à ordem tradicional. Isso poderia ter sido feito sem uma crítica ao direito natural como tal. Com efeito, o direito natural pré-moderno não sancionava um apelo temerário à ordem natural ou racional para escapar da ordem estabelecida ou daquilo que era efetivo ali e então. Contudo, os fundadores da escola histórica pareciam ter percebido de alguma forma que a aceitação de quaisquer princípios universais ou abstratos tem necessariamente um efeito revolucionário, perturbador e desestabilizador sobre o pensamento, e que tal efeito é completamente independente do fato de os princípios em questão sancionarem, num sentido geral, um curso de ação conservador ou revolucionário. Pois o reconhecimento de princípios universais obriga o homem a julgar a ordem estabelecida ou aquilo que é efetivo aqui e agora, à luz da ordem natural ou racional; e o que é efetivo aqui e agora tem grande probabilidade de não estar à altura da norma universal e imutável[5]. O reconhecimento de princípios universais tende assim a impedir que os homens se identifiquem com a ordem social que o destino lhes reservou ou que a aceitem integralmente. Tende a aliená-los de seu lugar na terra. Tende, enfim, a torná-los estranhos entre si, e mesmo estranhos sobre a terra.

Ao negarem a importância, se não a existência, das normas universais, os eminentes conservadores que fundaram a escola histórica acabaram, na prática, por dar continuidade e mesmo intensificar o esforço revolucionário de seus adversários. Tal esforço inspirava-se numa noção específica do natural. Dirigia-se a um só tempo contra o não natural ou convencional e contra o sobrenatural ou supramundano. Os revolucionários supunham, pode-se dizer, que o natural é sempre individual e que, portanto, a uniformidade é não natural ou convencional. O indivíduo humano devia ser libertado ou libertar-se de modo que pudesse procurar não apenas a sua felicidade, mas a sua própria versão de felicidade. Isso significou, entretanto, que um único fim universal e uniforme foi proposto para todos os homens: o direito natural de cada indivíduo era um direito uniformemente pertencente a todo homem como homem. Mas ao mesmo tempo dizia-se que a uniformidade era não natural e, portanto, ruim. Evidentemente, era impossível individualizar os direitos em completa conformidade com a diversidade natural dos indivíduos. Os únicos tipos de direito que

---

5. "... [les] imperfections [des États], s'ils en ont, comme la seule diversité, qui est entre eux suffit pour assurer que plusieurs en ont ..." [... as] imperfeições [dos Estados], se [eles] as têm, como a própria diversidade que existe entre eles é suficiente para assegurar que vários as têm...] (Descartes, *Discours de la méthode*, Parte II).

não eram nem incompatíveis com a vida social nem uniformes eram os direitos "históricos": o direito do povo inglês, por exemplo, em contraposição aos direitos do homem. A variedade local e temporal parecia oferecer um meio-termo seguro e sólido entre o individualismo antissocial e a universalidade não natural. Não foi a escola histórica que descobriu a variedade local e temporal das noções de justiça: o óbvio não precisa ser descoberto. O máximo que se poderia dizer é que ela descobriu o valor, o encanto, a interioridade do local e do temporal, ou que descobriu a superioridade do local e do temporal em relação ao universal. Seria mais prudente dizer que, radicalizando a tendência de homens como Rousseau, a escola histórica afirmou que o local e o temporal têm um valor mais elevado que o universal. Como consequência, aquilo que se pretendia universal se revelou, por fim, derivado de situações limitadas no espaço e no tempo, uma realidade local e temporal *in statu evanescendi*. A doutrina da lei natural nos estoicos, por exemplo, tendia a ser vista como mero reflexo do estado temporal particular de uma sociedade local particular – da dissolução da cidade grega.

O esforço dos revolucionários dirigia-se contra tudo o que remetesse a outro mundo ou à transcendência[6]. A transcendência não é uma prerrogativa da religião revelada. Num sentido muito importante, ela estava implícita

---

6. Quanto à tensão entre a preocupação com a história do gênero humano e a preocupação com a vida depois da morte, ver Kant, "Ideia de uma história universal de um ponto de vista cosmopolita", proposição 9 (*The Philosophy of Kant*, org. C. J. Friedrich ["Modern Library"], p. 130). Considerar também a tese de Herder, cuja influência sobre o pensamento histórico do século XIX é bastante conhecida, de que "os cinco atos estão nesta vida" (ver M. Mendelssohn, *Gesammelte Schriften, Jubiläums – Ausgabe*, III, 1, pp. xxx-xxxii).

no significado original da filosofia política como a busca da ordem natural ou da melhor ordem política. O melhor regime, tal como Platão e Aristóteles o entenderam, é e deve ser, em sua maior parte, diferente daquilo que é efetivo aqui e agora; ou deve estar além de todas as ordens efetivas. Essa visão da transcendência da melhor ordem política foi profundamente modificada pelo modo como o "progresso" foi entendido no século XVIII, mas ainda era preservada nessa noção setecentista. Do contrário, os teóricos da Revolução Francesa não poderiam ter condenado todas, ou quase todas, as ordens sociais que tinham existido até então. Negando a importância, se não a existência, das normas universais, a escola histórica destruiu a única base sólida de todos os esforços para transcender o efetivo. O historicismo pode, portanto, ser descrito como uma forma muito mais extrema de mundanidade moderna, se comparado com o que tinha sido o radicalismo francês do século XVIII. Certamente atuava como se tivesse a intenção de fazer o homem sentir-se completamente em casa "neste mundo". Uma vez que quaisquer princípios universais fazem que pelo menos a maioria dos homens se sinta potencialmente sem lar, os princípios universais foram depreciados em favor dos princípios históricos. Acreditava-se que, ao compreenderem o seu passado, a sua herança, a sua situação histórica, os homens poderiam chegar a princípios tão objetivos quanto pretendiam ser aqueles da filosofia política mais antiga, pré-historicista; e que, ademais, não seriam abstratos ou universais e, portanto, danosos à ação prudente ou a uma vida verdadeiramente humana, mas sim concretos ou particulares – princípios apropriados a uma época particular ou a uma nação particular, princípios relativos a uma época particular ou a uma nação particular.

Ao tentar descobrir padrões que, embora objetivos, eram relativos a situações históricas particulares, a escola histórica conferiu aos estudos históricos uma importância muito maior do que jamais haviam possuído. Entretanto, sua ideia do que se poderia esperar dos estudos históricos não era o resultado de estudos históricos, mas de suposições que provinham direta ou indiretamente da doutrina do direito natural do século XVIII. A escola histórica supôs a existência das "mentalidades populares", isto é, supôs que as nações ou grupos étnicos são unidades naturais, ou supôs a existência de leis gerais da evolução histórica, ou, ainda, combinou ambas as suposições. Em pouco tempo, mostrou-se que havia um conflito entre as suposições que tinham dado o ímpeto decisivo aos estudos históricos, de um lado; e, de outro, os resultados, bem como as exigências, de uma compreensão genuinamente histórica. Assim que essas suposições foram abandonadas, a infância do historicismo chegou ao fim.

O historicismo, desde então, mostrou-se como uma forma particular de positivismo, vale dizer, da escola que sustentava que a teologia e a metafísica tinham sido suplantadas definitivamente pela ciência positiva, ou que identificava o conhecimento genuíno da realidade com o conhecimento fornecido pelas ciências empíricas. O positivismo propriamente dito definira o "empírico" em termos dos procedimentos das ciências naturais. Mas havia um contraste patente entre a maneira como os assuntos históricos eram tratados pelo positivismo propriamente dito e a maneira como eram tratados pelos historiadores que de fato procediam empiricamente. Em benefício precisamente do conhecimento empírico, tornou-se necessário insistir em que os métodos da ciência natural não fossem considerados definitivos para os estudos históricos. Além disso, aquilo que a psicologia e a sociologia "científicas" tinham a dizer sobre o homem mostrou-se trivial e pobre comparado àquilo que se podia aprender dos grandes historiadores. Assim, considerou-se que a história fornecia o único conhecimento empírico e, portanto, o único conhecimento sólido daquilo que é verdadeiramente humano, do homem como homem: a sua grandeza e miséria. Visto que todas as buscas humanas partem do homem e a ele retornam, o estudo empírico da humanidade parecia ter o direito de reclamar para si uma dignidade mais elevada que a de todos os outros estudos da realidade. A história – a história separada de todas as suposições dúbias ou metafísicas – tornou-se a mais elevada autoridade.

Mas a história provou-se completamente incapaz de manter a promessa que tinha sido anunciada pela escola histórica. A escola histórica conseguira desacreditar os princípios universais ou abstratos; acreditara que os estudos históricos revelariam padrões particulares ou concretos. Contudo, os historiadores imparciais tiveram de confessar sua incapacidade de extrair quaisquer normas da história: não restou nenhuma norma objetiva. A escola histórica tinha ocultado o fato de que os padrões particulares ou históricos só podem se tornar dignos de autoridade quando apoiados num princípio universal que impõe ao indivíduo a obrigação de aceitar ou submeter-se aos padrões propostos pela tradição ou à situação que o moldou. Contudo, nenhum princípio universal jamais sancionará a aceitação de qualquer padrão histórico ou de qualquer causa vitoriosa: conformar-se com a tradição ou embarcar na "onda do futuro" não é inequivocamente melhor, e certamente nem sempre é melhor, do que atear fogo àquilo que antes se reverenciava ou opor resistência às "tendências da história". Desse modo, todos os padrões propostos pela história como tal provaram-se fundamentalmente ambíguos e, portanto, impróprios para serem considerados padrões. Para o historiador imparcial, o "processo histórico" revelou-se como uma teia desprovida de sentido, tecida não só por aquilo que os homens fizeram, produziram e pensaram, mas também pelo mero acaso – uma história contada por um idiota. Os padrões históricos, os padrões manifestados por esse processo desprovido de sentido, não podiam mais pretender-se sacramentados por forças sagradas que estariam por trás do processo em si. Os únicos padrões que permaneceram tinham um caráter puramente subjetivo, e nenhuma outra base além da livre escolha do indivíduo. Desde então, nenhum critério objetivo permitiria a distinção entre escolhas boas e más. O historicismo culminou no niilismo. A tentativa de fazer que o homem se sentisse completamente em casa nesse mundo culminou no seu exílio absoluto.

A concepção segundo a qual "o processo histórico" é uma teia desprovida de sentido, ou de que o "processo histórico" simplesmente não existe, não era novidade. Era essa, fundamentalmente, a concepção clássica. Apesar da forte oposição das mais diversas correntes, ela ainda era poderosa no século XVIII. A consequência niilista do historicismo poderia ter sugerido um retorno à doutrina mais antiga, pré-historicista. Mas o evidente fracasso das pretensões práticas do historicismo, de ser capaz de fornecer orientações melhores e mais sólidas para a vida do que as fornecidas pelo pensamento pré-historicista do passado, não destruiu o prestígio do suposto conhecimento teórico devido ao historicismo. O estado de espírito criado pelo historicismo e o seu fracasso prático foram interpretados como uma experiência inaudita da situação verdadeira do homem como tal – situação que o homem antigo tinha escondido de si mesmo por acreditar em princípios universais e imutáveis. Opondo-se à concepção antiga, os historicistas continuaram a atribuir importância decisiva àquela concepção do homem que surge dos estudos históricos, que, como tais, não tratam específica e primordialmente daquilo que é permanente e universal, mas sim daquilo que é variável e singular. A história como tal parece apresentar-nos o espetáculo deprimente da lamentável variedade de pensamentos e crenças e, sobretudo, da inevitável evanescência de todo pensamento e crença sustentados pelos homens. Parece mostrar que todo pensamento humano é dependente de contextos históricos singulares que são precedidos por contextos mais ou menos diferentes e que nascem de seus antecessores de maneira fundamentalmente imprevisível: os fundamentos do pensamento humano são lançados por experiências ou decisões imprevisíveis. Uma vez que todo pensamento humano pertence a situações históricas específicas, todo pensamento humano está fadado a perecer com a situação à qual pertence e a ser suplantado por outros pensamentos novos e inesperados.

O argumento historicista apresenta-se hoje amplamente apoiado pela evidência histórica ou até mesmo como expressão de um fato óbvio. Mas se o fato em questão é tão óbvio, difícil é saber como ele pôde ter escapado à atenção dos maiores pensadores do passado. Quanto à evidência histórica, ela é claramente insuficiente para corroborar o argumento historicista. A história nos ensina apenas que determinado pensamento foi abandonado em favor de outro pensamento por todos os homens, ou por todos os homens capacitados, ou talvez apenas pelos homens que mais se fizeram ouvir; não nos diz se a mudança foi boa ou se o pensamento rejeitado merecia ser rejeitado. Somente uma análise imparcial do pensamento em questão – uma análise que não se deslumbra com a vitória nem se atordoa com a derrota dos adeptos do pensamento de que se trata – pode nos ensinar algo sobre o valor do pensamento em si e, portanto, sobre o sentido da mudança histórica. Para que o argumento historicista tenha alguma solidez, precisa basear-se não na história, mas na filosofia: numa análise filosófica que prove que todo pensamento humano depende, ao fim e ao cabo, de um destino flutuante e insondável, não de princípios evidentes acessíveis ao homem como homem. O patamar básico dessa análise filosófica é uma "crítica da razão" que supostamente prove a impossibilidade da metafísica teórica e da ética filosófica ou do direito natural. Uma vez que todas as visões metafísicas e éticas possam ser consideradas, num sentido estrito, insustentáveis, isto é, insustentáveis no que diz respeito à sua pretensão de serem simplesmente verdadeiras, segue-se que o seu destino histórico foi necessariamente merecido. Torna-se então plausível, mesmo que pouco importante, a tarefa de localizar a predominância, em diferentes épocas, de diferentes visões metafísicas e éticas. De qualquer forma, a autoridade das ciências positivas permanece intacta. O segundo patamar da análise filosófica que está por trás do historicismo é a prova de que as ciências positivas baseiam-se em fundações metafísicas.

Considerada nela mesma, essa crítica filosófica do pensamento filosófico e científico – uma continuação dos esforços de Hume e de Kant – levaria ao ceticismo. Mas o ceticismo e o historicismo são duas coisas totalmente diferentes. O ceticismo se considera, em princípio, tão velho quanto o pensamento humano; ao passo que o historicismo se considera pertencente a uma situação histórica específica. Para o cético, todas as afirmações são incertas e, portanto, essencialmente arbitrárias; para o historicista, as afirmações que predominam em diferentes tempos e civilizações estão longe de ser arbitrárias. O historicismo descende de uma tradição não cética – daquela tradição moderna que tentou definir os limites do conhecimento humano e que, portanto, admitiu a possibilidade de um conhecimento genuíno dentro desses limites. Contrastando com todo ceticismo, o historicismo baseia-se, pelo menos parcialmente, numa crítica do pensamento humano que pretende formular aquilo que é chamado de "a experiência da história".

Nenhum homem competente de nossa época consideraria simplesmente verdadeiro o conjunto dos ensinamentos de qualquer pensador do passado. A experiência tem demonstrado, em todos os casos, que aquele que deu origem a um ensinamento tomava como premissas algumas coisas que não devem ser tomadas como premissas, ou que desconhecia determinados fatos ou possibilidades que foram descobertos numa época posterior. Até hoje, todo pensamento tem se mostrado carente de revisões radicais, incompleto, ou limitado em aspectos decisivos. Ademais, olhando para o passado, tem-se a impressão de que todo progresso do pensamento numa direção foi pago ao preço do retrocesso em algum outro aspecto: quando determinada limitação foi superada por um progresso do pensamento, importantes conhecimentos do passado foram invariavelmente esquecidos em consequência desse progresso. No geral, não houve portanto progresso nenhum, mas apenas a mudança de um tipo de limitação para outro. Por fim, tem-se a impressão de que as limitações mais importantes do pensamento antigo eram de tal natureza que provavelmente não poderiam ser superadas por nenhum esforço dos pensadores antigos. Para não entrarmos no mérito de outras considerações, todo esforço do pensamento que levou à superação de limitações específicas acabou levando à cegueira em outros aspectos. É razoável supor que o que invariavelmente aconteceu até agora acontecerá mais e mais vezes no futuro. Na sua essência, o pensamento humano é limitado de tal maneira que as suas limitações diferem de uma situação histórica para outra, e a limitação característica do pensamento de determinada época não pode ser superada por nenhum esforço humano. Sempre houve e sempre haverá mudanças de perspectiva surpreendentes e completamente inesperadas que modificam radicalmente o significado de todo conhecimento adquirido anteriormente. Nenhuma concepção da totalidade e, em particular, nenhuma concepção da totalidade da vida humana, pode ter a pretensão de ser definitiva ou universalmente válida. Toda doutrina, por mais que pareça definitiva, será cedo ou tarde suplantada por outra doutrina. Não há razão para duvidar de que os pensadores antigos perceberam coisas que nos são completamente inacessíveis e que não podem se tornar acessíveis a nós, por mais que estudemos cuidadosamente as suas obras, porque nossas limitações nos impedem de até mesmo suspeitar da possibilidade do que eles perceberam. Visto que as limitações do pensamento humano são essencialmente incognoscíveis, não faz sentido concebê-las em termos de condições sociais, econômicas ou outras, isto é, em termos de fenômenos cognoscíveis ou analisáveis: as limitações do pensamento humano são postas pelo destino.

O argumento historicista tem certa plausibilidade, que pode ser facilmente explicada pela preponderância do dogmatismo no passado. Não podemos esquecer da queixa de Voltaire: "nous avons des bacheliers qui savent tout ce que ces grands hommes ignoraient"[7]. À parte

---

7. "Âme", *Dictionnaire philosophique*, ed. J. Benda, I, 19.

esse fato, muitos pensadores eminentes propuseram doutrinas todo-abrangentes, consideradas por eles decisivas em todos os aspectos importantes – doutrinas que se mostraram invariavelmente carentes de uma revisão radical. Deveríamos, portanto, dar as boas-vindas ao historicismo como um aliado na nossa luta contra o dogmatismo. Mas o dogmatismo – ou a inclinação "a identificar a meta de nosso pensamento com o ponto em que nos cansamos de pensar"[8] – é tão natural ao homem que muito provavelmente não se trata de uma relíquia do passado. Somos obrigados a suspeitar que o historicismo é o disfarce sob o qual o dogmatismo prefere aparecer em nossa época. Parece-nos que o que é chamado de "experiência da história" é uma visão panorâmica da história do pensamento, da forma como essa história passou a ser vista do prisma da combinação da influência da crença no progresso necessário (ou na impossibilidade de retornar ao pensamento do passado) com a crença no valor supremo da diversidade ou peculiaridade (ou da igualdade de direito de todas as épocas e civilizações). O historicismo radical parece não precisar mais dessas crenças – embora nunca se tenha examinado se a "experiência" à qual se refere não é um resultado dessas crenças questionáveis.

Quando falam da "experiência" da história, as pessoas querem dizer que essa "experiência" é uma intuição abrangente que surge do conhecimento histórico mas que não pode ser reduzida a ele. Pois o conhecimento histórico é sempre fragmentário e frequentemente muito incerto, ao passo que a suposta experiência é, em tese, global e certa. Todavia, não se pode duvidar de que a suposta experiência se baseia, no final das contas, em determinado número de observações históricas. A questão, portanto, é

---

8. Ver carta de Lessing a Mendelssohn de 9 de janeiro de 1771.

saber se essas observações autorizam alguém a afirmar que a aquisição de conhecimentos novos e importantes acarreta necessariamente o esquecimento de conhecimentos antigos e importantes, e que os pensadores antigos jamais poderiam ter concebido certas possibilidades fundamentais que se tornaram o centro das atenções em épocas posteriores. É obviamente falso dizer, por exemplo, que Aristóteles não poderia ter compreendido a injustiça da escravidão, pois ele de fato pensou nisso. Pode-se dizer, entretanto, que ele não poderia ter concebido um Estado mundial. E por quê? O Estado mundial pressupõe tamanho desenvolvimento da tecnologia que Aristóteles não poderia sequer ter sonhado com isso. Esse desenvolvimento tecnológico pressupôs, por sua vez, que a ciência fosse considerada essencialmente voltada para a "conquista da natureza", e que essa tecnologia fosse emancipada de toda supervisão moral e política. Aristóteles não concebeu um Estado mundial porque tinha certeza absoluta de que a ciência é essencialmente teórica e de que a tecnologia, emancipada do controle moral e político, acarretaria consequências desastrosas: a fusão da ciência e das artes com o progresso tecnológico ilimitado ou descontrolado tornou a tirania universal e perpétua uma possibilidade digna de nota. Só um homem precipitado diria que o pensamento de Aristóteles – isto é, as suas respostas às questões acerca de a ciência ser ou não essencialmente teórica e acerca de o progresso tecnológico necessitar ou não de um estrito controle político ou moral – foi refutado. Mas o que quer que se pense de suas respostas, certamente as questões fundamentais, das quais elas são as respostas, são idênticas às questões fundamentais que nos dizem respeito de imediato hoje em dia. Quando constatamos isso, também constatamos que a época que considerou obsoletas as questões fundamentais de Aristóteles carecia totalmente de clareza sobre quais são as questões fundamentais.

Longe de legitimar a inferência historicista, a história parece antes provar que todo pensamento humano, e certamente todo pensamento filosófico, está voltado para os mesmos temas ou os mesmos problemas fundamentais, e, portanto, que existe uma estrutura imutável que persiste ao longo de todas as mudanças do conhecimento humano, tanto dos fatos quanto dos princípios. Esta inferência é evidentemente compatível com o fato de que a clareza acerca desses problemas, o modo como são abordados e as soluções que lhes são propostas diferem, mais ou menos, de um pensador para outro ou de uma época para outra. Se é verdade que os problemas fundamentais persistem ao longo de toda mudança histórica, o pensamento humano é capaz de transcender suas limitações históricas ou de apreender algo trans-histórico. E tal seria o caso mesmo que fosse verdade que todas as tentativas de solução desses problemas estão condenadas ao fracasso em razão da "historicidade" de "todo" pensamento humano.

Abandonar a questão neste ponto equivaleria a encarar como perdida a causa do direito natural. Não poderá haver direito natural se tudo o que o homem puder conhecer sobre o direito for o problema do direito, ou se a questão dos princípios de justiça admitir uma variedade de respostas mutuamente excludentes, sem que se possa provar a superioridade de nenhuma delas. Não poderá haver direito natural se o pensamento humano, a despeito de sua incompletude essencial, não puder resolver o problema dos princípios de justiça de maneira genuína e, portanto, universalmente válida. Em palavras mais genéricas, não poderá haver direito natural se o pensamento humano não for capaz de adquirir, no interior de uma esfera limitada, um conhecimento genuíno, universalmente válido e definitivo, ou um conhecimento genuíno de temas específicos. O historicismo não pode negar tal possibilidade, pois a sua própria tese principal implica a admissão dessa possibilidade. Ao afirmar que todo pensamento humano, ou pelo menos todo pensamento humano relevante, é histórico, o historicismo admite que o pensamento humano é capaz de adquirir um conhecimento importantíssimo cuja validade é universal e que não será de forma alguma afetado por nenhuma surpresa futura. A tese historicista não é uma afirmação isolada: é inseparável de uma concepção da estrutura essencial da vida humana. Essa concepção tem o mesmo caráter ou pretensão trans-histórica que qualquer doutrina do direito natural.

A tese historicista fica, então, exposta a uma dificuldade por demais óbvia que não pode ser solucionada, mas apenas contornada ou obscurecida por considerações de caráter mais sutil. O historicismo afirma que todos os pensamentos e crenças humanos são históricos e, portanto, destinados merecidamente a perecer; mas o próprio historicismo é um pensamento humano; donde se segue que o historicismo só pode ter validade temporária, isto é, não pode ser pura e simplesmente verdadeiro. Afirmar a tese historicista significa pô-la em dúvida e, assim, transcendê-la. Na realidade, o historicismo afirma ter trazido à luz uma verdade que veio para ficar, uma verdade válida para todo pensamento e para todos os tempos: por mais que o pensamento tenha mudado e ainda venha a mudar, ele sempre permanecerá histórico. No que se refere ao conhecimento decisivo do caráter essencial de todo pensamento humano e, logo, do caráter e das limitações do próprio ser humano, a história já terminou. O historicista não se impressiona com a perspectiva de que o historicismo possa ser suplantado num momento oportuno pela negação do historicismo. Está convencido de que tal mudança equivaleria a uma recaída do pensamento humano na mais poderosa ilusão. O historicismo prospera pelo fato de se isentar incoerentemente de seu próprio veredicto sobre o pensamento humano. A tese historicista é autocontraditória ou absurda. Não podemos conceber o caráter histórico de "todo" pensamento – isto é, com a exceção do conhecimento historicista e das suas implicações – sem transcender a história, sem apreender algo trans-histórico.

Se considerarmos todo pensamento radicalmente histórico uma "concepção abragente do mundo" ou como parte de tal concepção, teremos de dizer que o historicismo não é, ele próprio, uma concepção total do mundo, mas uma análise dessas concepções de mundo, uma exposição do caráter essencial de todas essas concepções. O pensamento que reconhece a relatividade de todas essas concepções tem um caráter diferente daquele que está sob os ditames de uma concepção abrangente ou que a adota. Aquele é absoluto e neutro; este é relativo e comprometido. Aquele é um conhecimento teórico que transcende a história; este é o resultado de um arranjo fatalista.

O historicista radical recusa-se a admitir o caráter trans-histórico da tese historicista. Ao mesmo tempo, reconhece o absurdo do historicismo absoluto como tese teórica. Nega, portanto, a possibilidade de uma análise teórica ou objetiva, que como tal seria trans-histórica, das várias concepções abrangentes, dos "mundos históricos" ou das "culturas". Essa negação foi decisivamente preparada pelo ataque que Nietzsche desferiu contra o historicismo do século XIX, que pretendia ser uma concepção teórica. De acordo com Nietzsche, a análise teórica da vida humana, que percebe a relatividade de todas as concepções abrangentes e, desse modo, as deprecia, tornaria impossível a própria vida humana, pois destruiria a atmosfera protetora dentro da qual, e somente dentro da qual, são possíveis a vida, a cultura ou a ação. Ademais, uma vez que a análise teórica tem sua base fora da vida, ela nunca será capaz de entender a vida. A análise teórica da vida não se compromete e é fatal para o comprometimento, mas viver é se comprometer. Para evitar o perigo à vida, Nietzsche poderia ter escolhido um dos dois caminhos: insistir no caráter estritamente esotérico de uma análise teórica da vida – isto é, restaurar a noção platônica da nobre ilusão – ou, então, negar a possibilidade da teoria propriamente dita, concebendo assim o pensamento como essencialmente subserviente ou dependente da vida ou do destino. Se não o próprio Nietzsche, pelo menos os seus sucessores adotaram a segunda alternativa[9].

A tese do historicismo radical pode ser afirmada como segue. Toda compreensão, todo conhecimento, por mais limitado ou "científico" que seja, pressupõe um quadro de referência, um horizonte, uma concepção abrangente dentro da qual a compreensão e o conhecimento se situam. Apenas tal concepção abrangente torna possível uma apreensão, uma observação, uma orientação. A concepção abrangente do todo não pode ser validada pelo

---

9. Para compreender essa escolha, deve-se considerar o seu vínculo com a simpatia de Nietzsche por "Cálicles", de um lado, e a sua preferência, em detrimento da vida teórica, pela "vida trágica", de outro (ver Platão, *Górgias* 481^d e 502^b ss., e *Leis* 658^{d}2-5; comparar com Nietzsche, *Vom Nutzen und Nachteil der Historie für das Leben* [ed. Insel--Bücherei], p. 73). Essa passagem mostra claramente o fato de que Nietzsche adotou aquilo que se pode considerar a premissa fundamental da escola histórica.

raciocínio, uma vez que é a base de todo raciocínio. Consequentemente, existe uma variedade de concepções abrangentes, cada qual tão legítima quanto as outras: devemos escolher uma delas sem nenhuma orientação racional. É absolutamente necessário escolher uma; a neutralidade ou a suspensão do juízo é impossível. Nossa escolha se apoia apenas nela mesma; não se baseia em nenhuma certeza objetiva ou teórica; só o fato de a escolhermos pode salvá-la do nada, da completa ausência de sentido. A rigor, não podemos escolher entre concepções distintas. Uma única concepção abrangente nos é imposta pelo destino: o horizonte no qual toda a nossa compreensão e orientação ocorrem é determinado pelo destino do indivíduo ou da sociedade. Todo pensamento humano depende do destino, algo que o pensamento não pode dominar e cujos mecanismos não pode prever. Ainda assim, o ponto de apoio do horizonte produzido pelo destino é, em última análise, a escolha do indivíduo, já que o destino tem de ser aceito pelo indivíduo. Somos livres no sentido de que somos livres para escolher na angústia a concepção de mundo e os padrões que nos são impostos pelo destino ou para nos abandonarmos à segurança ilusória ou ao desespero.

O historicista radical afirma, pois, que apenas o pensamento comprometido e "histórico" permite a revelação de outros pensamentos comprometidos e "históricos"; e, sobretudo, que apenas o pensamento comprometido ou "histórico" permite a revelação do verdadeiro sentido da "historicidade" de todo pensamento genuíno. A tese historicista expressa uma experiência fundamental que, devido à sua natureza, não é capaz de ser expressa adequadamente no nível do pensamento não comprometido ou distanciado. A evidência dessa experiência pode de fato ser obscurecida, mas não destruída, pelas inevitáveis dificuldades lógicas de que padecem todas as expressões dessas experiências. Com vistas à sua experiência fundamental, o historicista radical nega que o caráter final e, nesse sentido, trans-histórico da tese historicista torne duvidoso o conteúdo dessa tese. A compreensão definitiva e irrevogável do caráter histórico de todo pensamento transcenderia a história apenas se esse conhecimento fosse acessível ao homem como tal e, em princípio, em todas as épocas; mas ela não transcende a história se se insere essencialmente numa situação histórica específica. Ela pertence a uma situação histórica específica: essa situação não é meramente a condição, mas a fonte, da intuição historicista[10].

Todas as doutrinas do direito natural sustentam que os fundamentos da justiça são, em princípio, acessíveis ao homem como tal. Elas pressupõem, portanto, que uma verdade sumamente importante pode, em princípio, ser acessível ao homem como homem. Ao negar esse pressuposto, o historicismo radical afirma que a intuição básica da limitação essencial de todo pensamento humano não é acessível ao homem como homem, ou que essa intuição, ou conhecimento, não é o resultado do progresso ou do trabalho do pensamento humano, mas sim uma dádiva imprevisível do destino imperscrutável. Foi o próprio destino que quis que se compreendesse hoje o que jamais fora compreendido. Isto o historicismo tem em comum com todo outro pensamento: ele depende do destino. E nisto ele difere de todo outro pensamento: graças ao destino, foi-lhe concedido constatar que o pensamento depende radicalmente do destino. Desconhecemos, com-

---

10. A distinção entre "condição" e "fonte" corresponde à diferença entre a "história" da filosofia em Aristóteles, no primeiro livro da *Metafísica*, e a história historicista.

pletamente, as surpresas que o destino reserva para as gerações posteriores; e é possível que o destino esconda novamente, no futuro, aquilo que agora nos revelou; mas isso não prejudica a verdade dessa revelação. Não é preciso transcender a história para perceber o caráter histórico de todo pensamento: há um momento privilegiado e absoluto no processo histórico, um momento em que se torna transparente o caráter essencial de todo pensamento. Ao isentar-se de seu próprio veredicto, o historicismo alega meramente espelhar o caráter da realidade histórica ou representar fielmente os fatos; o caráter autocontraditório da tese historicista deve ser imputado não ao historicismo, mas à realidade.

A suposição de um momento absoluto na história é essencial ao historicismo. Nesse sentido, o historicismo segue sub-repticiamente o procedente clássico estabelecido por Hegel. Hegel ensinava que toda filosofia é a expressão conceitual do espírito de seu tempo; mas, ainda assim, afirmou a verdade absoluta do seu próprio sistema filosófico imputando um caráter absoluto ao seu próprio tempo, considerando-o o fim da história e, desse modo, o momento absoluto. O historicismo nega explicitamente que o fim da história tenha chegado, mas implicitamente afirma o contrário: nenhuma possível mudança futura de orientação pode legitimamente tornar duvidoso o conhecimento decisivo de que o pensamento é inevitavelmente dependente do destino e, assim, o conhecimento do caráter essencial da vida humana; nesse aspecto decisivo, o fim da história, isto é, da história do pensamento, já chegou. Mas não basta que alguém suponha que vive, ou pensa, no momento absoluto; esse alguém precisa mostrar, de alguma forma, como o momento absoluto pode ser reconhecido como tal. De acordo com Hegel, o momento absoluto é aquele em que a filosofia, ou a busca da sabedoria, se transforma em sabedoria, isto é, o momento em que os enigmas fundamentais foram completamente solucionados. O historicismo, porém, afirma sua existência pela negação da possibilidade da metafísica teórica e da ética filosófica ou do direito natural; pela negação da capacidade de solucionar os enigmas fundamentais. Para o historicismo, portanto, o momento absoluto deve ser aquele em que a insolubilidade dos enigmas fundamentais se torna completamente manifesta, em que a ilusão fundamental da mente humana se dissipa.

Mas seria possível perceber o caráter insolúvel dos enigmas fundamentais e, ainda assim, continuar a considerar que a compreensão desses enigmas constitui a tarefa da filosofia; isso equivaleria a simplesmente substituir uma filosofia não historicista e dogmática por uma filosofia não historicista e cética. O historicismo vai além do ceticismo. Ele considera que a filosofia, no sentido cabal e originário do termo, qual seja, a tentativa de substituir as opiniões sobre o todo pelo conhecimento do todo, não é apenas incapaz de alcançar o seu objetivo, mas absurda, pois a própria ideia de filosofia baseia-se em premissas dogmáticas, isto é, arbitrárias ou, mais especificamente, em premissas que são apenas "históricas e relativas". Se a filosofia, ou a tentativa de substituir as opiniões pelo conhecimento, se baseia em meras opiniões, então a filosofia é absurda.

As tentativas mais influentes de provar o caráter dogmático e, portanto, arbitrário, ou historicamente relativo, da filosofia propriamente dita se exprimem da seguinte maneira. A filosofia, ou a tentativa de substituir as opiniões sobre o todo pelo conhecimento do todo, pressupõe que o todo é conhecível, isto é, inteligível. Esse pressuposto implica que o todo em si mesmo se identifica com o todo inteligível ou com o todo que pode ser objetivado; implica que o "ser" se identifica com o "inteligível" ou com o "objeto"; implica uma desconsideração dogmática por tudo aquilo que não pode se tornar objeto para o sujeito pensante, por tudo aquilo que ele não pode dominar. Além do mais, dizer que o todo é conhecível ou inteligível equivale a dizer que ele tem uma estrutura permanente, ou que como tal é imutável ou sempre o mesmo. Se tal é o caso, em princípio é possível predizer aquilo que ele será em qualquer momento futuro: o futuro do todo pode ser antecipado pelo pensamento. Diz-se que o pressuposto em questão tem sua raiz na identificação dogmática do "ser", no sentido mais elevado do termo, com "ser sempre"; ou no fato de que a filosofia entende o "ser" num sentido tal que "ser", no sentido mais elevado do termo, deve significar "ser sempre". Diz-se que o caráter dogmático da premissa básica da filosofia foi revelado pela descoberta da história ou da "historicidade" da vida humana. O sentido dessa descoberta pode ser expresso por meio de teses como as seguintes: aquilo que é chamado de todo é, na verdade, sempre incompleto, e, por conseguinte, não é verdadeiramente um todo; o todo é essencialmente mutável, de modo que o seu futuro não pode ser previsto: o todo em si não pode ser apreendido, ele não é inteligível; o pensamento humano depende essencialmente de algo que não pode ser previsto, nem tomado como objeto, nem dominado pelo sujeito; "ser", no sentido mais elevado do termo, não pode significar – ou, pelo menos, não significa necessariamente – "ser sempre".

Não podemos sequer tentar discutir essas teses. Deixemo-las, pois, com a seguinte observação. O historicismo radical obriga-nos a perceber a gravidade do fato de que a própria ideia de direito natural pressupõe a possibilidade da filosofia, no sentido cabal e originário do termo.

Obriga-nos, ao mesmo tempo, a perceber a necessidade de uma reconsideração imparcial das premissas mais elementares, cuja validade é pressuposta pela filosofia. A questão da validade dessas premissas não pode ser resolvida pela adoção ou apego a uma tradição filosófica mais ou menos persistente, pois é da essência das tradições encobrir ou esconder suas fundações mais modestas, erigindo sobre estas os edifícios mais impressionantes. Não se deve dizer ou fazer nada que possa dar a impressão de que a reconsideração imparcial das premissas mais elementares da filosofia seja questão meramente acadêmica ou histórica. Todavia, enquanto não se empreender essa reconsideração, o problema do direito natural não pode senão permanecer em suspenso.

Pois não podemos afirmar que o problema foi finalmente solucionado pelo historicismo. A "experiência da história" e a experiência, menos ambígua, da complexidade das questões humanas podem obscurecer, mas não suprimir, a evidência daquelas experiências simples atinentes ao certo e ao errado que se encontram na base do argumento filosófico de que existe um direito natural. Ou o historicismo ignora essas experiências ou as distorce. Ademais, os esforços mais resolutos para provar o historicismo culminaram na afirmação de que, lá onde não existe mais nenhum ser humano, existem ainda *entia*, mas não mais o *esse*; isto é, pode haver *entia* onde não há mais nenhum *esse*. Há uma relação patente entre esta última afirmação e a que nega que o "ser", no sentido mais elevado do termo, significa "ser sempre". Além disso, sempre houve um contraste gritante entre a maneira como o historicismo entende o pensamento do passado e o entendimento genuíno desse pensamento; a inegável possibilidade da objetividade histórica é explícita ou implicitamente negada, em todas as suas formas, pelo historicismo. Sobretudo, na transição do historicismo inicial (teórico) para o radical ("existencialista"), a experiência da história jamais foi submetida à análise crítica. Deu-se por certo que se tratava de uma experiência genuína, e não de uma interpretação contestável da experiência. Não se questionou se os fatos da experiência não autorizavam uma interpretação inteiramente diferente e possivelmente mais adequada. Em particular, a "experiência da história" não lança em descrédito a ideia de que os problemas fundamentais, a exemplo dos problemas da justiça, persistem ou guardam a sua identidade ao longo de toda mudança histórica, por mais que estejam obscurecidos pela negação temporária de sua relevância e por mais variadas ou provisórias que sejam todas as soluções humanas apresentadas para eles. Quando os apreende como problemas, a mente humana liberta-se de suas limitações históricas. Nada mais é necessário para se legitimar a filosofia no seu sentido originário e socrático: filosofia é saber que nada se sabe; ou seja, é a tomada de consciência dos problemas fundamentais e, com isso, das alternativas fundamentais que regram suas soluções desde que existe o pensamento humano.

Se a existência e mesmo a possibilidade do direito natural terão de permanecer em aberto enquanto a controvérsia entre o historicismo e a filosofia não historicista não for resolvida, nossa necessidade mais urgente é compreender os termos do problema. O problema não será compreendido se for encarado somente segundo a perspectiva do historicismo; ele também deve ser encarado segundo a perspectiva de uma filosofia não historicista. Para todos os efeitos, isto significa que o problema do historicismo deve ser considerado de início à luz da filosofia clássica, que é a expressão pura do pensamento não historicista. Nossa necessidade mais urgente só poderá ser satisfeita por estudos históricos que nos permitam compreender a filosofia clássica exatamente como ela se compreende, e não como é apresentada pelo historicismo. Precisamos, em primeiro lugar, de uma compreensão não historicista da filosofia não historicista. Mas, com não menos urgência, precisamos de uma compreensão não historicista do historicismo, isto é, uma compreensão da gênese do historicismo que não dê por certo que o historicismo seja inequivocamente bem fundado.

O historicismo pretende que a virada do homem moderno para a história envolveu o pressentimento e, posteriormente, a descoberta de uma dimensão da realidade que tinha escapado ao pensamento clássico, qual seja, a dimensão histórica. Se aceitarmos isto, seremos inevitavelmente levados, ao fim e ao cabo, ao historicismo extremo. Mas se o historicismo pode ser posto em questão, somos inevitavelmente levados a querer saber se aquilo que foi aclamado no século XIX como uma descoberta não foi, na verdade, uma invenção, isto é, uma interpretação arbitrária de fenômenos, que sempre foram conhecidos e interpretados de modo muito mais apropriado antes do surgimento da "consciência histórica" do que depois dela. Temos de levantar a questão de saber se aquilo que é chamado de "descoberta" da história não é, na verdade, uma solução artificial e paliativa para um problema que só pôde surgir com base em premissas muito questionáveis.

Sugiro então a seguinte linha de abordagem. Em todas as épocas, a "história" significou principalmente a história política. Consequentemente, aquilo que é chamado de "descoberta" da história não foi obra da filosofia em geral, mas da filosofia política. Foi determinada situação de crise, peculiar à filosofia política do século XVIII, que levou ao surgimento da escola histórica. A filosofia política do século XVIII era uma doutrina do direito natural. Consistia numa interpretação peculiar do direito natural, especificamente moderna. O historicismo foi o resultado último da crise do direito natural moderno. A crise do direito natural moderno ou da filosofia política moderna pôde se tornar uma crise da filosofia como tal apenas porque essa tinha se tornado inteiramente politizada ao longo dos últimos séculos. Originariamente, a filosofia era a busca humana da ordem eterna, e, portanto, uma fonte pura de inspiração e aspiração humanas. Desde o século XVII, a filosofia se tornou uma arma e, desse modo, um instrumento. Foi nessa politização da filosofia que um intelectual, que denunciou a traição dos intelectuais, acreditou encontrar a raiz de nossos problemas. Contudo, ele cometeu o erro fatal de ignorar a diferença essencial entre intelectuais e filósofos. E nisto ele foi enganado pela ilusão que denunciou. Pois a politização da filosofia consiste precisamente em que a diferença entre intelectuais e filósofos – conhecida outrora como a diferença entre cavalheiros e filósofos, por um lado, e entre sofistas ou retóricos e filósofos, por outro – tornou-se opaca, até que por fim desapareceu.

CAPÍTULO II
O DIREITO NATURAL E A DISTINÇÃO ENTRE
FATOS E VALORES

O principal argumento historicista pode ser reduzido à afirmação de que o direito natural é impossível porque a filosofia, no sentido cabal do termo, é impossível. A filosofia só é possível se existe um horizonte absoluto ou natural contraposto a horizontes historicamente mutáveis ou às cavernas. Em outras palavras, a filosofia só é possível se o homem, embora incapaz de adquirir a sabedoria ou um entendimento completo do todo, é capaz de conhecer aquilo que ele não conhece, vale dizer, de apreender os problemas fundamentais e, nesse sentido, as alternativas fundamentais que são, em princípio, inerentes ao pensamento humano. Mas a possibilidade da filosofia é apenas condição necessária, não suficiente, do direito natural. A possibilidade da filosofia exige tão somente que os problemas fundamentais sejam sempre os mesmos; por outro lado, não poderá haver direito natural se o problema fundamental da filosofia política não puder ser solucionado de maneira definitiva.

Se a filosofia em geral é possível, a filosofia política em particular também o é. A filosofia política é possível se o homem é capaz de compreender a alternativa política fundamental que está na raiz das alternativas efêmeras ou acidentais. No entanto, se a filosofia política se limitasse a compreender a alternativa política fundamental, ela não teria nenhum valor prático. Ela não poderia dizer qual é o fim último de uma ação sábia. E teria de delegar essa decisão crucial a uma escolha cega. Todos os luminares da filosofia política, de Platão a Hegel e, aliás, todos os adeptos do direito natural, consideraram que o problema político fundamental é passível de uma solução final. Essa postulação baseia-se, em última análise, na resposta socrática sobre o modo como o homem deve viver. Ao tomar consciência de que somos ignorantes em relação às coisas mais importantes, admitimos, a um só tempo, que a coisa que nos é mais importante, ou a única coisa necessária, é a busca do conhecimento das coisas mais importantes ou a busca da sabedoria. Esta conclusão não é destituída de consequências políticas; qualquer leitor da *República* de Platão ou da *Política* de Aristóteles sabe disso. É verdade que a busca da sabedoria, quando bem-sucedida, poderia levar à conclusão de que a sabedoria não é a única coisa necessária. Mas essa conclusão não seria relevante se não fosse resultado da busca da sabedoria: a própria desaprovação da razão deve ser uma desaprovação razoável. Quer essa possibilidade afete a validade da resposta socrática, quer não, o conflito permanente entre a resposta socrática e a resposta antissocrática dá a impressão de que a resposta socrática é tão arbitrária quanto a outra, ou de que o conflito permanente é insolúvel. Consequentemente, muitos cientistas sociais da atualidade, que não são historicistas e admitem a existência de alternativas fundamentais e constantes, negam que a razão humana seja capaz de solucionar o conflito entre essas alternativas. O direito natural é rejeitado hoje não apenas porque todo pensamento humano é considerado histórico, mas também porque se cogita a existência de uma variedade de princípios imutáveis do direito ou da bondade que conflitam uns com os outros sem que se possa provar a superioridade de nenhum deles.

É essa, substancialmente, a posição de Max Weber. Nossa discussão estará limitada aqui a uma análise crítica da concepção de Weber. Ninguém depois dele consagrou tamanho acúmulo de conhecimento, perseverança e devoção quase fanática ao problema básico das ciências sociais. Quaisquer que possam ter sido os seus erros, ele é o maior cientista social de nosso século.

Weber, que se considerava um discípulo da escola histórica[1], chegou muito perto do historicismo, e não faltariam argumentos para sustentar que as suas reservas em relação ao historicismo eram desprovidas de convicção e incompatíveis com as linhas gerais do seu pensamento. Ele não se separou da escola histórica por ter ela rejeitado as normas naturais, isto é, as normas universais e objetivas, mas por ter ela tentado estabelecer padrões que, a despeito do seu caráter particular e histórico, ainda assim se pretendiam objetivos. Ele opôs-se à escola histórica não por ter ela obscurecido a ideia de direito natural, mas por ter preservado o direito natural sob vestes históricas em vez de rejeitá-lo integralmente. A escola histórica conferiu ao direito natural um caráter histórico, insistindo no caráter étnico de todo direito genuíno ou, ainda, identificando todo direito genuíno com as mentalidades singulares dos povos e considerando que a história da humanidade é um processo dotado de significado ou regido por uma necessidade inteligível. Weber rejeitou am-

---

1. *Gesammelte politische Schriften*, p. 22; *Gesammelte Aufsätze zur Wissenschaftslehre*, p. 208.

bas as suposições sob a alegação de que eram metafísicas, isto é, baseadas na premissa dogmática de que a realidade é racional. Porque Weber considerou que o real é sempre individual, ele pôde enunciar a premissa da escola histórica também nestes termos: o individual é uma emanação do geral ou da totalidade. De acordo com Weber, porém, os fenômenos individuais ou parciais só podem ser compreendidos como efeitos de outros fenômenos individuais ou parciais, mas nunca como efeitos de totalidades como as mentalidades dos povos. A tentativa de explicação dos fenômenos históricos ou singulares, enquadrando-os em leis gerais ou totalidades singulares, equivale a supor, gratuitamente, que os atores da história são movidos por forças misteriosas que desafiam a análise[2]. A história não tem nenhum "sentido" fora do sentido "subjetivo", fora das intenções que animam os atores históricos. Mas essas intenções têm força tão limitada que o resultado efetivo é, na maioria dos casos, totalmente não intencional. Não obstante, o resultado efetivo – o destino histórico –, que é estranho ao plano de Deus e do homem, molda não apenas a nossa forma de vida, mas até mesmo os nossos pensamentos, determinando de modo especial os nossos ideais[3]. Entretanto, Weber estava muito marcado pela ideia de ciência para aceitar o historicismo sem nenhuma restrição. De fato, ficamos tentados a afirmar que o motivo principal de sua oposição à escola histórica e ao historicismo em geral era a devoção à ideia de ciência empírica que prevalecia entre os homens de sua geração. A ideia de ciência o obrigou a insistir no fato de que toda

---

2. *Wissenschaftslehre*, pp. 13, 15, 18, 19, 28, 35-7, 134, 137, 174, 195, 230; *Gesammelte Aufsätze zur Sozial- und Wirtschaftsgeschichte*, p. 517.

3. *Wissenschaftslehre*, pp. 152, 183, 224 n.; *Politische Schriften*, pp. 19, 437; *Gesammelte Aufsätze zur Religionssoziologie*, I, 82, 524.

ciência como tal é independente da *Weltanschauung*: tanto a ciência natural quanto a ciência social reivindicavam a mesma validade para os ocidentais e para os chineses, isto é, para povos cujas "visões de mundo" são radicalmente diferentes. A gênese histórica da ciência moderna – o fato de ser de origem ocidental – é completamente irrelevante no que concerne à sua validade. Weber não duvidou nem por um instante de que a ciência moderna é absolutamente superior a qualquer forma anterior de compreensão da natureza e da sociedade. Essa superioridade pode ser estabelecida objetivamente por referência às regras da lógica[4]. Mas suscitou-se na mente de Weber uma dificuldade atinente às ciências sociais em particular. Ele insistia na validade objetiva e universal da ciência social na medida em que ela é um corpo de proposições verdadeiras. Porém essas proposições são apenas uma parte da ciência social. Elas são o resultado da investigação científica, as respostas às questões. As questões que dirigimos aos fenômenos sociais dependem da direção de nosso interesse, de nosso ponto de vista, e estes, por sua vez, de nossas ideias valorativas. Mas as ideias valorativas são historicamente relativas. Por conseguinte, a substância da ciência social é radicalmente histórica; pois são as ideias valorativas e a direção do interesse que determinam todo o quadro conceitual das ciências sociais. Consequentemente, não faz nenhum sentido falar de uma "estrutura natural de referência" nem alimentar a expectativa de formular um sistema definitivo de conceitos básicos: todas as estruturas de referência são efêmeras. Cada esquema conceitual empregado pela ciência social articula os problemas básicos, e estes variam conforme a situação social e cultural. A ciência social é, necessariamente,

---

4. *Wissenschaftslehre*, pp. 58-60, 97, 105, 111, 155, 160, 184.

a compreensão da sociedade a partir do ponto de vista do presente. Só são trans-históricas as descobertas que dizem respeito aos fatos e suas causas. Mais precisamente, só é trans-histórica a validade dessas descobertas; mas a importância, a significação de quaisquer descobertas depende de ideias valorativas e, portanto, de princípios historicamente mutáveis. Em última análise, tais considerações se aplicam a todas as ciências. Toda ciência pressupõe que a ciência é valorável, mas esse pressuposto é produto de determinada cultura e, portanto, historicamente relativo[5]. Entretanto, as ideias valorativas concretas e históricas, das quais há uma variedade indeterminadamente ampla, contêm elementos de caráter trans-histórico: os valores últimos são tão intemporais quanto os princípios da lógica. É o reconhecimento de valores intemporais que distingue de modo mais significativo o posicionamento de Weber diante do historicismo. Sua rejeição do direito natural não se baseia tanto no historicismo quanto numa noção peculiar de valores intemporais[6].

Weber nunca explicou o que entendia por "valores". O que mais lhe interessava era a relação dos valores com os fatos. Fatos e valores são absolutamente heterogêneos, o que se constata diretamente pela absoluta heterogeneidade entre questões de fato e questões de valor. De um fato qualquer não se pode tirar nenhuma conclusão acerca do seu valor, do mesmo modo que não se pode inferir o caráter fatual de uma coisa do valor que ela tem ou do desejo que suscita. Nem o oportunismo nem o otimismo exagerado têm fundamento na razão. Quando se prova que determinada ordem social é a finalidade do processo

---

5. *Ibid.* pp. 60, 152, 170, 184, 206-9, 213-4, 259, 261-2.
6. *Ibid.*, pp. 60, 62, 152, 213, 247, 463, 467, 469, 472; *Politische Schriften*, pp. 22, 60.

histórico, isso nada diz sobre o valor ou a desejabilidade dessa ordem. Quando se mostra que determinadas ideias éticas ou religiosas tiveram ou não uma grande repercussão, isso nada diz sobre o valor dessas ideias. Compreender uma avaliação fatual ou possível é inteiramente diferente de aprovar ou ver com bons olhos essa avaliação. Weber defendeu que a heterogeneidade absoluta de fatos e valores implica necessariamente o caráter eticamente neutro da ciência social: a ciência social pode oferecer respostas às questões de fato e às suas causas; ela não tem competência diante de uma questão de valor. Ele insistiu, de maneira muito contundente, no papel que os valores desempenham na ciência social: os objetos da ciência social são constituídos por "referência a valores". Sem essa "referência" não haveria nenhum foco de interesse, nenhuma seleção razoável de temas, nenhum princípio de distinção entre fatos relevantes e irrelevantes. Por meio da "referência a valores" os objetos da ciência social surgem do oceano ou do pântano dos fatos. Mas Weber insistiu, de maneira não menos contundente, na diferença fundamental entre "referência a valores" e "juízo de valor": quando se diz que algo é relevante no que se refere, por exemplo, à liberdade política, não se assume uma posição a favor ou contra a liberdade política. O cientista social não valora os objetos constituídos por uma "referência a valores"; ele apenas os explica, identificando as suas causas. Os valores aos quais o cientista social se refere e entre os quais o homem que age escolhe precisam ser elucidados. Essa elucidação é a função da filosofia social. Mas nem mesmo a filosofia social pode solucionar os problemas cruciais suscitados pelos valores. Não pode criticar os juízos de valor que não sejam autocontraditórios[7].

---

7. *Wissenschaftslehre*, pp. 90, 91, 124, 125, 150, 151, 154, 155, 461-5, 469-73, 475, 545, 550; *Gesammelte Aufsätze zur Soziologie und Sozialpolitik*,

Weber sustentou que a sua noção de ciência social "isenta de valores" ou eticamente neutra é totalmente justificada por aquela que a seu ver era a mais fundamental de todas as oposições, a saber, a oposição entre Ser e Dever Ser, ou a oposição entre a realidade e a norma ou valor[8]. Mas é obviamente inválido o raciocínio que parte da heterogeneidade radical entre Ser e Dever Ser e conclui pela impossibilidade de uma ciência social valorativa. Consideremos a possibilidade de que tivéssemos um conhecimento genuíno do certo e errado, ou do Dever Ser, ou do verdadeiro sistema de valores. Tal conhecimento, embora não derivado da ciência empírica, governaria legitimamente toda ciência social empírica; seria a fundação de toda ciência social empírica. Pois a ciência social pretende ter um valor prático. Ela busca encontrar meios para fins determinados. E, para tanto, deve compreender os fins. Pouco importa saber se os fins são "dados" de maneira diferente da dos meios; o fim e os meios pertencem conjuntamente a uma mesma ordem; portanto, "o fim e os meios pertencem à mesma ciência"[9]. Se houvesse um conhecimento genuíno dos fins, ele naturalmente esclareceria toda investigação dos meios. Não haveria razão para delegar o conhecimento dos fins à filosofia social e a investigação dos meios a uma ciência social independente. Se estivesse baseada num conhecimento genuíno dos fins verdadeiros, a ciência social procuraria os meios apropriados a esses fins; ela acabaria produzindo juízos de valor objetivos e específicos atinentes às di-

---

pp. 417-8, 476-7, 482. Sobre a conexão entre a redução da ciência social ao estudo dos fatos e a crença na autoridade da ciência natural, ver *Soziologie und Sozialpolitik*, p. 478.

8. *Wissenschaftslehre*, pp. 32, 40 n., 127 n., 148, 401, 470-1, 501, 577.

9. Aristóteles, *Física*, 194ª26-7.

retrizes políticas. A ciência social seria verdadeiramente uma ciência do fazer político – para não dizer uma ciência arquitetônica –, em vez de uma simples fornecedora de dados para os efetivos agentes políticos. A verdadeira razão pela qual Weber insistiu no caráter eticamente neutro da ciência social, bem como da filosofia social, não foi sua crença na oposição fundamental entre Ser e Dever Ser, mas acreditar que não pode haver um conhecimento genuíno do Dever Ser. Ele negava ao homem qualquer ciência empírica ou racional, qualquer conhecimento científico ou filosófico, do sistema verdadeiro de valores: o sistema verdadeiro de valores não existe; há uma variedade de valores do mesmo nível, cujas pretensões estão em conflito umas com as outras e cujo conflito não pode ser solucionado pela razão humana. A ciência social ou a filosofia social não pode fazer mais do que elucidar esse conflito e todas as suas implicações; a solução tem de ser deixada a cargo da decisão livre, não racional, de cada indivíduo.

Afirmo que a tese de Weber leva necessariamente ao niilismo ou à concepção de que toda preferência, por mais malfazeja, vil ou insana que seja, deve ser julgada pelo tribunal da razão como tão legítima quanto qualquer outra preferência. Um sinal inequívoco dessa necessidade é dado por uma formulação de Weber sobre as perspectivas futuras da civilização ocidental. Ele viu a seguinte alternativa: ou uma renovação espiritual ("profetas inteiramente novos ou um poderoso renascimento de pensamentos e ideais antigos"), ou então uma "petrificação mecanizada, lustrada por um tipo de vaidade convulsiva", isto é, a extinção de toda possibilidade humana, exceto a de "especialistas sem alma nem visão e de voluptuosos sem coração". Diante dessas alternativas, Weber percebeu que a decisão a favor de uma ou outra possibilidade corresponderia a um juízo de valor e de fé e ultrapassaria, portanto, a competência da razão[10]. Seria admitir que o modo de vida de "especialistas sem alma nem visão e de voluptuosos sem coração" é tão defensável quanto os modos de vida recomendados por Amós ou por Sócrates.

Para que se veja isso mais claramente e se veja ao mesmo tempo por que Weber pôde ocultar de si mesmo a consequência niilista de sua doutrina de valores, precisamos seguir o seu pensamento passo a passo. Ao seguirmos esse movimento até os seus últimos desdobramentos, teremos inevitavelmente atingido um ponto para além do qual a sombra de Hitler começa a obscurecer a cena. Infelizmente, não é de todo inútil dizer que, ao longo de nosso exame, devemos evitar a falácia que nas últimas décadas tem sido frequentemente usada como um substituto da *reductio ad absurdum*: a *reductio ad Hitlerum*. Uma concepção não é refutada pelo fato de ela ter sido partilhada por Hitler.

De início, Weber buscou conciliar as teses de Kant, tal como compreendidas por alguns neokantianos, com as da escola histórica. Dos neokantianos ele herdou sua noção geral do caráter da ciência, bem como da ética "individual". Consequentemente, acabou por rejeitar o utilitarismo e qualquer forma de eudemonismo. Da escola histórica ele herdou a concepção de que nenhuma ordem social ou cultural pode ser considerada *a* ordem certa ou racional. Ele combinou as duas posições por meio da distinção entre obrigações morais (ou imperativos éticos) e valores culturais. As obrigações morais apelam à nossa consciência, ao passo que os valores culturais concernem

---

10. Comparar *Religionssoziologie*, I, 204, com *Wissenschaftslehre*, pp. 469-70 e 150-1.

aos nossos sentimentos: o indivíduo deve cumprir os seus deveres morais, embora o seu desejo de realizar ou não os ideais culturais dependa inteiramente da sua vontade arbitrária. Os ideais e valores culturais são desprovidos do caráter especificamente obrigatório dos imperativos morais. Tais imperativos têm uma dignidade própria que Weber parecia muito preocupado em reconhecer. Mas é precisamente por causa da diferença fundamental entre obrigações morais e valores culturais que a ética propriamente dita silencia sobre as questões culturais e sociais. Enquanto os cavalheiros, ou os homens honestos, estão necessariamente de acordo sobre as coisas atinentes à moral, é legítimo que estejam em desacordo quando se trata da arquitetura gótica, da propriedade privada, da monogamia, da democracia, entre outras questões[11].

Somos levados assim a pensar que Weber admitia a existência de normas racionais absolutamente obrigatórias, a saber, os imperativos morais. Porém, logo em seguida vemos que o que ele disse sobre as obrigações morais não passa de resíduo da tradição na qual foi criado e que, de fato, nunca deixou de determiná-lo pessoalmente. O que ele realmente pensava é que os imperativos éticos são tão subjetivos quanto os valores culturais. De acordo com Weber, é tão legítimo rejeitar a ética em nome de valores culturais quanto rejeitar os valores culturais em nome da ética, ou adotar qualquer combinação não contraditória de ambos os tipos de norma[12]. Essa decisão foi

---

11. *Politische Schriften*, p. 22; *Religionssoziologie*, I, 33-5; *Wissenschaftslehre*, pp. 30, 148, 154, 155, 252, 463, 466, 471; *Soziologie und Sozialpolitik*, p. 418.

12. *Wissenschaftslehre*, pp. 38, n. 2, 40-1, 155, 463, 466-9; *Soziologie und Sozialpolitik*, p. 423.

a consequência inevitável da sua noção de ética. Para conseguir conciliar a sua concepção de uma ética que silencia sobre a ordem social justa, com a inegável importância ética das questões sociais, ele teve de "relativizar" a ética. Foi com base nisso que desenvolveu o seu conceito de "personalidade" ou da dignidade do homem. O verdadeiro sentido de "personalidade" depende do verdadeiro sentido de "liberdade". Provisoriamente, podemos dizer que a ação humana é livre na medida em que não é afetada por coações externas nem por emoções irresistíveis, sendo guiada, antes, por um exame racional dos meios e dos fins. Todavia, a verdadeira liberdade requer a existência de fins determinados, e esses fins têm de ser adotados de alguma maneira. Os fins devem ancorar-se em valores últimos. A dignidade do homem, o que o eleva muito acima de qualquer coisa meramente natural ou muito além de todos os seres brutos, consiste em conceber autonomamente os seus valores últimos, em fazer desses valores os seus fins constantes e escolher racionalmente os meios adequados a esses fins. A dignidade do homem está na sua autonomia, isto é, em determinar livremente seus próprios valores, seus próprios ideais, ou obedecer à máxima: "torna-te aquilo que tu és"[13].

Nesse estágio, conserva-se algo que ainda se assemelha a uma norma objetiva, a um imperativo categórico: "tu terás ideais". Mas esse imperativo é "formal"; não determina de forma alguma o conteúdo dos ideais, embora ainda pareça estabelecer um padrão inteligível, não arbitrário, que nos permitiria fazer uma distinção responsável entre a excelência e a depravação humanas. A partir daí talvez ainda fosse possível a criação de uma

---

13. *Wissenschaftslehre*, pp. 38, 40, 132-3, 469-70, 533-4, 555.

confraria universal de almas nobres, de todos os homens que não se deixam escravizar por seus apetites, por suas paixões nem por seus interesses egoístas, uma irmandade de "idealistas" – de todos aqueles que podem com justiça estimar e respeitar uns aos outros. Isso, porém, é apenas ilusão. Aquilo que, num primeiro momento, tem a aparência de uma igreja invisível revela-se como uma guerra de todos contra todos ou, antes, um pandemônio. A formulação que Weber dá ao seu imperativo categórico é "segue teu demônio" ou, ainda, "segue teu deus ou demônio". Seria injusto de nossa parte repreendê-lo por negligenciar a possibilidade dos maus demônios, embora ele possa ser culpado por subestimá-los. Se tivesse pensado apenas nos bons demônios, seria obrigado a admitir um critério objetivo que, em princípio, lhe permitiria diferenciar os bons demônios dos maus. Mas seu imperativo categórico, a bem dizer, significa "segue teu demônio, quer seja bom, quer mau". Há um conflito insolúvel e fatal entre os diversos valores que o homem pode escolher. O Deus que um acredita seguir, outro considera, com igual direito, o Diabo. Desse modo, o imperativo categórico tem de ser formulado da seguinte maneira: "Segue Deus ou o Diabo, como te convier, mas, qualquer que seja a tua escolha, faze-a de todo o coração, com toda a tua alma e com todo o teu poder."[14] Nesse sentido, o que é absolutamente vil é seguir os próprios apetites, paixões, egoísmo; é permanecer morno ou indiferente diante dos ideais ou dos valores, dos deuses bem como dos demônios.

O "idealismo" de Weber, isto é, o fato de admitir todas as finalidades "ideais" e todas as "causas", parece au-

---

14. *Ibid.*, pp. 455, 466-9, 546; *Politische Schriften*, pp. 435-6.

torizar uma distinção não arbitrária entre excelência e baixeza ou depravação. Ao mesmo tempo, tem-se o imperativo "segue Deus ou o Diabo", o que significa, numa linguagem não teológica, "lute resolutamente pela excelência ou pela baixeza". Pois se Weber quis dizer que a escolha do sistema de valores A, de preferência ao sistema de valores B, é compatível com um respeito genuíno por B, ou que tal escolha não implica a rejeição de B como algo vil, então é impossível que ele soubesse do que estava falando quando tratou da escolha entre Deus e o Diabo – é certo que, embora falando de um conflito mortal, ele se referia a uma simples diferença de gostos. Parece então que, aos olhos de filósofo social de Weber, a excelência e a baixeza perderam completamente o seu significado primeiro. A excelência significa, a partir de então, a devoção a uma causa, seja boa ou má, e a baixeza, a indiferença para com todas as causas. Entendidas assim, a excelência e a baixeza situam-se numa ordem superior; elas pertencem a uma dimensão que ultrapassa em muito a da ação. E só podem ser percebidas após nos libertarmos completamente do mundo em que precisamos tomar decisões, ainda que se apresentem como anteriores a toda decisão. Elas são o correlato de uma atitude puramente teórica diante do mundo da ação, de uma atitude que exige igual respeito por todas as causas; mas o respeito em questão só é possível para aquele que não se devota a nenhuma causa. Ora, se a excelência é a devoção a uma causa, e a baixeza, indiferença a todas as causas, a atitude teórica para com todas as causas teria de ser qualificada como baixa. Não surpreende, pois, que Weber tenha sido levado a questionar o valor da teoria, da ciência, da razão, do reino do espírito e, com isso, dos imperativos morais e dos valores culturais. Foi obrigado a conferir àquilo que chamava de "valores puramente 'vitais'" a mesma dignidade que às obrigações morais e aos valores culturais. Os "valores puramente 'vitais'" podem ser considerados inteiramente pertencentes à "esfera da individualidade de cada um", vale dizer, algo puramente pessoal que de modo algum justifica uma causa. Não se trata, pois, de valores propriamente falando. Weber sustentava, explicitamente, que é perfeitamente legítimo adotar uma atitude hostil para com todos os valores e ideais, sejam impessoais, sejam suprapessoais, e, nesse sentido, para com tudo aquilo que concerne à "personalidade" ou dignidade do homem, tal como definimos anteriormente; pois, de acordo com ele, há apenas uma maneira de se tornar uma "personalidade", a saber, devotar-se absolutamente a uma causa. No momento em que se confere aos valores "vitais" uma importância igual à dos valores culturais, o imperativo categórico "tu terás ideais" transforma-se em "tu viverás apaixonadamente". A baixeza deixa de significar indiferença em relação a qualquer dos grandes fins incompatíveis da humanidade, assumindo-se como o estado de quem está absorto no conforto e prestígio pessoais. Mas com que direito, senão aquele conferido por nosso capricho arbitrário, podemos rejeitar o modo de vida do filisteu em nome de valores "vitalistas", se podemos rejeitar as obrigações morais em nome desses mesmos valores? Foi por reconhecer tacitamente a impossibilidade de deter-se nesse caminho perigoso que Weber admitiu com franqueza que é só por um juízo subjetivo de fé ou de valor que se podem tomar "os especialistas sem alma e visão e os voluptuosos sem coração" como seres humanos degradados. A formulação final do princípio ético de Weber seria assim "tu terás preferências" – um

Dever-Ser cujo cumprimento está completamente garantido pelo Ser[15].

Ao que parece, resta apenas um último obstáculo para o caos completo. Quaisquer que sejam as minhas preferências, devo agir racionalmente: devo ser honesto comigo mesmo, coerente na minha adesão aos meus objetivos fundamentais e escolher racionalmente os meios necessários aos meus fins. Mas por quê? Que importância isso ainda pode ter, já que fomos reduzidos a considerar as máximas do voluptuoso sem coração, bem como as do filisteu sentimental, tão defensáveis quanto as do idealista, do cavalheiro, ou do santo? Não podemos levar a sério essa insistência tardia na responsabilidade e na sanidade, essa preocupação incoerente com a coerência, esse louvor irracional da racionalidade. Afinal, não seria mais fácil pleitear a causa da incoerência do que defender, como Weber, a escolha de valores culturais de preferência aos imperativos morais? No momento em que se declara legítimo adotar os valores "vitais" como valores supremos, não está necessariamente compreendida aí a depreciação de todas as formas de racionalidade? Provavelmente Weber teria insistido na necessidade de cada um ser honesto, quaisquer que sejam suas preferências; ser honesto pelo menos consigo próprio e, principalmente, não incorrer na tentativa desonesta de fazer passar por objetivo o fundamento que é dado às suas preferências pessoais, o que seria necessariamente um fundamento fraudulento. Mas se assim o fizesse, Weber teria sido apenas incoerente. Pois, para ele, é igualmente legítimo querer ou não querer o verdadeiro, rejeitando-o,

---

15. *Wissenschaftslehre*, pp. 61, 152, 456, 468-9, 531; *Politische Schriften*, pp. 443-4.

se for o caso, em favor do belo ou do sagrado[16]. E por que não preferir as ilusões agradáveis ou os mitos edificantes à verdade? A atenção que Weber dispensa à "autodeterminação racional" e à "honestidade intelectual" é um traço de seu caráter, sem outra base senão sua preferência irracional pela "autodeterminação racional" e pela "honestidade intelectual".

O niilismo a que conduz a tese de Weber pode ser chamado de "niilismo nobre". Pois ele não é fruto de uma indiferença primordial para com tudo o que é nobre, mas da intuição, suposta ou verdadeira, de que nada que se considera nobre tem base real. Contudo, só se pode estabelecer a distinção entre o niilismo nobre e o baixo na medida em que se tem algum conhecimento do nobre e do baixo. Ora, tal conhecimento transcende o niilismo. Para que se possa qualificar de nobre o niilismo weberiano é preciso antes romper com o seu posicionamento.

Poder-se-ia fazer a seguinte objeção à apreciação anterior. O que Weber realmente pretendia não pode ser expresso de forma alguma em termos de "valores" ou "ideais"; e a sentença "torna-te o que tu és", isto é, "escolhe teu destino", exprime melhor o sentido de suas concepções. Segundo essa interpretação, Weber rejeitou as normas objetivas por serem incompatíveis com a liberdade humana ou com a possibilidade de agir. Deixemos em aberto se tal razão para a rejeição das normas objetivas é cabível ou se essa interpretação das posição weberiana evita a consequência niilista. Basta frisar que, para aceitá-la, seria preciso romper com as noções de "valor" e "ideal" sobre as quais a doutrina efetiva de Weber é erigida; ora, é a doutrina efetiva, e não a possível inter-

---

16. *Wissenschaftslehre*, pp. 60-1, 184, 546, 554.

pretação mencionada, que domina a ciência social hoje em dia.

Muitos cientistas sociais de nossa época parecem ver o niilismo como um inconveniente menor, que os sábios suportariam com serenidade, já que tal é o preço a ser pago para obtenção daquele bem superior, qual seja, uma ciência social verdadeiramente científica. Eles parecem satisfazer-se com quaisquer descobertas científicas, ainda que estas possam ser não mais do que "verdades estéreis que não geram nenhuma conclusão" e as conclusões geradas não passem de juízos de valor puramente subjetivos ou de preferências arbitrárias. Temos de considerar, portanto, se a ciência social, como uma investigação puramente teórica, que conduz, ainda assim, à compreensão dos fenômenos sociais, pode se constituir com base na distinção entre fatos e valores.

Lembremo-nos mais uma vez da afirmação de Weber sobre as perspectivas da civilização ocidental. Conforme observamos, Weber vislumbrou a seguinte alternativa: ou uma renovação espiritual ou a "petrificação mecanizada", isto é, a extinção de toda possibilidade humana, exceto a de "especialistas sem alma nem visão e de voluptuosos sem coração". E concluiu: "Mas ao fazer essa afirmação, adentramos a província dos juízos de valor e de fé, com os quais nossa apresentação puramente histórica não se deve onerar." Para o historiador ou cientista social, portanto, não é conveniente – não é permitido – descrever fielmente certo tipo de vida como um vazio espiritual, nem descrever, tais como são, os especialistas sem visão e os voluptuosos sem coração. Mas isso não é um absurdo? Não será o dever mais manifesto do cientista social apresentar honesta e fielmente os fenômenos sociais? Como podemos oferecer uma explicação causal do fenômeno social se, antes de tudo, não o encararmos tal como é? Não percebemos a petrificação ou o vazio espiritual quando os vemos? E se alguém é incapaz de perceber fenômenos desse tipo, não se trata de alguém, por essas mesmas razões, desqualificado para ser um cientista social, como o seria um cego para analisar uma pintura?

Weber estava particularmente interessado na sociologia da ética e da religião. Essa sociologia pressupõe uma distinção fundamental entre o *"ethos"* e as "técnicas de vida" (ou regras "prudenciais"). O sociólogo deve, então, ser capaz de reconhecer um *"ethos"* naquilo que tem de característico; deve pressenti-lo, apreciá-lo, conforme Weber admitia. Mas será que tal apreciação não implica necessariamente um juízo de valor? Será que ela não envolve a constatação de que determinado fenômeno constitui um *"ethos" genuíno*, e não uma *mera* "técnica de vida"? Não seria ridicularizado um homem que afirmasse ter escrito uma sociologia da arte mas que tivesse escrito, na realidade, uma sociologia do lixo? O sociólogo da religião deve distinguir os fenômenos que têm um caráter religioso dos fenômenos desprovidos de caráter religioso. Para tanto, é preciso que ele saiba, que compreenda o que é a religião. Ora, contrariamente ao que Weber afirmou, tal compreensão o habilita e o obriga a diferenciar a religião genuína da religião espúria, as religiões superiores das religiões inferiores: são superiores as religiões em que as motivações especificamente religiosas são mais eficazes. Ou diremos que o sociólogo tem o direito de constatar a presença ou a ausência da religião ou do *"ethos"* – o que seria pura observação fatual –, contanto que não ouse se pronunciar sobre o seu grau de intensidade, isto é, sobre o grau hierárquico dessa religião particular ou *"ethos"* que está estudando? O sociólogo da religião não teria como deixar de notar a diferença entre aqueles que tentam obter a graça de seus deuses adulando-os e aliciando-os e aqueles que a buscam mediante uma mudança profunda de pensamento. Será possível que ele veja essa diferença sem ver, ao mesmo tempo, a diferença de qualidade que isso implica, isto é, a diferença entre uma atitude mercenária e uma atitude desinteressada? Será que ele não se vê obrigado a constatar que a tentativa de aliciar os deuses é o mesmo que tentar ser o senhor ou o patrão dos deuses, e que há uma incongruência fundamental entre essas tentativas e aquilo que os homens intuem quando falam dos deuses? Na verdade, toda a sociologia da religião de Weber depende de distinções como as que ele traça entre "ética da intenção" e "formalismo eclesiástico" (ou "máximas petrificadas"); pensamento religioso "sublime" e "pura feitiçaria"; "a fonte original de uma intuição realmente profunda, e não apenas em aparência" e "um labirinto de imagens totalmente desprovidas de intuição e exclusivamente simbólicas"; a "imaginação plástica" e o "pensamento livresco". Sua obra não seria meramente obtusa, mas também absolutamente desprovida de sentido, se não falasse quase constantemente de quase todas as virtudes e vícios intelectuais e morais de uma forma adequada, isto é, segundo a linguagem do louvor e da censura. Digo isto tendo em mente expressões como "grandes personagens", "incomparável grandeza", "perfeição inexcedível", "pseudossistematicidade", "lassidão indubitavelmente produzida pela decadência", "absolutamente desprovido de qualidades artísticas", "explicações engenhosas", "produto da alta cultura", "interpretação majestosa e incomparável", "poder, plasticidade e precisão de formulação", "caráter sublime das exigências éticas", "perfeita coerência interna", "noções rudes e abstrusas", "beleza varonil", "convicção sincera e profunda", "feito impressionante", "obras de arte de primeira grandeza". Weber dispensou alguma atenção à influência do puritanismo sobre a poesia, a música e assim por diante. E constatou que essas artes sofreram um efeito negativo do puritanismo. Tal fato (se é que é um fato) deve sua relevância exclusivamente à particularidade de que um impulso genuinamente religioso de ordem superior foi a causa da decadência da arte, isto é, do "esgotamento" de uma arte outrora genuína e elevada. É claro que ninguém em sã consciência dispensaria de bom grado a mínima atenção a um caso em que uma superstição enfraquecida tenha causado a produção de um lixo qualquer. No caso estudado por Weber, porém, a causa era uma religião genuína e elevada, e o efeito, a decadência da arte: tanto a causa quanto o efeito só se deixam apreender a partir de juízos de valor, que são diferentes da mera referência a valores. Weber teve de escolher entre a cegueira diante dos fenômenos e os juízos de valor. Nas qualidades de praticamente cientista social, ele soube escolher com sabedoria[17].

A proibição de juízos de valor na ciência social teria como consequência a permissão para oferecermos uma descrição estritamente factual de atos manifestos que poderiam ser observados em campos de concentração e, talvez, uma análise igualmente factual da motivação dos atores envolvidos, mas não poderíamos falar de crueldade. Qualquer leitor de uma descrição desse tipo, que não fosse completamente estúpido, veria, é claro, que as ações descritas são cruéis. A descrição factual seria, na verdade, uma sátira amarga. Aquilo que pretendia ser um re-

---

17. *Ibid.*, pp. 380, 462, 481-3, 486, 493, 554; *Religionssoziologie*, I, pp. 33, 82, 112 n., 185 ss., 429, 513; II, 165, 167, 173, 242 n., 285, 316, 370; III, 2 n., 118, 139, 207, 209-10, 221, 241, 257, 268, 274, 323, 382, 385 n.; *Soziologie und Sozialpolitik*, p. 469; *Wirtschaft und Gesellschaft*, pp. 240, 246, 249, 266.

lato objetivo tornar-se-ia um relato notavelmente cheio de rodeios. O escritor suprimiria deliberadamente o seu conhecimento mais apurado ou, para usar o termo favorito de Weber, cometeria um ato de desonestidade intelectual. Ou ainda, para não desperdiçarmos nossa artilharia moral com coisas que não valem a pena, o processo inteiro lembra uma brincadeira de criança, em que você perde se pronunciar determinadas palavras a que seus parceiros constantemente o incitam. Weber, como todos aqueles que já refletiram seriamente sobre as questões sociais, não se furtou a falar de avareza, ganância, falta de escrúpulos, vaidade, devoção, senso de proporção e coisas semelhantes, ou seja, não se furtou a fazer juízos de valor. Ele expressou indignação contra pessoas que não viam a diferença entre Gretchen e uma prostituta, isto é, que ficavam indiferentes à nobreza de sentimento presente numa e ausente noutra. O que Weber pretendia dizer pode ser enunciado da seguinte maneira: a prostituição é reconhecidamente um tema da sociologia; mas este tema não pode ser considerado se o caráter degradante da prostituição não for simultaneamente levado em conta. Se o fato "prostituição" é considerado algo diferente de uma abstração arbitrária, isso quer dizer que um juízo de valor já foi emitido. O que seria da ciência política se não lhe permitissem tratar de fenômenos tais como a estreiteza do espírito partidário, a oligarquia eleitoral, os grupos de pressão, a prática política do estadista, a corrupção e mesmo a corrupção moral, ou seja, fenômenos que são, por assim dizer, constituídos de juízos de valor? Colocar aspas nos termos que designam essas coisas é um subterfúgio infantil que torna qualquer um capaz de falar sobre questões importantes, recusando--se, porém, a ver os princípios sem os quais não pode haver questões importantes – um subterfúgio que não tem outra finalidade senão a de combinar as vantagens do senso comum com a recusa do mesmo senso comum. Ora, será que podemos, por exemplo, dizer algo pertinente sobre as pesquisas de opinião pública, sem nos darmos conta do fato de que muitas das respostas aos questionários são dadas por pessoas ignorantes, desinformadas, trapaceiras e desarrazoadas, sendo que não poucas questões são também formuladas por pessoas desse calibre – é possível dizer algo pertinente sobre pesquisas de opinião pública sem incorrer numa sucessão de juízo de valor?[18]

Tomemos um exemplo discutido longamente pelo próprio Weber. O cientista político ou historiador tem por função, por exemplo, explicar a conduta de estadistas e generais, isto é, ele deve identificar as causas das suas ações. Nesse sentido, ele não pode deixar de se perguntar se a ação em questão foi provocada por um exame racional de meios e fins ou por motivos afetivos, por exemplo. Para tal propósito, ele deve construir o modelo de uma ação perfeitamente racional nas circunstâncias determinadas. Apenas assim ele será capaz de verificar que fatores não racionais, caso existam, desviaram a ação do seu curso estritamente racional. Weber reconheceu que esse procedimento implica uma valoração: somos obrigados a dizer que o ator em questão cometeu esse ou aquele erro. Todavia, Weber argumentava que a construção do modelo e o juízo de valor subsequente sobre o desvio do modelo são apenas um estágio transitório no processo da explicação causal[19]. Como crianças bem-comportadas,

---

18. *Wissenschaftslehre*, p. 158; *Religionssoziologie*, I, 41, 170 n.; *Politische Schriften*, pp. 331, 435-6.
19. *Wissenschaftslehre*, pp. 125, 129-30, 337-8; *Soziologie und Sozialpolitik*, p. 483.

devemos quanto antes esquecer o que, num relance, não tínhamos como deixar de perceber, mas não devíamos ter percebido. Porém, em primeiro lugar, se ao mensurar objetivamente a ação de um estadista a partir do modelo de "ação racional conforme as circunstâncias" o historiador demonstra que o estadista fez uma besteira após outra, então ele emite um juízo de valor objetivo no sentido de que o estadista foi particularmente inepto. Em outro caso, o historiador emite, pelo mesmo procedimento, o juízo de valor igualmente objetivo segundo o qual um general exibiu desenvoltura, determinação e prudência excepcionais. É impossível compreender fenômenos desse tipo sem conhecer o padrão do juízo inerente à situação e admitido como ponto pacífico pelos próprios agentes; é igualmente impossível não recorrer ao padrão quando se valora. Em segundo lugar, pode-se aventar se aquilo que Weber considerava meramente incidental ou transitório – nomeadamente, a intuição sobre a loucura e a sabedoria, sobre a covardia e a coragem, sobre a barbárie e a humanidade, entre outras – não merece mais interesse do historiador do que qualquer explicação causal na esteira do pensamento weberiano. Quanto a saber se é preciso exprimir ou suprimir os inevitáveis e irrepreensíveis juízos de valor, a questão não está bem-posta. A bem dizer, trata-se de saber como eles devem ser expressos – "onde, por meio de quem e em relação a quem"; é uma questão, portanto, que não pertence à metodologia das ciências sociais, mas a outra jurisdição.

A ciência social só poderia evitar os juízos de valor na medida em que se mantivesse estritamente no limites de uma abordagem puramente histórica ou "interpretativa". O cientista social teria que se submeter, resignado, às interpretações em curso dadas aos temas que ele estuda. Estaria proibido de falar de "moral", de "religião", de "arte", de "civilização" e assim por diante quando interpretasse o pensamento dos povos ou das tribos que desconhecem tais noções. Por outro lado, teria que aceitar como moral, religião, arte, conhecimento, Estado etc. tudo aquilo que se pretende como moral, religião, arte etc. Com efeito, existe uma sociologia do conhecimento para a qual tudo aquilo que se ostenta como conhecimento – mesmo que seja uma tolice notória – tem que ser aceito como tal pelo sociólogo. O próprio Weber associou os tipos de governo legítimo com as definições que lhe são dadas. Mas com essa limitação corremos o risco de sermos vítimas de qualquer impostura, ou autoengano, por parte dos povos estudados; essa limitação penaliza toda atitude crítica e, com ela, a ciência social perde todo seu valor. A interpretação que um general obtuso dá sobre sua conduta não pode ser aceita pelo historiador político; e a interpretação que um versejador imbecil dá sobre sua obra não pode ser aceita pelo historiador da literatura. O cientista social não se pode dar por satisfeito com a interpretação de determinado fenômeno aceita pelo grupo dentro do qual o fenômeno ocorre. Será que os grupos são menos suscetíveis ao engano do que os indivíduos? Foi fácil para Weber fazer a seguinte exigência: "A única coisa que importa [para determinar uma qualidade carismática] é o modo como o indivíduo é realmente considerado por aqueles que estão sujeitos à autoridade carismática, pelos seus 'seguidores' ou 'discípulos.'" Oito linhas depois, lemos: "Outro estilo [de líder carismático] é o de Joseph Smith, o fundador da seita dos mórmons. Mas não é fácil classificá-lo assim com uma certeza absoluta, já que existe a possibilidade de que ele tenha sido um impostor muito sofisticado", isto é, que ele apenas fingia ter um carisma. Seria injusto aqui insistir no fato de que o original em alemão é, para dizer o mínimo, muito menos explícito e enfático que a tradução inglesa; pois o problema implicitamente levantado pelo tradutor – a diferença entre o carisma genuíno e a impostura, entre profetas verdadeiros e pseudoprofetas, entre líderes genuínos e charlatães bem-sucedidos – não pode ser escamoteado[20]. O sociólogo não pode ser obrigado a acatar as ficções jurídicas que determinado grupo jamais ousou considerar como tais; é forçoso que ele estabeleça a distinção entre o modo como determinado grupo efetivamente concebe a autoridade, por meio da qual é governado, e o caráter verdadeiro da autoridade em questão. Por outro lado, uma abordagem estritamente histórica, que se limita a compreender os povos como eles próprios se compreendem, pode ser muito profícua quando mantida no seu devido lugar. Ao percebermos isso, conseguimos apreender um motivo legítimo para exigir que as ciências sociais não pronunciem juízos de valor.

Hoje, é comum dizer que o cientista social não deve julgar outras sociedades a partir dos padrões da sua própria sociedade. O seu orgulho está em não louvar nem censurar, mas em compreender. Ora, ele não pode compreender sem um esquema conceitual ou um quadro de referência. Mas é muito provável que o seu quadro de referência seja tão somente o reflexo da maneira como a sua própria sociedade se compreende em sua época. De modo que ele interpretará sociedades diferentes da sua em termos que lhes são completamente estranhos. Obrigará essas sociedades a se deitarem no leito de Procusto do seu esquema conceitual. Ele não as compreenderá tal como elas se compreendem. Visto que a interpretação que uma

---

20. *The Theory of Social and Economic Organization* (Oxford University Press, 1947), pp. 359, 361; comparar *Wirtschaft und Gesellschaft*, pp. 140-1, 753.

sociedade dá a si mesma é um elemento essencial da sua existência, ele não a compreenderá tal como ela é realmente. E como não se pode compreender bem a sua própria sociedade sem compreender as outras, ele não será capaz, na verdade, de sequer compreender a sua. Resta-lhe, assim, compreender várias sociedade do passado e do presente, ou algumas "partes" significativas dessas sociedades, exatamente como elas se compreendem ou se compreenderam. Dentro dos limites puramente históricos e, desse modo, meramente preparatórios, ou como expedientes auxiliares, esse tipo de objetividade que implica a renúncia às valorações mostra-se legítimo e até mesmo indispensável sob qualquer ponto de vista. Mais particularmente, quando se trata de uma doutrina, parece-nos evidente que não podemos julgar sua validade nem explicá-la em termos sociológicos ou outros, antes de tê-la compreendido exatamente do mesmo modo que o seu criador.

É curioso que Weber, tão aficionado por esse tipo de objetividade que proscreve os juízos de valor, quase não enxergasse a esfera que pode ser considerada a morada – a única morada – da objetividade não valorativa. Ele constatou claramente que o esquema conceitual que utilizou estava vinculado à situação social do seu tempo. É fácil ver, por exemplo, que a distinção que ele faz entre os três tipos ideais de legitimidade (tradicional, racional e carismática) reflete a situação da Europa continental após a Revolução Francesa, quando o antagonismo entre os sobreviventes do Antigo Regime e os partidários da Revolução foi visto como o conflito entre a tradição e a razão. A patente inadequação desse esquema, que talvez fosse apropriado à situação do século XIX, embora dificilmente a qualquer outra, obrigou Weber a acrescentar legitimidade carismática aos dois tipos herdados de sua época. Mas esse acréscimo não eliminou a limitação básica inerente ao seu esquema, apenas a escondeu. O tipo carismático dava a impressão de que o esquema era, enfim, abrangente, mas, na verdade, nenhum acréscimo tinha como torná-lo abrangente, dada a sua origem provinciana: não era a reflexão abrangente sobre a natureza da sociedade política, mas simplesmente a experiência de duas ou três gerações que lhe havia dado sua orientação básica. Uma vez que Weber acreditava que todo esquema conceitual usado pela ciência social só pode ter validade efêmera, esse estado de coisas não o perturbou seriamente. Em particular, ele não se perturbou com o perigo de que a imposição de seu esquema por demais "datado" pudesse impedir a compreensão imparcial de situações políticas anteriores. Ele não se perguntou se o seu esquema era apropriado ao modo como, por exemplo, os protagonistas dos grandes conflitos políticos da história pensaram as causas desses conflitos, ou seja, à concepção que eles tinham dos princípios de legitimidade. E é fundamentalmente pela mesma razão que ele não hesitou em descrever Platão como um "intelectual", sem sequer considerar o fato de que a totalidade da obra de Platão pode ser descrita como uma crítica da noção de "intelectual". Ele não hesitou, pois, em considerar o diálogo entre atenienses e melianos, na *História* de Tucídides, como base suficiente para afirmar que "na pólis helênica da era clássica, o 'maquiavelismo' mais explícito era visto como algo natural em todos os sentidos e completamente intacável do ponto de vista ético". Para não falarmos de outros aspectos, ele não se perguntou como o próprio Tucídides pensara esse diálogo. Assim, não hesitou em escrever: "O fato de que os sábios do Egito veneravam a obediência, o silêncio e a ausência de prepotência como virtudes dos deuses teve sua origem na subordinação burocrática. Em Israel, porém, a origem está no caráter plebeu da clientela." De modo similar, sua explicação sociológica do pensamento hindu está baseada na premissa de que "qualquer tipo" de direito natural pressupõe a igualdade natural de todos os homens, ou até mesmo uma idade do ouro do começo ao fim dos tempos. Ou ainda, para tomarmos aquele que talvez seja o exemplo mais característico, quando discute a essência de um fenômeno histórico como o calvinismo, Weber afirma: quando dizemos que algo é a essência de um fenômeno histórico, entendemos por isso seja aquele aspecto do fenômeno que se considera ter um valor permanente, seja aquele outro aspecto por meio do qual o fenômeno em questão veio a exercer a maior influência histórica possível. Weber nem sequer menciona uma terceira possibilidade, que de fato é a primeira e a mais óbvia, nomeadamente: que a essência do calvinismo, por exemplo, precisaria ser identificada com aquilo que o próprio Calvino reivindicou como a essência, ou como a característica principal de sua obra[21].

Os princípios metodológicos de Weber estavam destinados a contaminar sua obra de maneira desfavorável. Ilustremos isso, numa breve consideração, com seu mais famoso ensaio histórico, o estudo sobre a ética protestante e o espírito do capitalismo. Weber sustenta que a teologia calvinista foi uma causa principal do espírito capitalista. Ele frisa que tal efeito não foi de forma alguma pretendido por Calvino, que ficaria chocado com isso, e – o que é mais importante – que o elo crucial da cadeia causal (uma interpretação peculiar do dogma da predes-

---

21. *Religionssoziologie*, I, 89; II, 136 n., 143-5; III, 232-3; *Wissenschaftslehre*, pp. 93-5, 170-3, 184, 199, 206-9, 214, 249-50.

tinação), embora rejeitado por Calvino, surgiu "bastante naturalmente" entre os discípulos e, sobretudo, entre o amplo estrato das massas calvinistas. Ora, se alguém fala de um ensinamento que tenha a importância daquele de Calvino, a simples referência aos "discípulos" e ao "comum dos mortais" implica um juízo de valor sobre essa interpretação do dogma da predestinação que eles adotaram: há uma grande chance de que os discípulos e os comuns dos mortais tenham incorrido em erro. O juízo de valor implícito em Weber está completamente justificado aos olhos de todos aqueles que compreenderam por inteiro a doutrina teológica de Calvino; a interpretação peculiar do dogma da predestinação, que por assim dizer levou ao surgimento do espírito capitalista, está baseada num mal-entendido radical da doutrina calvinista. Trata-se de uma corrupção dessa doutrina ou, na linguagem do próprio Calvino, uma interpretação carnal de um ensinamento espiritual. O máximo que Weber poderia razoavelmente gabar-se de ter demonstrado é, portanto, que a corrupção ou degeneração da teologia de Calvino acarretou o surgimento do espírito capitalista. Só através dessa delimitação decisiva a sua tese poderia se avizinhar, com alguma harmonia, dos fatos a que se refere. Mas ele não tinha como elaborar essa delimitação crucial porque impusera sobre si mesmo o tabu dos juízos de valor. Privando-se de um juízo de valor indispensável, foi obrigado a oferecer uma imagem factualmente incorreta do que havia acontecido. Pois o medo dos juízos de valor incitou-o a identificar a essência do calvinismo com o seu aspecto historicamente mais influente. Ele evitou instintivamente identificar a essência do calvinismo com aquilo que o próprio Calvino considerou essencial, já que a autointerpretação de Calvino atuaria naturalmente como um padrão pelo qual se julgariam objetivamente os calvinistas que se diziam seguidores de Calvino[22].

22. *Religionssoziologie*, I, 81-2, 103-4, 112. Dificilmente se pode dizer que o problema enunciado por Weber, no seu estudo sobre o espírito do capitalismo, foi solucionado. Para elaborar uma solução, seria preciso livrar tal problema da limitação particular que a formulação proposta por Weber devia ao seu "kantismo". Pode-se dizer que ele acertadamente identificou o espírito do capitalismo, no sentido de que a acumulação ilimitada do capital e o investimento dos lucros do capital são um dever moral, quiçá o dever moral mais elevado; ele acertadamente estabeleceu que esse espírito é característico do mundo ocidental moderno. Mas ele também disse que o espírito do capitalismo consiste em tomar a acumulação ilimitada do capital como um fim em si mesmo. Ele só pôde provar este último argumento reportando-se a impressões dúbias ou ambíguas. E foi obrigado a fazer essa afirmação porque considerava que o "dever moral" e o "fim em si mesmo" são idênticos. O seu "kantismo" obrigou-o também a separar qualquer vínculo entre "dever moral" e "bem comum". Ele foi obrigado a apresentar em sua análise do pensamento moral antigo uma distinção, não autorizada pelos textos, entre a justificação "ética" da acumulação ilimitada do capital e a sua justificação "utilitária". E, como consequência de sua noção peculiar de "ética", qualquer referência ao bem comum na literatura antiga tendia a se lhe apresentar como uma recaída num utilitarismo baixo. Pode-se aventar que nenhum escritor, afora os com problemas mentais, jamais justificou o dever ou o direito moral de adquirir ilimitadamente a partir de outra base que não aquela a serviço do bem comum. O problema da gênese do espírito capitalista é, pois, idêntico ao problema do surgimento da premissa menor: "mas a acumulação ilimitada de capital muito contribui para o bem comum". Pois a premissa maior, "devemos nos devotar ao bem comum ou ao amor ao próximo", não foi alterada pelo surgimento do espírito capitalista. A premissa maior é aceita tanto pela tradição filosófica quanto pela teológica. Nesse sentido, a questão que se coloca é qual a transformação ocorrida nessas tradições que causou o surgimento da mencionada premissa menor. Weber tinha para si de início que a causa deve ser procurada na transformação da tradição teológica, isto é, na Reforma. Todavia, ele só conseguiu identificar o espírito capitalista na Reforma ou, em particular, no calvinismo, pelo uso da "dialética histórica" ou por meio de construções psicológicas questionáveis. O máximo que se pode dizer é que ele identificou o espírito capi-

A rejeição de juízos de valor põe em risco a objetividade histórica. Em primeiro lugar, impede-nos de chamar as coisas pelos seus nomes. Em segundo lugar, porque compromete esse tipo de objetividade, que exige, legitimamente, a suspensão de valorações, nomeadamente, a

---

talista na corrupção do calvinismo. Tawney indicou, acertadamente, que o puritanismo capitalista analisado por Weber era um puritanismo tardio, um puritanismo que já estava em paz com "o mundo". Isto significa que o puritanismo em questão estava em paz com o mundo capitalista que já existia: o puritanismo em questão não é, portanto, a causa do mundo capitalista ou do espírito capitalista. Se não é possível identificar o espírito capitalista na Reforma, é preciso questionar se a premissa menor sob consideração não teria surgido pela transformação da tradição filosófica, distinta da transformação da tradição teológica. Weber considerava possível que a origem do espírito capitalista tivesse que ser procurada no Renascimento, mas, conforme ele corretamente fez notar, o Renascimento foi enquanto tal uma tentativa de restaurar o espírito da Antiguidade clássica, isto é, um espírito completamente diferente do espírito capitalista. O que ele não considerou de maneira suficiente é que ao longo do século XVI houve uma ruptura consciente com toda a tradição filosófica, uma ruptura que se deu no plano do pensamento puramente filosófico ou racional ou secular. Essa ruptura se originou com Maquiavel e prosseguiu com os ensinamentos morais de Bacon e Hobbes, pensadores cujos escritos antecederam em décadas os escritos dos compatriotas puritanos em que a tese de Weber se baseia. Talvez o máximo que se pode dizer é que o puritanismo, ao romper mais radicalmente com a tradição filosófica "pagã" (principalmente com o aristotelismo) do que o catolicismo e o luteranismo tinham conseguido, foi mais aberto à nova filosofia do que estes últimos. Com efeito, o puritanismo conseguiu se tornar um "mensageiro" muito importante, e talvez o mais importante, da nova filosofia, a um só tempo, natural e moral – de uma filosofia criada por homens oriundos de uma matriz completamente não puritana. Em suma, Weber superestimou a importância da revolução no âmbito da teologia e subestimou a importância da revolução no âmbito do pensamento racional. Uma atenção mais cuidadosa que a de Weber ao desenvolvimento puramente secular permitiria restaurar o vínculo, que ele arbitrariamente separou, entre o surgimento do espírito capitalista e o surgimento da ciência econômica (cf. também Ernst Troeltsch, *The Social Teaching of the Christian Churches* [1949], pp. 624 e 894).

objetividade da interpretação. O historiador que admite a impossibilidade dos juízos de valor objetivos não pode levar a sério o pensamento do passado, que se baseava na suposição de que os juízos de valor objetivos são possíveis, ou seja, praticamente todo o pensamento das gerações anteriores. Por saber de antemão que esse pensamento se baseava numa ilusão fundamental, falta ao historiador o incentivo necessário para procurar compreender o passado tal como este compreendeu a si mesmo.

Quase tudo o que dissemos até aqui foi necessário para removermos os obstáculos mais importantes à compreensão da tese central de Weber. Apenas agora podemos apreender o seu sentido preciso. Reconsideremos nosso último exemplo. O que Weber deveria ter dito é que a corrupção da teologia calvinista levou ao surgimento do espírito capitalista. Mas isso implicaria um juízo de valor objetivo sobre o calvinismo popular: os discípulos destruíram, sem o saber, aquilo que pretendiam preservar. Todavia, o juízo de valor em questão é de importância muito limitada. Ele não faz, de modo algum, uma avaliação antecipada do verdadeiro problema. Pois se admitirmos que a teologia calvinista foi algo ruim, então a sua corrupção foi algo bom. O que Calvino teria considerado uma compreensão "carnal" poderia, de outro ponto de vista, ser aprovado como uma compreensão "mundana" que levou à realização de coisas boas, como o individualismo secularizado e a democracia secularizada. Mas, mesmo desse último ponto de vista, o calvinismo popular pareceria uma posição impossível, um correlato, preferível, ainda assim, ao calvinismo propriamente dito pela mesma razão que se pode dizer que Sancho Pança é preferível a Dom Quixote. A rejeição do calvinismo popular é, portanto, inevitável de qualquer ponto de vista. Mas isso quer dizer tão somente que o verdadeiro problema só pode ser encarado depois de o calvinismo popular ter sido rejeitado: o problema religião *versus* irreligião, isto é, a religião genuína *versus* a irreligião nobre, que se distingue do problema da mera bruxaria, ou ainda o ritualismo mecânico *versus* a irreligião de especialistas sem visão e de voluptuosos sem coração. Eis o verdadeiro problema que, aos olhos de Weber, não pode ser solucionado pela razão humana, assim como ela é impotente diante do conflito entre diferentes religiões genuínas e superiores (por exemplo, o conflito entre o Dêutero-Isaías, Jesus e Buda). Desse modo, a despeito do fato de a ciência social depender completamente de juízos de valor, a ciência social, bem como a filosofia social, não pode resolver os conflitos de valor decisivos. De fato, é certo que já se emitiu um juízo de valor quando se fala de Gretchen e de uma prostituta. Mas é preciso confrontá-lo com uma atitude radicalmente ascética, que condena todo tipo de sexualidade, para mostrar o quão provisório ele é. Desse ponto de vista, a franca degradação da sexualidade por meio da prostituição pode parecer mais sã do que o disfarce da natureza verdadeira da sexualidade sob as vestes do sentimento e da poesia. De fato, é verdade que não se pode falar dos assuntos humanos sem reverenciar as virtudes intelectuais e morais e condenar os vícios intelectuais e morais. Mas isso não elimina a possibilidade de pensar que todas as virtudes humanas são, afinal, vícios esplêndidos. Seria absurdo negar que há diferença objetiva entre um general obtuso e um gênio estrategista. Mas se a guerra é absolutamente má, então essa diferença será da mesma ordem que aquela que distingue um ladrão atrapalhado de um gênio da ladroagem.

Parece então que o que Weber realmente pretendeu ao rejeitar os juízos de valor teria de ser expresso da seguinte forma: os objetos da ciência social são constituídos pela referência a valores. A referência a valores pressupõe a avaliação dos valores. Tal avaliação habilita e obriga o cientista social a valorar o fenômeno social, isto é, a fazer distinção entre o genuíno e o espúrio, o mais elevado e o mais baixo: a religião genuína e a religião espúria, os líderes genuínos e os charlatães, o conhecimento e as fábulas eruditas e especiosas, a virtude e o vício, a sensibilidade moral e a obtusidade moral, a arte e o lixo, a vitalidade e a degeneração etc. A referência a valores é incompatível com a neutralidade; jamais pode ser "puramente teórica". Mas a não neutralidade não significa necessariamente aprovação; pode também significar rejeição. Com efeito, visto que os diversos valores são incompatíveis entre si, a aprovação de um só valor específico implica necessariamente a rejeição de outro(s) valor(es). Apenas com base nessa aceitação ou rejeição de valores – de "valores últimos" – os objetos da ciência social vêm à baila. Em seguida, ao longo do trabalho posterior, a análise causal desses objetos, não fará nenhuma diferença se o estudioso aceitou ou rejeitou o valor em questão[23].

Seja como for, toda a noção weberiana do objetivo e da função das ciências sociais baseia-se na premissa supostamente demonstrável de que o conflito entre valores últimos não pode ser resolvido pela razão humana. Nesse sentido, a questão é saber se essa premissa foi realmente demonstrada ou se foi apenas postulada sob o impulso de alguma preferência moral específica.

Antes de tratar da demonstração da premissa básica que Weber nos propõe, encontramos dois fatos impressionantes. O primeiro é que Weber, que escreveu milhares de páginas, devotou pouco mais de trinta à discussão temática sobre a base que compreenderia a totalidade de

---

23. *Wissenschaftslehre*, pp. 90, 124-5, 175, 180-2, 199.

seu posicionamento. Mas por que essa base precisava tão pouco de provas? Por que ela lhe parecia tão autoevidente? Uma segunda observação nos oferece uma resposta provisória, que devemos considerar antes de qualquer análise de seus argumentos. Conforme ele indicou no início de sua discussão, a sua tese foi apenas uma versão generalizada de uma concepção mais antiga e difundida, qual seja, a de que o conflito entre a ética e a política é insolúvel: a ação política é, por vezes, impossível se não incorre numa culpabilidade moral. Parece, portanto, que foi o espírito da "política do poder" que engendrou a posição de Weber. Nada pode ser mais revelador do que o fato de, num contexto em que fala do conflito e da paz, Weber colocar a palavra "paz" entre aspas, sem tomar a mesma precaução ao falar do conflito. O conflito, ao contrário da paz, não tem nenhuma ambiguidade para Weber: a paz é um embuste, ao passo que a guerra é real[24].

A tese de Weber de que não há solução para o conflito entre valores é parte, ou consequência, da concepção abrangente de acordo com a qual a vida humana é essencialmente um conflito inescapável. Por isso "a paz e a felicidade universal" lhe pareciam um objetivo ilegítimo ou fantasioso. Mesmo que pudessem ser alcançadas, achava Weber, elas não são desejáveis; tratar-se-ia da condição dos "últimos homens que inventaram a felicidade", contra os quais Nietzsche dirigira sua "crítica devastadora". Se a paz é incompatível com a vida humana, ou com a vida verdadeiramente humana, o problema moral parece permitir uma solução clara: a natureza das coisas exige uma ética belicista para justificar uma "política do poder" exclusivamente orientada por considerações de interesse nacional; ou ainda, "o mais explícito maquiave-

---

24. *Ibid.*, pp. 466, 479; *Politische Schriften*, pp. 17-8, 310.

lismo [teria que ser] visto como algo natural em todos os aspectos e completamente inatacável do ponto de vista ético". Mas então estaríamos diante da situação paradoxal em que o indivíduo está em paz consigo mesmo enquanto o mundo é governado pela guerra. O mundo dilacerado em conflitos requer um indivíduo dilacerado em conflitos. A luta não lançaria raízes no indivíduo se ele não estivesse obrigado a negar o princípio mesmo da guerra: ele deve negar, como um mal ou um pecado, a guerra da qual não pode escapar e à qual deve se dedicar. Para que não exista paz em parte alguma é preciso mais do que simplesmente rejeitar a paz. Não basta reconhecê-la como o interlúdio necessário entre as guerras. É preciso que haja um dever absoluto que nos leve à paz universal ou à fraternidade universal; um dever em conflito com um dever, igualmente elevado, que nos leve a participar da "guerra eterna" pelo "espaço vital" de nossa nação. Mas tal não seria o conflito supremo se fosse possível se livrar da culpa. Weber não se pergunta se é possível falar de culpa quando se é forçado a se tornar culpado. Era preciso que a culpa fosse, aos seus olhos, necessária. Era preciso combinar a angústia acarretada pelo ateísmo (a ausência de toda redenção, de toda consolação) com a angústia acarretada pela religião revelada (o sentido opressivo da culpa). Sem essa combinação, a vida deixaria de ser trágica e perderia toda sua profundidade[25].

Weber dava como certa a inexistência de uma hierarquia de valores: todos os valores são equiparáveis. Ora, se é assim, um esquema social que satisfaça as exigências de dois valores é preferível àquele que não admite nenhum. No primeiro caso, do esquema abrangente,

---

25. *Politische Schriften*, pp. 18, 20; *Wissenschaftslehre*, pp. 540, 550; *Religionssoziologie*, I, 568-9.

poder-se-ia exigir de cada um dos dois valores o sacrifício de algumas de suas pretensões. Nesse caso, impõe-se a questão de saber se os esquemas extremos ou unilaterais não seriam tão bons quanto – ou melhores que – os esquemas aparentemente mais abrangentes. Para responder a essa questão é preciso saber se é possível adotar um dos dois valores, rejeitando-se injustificadamente o outro. Se for impossível, algumas concessões mútuas seriam impostas pela razão. O esquema ideal seria realizável apenas sob determinadas condições muito favoráveis, sendo que as condições efetivas, aqui e agora, podem ser muito desfavoráveis. Isso não retiraria a importância do esquema ideal, que permaneceria indispensável para julgar racionalmente os vários esquemas imperfeitos. Em particular, de forma alguma a sua importância seria afetada pelo fato de que, em determinadas situações, só é possível escolher entre dois esquemas igualmente imperfeitos. Por último, mas não menos importante, não se deve jamais ignorar, em todas as reflexões sobre essas questões, a importância geral do extremismo, por um lado, e da moderação, por outro, para a vida social. Weber rechaçou todas as considerações desse tipo, declarando que "o meio-termo não é nem um pouco mais cientificamente correto do que os ideais partidários extremos da direita e da esquerda", e que o meio-termo chega a ser inferior às soluções extremas por ser mais ambíguo[26]. A questão, obviamente, é saber se a ciência social não deve estar voltada para as soluções sensatas relativas aos problemas sociais e se a moderação não é mais sensata do que o extremismo. Por mais sensato que Weber tenha sido na política, por mais que tenha abominado a estreiteza de espírito do fanatismo partidário, como cientista

---

26. *Wissenschaftslehre*, pp. 154, 461.

social ele abordou os problemas sociais num estado de espírito que nada tinha em comum com o do estadista e que não podia ter nenhuma serventia prática, exceto a de encorajar a obstinação estreita. Sua fé inabalável na supremacia do conflito obrigou-o, no mínimo, a colocar no mesmo plano o extremismo e a conduta moderada.

Não podemos mais adiar nossa consideração sobre a tentativa de Weber de provar que os valores últimos estão absolutamente em conflito uns com os outros. Limitemo-nos à discussão de dois ou três exemplos[27]. O primeiro é

---

27. Embora Weber tenha se referido, muito frequentemente em termos gerais, a um número considerável de conflitos insolúveis entre valores, para provar a sua tese básica ele se limita, até onde podemos perceber, à discussão de três ou quatro exemplos. O exemplo que não será tratado no texto concerne ao conflito entre o erotismo e os valores por demais impessoais ou suprapessoais: uma relação erótica genuína entre homem e mulher pode ser considerada, "de certo ponto de vista", "o único caminho ou, de todo modo, como o mais majestoso caminho" para uma vida genuína; quando alguém se opõe, em nome de uma paixão erótica genuína, a toda santidade, a toda bondade, a todas as normas éticas ou estéticas, a tudo aquilo que pode ser valioso do ponto de vista da cultura ou da personalidade, a razão não pode senão se calar. O ponto de vista particular que autoriza ou favorece essa atitude não é, ao contrário do que se espera, o de Carmen, mas o de intelectuais que padecem de uma especialização ou "profissionalização" da vida. Para essas pessoas o "sexo fora do casamento pareceria a única ligação que ainda vincula o homem (que então abandonou completamente o ciclo da velha, simples e orgânica existência provinciana) à origem natural de toda vida". Talvez baste dizer aqui que as aparências podem ser enganosas. Somos forçados, todavia, a acrescentar que, de acordo com Weber, esse retorno tardio ao que há de mais natural no homem está estreitamente ligado àquilo que ele decidiu chamar de "die systematische Herauspräparierung der Sexualsphäre" (*Wissenschaftslehre*, pp. 468-9; *Religionssoziologie*, I, pp. 560-2). Ele assim provou, de fato, que o erotismo, tal como ele o compreendia, entra em conflito com "todas as normas estéticas"; mas ao mesmo tempo mostrou que a tentativa dos intelectuais de escapar da especialização pelo erotismo conduz apenas à especialização

o que ele utilizou para ilustrar o caráter da maioria dos problemas da política social. A política social é uma questão de justiça, mas as exigências sociais da justiça não podem ser, de acordo com Weber, decididas por nenhuma ética. Duas concepções opostas são igualmente legítimas e defensáveis. De acordo com a primeira concepção, muito se deve àquele que muito realiza ou contribui; de acordo com a segunda, muito se deve exigir daquele que muito pode realizar ou contribuir. Se adotada a primeira concepção, grandes oportunidades devem ser oferecidas ao indivíduo de grande talento. Se a segunda, tal indivíduo deve ser impedido de tirar proveito de suas grandes oportunidades. Não nos queixemos da falta de rigor com que Weber estabeleceu aquilo que considerava ser, muito estranhamente, uma dificuldade insuperável. Apenas observemos que ele não viu necessidade em justificar a primeira concepção. A segunda concepção, porém, parecia exigir um argumento explícito. De acordo com Weber, pode-se argumentar, como fez Babeuf, da seguinte maneira: a injustiça de uma distribuição desigual de habilidades mentais e a sensação gratificante de prestígio que acompanha a simples posse de talentos superiores deve ser compensada por medidas sociais destinadas a impedir que o talento individual tire proveito de suas grandes oportunidades. Antes que alguém diga que essa concepção é sustentável, seria preciso saber se faz sentido dizer que a natureza cometeu alguma injustiça ao distribuir desigualmente os seus talentos; se é um dever da sociedade remediar essa injustiça; e se a inveja tem direito de ser ouvida. Mas mesmo que se concedesse que a concep-

---

erótica (cf. *Wissenschaftslehre*, p. 540). Em outras palavras, ele provou que a sua visão de mundo erótica não é defensável diante do tribunal da razão humana.

ção de Babeuf, conforme enunciada por Weber, é tão defensável quanto a concepção oposta, quais seriam as consequências? Que temos de fazer escolhas cegas? Que temos de incitar os adeptos das concepções opostas a insistir em suas opiniões com toda a obstinação que puderem arregimentar? Se, conforme argumenta Weber, nenhuma solução é moralmente superior a outra, tem-se a consequência razoável de que a decisão deve ser transferida do tribunal da ética para o da conveniência ou da oportunidade. Mas, de maneira enfática, Weber excluiu da discussão desse problema quaisquer considerações sobre a oportunidade. Para que se reivindique em nome da justiça, declarou ele, a consideração sobre qual solução ofereceria os melhores "incentivos" está fora de questão. Mas será que não existe nenhuma relação entre a justiça e o bem da sociedade, entre o bem da sociedade e os incentivos para uma atividade socialmente valiosa? A bem dizer, se Weber tinha razão de sustentar que as duas visões opostas são igualmente defensáveis, a ciência social como ciência objetiva teria de estigmatizar como desajustado qualquer homem que insistisse em que apenas uma das concepções está em conformidade com a justiça[28].

Nosso segundo exemplo é o da suposta prova, pretendida por Weber, segundo a qual há um conflito insolúvel entre o que chama de "ética da responsabilidade" e "ética da intenção". De acordo com a primeira, a responsabilidade do homem estende-se às consequências previsíveis de seus atos, ao passo que, de acordo com a segunda, a responsabilidade limita-se à retidão intrínseca de suas ações. Para ilustrar a ética da intenção, Weber escolheu o exemplo do sindicalismo: o sindicalista não está

---

28. *Wissenschaftslehre*, p. 467.

preocupado com as consequências ou o sucesso de sua atividade revolucionária, mas com a sua própria integridade, com o preservar em si e despertar nos outros certa atitude moral e nada mais. Mesmo a certeza irrefutável de que, em determinada situação, a sua atividade revolucionária viria a destruir no futuro a própria existência dos trabalhadores revolucionários não seria um argumento válido contra o sindicalista convicto. O sindicalista convicto de Weber é uma construção *ad hoc*, como se vê na sua observação de que, se o sindicalista for coerente, o seu reino não é deste mundo. Em outras palavras, se ele fosse coerente, deixaria de ser sindicalista, ou seja, um homem que se preocupa com a libertação da classe trabalhadora neste mundo por meios exclusivos deste mundo. A ética da intenção, que Weber imputava ao sindicalismo, é na realidade uma ética alheia a todos os movimentos sociais ou políticos deste mundo. Conforme afirmou em outra passagem, no quadro da ação social propriamente dita, "a ética da intenção e a ética da responsabilidade não são polos absolutamente opostos, mas suplementares: a união de ambos constitui o ser humano genuíno". A ética da intenção que é incompatível com o que Weber um dia chamou de ética da autenticidade humana é determinada interpretação da ética cristã ou, em termos mais gerais, uma ética estritamente supramundana. Ao falar do conflito insolúvel entre a ética da intenção e a ética da responsabilidade, Weber queria dizer que a razão humana é impotente para resolver o conflito entre a ética mundana e a ética supramundana[29].

---

29. Para uma discussão mais adequada do problema da "responsabilidade" e da "intenção", confrontar Tomás de Aquino, *Summa theologica* i. 2. qu. 20, *a*. 5; Burke, *Present Discontents* (*The Works of Edmund Burke* ["Bohn's Standard Library"], I, 375-7); lorde Charnwood, *Abraham*

Weber estava seguro de que as normas objetivas não são possíveis quando a orientação está sob uma perspectiva estritamente mundana: só pode haver normas "absolutamente válidas" e, ao mesmo tempo, específicas quando se apoia na revelação. Todavia, ele nunca provou que a mente humana por si só é incapaz de alcançar normas objetivas, ou que a razão humana não pode solucionar o conflito entre diferentes doutrinas éticas mundanas. Ele apenas provou que a ética supramundana, ou antes, que certo tipo de ética supramundana, é incompatível com os padrões de excelência e de dignidade humana que a razão humana discerne com seus próprios recursos. Poderíamos dizer, sem temermos de forma alguma incorrer na irreverência, que o conflito entre a ética mundana e a ética supramundana não precisa ser uma preocupação séria para a ciência social. Conforme assinalou o próprio Weber, a ciência social busca compreender a vida social de um ponto de vista mundano. Ela é um conhecimento humano da vida humana. A sua luz é uma luz natural. Ela tenta encontrar soluções racionais ou razoáveis para os problemas sociais. Os conhecimentos e as soluções a que chega são passíveis de ser questionados a partir de um conhecimento supra-humano ou da revelação divina. Mas, conforme indicou Weber, a ciência social não pode, como tal, se dar conta desses questionamentos, visto que eles estão baseados em pressupostos que jamais podem ser evidentes à razão humana por si só. Caso aceitasse pressupostos desse tipo, a ciência social se transformaria numa ciência social judaica, cristã, islâmica,

---

Lincoln (Pocket Books ed.), pp. 136-7, 164-5; Churchill, *Marlborough*, VI, 599-600. *Wissenschaftslehre*, pp. 467, 475, 476, 546; *Politische Schriften*, pp. 441-4, 448-9, 62-3; *Soziologie und Sozialpolitik*, pp. 512-4; *Religionssoziologie*, II, 193-4.

budista ou alguma outra ciência social "sectária". Ademais, se os conhecimentos genuínos da ciência social podem ser questionados a partir da revelação, esta não se posiciona apenas acima da razão, mas contra ela. Weber não tinha nenhum escrúpulo em dizer que toda crença na revelação é, fundamentalmente, uma crença no absurdo. Se essa concepção de Weber – que, afinal, não era nenhuma autoridade teológica – é ou não compatível com uma crença inteligente na revelação, não nos cabe discutir aqui[30].

Admitida a legitimidade da ciência social ou da compreensão mundana da vida humana, a dificuldade depreendida por Weber parece ser irrelevante. Mas isso ele se recusou a admitir. Sustentou que a ciência ou a filosofia baseia-se, em última análise, não em premissas evidentes que estão à disposição do homem como homem, mas na fé. Ao admitir que apenas a ciência ou filosofia podem levar o homem a conhecer a verdade que lhe é facultado conhecer, ele se questionou se essa busca da verdade cognoscível é boa: a ciência e a filosofia, concluiu Weber, não podem responder a essa questão; elas são incapazes de justificar de maneira certa e clara a sua própria base. Não se discutiu a excelência da ciência ou a filosofia enquanto foi possível pensá-la como "o caminho para o ser verdadeiro", para a "verdadeira natureza" ou a "verdadeira felicidade". Mas essas expectativas mostraram-se ilusórias. Doravante, o único objetivo da ciência ou filosofia é determinar aquela parte muito limitada da verdade que é acessível ao homem. No entanto, a despeito dessa surpreendente mudança no caráter da ciência ou filosofia, a busca da verdade continua sendo vista como

---

30. *Wissenschafstlehre*, pp. 33, n. 2, 39, 154, 379, 466, 469, 471, 540, 542, 545-7, 550-4; *Politische Schriften*, pp. 62-3; *Religionssoziologie*, I, 566.

valiosa em si mesma, e não apenas com vistas aos seus resultados práticos – que, por sua vez, são de valor questionável: aumentar o poder do homem significa aumentar o seu poder tanto para o mal quanto para o bem. Quando se considera que a busca da verdade é valiosa por si mesma, o que se está admitindo é uma preferência desprovida de razões boas ou suficientes. Admite-se, pois, o princípio segundo o qual as preferências não necessitam de razões boas ou suficientes. Em consequência disso, os que valorizam a busca da verdade por si mesma podem perfeitamente considerar fins em si mesmos seja a compreensão da gênese de uma doutrina, seja a edição de um texto – seja até mesmo a elaboração de conjecturas para ajustar qualquer leitura deturpada de qualquer manuscrito: a busca da verdade tem a mesma dignidade de uma coleção de selos. Toda busca e todo capricho tornam-se igualmente defensáveis e legítimos. Mas nem sempre Weber ia tão longe assim. Ele também disse que o objetivo da ciência é a clareza, isto é, clareza sobre os grandes temas, o que significa, fundamentalmente, não tanto a clareza sobre o todo quanto sobre a situação do homem como tal. Assim, a ciência ou filosofia são o caminho da ilusão até a liberdade; o fundamento de uma vida livre, de uma vida que se recusa a ofertar o sacrifício do intelecto, e ousa olhar o lado severo da realidade. Ela tem por preocupação a verdade cognoscível, que é válida a despeito de gostarmos ou não dela. Weber chegou até esse ponto. Mas ele se recusou a dizer que a ciência ou filosofia está preocupada com a verdade que – desejem ou não conhecê-la – é válida para todos os homens. O que o deteve? Por que ele negou à verdade cognoscível o seu poder inescapável?[31]

---

31. *Wissenschaftslehre*, pp. 60-1, 184, 213, 251, 469, 531, 540, 547, 549; *Politische Schriften*, pp. 128, 213; *Religionssoziologie*, I, 569-70.

Ele estava inclinado a acreditar que o homem do século XX havia comido o fruto da árvore do conhecimento e que podia se libertar das ilusões que cegaram todos os homens do passado: quando enxergamos sem ilusões a situação dos homens, ficamos desencantados. Mas, sob a influência do historicismo, ele não estava mais certo se era possível falar da situação do homem como tal, se essa situação não é apreendida diferentemente ao longo das épocas; de modo que, em princípio, a concepção que vigora numa época qualquer não é mais nem menos legítima do que em qualquer outra. Ele se perguntara, portanto, se aquilo que se mostra como a situação do homem como tal nada mais é do que a situação do homem atual, do que "o dado inescapável de nossa situação histórica". Por essa razão, aquilo que originalmente parecia ser a libertação das ilusões mostrou-se por fim como nada mais que a questionável premissa de nossa época, como uma atitude superável, no devido momento, por outra atitude em conformidade com a época posterior. O pensamento contemporâneo caracteriza-se pelo desencantamento, pela "mundanidade" irrestrita, ou ainda, pela irreligião. O que se pretende como a libertação das ilusões não é mais nem menos que uma ilusão, como a das crenças que prevaleceram no passado e que podem prevalecer no futuro. Somos irreligiosos porque o destino nos obriga a ser irreligiosos, e isso é tudo. Weber recusou-se a ofertar o sacrifício do intelecto; ele não esperava por uma restauração religiosa, pela vinda de profetas ou salvadores; sobretudo, ele não estava certo se uma restauração religiosa surgiria na era atual. Mas estava certo de que toda devoção a uma causa ou ideal tem sua origem na fé religiosa, e, portanto, que o declínio da fé religiosa levaria fundamentalmente à extinção de todas as causas ou ideais. Ele se viu confrontado com a alternativa de um esvaziamento espiritual absoluto ou de uma restauração religiosa. Desesperou-se diante do experimento da vida moderna mundana sem religião; no entanto, permaneceu preso a esse mundo, pois estava condenado a acreditar na ciência tal como a compreendia. O resultado desse conflito, que ele não pôde resolver, foi a sua crença de que o conflito entre valores não pode ser resolvido pela razão humana[32].

Todavia, a crise da vida e da ciência modernas não põe necessariamente em dúvida a ideia de ciência. Devemos, portanto, tentar formular em termos mais precisos aquilo que Weber tinha em mente quando dizia que a ciência parecia incapaz de dar uma justificativa clara e certa de si mesma.

O homem não pode viver sem luz, sem orientação e sem conhecimento; somente porque conhece o bem ele pode encontrar o bem de que necessita. A questão fundamental, portanto, é saber se os homens podem adquirir o conhecimento do bem, sem o qual não podem orientar suas vidas, individual ou coletivamente, pelos esforços desassistidos de seus poderes naturais; ou se eles dependem do conhecimento da revelação divina. Nenhuma alternativa pode ser mais fundamental que esta: a orientação humana ou a orientação divina. A primeira possibilidade é característica da filosofia ou ciência no sentido originário do termo; a segunda se encontra na Bíblia. Não há como se furtar a esse dilema por nenhuma tentativa de harmonização ou síntese. Pois tanto a filosofia quanto a Bíblia proclamam que apenas uma coisa é necessária, uma única coisa fundamentalmente importa, e a única coisa necessária proclamada pela Bíblia é o oposto do

---

32. *Wissenschaftslehre*, pp. 546-7, 551-5; *Religionssoziologie*, I, 204, 523.

que é proclamado pela filosofia: a vida de amor e obediência, para uma, e a vida da liberdade do conhecimento, para outra. Em toda tentativa de harmonização, em toda síntese, por mais impactante que seja, um dos dois elementos opostos é sacrificado, de maneira mais ou menos sutil, embora isto seja certo: a filosofia, que se pretende rainha, torna-se criada da revelação ou vice-versa.

Um olhar panorâmico lançado sobre a luta secular entre filosofia e teologia mostra-nos que dificilmente nos furtamos à impressão de que nenhuma das duas antagonistas foi realmente bem-sucedida na refutação da outra. Todos os argumentos em favor da revelação só parecem válidos quando se pressupõe a crença na revelação; e todos os argumentos contrários à revelação só parecem válidos quando se pressupõe a descrença. Esse estado de coisas parece de todo natural. A revelação é sempre tão incerta aos olhos da razão desassistida que é incapaz de forçar o seu assentimento; e o homem é constituído de tal maneira que ele pode encontrar sua satisfação, seu êxtase, na livre investigação, no desvendamento do enigma do ser. Mas, por outro lado, ele anseia tão vivamente pela solução desse enigma; e o conhecimento humano é sempre tão limitado, que ele não pode negar a necessidade de uma iluminação divina nem refutar a possibilidade da revelação. Ora, esse estado de coisas é que parece decidir irrevogavelmente em favor da revelação e contra a filosofia. A filosofia deve conceder que a revelação é possível. Mas isso significa conceder que talvez a filosofia não seja a única coisa necessária; que ela talvez seja até mesmo uma coisa infinitamente desimportante. Conceder que a revelação é possível significa que a vida filosófica não é necessariamente, nem evidentemente, *a* vida correta. A filosofia, a vida dedicada à busca do conhecimento evidente, acessível ao homem como homem, estaria, ela mesma, baseada numa decisão não evidente, arbitrária, ou cega. Eis como se confirmaria a tese da fé: não há nenhuma possibilidade de uma vida coerente e inteiramente sincera sem a crença na revelação. O simples fato de a filosofia e a revelação não poderem refutar uma à outra constituiria a refutação da filosofia pela revelação.

O conflito entre revelação e filosofia ou ciência, no sentido pleno do termo, e as implicações desse conflito é que levaram Weber a afirmar que a ideia de ciência ou filosofia padece de uma fraqueza mortal. Embora ela tenha tentado manter-se fiel à causa do conhecimento autônomo, desesperou-se ao perceber que o sacrifício do intelecto, um sacrifício abominado pela ciência ou filosofia, está na raiz da ciência ou filosofia.

Mas deixemos essas profundidades medonhas de lado e voltemos a uma superficialidade que, se não é propriamente alegre, promete ao menos um sono tranquilo. De volta à superfície, somos então bem recebidos por algo em torno de seiscentas grandes páginas preenchidas com a menor quantidade possível de sentenças e com o maior número de notas de rodapé, dedicadas à metodologia das ciências sociais. Logo em seguida, porém, notamos que não escapamos do problema. Pois a metodologia de Weber é algo diferente do que a metodologia costuma ser. Todos os estudiosos inteligentes da metodologia de Weber perceberam que ela é filosófica. E é possível dizer por que isso é assim. A metodologia, como reflexão sobre o procedimento correto da ciência, é necessariamente uma reflexão acerca dos limites da ciência. Se a ciência é realmente a forma mais elevada do conhecimento humano, a metodologia é a reflexão sobre os limites do conhecimento humano. E se é o conhecimento que caracteriza o homem, diferenciando-o dos outros seres, a metodologia é a reflexão sobre os limites da humanidade, sobre a situação do homem como tal. A metodologia de Weber chega muito perto dessas exigências.

A fim de permanecermos próximos do que ele próprio pensou sobre sua metodologia, digamos, então, que a sua noção de ciência, tanto natural quanto social, está baseada em certa concepção de realidade. Pois, de acordo com ele, o conhecimento científico consiste numa transformação peculiar da realidade. Portanto, é impossível esclarecer o sentido de ciência sem uma análise prévia da realidade tal como ela é em si mesma, isto é, antes de ser transformada pela ciência. Weber não diz muita coisa sobre essa questão; estava menos preocupado com o caráter da realidade do que com as diferentes maneiras de transformação da realidade pelos diferentes tipos de ciência. Pois sua preocupação principal era preservar a integridade das ciências históricas ou culturais de dois perigos patentes: contra a tentativa de moldar essas ciências segundo os padrões das ciências naturais; contra a de interpretar a dualidade entre ciência natural e ciência histórico-cultural em termos de um dualismo metafísico ("corpo-espírito" ou "necessidade-liberdade"). Mas as suas teses metodológicas permanecem ininteligíveis, ou de todo modo irrelevantes, se não forem traduzidas em teses sobre o caráter da realidade. Quando ele exigia, por exemplo, que a compreensão interpretativa fosse subordinada à explicação causal, ele se orientava pela observação de que o inteligível é frequentemente sobrepujado por aquilo que deixa de ser inteligível, ou que o inferior é na maioria das vezes mais forte do que o superior. Além do mais, as suas preocupações deram-lhe tempo de sobra para assinalar qual realidade era para ele anterior à sua transformação pela ciência. De acordo com Weber, a realidade é uma sucessão infinita e sem sentido, ou um caos de acontecimentos singulares e infinitamente divisíveis que, em si mesmos, não têm sentido: todo sentido, toda enunciação, surge do sujeito que pensa ou avalia. Pouquíssimas pessoas hoje se dariam por satisfeitas com essa concepção de realidade, que Weber herdara do neokantismo, modificando-a ligeiramente pelo acréscimo de um ou dois traços emocionais. Basta observar que ele próprio não era capaz de aderir coerentemente a essa concepção. Com certeza ele não podia negar que há uma expressão da realidade que precede toda enunciação científica, qual seja: a expressão e riqueza de sentido que temos em mente quando falamos do mundo da experiência comum ou da compreensão natural do mundo[33]. Mas ele sequer arriscou uma análise coerente do mundo social tal como entendido pelo "senso comum", ou da realidade social que se conhece no dia a dia. O lugar dessa análise está ocupado na sua obra pela definição de tipos ideais, de construtos artificiais que sequer pretendem corresponder à expressão intrínseca da realidade social e que pretendem ter, aliás, um caráter estritamente efêmero. Apenas uma análise abrangente da realidade social, como a conhecemos na vida efetiva, como os homens sempre a conheceram desde os primórdios das sociedades civis, permitiria uma discussão adequada da possibilidade de uma ciência social valorativa. Somente ela tornaria inteligíveis as alternativas fundamentais que pertencem essencialmente à vida social, e ofereceria, assim, uma base para julgar se o conflito entre essas alternativas é, em princípio, passível de solução.

---

33. *Wissenschaftslehre*, pp. 5, 35, 50-1, 61, 67, 71, 126, 127 n., 132-4, 161-2, 166, 171, 173, 175, 177-8, 180, 208, 389, 503.

Seguindo o espírito de uma tradição de três séculos, Weber teria rejeitado a sugestão de que a ciência social se baseia numa análise da realidade social tal como experimentada na vida social, como o "senso comum" a entende. De acordo com essa tradição, o "senso comum" é um híbrido engendrado pelo mundo absolutamente subjetivo das sensações do indivíduo e pelo mundo verdadeiramente objetivo progressivamente descoberto pela ciência. Essa concepção provém do século XVII, quando surge o pensamento moderno a partir da ruptura com a filosofia clássica. Mas os criadores do pensamento moderno ainda estavam de acordo com os clássicos na medida em que concebiam a filosofia ou ciência como a perfeição do conhecimento natural que o homem tem do mundo natural. E diferiam dos clássicos na medida em que opunham a nova filosofia ou ciência, como verdadeiro conhecimento natural do mundo, ao conhecimento pervertido do mundo produzido pela filosofia ou ciência clássica e medieval, ou seja pela "escolástica"[34]. A vitória da nova filosofia ou ciência foi decidida pela vitória da sua parte decisiva, nomeadamente, a nova física. Essa vitória levou, por fim, ao resultado de que a nova física e, de modo geral, a nova ciência natural, saíram da garupa da filosofia que, a partir de então, passou a ser chamada de "filosofia" em contraposição à "ciência"; de fato, a "ciência" adquiriu autoridade sobre a "filosofia". A "ciência", podemos dizer, é a parte bem-sucedida da filosofia ou da ciência moderna, ao passo que a "filosofia" é a parte menos bem-sucedida. Assim, não foi a filosofia moder-

---

34. Comparar Jacob Klein, "Die griechische Logistik und die Entstehung der modernen Algebra", *Quellen und Studien zur Geschichte der Mathematik, Astronomie und Physik* (1936), III, p. 125.

na, mas a ciência natural moderna que veio a ser encarada como a perfeição do conhecimento natural que o homem tem do mundo natural. No século XIX, porém, tornou-se cada vez mais claro que uma distinção drástica devia ser feita entre o que era então chamado de entendimento "científico" (ou "o mundo da ciência") e o conhecimento "natural" (ou "o mundo em que vivemos"). Tornou-se manifesto que o conhecimento científico do mundo surge por meio de uma modificação radical – não de um aperfeiçoamento – do conhecimento natural. Visto que o conhecimento natural é o pressuposto do conhecimento científico, a análise da ciência e do mundo da ciência pressupõe a análise do conhecimento natural, a análise do mundo natural, aquele do senso comum. O mundo natural, o mundo em que vivemos e agimos, não é objeto ou produto de uma atitude teórica; não é um mundo de meros objetos para os quais distanciadamente olhamos, mas um mundo de "coisas" ou "acontecimentos" com que lidamos. Todavia, enquanto identificarmos o mundo natural ou pré-científico com o mundo em que vivemos, estaremos lidando com uma abstração. Pois o mundo em que vivemos já é produto da ciência, ou de todo modo é profundamente afetado pela existência da ciência. Para não falar na tecnologia: o mundo em que vivemos está livre de fantasmas, bruxas, entre outros, dos quais estaria ainda repleto não fosse a existência da ciência. Para captarmos um mundo natural radicalmente pré-científico ou pré-filosófico, é necessário retroceder até antes do surgimento inicial da ciência ou filosofia. Mas, para tanto, não precisamos nos dedicar a extensos estudos antropológicos necessariamente hipotéticos. Basta-nos o conhecimento que a filosofia clássica oferece acerca de sua origem, especialmente se esse conhecimento for complementado pela consideração das premissas mais elementares da Bíblia, para a reconstrução do caráter essencial do "mundo natural". Ao usarmos esse conhecimento, assim complementado, tornamo-nos capazes de compreender a origem da ideia do direito natural.

CAPÍTULO III
A ORIGEM DA IDEIA DE DIREITO NATURAL

Para entendermos o problema do direito natural, devemos iniciar não pela compreensão "científica" das coisas políticas, mas pela sua compreensão "natural", isto é, pelo modo como elas se apresentam na vida política e nas ações que constituem nossos afazeres e as tomadas de decisão que nos são necessárias. Isso não significa que a vida política tenha necessariamente conhecimento do direito natural. Foi preciso que o direito natural fosse descoberto, e a vida política já existia bem antes dessa descoberta. Isso quer apenas dizer que a vida política, sob todas as suas formas, se confronta inevitavelmente com o problema do direito natural. A tomada de consciência desse problema não é mais antiga que a ciência política; a bem dizer, elas são contemporâneas. Uma vida política que desconhece a ideia de direito natural ignora necessariamente a possibilidade da ciência política e, de fato, ignora a possibilidade da ciência como tal; por outro lado, uma vida política consciente da possibilidade da ciência sabe necessariamente que o direito natural constitui um problema.

A ideia de direito natural deve permanecer desconhecida enquanto a ideia de natureza é ignorada. Descobrir a natureza é a tarefa da filosofia. Onde não há filosofia, não há nenhum conhecimento do direito natural como tal. O Velho Testamento, cuja premissa básica pode ser entendida como a rejeição implícita da filosofia, não conhece a "natureza": não existe um termo para "natureza" na Bíblia hebraica. Nem precisamos dizer que os termos "céu e terra", por exemplo, não designam a mesma coisa que a "natureza". Assim, não há no Velho Testamento nenhum conhecimento do direito natural como tal. A descoberta da natureza necessariamente antecede a descoberta do direito natural. A filosofia é, pois, mais antiga que a filosofia política.

A filosofia é a busca dos "princípios" de todas as coisas, o que significa, primordialmente, a busca das "origens" de todas as coisas ou das "coisas primeiras". Nesse sentido, a filosofia concorda com o mito. Mas o *philosophos* (o amante da sabedoria) não é idêntico ao *philomythos* (o amante do mito). Aristóteles chama os primeiros filósofos de homens que simplesmente "discutem sobre a natureza" e diferencia-os dos seus antecessores "que discutem sobre os deuses"[1]. Diferentemente do mito, a filosofia surgiu quando se descobriu a natureza; ou por outra: o primeiro filósofo foi o primeiro homem que descobriu a natureza. Toda a história da filosofia não é outra coisa senão o registro de tentativas incessantes de apreender completamente aquilo que estava envolvido na descoberta crucial feita por algum grego há 2600 anos ou mais. Para entendermos o sentido dessa descoberta, por provisório que seja, precisamos remontar da ideia de natureza ao seu equivalente pré-filosófico.

---

1. Aristóteles, *Metafísica* 981^{b}27-9, 982^{b}18 (cf. *Ética a Nicômaco* 1117^{b}33-5), 983^{b}7 ss., 1071^{b}26-7; Platão, *Leis* 891^c, 891^{c}2-7, 896^{a}5-^{b}3.

O sentido da descoberta da natureza não pode ser apreendido se se entende por natureza "a totalidade dos fenômenos". Pois a descoberta da natureza consiste precisamente na divisão dessa totalidade em fenômenos naturais e fenômenos não naturais: "natureza" é um termo de diferenciação. Antes dessa descoberta, o comportamento característico de uma coisa ou de uma classe de coisas era concebido a partir do seu costume ou do seu modo de ser. Quer dizer, não se fazia nenhuma diferenciação fundamental entre os costumes ou modos de ser que são sempre e em toda parte os mesmos e os que diferem de tribo para tribo. O modo de ser do cão é latir e correr atrás do rabo, a menstruação é o modo de ser das mulheres, as loucuras feitas pelo louco são o modo de ser do louco, assim como não comer carne de porco é o modo de ser dos judeus e não beber vinho é o modo de ser dos muçulmanos. O "costume" ou o "modo de ser" é o equivalente pré-filosófico de "natureza".

Embora todas as coisas ou todas as classes de coisas tenham o seu costume ou o seu modo de ser, há um costume ou modo de ser particular que é de suprema importância: o "nosso" modo de ser, o modo como "nós" vivemos "aqui", o modo de vida de um grupo independente ao qual um homem pertence. Podemos chamar esse caso de costume ou modo de ser "supremo". Nem todos os membros do grupo observam sempre esse modo de ser, mas a maioria o retoma quando ele é trazido propriamente à sua memória: o modo de ser supremo é o caminho correto. A sua retidão é garantida pela sua ancestralidade: "Há uma espécie de presunção dirigida contra a novidade, obtida a partir de uma profunda consideração da natureza humana e dos afazeres humanos; e a máxima da jurisprudência está bem assentada: *Vetustas pro lege sem-*

per habetur."* Mas nem tudo que é antigo é sempre correto. O "nosso" modo de ser é o correto porque é, a um só tempo, antigo e "nosso"; porque é, a um só tempo, "criado em casa e prescritivo"[2]. Assim como aquilo que é "antigo e nosso" se identifica originalmente com o correto ou bom, o que é "novo e estranho" era originalmente assimilado ao mal. A noção que relaciona o "antigo" com o "nosso" é o "ancestral". A vida pré-filosófica caracteriza-se pela identificação primeva do bom com o ancestral. Portanto, o modo de ser correto envolve necessariamente pensamentos sobre os ancestrais e, desse modo, simplesmente sobre as coisas primeiras[3].

Ora, não se pode razoavelmente identificar o bom com o ancestral se não se admite que os ancestrais eram absolutamente superiores a "nós", a todos os comuns dos mortais; somos levados a crer que os ancestrais, ou aqueles que estabeleceram o modo ancestral, eram deuses ou filhos dos deuses, ou pelo menos que eles "habitavam perto dos deuses". A identificação do bom com o ancestral leva à concepção de que o modo de ser correto foi estabelecido pelos deuses, ou pelos filhos ou discípulos dos deuses: o modo correto de ser deve ser uma lei divina. Visto

---

* "A antiguidade é sempre considerada lei." (N. do T.)

2. Burke, *Letters on a Regicide Peace*, i e iv; cf. Heródoto iii. 38 e i. 8.

3. "O modo de ser correto" seria a ligação entre o "modo de ser" (ou "costume") em geral e as "coisas primeiras", isto é, entre as duas acepções originais mais importantes de "natureza": a "natureza" como o caráter essencial de uma coisa ou grupo de coisas e a "natureza" na condição de "coisas primeiras". Com relação à segunda acepção, ver Platão, *Leis* 891^{c}1-4 e 892^{c}2-7. Quanto à primeira, considerar Aristóteles, bem como a referência dos estoicos ao "modo" nas suas definições de natureza (Aristóteles, *Física* 193^{b}13-9, 194^{a}27-30 e 199^{a}9-10; Cícero, *De natura deorum* ii. 57 e 81). Quando a "natureza" é negada, o "costume" é devolvido ao seu lugar original. Comparar Maimônides, *Guia dos perplexos* i. 71 e 73; e Pascal, *Pensées*, org. Brunschvicg, frags. 222, 233, 92.

que os ancestrais são os ancestrais de um grupo diferenciado, somos levados a crer que há uma variedade de leis ou códigos divinos, e que cada um deles é obra de um ser divino ou semidivino[4].

Originalmente, as questões concernentes às coisas primeiras e ao modo correto de ser eram respondidas antes de serem formuladas. Elas eram respondidas pela autoridade. Pois a autoridade, como o direito de ser obedecido, deriva essencialmente da lei, que é originalmente o modo de vida da comunidade. As coisas primeiras e o modo correto de ser não são passíveis de questionamento nem constituem objetos de investigação; a filosofia não pode surgir e a natureza não pode ser descoberta enquanto não se contestar a autoridade ou pelo menos enquanto uma afirmação geral de um ser qualquer for aceita como confiável[5]. O surgimento da ideia de direito natural pressupõe, portanto, a dúvida em relação à autoridade.

É pelo arranjo das conversações nas obras *República* e *Leis*, mais do que pelas declarações expressas, que Platão indicou até que ponto é indispensável ter dúvidas sobre a autoridade ou libertar-se dela para descobrir o direito natural. Na *República*, o debate sobre o direito natural inicia-se bem depois de o velho Céfalo, *o* pai e chefe da casa, sair de cena para se ocupar das oferendas sagradas aos deuses: a ausência de Céfalo, ou daquilo que ele representa, constitui-se como condição indispensável para a busca do direito natural. Em outras palavras, se preferir, homens como Céfalo não têm necessidade de conhecer o

---

4. Platão, *Leis*, 624ª1-6, 634ᵉ1-2, 662ᶜ7, ᵈ7-ᵉ7; *Minos* 318ᶜ1-3; Cícero, *Das leis* ii. 27; cf. Fustel de Coulanges, *La cité antique*, parte III, cap. xi.

5. Cf. Platão, *Cármides* 161ᶜ3-8 e *Fedro* 275ᶜ1-3 com *Apologia de Sócrates* 21ᵇ6-ᶜ2; cf. também Xenofonte, *Apologia de Sócrates* 14-5 com *Ciropedia* vii. 2. 15-7.

direito natural. Além disso, o debate faz que os participantes se esqueçam por completo de uma corrida com tochas em homenagem a uma deusa, que eles deviam assistir – a busca do direito natural toma o lugar dessa corrida com tochas. O debate registrado nas *Leis* ocorre quando os interlocutores, seguindo os passos de Minos, filho e pupilo de Zeus, que trouxe as leis divinas aos cretenses, deixam uma cidade em Creta e caminham em direção à caverna de Zeus. Embora a conversação que estabelecem seja toda registrada, nada é dito sobre se eles chegaram ou não ao seu objetivo. O fim das *Leis* é dedicado ao tema central de a *República*: o direito natural, ou a filosofia política em seu apogeu, toma o lugar da caverna de Zeus. Se considerarmos Sócrates o representante da busca do direito natural, podemos ilustrar da seguinte forma a relação dessa busca com a autoridade: numa comunidade governada por leis divinas, é estritamente proibido submeter essas leis a uma verdadeira discussão, isto é, ao exame crítico, na presença de jovens; ora, Sócrates discute o direito natural – um tema cuja descoberta pressupõe a dúvida sobre o código ancestral ou divino – não apenas na presença de jovens, mas se dirigindo a eles. Pouco tempo antes de Platão, Heródoto havia destacado esse estado de coisas quando indicou o local onde se travou o único debate que ele nos relata sobre os princípios da política: diz ele que a livre discussão teve lugar na Pérsia, país amante da verdade, após o massacre dos Magos[6]. Não há como negar que, uma vez descoberta a ideia de direito natural, tornando-se um tema corrente, ela possa adaptar-se com facilidade à crença na existência da lei divinamente revelada. Queremos apenas dizer que

---

6. Platão, *Leis* 634^{d}7-635^{a}5; cf. *Apologia de Sócrates* 23^{c}2 ss. e *República* 538^{c}5-^{e}6; Heródoto iii. 76 (cf. i. 132).

a predominância dessa crença impede o aparecimento da ideia de direito natural e faz da sua busca um propósito infinitamente desimportante: se o homem conhece, pela revelação divina, qual é o caminho correto, então não precisa descobrir esse caminho por suas próprias forças.

A forma original da dúvida sobre a autoridade e, portanto, a direção que a filosofia originalmente tomou, ou a perspectiva a partir da qual a natureza foi descoberta, foram determinadas pelo caráter original da autoridade. A suposição de que há uma variedade de códigos divinos gera dificuldades, visto que os vários códigos se contradizem. Um código preconiza sem reservas ações que outro prontamente condena. Um código prescreve o sacrifício do primogênito, ao passo que outro proíbe e abomina todos os sacrifícios humanos. Os rituais de sepultamento de uma tribo provocam horror em outra. Mas o fato decisivo é que os diferentes códigos se contradizem naquilo que sugerem sobre as coisas primeiras. A concepção de que os deuses nasceram da terra e a de que a terra foi criada pelos deuses são inconciliáveis. Assim, surge a questão de saber qual é o código certo, qual é a verdadeira explicação das coisas primeiras. A partir daí, o modo correto de ser não pode mais ser simplesmente garantido pela autoridade; torna-se uma questão ou o objeto de uma busca. A identidade primitiva entre o bem e o ancestral é, então, substituída por uma distinção fundamental entre as duas coisas; a busca do modo correto de ser ou das coisas primeiras é apenas a busca do bem, independentemente do ancestral[7]. Trata-se da busca do que é bom por natureza, que se distinguirá do que é simplesmente bom por convenção.

---

7. Platão, *República* 538 ^{d}3-4 e ^{e}5-6; *Político* 296 ^{c}8-9; *Leis* 702 ^{c}5-8; Xenofonte, *Ciropedia* ii. 2. 26; Aristóteles, *Política* 1269 ^{a}3-8, 1271 ^{b}23-4.

A busca das coisas primeiras é orientada por duas distinções fundamentais que antecedem a distinção entre aquilo que é o bem e aquilo que é o ancestral. Os homens sempre distinguiram (por exemplo, em questões de justiça) o conhecimento por ouvir dizer daquilo que viram com os próprios olhos, e preferiram este último ao que simplesmente ouviram dos outros. O uso dessa distinção, entretanto, limitava-se originalmente a questões particulares ou subordinadas. Já nas questões mais graves – as coisas primeiras e o modo correto de ser –, a única fonte de conhecimento era o ouvir dizer. Diante da contradição dos muitos códigos sagrados, alguém – um viajante qualquer, um homem que visitara cidades populosas e constatara a diversidade de seus pensamentos e costumes – sugeriu que se aplicasse a todas as questões, especialmente às mais graves, a distinção entre ver com os próprios olhos e ouvir dizer. Mostrou-se imprescindível, então, suspender o juízo ou abster-se do assentimento em relação ao caráter divino ou venerável de qualquer código ou relato, até que os fatos, em que se baseavam as afirmações, estivessem comprovados e demonstrados – manifestos a todos e em plena luz do dia. Assim, o homem viu-se cônscio da diferença crucial entre aquilo que o seu grupo considera inquestionável e o que ele mesmo observa; eis como o Eu torna-se capaz de se opor ao Nós sem nenhum sentimento de culpa. Mas não se trata do Eu como Eu que adquire esse direito. Os sonhos e as visões foram de importância decisiva para fundar a autoridade do código divino ou do relato sagrado das coisas primeiras. Em virtude da aplicação universal da distinção entre o ouvir dizer e o ver com os próprios olhos, outra distinção se impõe entre um único mundo verdadeiro e comum, percebido no estado de vigília, e os muitos mundos falaciosos e pessoais dos sonhos e visões. A impressão que se tem, portanto, é que a medida da verdade e da falsidade, do ser e do não ser de todas as coisas, não é o Nós de qualquer grupo específico nem o Eu singular, mas o homem como homem. Por último, o homem aprende a distinguir os nomes das coisas que conhece por ouvir dizer, que variam de grupo para grupo, das próprias coisas que ele, como qualquer outro ser humano, pode ver com os próprios olhos. Desse modo, está em condições de substituir as distinções arbitrárias, relativas às coisas que diferem entre os grupos, pelas suas distinções "naturais".

Dizia-se que os códigos divinos e os relatos sagrados sobre as coisas primeiras eram conhecidos não por ouvir dizer, mas por intermédio de mensagens supra-humanas. Quando se exigia a aplicação da distinção entre o ouvir dizer e o ver com os próprios olhos às questões mais graves, exigia-se a comprovação da origem supra-humana de toda suposta mensagem supra-humana, examinada não à luz do critério tradicional usado, por exemplo, para diferenciar os verdadeiros dos falsos oráculos, mas por critérios fundamentalmente derivados, de maneira evidente, das regras que nos guiam em questões de todo acessíveis ao conhecimento humano. A forma mais elevada de conhecimento humano que existia antes do surgimento da filosofia ou ciência eram as artes. Assim, a segunda diferença pré-filosófica que originalmente orientou a busca das coisas primeiras foi entre o artificial, ou as coisas feitas pelo homem, e as coisas que não são feitas pelo homem. A natureza foi descoberta quando o homem embarcou na busca das coisas primeiras à luz das diferenciações fundamentais entre o ouvir dizer e o ver com os próprios olhos, de um lado, e entre as coisas feitas pelo homem e as coisas não feitas pelo homem, de outro. A primeira dessas duas distinções levou à exigência de que as coisas primeiras deveriam ser trazidas à luz a partir daquilo que todos os homens podem enxergar. Mas nem todas as coisas visíveis são um ponto de partida igualmente adequado para a descoberta das coisas primeiras. As coisas feitas pelo homem não conduzem senão ao homem, que certamente não é a coisa primeira pura e simplesmente. As coisas artificiais são consideradas inferiores em todos os aspectos, ou posteriores às coisas que não são feitas, mas apenas encontradas ou descobertas, pelo homem. Elas devem a sua existência à engenhosidade ou ao planejamento humano. Ora, uma vez suspenso o juízo sobre a veracidade dos relatos sagrados sobre as coisas primeiras, não se sabe se as coisas que não são feitas pelo homem devem a sua existência a algum planejamento, isto é, não se sabe se as coisas primeiras dão origem a todas as outras coisas segundo um planejamento ou se de alguma outra forma. Aventa-se, então, a possibilidade de as coisas primeiras darem origem a todas as outras coisas de uma maneira fundamentalmente diferente de toda criação por planejamento. A afirmação de que todas as coisas visíveis foram produzidas por seres pensantes, ou que existem seres supra-humanos dotados de pensamento, exige, pois, uma demonstração: uma demonstração que se inicia a partir daquilo que todos podem ver agora[8].

Em suma, digamos, pois, que a descoberta da natureza é idêntica à efetivação de uma possibilidade humana que, pelo menos segundo sua própria interpretação, é trans-histórica, transsocial, transmoral e transreligiosa[9].

---

8. Platão, *Leis* 888^c-889^c, 891^{c}1-9, 892^{c}2-7, 966^{d}6-967^{e}1. Aristóteles, *Metafísica* 989^{b}29-990^{a}5, 1000^{a}9-20, 1042^{a}3 ss.; *De caelo* 298^{b}13-24. Tomás de Aquino, *Suma teológica* i. qu. 2, *a.* 3.

9. Esta concepção ainda é imediatamente inteligível, conforme se pode depreender, até certo ponto, da seguinte observação de A. N. Whitehead: "Depois de Aristóteles, os interesses éticos e religiosos come-

A busca filosófica das coisas primeiras pressupõe não apenas que as coisas primeiras existem, mas que elas existem sempre; e que estas, que são imperecíveis, são seres mais verdadeiros do que as coisas que nem sempre existem. Esses pressupostos derivam da premissa fundamental segundo a qual nenhum ser surge sem uma causa, ou que é impossível pensar que "no princípio era o caos"*, como se as coisas primeiras viessem a ser a partir do nada e através dele. Em outras palavras, as mudanças perceptíveis seriam impossíveis se não houvesse algo permanente ou eterno: os seres evidentemente contingentes exigem a existência de algo necessário e, portanto, eterno. Os seres que sempre existem têm uma dignidade superior à dos seres que nem sempre existem, porque apenas aqueles podem ser a causa última destes e do ser destes; ou ainda, porque aquilo que nem sempre existe encontra o seu lugar na ordem constituída por aquilo que sempre existe. Os seres que nem sempre existem são seres menos verdadeiros do que os seres que sempre existem, uma vez que ser perecível significa estar entre o ser e o não ser. Pode-se também expressar essa mesma premissa fundamental dizendo que a "onipotência" significa o poder limitado pelo conhecimento das "naturezas"[10], isto é, da necessidade imutável e cognoscível; toda liberdade ou toda indeterminação pressupõem uma necessidade mais fundamental.

çaram a influenciar os raciocínios metafísicos. [...] Pode-se duvidar se uma metafísica propriamente geral poderia, sem a introdução ilícita de outras considerações, ir muito além de Aristóteles" (*Science and the Modern World* [edição Mentor Books], pp. 173-4). Cf. Tomás de Aquino, *Suma teológica* i. 2. qu. 58., *a.* 4-5 e qu. 104, *a.* 1; ii. 2, qu. 19, *a.* 7 e qu. 45, *a.* 3 (sobre a relação da filosofia com a moral e a religião).

* Hesíodo, *Teogonia* 116. (N. do T.)

10. Considerar *Odisseia* x. 303-6.

Uma vez descoberta a natureza, torna-se impossível compreender igualmente como costumes ou modos de ser o comportamento característico ou normal dos grupos naturais, por um lado, e o das diferentes tribos humanas, por outro: os "costumes" dos seres naturais são reconhecidos como manifestações de suas naturezas, e os "costumes" de diferentes tribos humanas são reconhecidos como manifestações de suas convenções. A noção primitiva de "costume" ou "modo de ser" se dissocia em "natureza", por um lado, e "convenção", por outro. Desse modo, a distinção entre natureza e convenção, entre *physis* e *nomos*, é contemporânea à descoberta da natureza e, nesse sentido, da filosofia[11].

Não haveria a necessidade de descobrir a natureza se ela não estivesse escondida. Donde se segue que a "natureza" é necessariamente compreendida em contraposição a outra coisa, a saber, ao que esconde a natureza e na medida em que a esconde. Alguns estudiosos se recusam a tomar "natureza" por um termo diferenciador, pois tudo aquilo que é, acreditam eles, é natural. Tacitamente, porém, admitem que o homem sabe por natureza que a natureza existe ou que a "natureza" é uma noção tão incontestável ou óbvia quanto, digamos, o "vermelho". Além disso, são obrigados a distinguir as coisas naturais, ou que existem, das coisas ilusórias, que fingem existir sem existir; deixam sem explicação, porém, a maneira de ser das coisas mais importantes que fingem existir sem existir. A distinção entre natureza e convenção implica que aquilo que esconde a natureza são essencialmente as decisões revestidas de autoridade. O homem não pode

---

11. No que se refere aos primeiros registros da distinção entre natureza e convenção, ver Karl Reinhardt, *Parmenides und die Geschichte der griechischen Philosophie* (Bonn, 1916), pp. 82-8.

viver sem pensar nas coisas primeiras; e não pode viver bem, presume-se, sem compartilhar com seus semelhantes pensamentos idênticos sobre as coisas primeiras, isto é, sem se submeter a decisões revestidas de autoridade concernentes às coisas primeiras: é a lei que pretende tornar manifestas as coisas primeiras, ou evidenciar "o que é". Por sua vez, a lei mostra-se como uma regra cuja origem da força obrigatória deriva do acordo ou convenção dos membros de um grupo. A lei ou convenção tem a tendência, ou a função, de esconder a natureza; tendência alcançada na medida em que a natureza é, de início, vivida ou "dada" exclusivamente como "costume". Do que se segue que a busca filosófica das coisas primeiras é orientada pela compreensão do "ser" ou do "ato de ser" de acordo com a qual a distinção mais fundamental dos modos do ser é aquela que separa o "ser em verdade" e o "ser em virtude da lei ou convenção" – distinção que sobreviveu sob a forma, pouco reconhecível, da distinção escolástica entre *ens reale* e *ens fictum*[12].

O aparecimento da filosofia afetou radicalmente a atitude do homem diante das coisas políticas em geral e das leis em particular, uma vez que atingiu profundamente sua compreensão dessas coisas. Originalmente, a autoridade por excelência, ou a raiz de toda autoridade, era o ancestral. A descoberta da natureza desarraigou essa pretensão do ancestral; a filosofia abandona o que é ancestral e almeja o bem, o que é intrinsecamente bom, o que é bom por natureza. Contudo, a filosofia desarraiga a pretensão do ancestral de maneira tal que lhe preserva um elemento essencial. Quando falam da natureza,

---

12. Platão, *Minos*, 315^{a}1-^{b}2 e 319^{c}3; *Leis* 889^{e}3-5, 890^{a}6-7, 891^{e}1-2, 904^{a}9-^{b}1; *Timeu* 40^d-41^a; cf., também, Parmênides, Frag. 6 [Diels]; ver P. Bayle, *Pensées diverses*, § 49.

os primeiros filósofos a entendem como as coisas primeiras, isto é, as coisas mais antigas; a filosofia abandona o ancestral em nome de algo mais antigo. A natureza é o progenitor de todos os progenitores ou a mãe de todas as mães. A natureza é anterior a toda tradição e, nesse sentido, mais venerável que toda tradição. A concepção de que as coisas naturais têm uma dignidade superior à das coisas produzidas pelos homens está baseada não em empréstimos furtivos ou inconscientes concedidos pelo mito, nem em resíduos dos mitos, mas na descoberta da própria natureza. A arte pressupõe a natureza, ao passo que a natureza não pressupõe a arte. As habilidades "criativas" do homem, mais admiráveis que quaisquer de suas criações, não são obras do homem: o gênio de Shakespeare não é obra de Shakespeare. A natureza supre não apenas o material de todas as artes, mas também seus modelos; "as coisas mais grandiosas e mais belas" são obras da natureza, não da arte. Ao desarraigar a autoridade do ancestral, a filosofia reconhece que a natureza é *a* autoridade[13].

Entretanto, seria mais exato dizer que a filosofia, ao desarraigar a autoridade, reconhece a natureza como *o* padrão. Pois, na condição de faculdade humana, é a razão ou o entendimento que, com a ajuda da percepção sensível, descobre a natureza; e a relação da razão ou entendimento com os seus objetos é fundamentalmente diferente da obediência desprovida de raciocínio, que corresponde à autoridade propriamente dita. Ao chamar a natureza de a mais elevada autoridade, apaga-se a distinção que funda toda filosofia, a distinção entre razão e autoridade. Ao submeter-se à autoridade, a filosofia, em particular a filosofia política, perderia o seu caráter; degeneraria em

---

13. Cícero, *Das leis* ii. 13 e 40; *De finibus* iv. 72; v. 17.

ideologia, isto é, na apologia de uma ordem social dada ou emergente, ou ainda: sofreria uma transformação que a assimilaria à teologia ou ao conhecimento jurídico. Sobre a situação do século XVIII, Charles Beard escreveu: "Os seguidores do clero e os monarquistas pretendiam ter direitos especiais por direito divino. Os revolucionários invocavam a natureza."[14] Aquilo que é verdadeiro em relação aos revolucionários do século XVIII é verdadeiro, *mutatis mutandis*, em relação a todos os filósofos como tais. Os filósofos clássicos fizeram inteira justiça à grande verdade que está por trás da identificação entre o bem e o ancestral. Contudo, eles não teriam podido descobrir essa verdade subjacente se não tivessem antes rejeitado essa identificação. Em particular, Sócrates foi um homem muito conservador no que se refere aos resultados práticos últimos de sua filosofia política. Não obstante, Aristófanes não estava tão longe da verdade quando opinou que a premissa fundamental de Sócrates poderia induzir um filho a espancar seu próprio pai, isto é, a repudiar na prática a autoridade mais natural.

A descoberta da natureza ou da diferença fundamental entre natureza e convenção é condição necessária para o aparecimento da ideia de direito natural. Não é, porém, a sua condição suficiente; pois todo o direito poderia ser convencional. Tal é precisamente o tema da controvérsia básica da filosofia política: existe um direito natural? Parece que a resposta que prevaleceu antes de Sócrates foi negativa, isto é, a concepção que chamamos de "convencionalismo"[15]. Não surpreende que os filóso-

---

14. *The Republic* (Nova York, 1943), p. 38.
15. Cf. Platão, *Leis* 889^{d}7-890^{a}2 com 891^{c}1-5 e 967^{a}7 ss.; Aristóteles, *Metafísica* 990^{a}3-5 e *De caelo* 298^{b}13-24; Tomás de Aquino, *Suma teológica* i. qu. 44, *a*. 2.

fos estivessem, de início, inclinados ao convencionalismo. O direito mostra-se, num primeiro momento, idêntico à lei ou costume, ou ainda como uma característica deste; ora, com o surgimento da filosofia, o costume ou a convenção se dão a conhecer como aquilo que esconde a natureza.

O texto pré-socrático crucial é um aforismo de Heráclito: "Na concepção de Deus, todas as coisas são belas [nobres], boas e justas; são os homens que supuseram que algumas coisas são justas e outras, injustas." A própria distinção entre justo e injusto é apenas uma suposição ou convenção humana[16]. Deus, ou o que quer que se possa chamar de causa primeira, está além do bem e do mal, e mesmo além do bom e do mau. Deus não está preocupado com a justiça em nenhum sentido que tenha que ver com a vida humana como tal: Deus não recompensa a justiça nem pune a injustiça. A justiça não tem nenhum apoio supra-humano. Que a justiça seja boa e a injustiça má, isso se deve exclusivamente às atividades e, basicamente, às decisões humanas. "Nenhum rastro da justiça divina é encontrado, exceto onde os homens justos reinam; em todos os outros casos a situação, como vemos, é a mesma para o homem justo e para o homem mau." Assim, a negação do direito natural parece ser a consequência da negação de uma providência particular[17]. Mas o exemplo de Aristóteles bastaria para mostrar que é possível admitir o direito natural sem ter de acre-

---

16. Frag. 102; cf. Frags. 58, 67, 80.
17. Espinosa, *Tractatus theologico-politicus*, cap. xix (§ 20, Bruder Ed.). Victor Cathrein (*Recht, Naturrecht und positives Recht* [Freiburg im Breisgau, 1901], p. 139) diz: "... lehnt man das Dasein eines persönlichen Schöpfers und Weltregierers ab, so ist das Naturrecht nicht mehr festzuhalten" [... caso se rejeite a existência de um criador pessoal que comanda o mundo, o direito natural já não pode ser registrado].

ditar numa providência particular ou numa justiça divina propriamente dita[18].

Pois, mesmo que se conceba que a ordem cósmica é indiferente às distinções morais, a natureza humana, distinta da natureza em geral, pode perfeitamente ser a base de tais distinções. Ilustremos tal ponto pelo exemplo da mais conhecida doutrina pré-socrática, qual seja, o atomismo: o fato de os átomos estarem além do bem e do mal não justifica a inferência de que não há nada que seja por natureza bom ou mau em relação a quaisquer coisas compostas de átomos, especialmente os compostos que chamamos de "homens". De fato, ninguém pode dizer que todas as distinções que os homens estabelecem entre o bem e o mal, ou todas as suas preferências, são meramente convencionais. Entre os desejos e inclinações dos homens, devemos distinguir aqueles que são naturais daqueles que se originam nas convenções. Ademais, devemos fazer distinção entre inclinações e desejos humanos que são conformes à natureza humana e são, portanto, bons para o homem, e aqueles que destroem a sua natureza ou sua humanidade e são, portanto, maus. Chega-se assim à noção de uma vida, de uma vida humana,

---

18. *Ética a Nicômaco* 1178^{b}7-22; F. Socino, *Praelectiones theologicae*, cap. 2; Grotius, *De jure belli ac pacis*, Prolegômenos § 11; Leibniz, *Nouveaux essais*, Livro I, cap. ii; § 2. Considerar a seguinte passagem do *Contrato social* de Rousseau: "On voit encore que les parties contractantes seraient entre elles sous la seule loi de nature et sans aucun garant de leurs engagements réciproques..." [Vê-se ainda que as partes contratantes estariam entre si sujeitas à única lei da natureza e sem nenhum garante para seus compromissos recíprocos [...]] (III, cap. 16) e "À considérer humainement les choses, faute de sanction naturelle, les lois de la justice sont vaines parmi les hommes" [A considerar humanamente as coisas, na falta de sanção natural, as leis da justiça são inúteis entre os homens] (II, cap. 6).

que é boa porque é conforme à natureza[19]. Ambos os lados da controvérsia admitem a existência de uma tal vida e, em termos mais gerais, admitem o primado do bem, na medida em que se diferencia do justo[20]. A controvérsia está em saber se o justo é bom (bom por natureza) ou se a vida conforme à natureza humana exige a justiça ou a moral.

Para estabelecermos uma distinção clara entre o natural e o convencional, devemos retornar ao período na vida do indivíduo[21] e da espécie que antecede a convenção. Tornemos às origens. Tendo em vista a relação entre o direito e a sociedade civil, a questão da origem do direito transforma-se na questão da origem da sociedade civil ou da sociedade em geral. Esta última retoma, por sua vez, a questão da origem da espécie humana. Num tal regresso, retoma-se a questão de como teria sido a condição original do homem: se era perfeita ou imperfeita; e, sendo imperfeita, se a imperfeição tinha um caráter ameno (de boa índole e inocência) ou selvagem.

Se examinarmos os relatos das antigas discussões sobre essas questões, teremos facilmente a impressão de que praticamente qualquer resposta a questões relativas às origens é compatível com a aceitação ou a rejeição do

---

19. Esta noção foi aceita por "quase todos" os filósofos clássicos, conforme enfatizado por Cícero (*De finibus*, v. 17). Mas foi rejeitada, sobretudo, pelos céticos (ver Sexto Empírico, *Pyrrhonica* iii. 235).

20. Platão, *República* 493^{c}1-5, 504^{d}4-505^{a}4; *Simpósio* 206^{e}2-207^{a}2; *Teeteto* 177^{c}6-^{d}7; Aristóteles, *Ética a Nicômaco* 1094^{a}1-3 e ^{b}14-18.

21. No que diz respeito às reflexões sobre como o homem é "imediatamente desde o momento de seu nascimento", ver, por exemplo, Aristóteles, *Política* 1254^{a}23 e *Ética a Nicômaco* 1144^{b}4-6; Cícero, *De finibus* ii. 31-32; iii. 16; v. 17, 43 e 55; Diógenes Laércio x. 137; Grotius, *op. cit.*, Prolegomena, § 7; Hobbes, *De cive*, i, 2, nota 1.

direito natural[22]. Essas dificuldades contribuíram para a depreciação, para não dizer a completa desconsideração, das questões concernentes à origem da sociedade civil e à condição dos "primeiros homens". O importante, nos dizem, é "a ideia de Estado", e não "a origem histórica do Estado"[23]. Essa concepção moderna é consequência da rejeição da natureza como padrão. A Natureza e a Liberdade, a Realidade e a Norma, o Ser e o Dever mostram-se completamente independentes um do outro; donde a impressão de que não podemos aprender nada de importante sobre a sociedade civil e o direito pelo estudo das origens. Do ponto de vista dos antigos, entretanto, a questão das origens é de importância decisiva porque a resposta correta a esse respeito esclarece o status e a dignidade da sociedade civil e do direito. As origens ou a gênese da sociedade civil, ou do certo e do errado, são investigadas para saber se a sociedade civil e o certo ou o errado estão baseados na natureza ou apenas na convenção[24]. A questão sobre a origem "essencial" da sociedade civil e do certo e do errado só pode ser respondida na medida em que se leva em consideração aquilo que se conhece sobre os primórdios ou as origens "históricas".

Quanto à questão de saber se a condição efetiva do homem era inicialmente perfeita ou imperfeita, a respos-

---

22. Quanto à combinação da suposição dos primórdios selvagens com a aceitação do direito natural, cf. Cícero, *Pro Sestio* 91-92 com *Tusculunae disputationes* v. 5-6, *Da república* i. 2, e *Offices* ii. 15. Ver também Políbio vi. 4. 7, 5. 7-6. 7, 7. 1. Considerar as conclusões de Platão, *Leis* 680^{d}4-7, e de Aristóteles, *Política* 1253^{a}35-8.

23. Hegel, *Filosofia do direito*, § 258; cf. Kant, *Metaphysik der Sitten*, Ed. Vorlaender, pp. 142 e 206-7.

24. Cf. Aristóteles, *Política* 1252^{a}18 ss. e 24 ss. com 1257^{a}4 ss. Considerar Platão, *República* 369^{b}5-7, *Leis* 676^{a}1-3; cf., ainda, Cícero, *República* i. 39-41.

ta a ela é decisiva para sabermos se a espécie humana é inteiramente responsável pela sua imperfeição efetiva ou se essa imperfeição está "justificada" pela imperfeição original da espécie. Em outras palavras, a concepção de que o homem primordial era perfeito está de acordo com a equação que identifica o bem com o ancestral e com a teologia, mas não está de acordo com a filosofia. Pois o homem sempre lembrou e admitiu que as artes foram inventadas por ele mesmo, ou que a primeira época do mundo não conheceu as artes; mas a filosofia necessariamente pressupõe as artes; portanto, se a vida filosófica é de fato a vida correta, ou a vida conforme à natureza, então os primórdios humanos foram necessariamente imperfeitos[25].

Para o fim que agora temos em vista, será suficiente apresentarmos uma análise do argumento-padrão empregado pelo convencionalismo. Tal argumento entende que não pode haver direito natural porque as "coisas justas" diferem de uma sociedade para outra. Ele tem demonstrado excelente vitalidade ao longo das eras, uma vitalidade que parece inversamente proporcional ao seu valor intrínseco. Conforme comumente apresentado, o argumento consiste numa simples enumeração das diferentes noções de justiça que predominam ou predominaram em diferentes nações ou em diferentes épocas numa mesma nação. Conforme indicamos, o simples fato da variedade ou mutabilidade das "coisas justas" ou das noções de justiça só autoriza a rejeição do direito natural se forem feitas certas suposições, e estas, na maioria dos casos, não são sequer enunciadas. Somos obrigados, portanto, a reconstruir o argumento convencionalista a partir de observações dispersas e fragmentadas.

---

25. Platão, *Leis* 677^{b}5-678^{b}3, 679^c; Aristóteles, *Metafísica* 981^{b}13-25.

Todos admitem que só pode haver direito natural se os princípios do direito forem imutáveis[26]. Mas os fatos a que o convencionalismo se refere não parecem provar que os princípios do direito são mutáveis. Parecem provar apenas que cada sociedade tem uma noção diferente da justiça ou dos princípios de justiça. Assim como a variedade de noções acerca do universo não prova que o universo não existe, ou que não existe *a* explicação verdadeira do universo, ou que o homem nunca poderá chegar a um conhecimento final e verdadeiro do universo, também a variedade de noções de justiça consideradas não prova que o direito natural não existe ou que o direito natural é incognoscível. A variedade de noções de justiça pode ser entendida como a variedade dos erros, a qual não contradiz, senão pressupõe, a existência de uma única verdade concernente à justiça. Essa objeção ao convencionalismo se sustentaria se a existência do direito natural fosse compatível com o fato de que todos os homens, ou a maioria deles, desconheciam ou desconhecem o direito natural. Mas quando se fala de direito natural, compreende-se que a justiça é de importância vital para o homem, que o homem não pode viver, ou viver bem, sem justiça; e a vida conforme à justiça exige o conhecimento dos princípios da justiça. Se o homem tem uma natureza tal que não pode viver, ou viver bem, sem justiça, é necessário que ele tenha por natureza um conhecimento dos princípios de justiça. Fosse esse o caso, todos os homens concordariam quanto aos princípios de justiça, da mesma forma que estão de acordo quanto às qualidades sensíveis[27].

---

26. Aristóteles, *Ética a Nicômaco* 1094^{b}14-6 e 1134^{b}18-27; Cícero, *Da república* iii. 13-8 e 20; Sexto Empírico, *Pyrrhonica* iii. 218 e 222. Cf. Platão, *Leis* 899^{e}6-8, e Xenofonte, *Memorabilia* iv. 4. 19.

27. Cícero, *Da república* iii. 13 e *Das leis* i, 47; Platão, *Leis* 889e.

Todavia, essa exigência não parece razoável. Não existe consenso unânime sequer a respeito das qualidades sensíveis. Não são todos os homens, mas apenas os normais, que estão de acordo quanto aos sons, cores e coisas semelhantes. Assim sendo, a existência do direito natural exige tão somente que todos os homens normais estejam de acordo quanto aos princípios de justiça. De modo que a falta de um consenso unânime pode ser explicada por uma corrupção da natureza humana ocorrida nos que desconhecem os verdadeiros princípios; uma corrupção que, por razões óbvias, é mais frequente e mais efetiva do que a correspondente corrupção da percepção das qualidades sensíveis[28]. Mas se é verdade que as noções de justiça diferem de uma sociedade para outra ou de uma época para outra, então essa concepção do direito natural resulta na dura consequência de que os membros de uma única sociedade particular, ou de que talvez apenas uma geração desta, ou, no máximo, alguns membros de algumas sociedades particulares, devem ser considerados os únicos seres humanos normais que existem. Para todos os efeitos, isso significa que aquele que professa o direito natural reconhece-o nas noções de justiça que são apreciadas pela sua própria sociedade ou pela sua própria "civilização". Ao invocar o direito natural, ele nada mais faz do que reivindicar uma validade universal para os preconceitos de seu grupo. De fato, quando se afirma que muitas sociedades estão de acordo quanto aos princípios de justiça, não é menos plausível redarguir que esse consenso se deve a causas acidentais (tais como semelhanças de condições de vida ou influências recíprocas), como também dizer que essas sociedades particulares preservaram, sozinhas, a natureza humana de

---

28. Cícero, *Das leis* i. 33 e 47.

maneira intacta. Quando se afirma que todas as nações civilizadas estão de acordo quanto aos princípios de justiça, seria necessário, para tanto, conhecer o significado de "civilização". Ora, se quem professa o direito natural identifica civilização com o reconhecimento do direito natural, ou algo equivalente, então o que ele diz na prática é que todos os homens que aceitam os princípios do direito natural aceitam os princípios do direito natural. Se ele entende por "civilização" um elevado desenvolvimento das artes e ciências, seu argumento é refutado pelo fato de os convencionalistas serem frequentemente homens civilizados; já os que acreditam no direito natural ou nos princípios ditos constitutivos da essência do direito natural são frequentemente muito pouco civilizados[29].

Esse argumento contrário ao direito natural pressupõe que todo conhecimento de que os homens precisam para viver bem é natural no mesmo sentido em que a percepção das qualidades sensíveis, bem como outros tipos de percepção que não demandam esforço, são naturais. Portanto, ele perde sua força uma vez considerado que o conhecimento do direito natural deve ser adquirido pelo esforço humano, ou que esse conhecimento tem o caráter de uma ciência. Isso explicaria por que o conhecimento do direito natural não está sempre disponível. Como consequência, não é possível a vida boa ou justa, nem tampouco é possível a "cessação do mal" até que esse conhecimento esteja disponível. Mas a ciência tem como objeto aquilo que sempre é, ou aquilo que é imutável, ou aquilo que realmente é. Portanto, o direito natural ou a justiça deve realmente existir e, assim, deve "ter por toda parte

---

29. Cf. Locke, *Ensaio sobre o entendimento humano*, Livro I, cap. iii, seção 20.

o mesmo poder"[30]. Assim, ao que parece, ele deve ter um efeito que, pelo menos em relação ao pensamento humano sobre a justiça, é sempre o mesmo e nunca cessa. Todavia, o que vemos, na verdade, é que os pensamentos humanos sobre a justiça encontram-se num estado de discordância e flutuação.

Mas essas mesmas flutuação e discordância parecem provar a eficácia do direito natural. No que diz respeito às coisas que são inquestionavelmente convencionais – pesos, medidas, moeda, entre outros –, dificilmente se pode falar de discordância entre várias sociedades. Cada sociedade faz seus arranjos em matéria de pesos, medidas e moeda; esses arranjos não contradizem uns aos outros. Mas se cada sociedade sustenta uma concepção diferente acerca dos princípios de justiça, essas concepções se opõem umas às outras. As diferenças sobre as coisas inquestionavelmente convencionais não parecem suscitar grave perplexidade, ao passo que as diferenças sobre os princípios do certo e do errado necessariamente causam desacordo. A discordância entre os princípios de justiça parece assim revelar uma perplexidade genuína, suscitada por um pressentimento ou uma apreensão insuficientes do direito natural – uma perplexidade causada por algo que existe por si mesmo e que escapa à apreensão humana. Poderíamos aventar que essa suspeita pode ser confirmada por um fato que, à primeira vista, parece confirmar decisivamente o convencionalismo. Por toda parte, diz-se que é justo fazer aquilo que a lei ordena, ou que o justo é idêntico ao legítimo, isto é, àquilo que os seres humanos estabelecem como legítimo ou concordam em considerar legítimo. Ainda assim, será que isso não envolve, pelo menos em certa medida, um consenso unânime sobre a justiça? É verdade que, depois de muito

---

30. Aristóteles, *Ética a Nicômaco* 1134^{b}19.

refletir, as pessoas negam que o justo seja simplesmente idêntico ao legítimo, já que elas falam de leis "injustas". Mas o consenso unânime irrefletido não faria referência às operações da natureza? E acaso o caráter insustentável da crença universal que estabelece a identidade entre o justo e o legítimo não indica que o legítimo, mesmo não sendo idêntico ao justo, reflete o direito natural de modo mais ou menos indistinto? As provas apresentadas pelo convencionalismo são perfeitamente compatíveis com a possibilidade de o direito natural existir e, por assim dizer, de ter como exigência a variedade indefinida de noções de justiça, de leis ou, dito de outra forma, de ser a base de todas as leis[31].

Todo o problema, portanto, depende agora do resultado da análise da lei. A lei se apresenta como autocontraditória. Por um lado, ela se estabelece como algo essencialmente bom ou nobre: é a lei que salva as cidades e tudo o mais. Por outro, ela se apresenta como a opinião comum ou a decisão da cidade, isto é, da multidão de cidadãos. Sob esta última condição, ela não é de forma alguma essencialmente boa ou nobre: pode ser obra da loucura ou da baixeza. Com efeito, não há razão alguma para considerar aqueles que elaboram as leis em geral mais sábios do que "você e eu". Por que, então, devemos "você e eu" submeter-nos à decisão deles? O simples fato de as mesmas leis que foram solenemente promulgadas pela cidade serem revogadas pela mesma cidade com igual solenidade parece mostrar o caráter duvidoso da sabedoria que presidiu à elaboração dessas leis[32]. Nesse sentido, a

---

31. Platão, *República* 340^{a}7-8 e 338^{d}10-^{e}2; Xenofonte, *Memorabilia* iv. 6. 6; Aristóteles, *Ética a Nicômaco* 1129^{b}12; Heráclito, Frag. 114.

32. Platão, *Hípias maior* 284^{d-e}; *Leis* 644^{d}2-3 e 780^{d}4-5; *Minos*, 314^{c}1--^{e}5; Xenofonte, *Memorabilia* i. 2. 42 e iv. 4. 14; Ésquilo, *Sete contra Tebas* 1071-72; Aristófanes, *As nuvens* 1421-2.

questão é saber se a pretensão de a lei ser boa ou nobre pode ser simplesmente recusada como algo completamente infundado, ou se contém algum elemento de verdade.

A lei pretende salvar as cidades e tudo o mais. E se diz protetora do bem comum. Mas o bem comum é exatamente aquilo que entendemos por "o justo". As leis são justas na medida em que contribuem para o bem comum. Mas se o justo é idêntico ao bem comum, a justiça e o direito não podem ser convencionais: as convenções de uma cidade não podem fazer que se torne bom para a cidade aquilo que, na verdade, lhe é fatal e vice-versa. É a natureza das coisas, e não a convenção, que determina, em cada caso, o que é justo. O resultado disso é que o que é justo pode perfeitamente variar de cidade para cidade e de época para época: a variedade das coisas justas não é apenas compatível com o princípio de justiça, com a identidade entre o que é justo e o bem comum, mas é, mais ainda, a sua conseqüência necessária. O conhecimento do que é justo aqui e agora, daquilo que é por natureza intrinsecamente bom para esta cidade agora, não pode ser um conhecimento científico. Tampouco pode ser um conhecimento sensível. Estabelecer o que é justo em cada caso é a função da arte e da habilidade política, comparável à arte do médico, que estabelece em cada caso aquilo que é saudável ou bom para o corpo humano[33].

O convencionalismo evita essa consequência negando a existência de um verdadeiro bem comum. O que é chamado de "bem comum" é, na verdade, sempre o bem, não do todo, mas de uma parte. As leis que têm a pretensão de avisar o bem comum têm também a pretensão de emanar da decisão da cidade como um todo. Mas a cidade

---

33. Cf. Aristóteles, *Ética a Nicômaco* 1129^{b}17-9 e *Política* 1282^{b}15-7 com Platão, *Teeteto* 167^{c}2-8, 172^{a}1.-^{b}6 e 177^{c}6-178^{b}1.

deve sua unidade – e, com isso, o seu ser – à sua "constituição" ou regime: seja ela uma democracia, uma oligarquia, uma monarquia e assim por diante. A diferença de regimes tem por origem a diferença das partes, ou segmentos, que compõem a cidade. Portanto, cada regime é o governo de um segmento da cidade. Do que se segue que as leis são de fato a obra, não da cidade toda, mas daquele segmento dela que por acaso está no comando. Desnecessário dizer que a democracia – que pretende ser o governo de todos – é na verdade o governo de uma parte; pois, na melhor das hipóteses, trata-se do governo da maioria dos adultos que habitam o território da cidade; mas a maioria corresponde aos pobres; e estes são um segmento, ainda que numeroso, cujo interesse é distinto do de outros segmentos. O segmento governante está exclusivamente preocupado, é claro, com seus próprios interesses; embora finja, por razões óbvias, que as leis, que estabelece com vistas ao seus próprios interesses, são boas para a cidade como um todo[34].

Não seria possível, todavia, que existissem regimes mistos, isto é, regimes que tentariam estabelecer com maior ou menor sucesso um equilíbrio justo entre os interesses conflitantes dos segmentos essenciais da cidade? Ou ainda, não seria possível que o verdadeiro interesse de um segmento particular (dos pobres, por exemplo, ou dos cavalheiros) coincidisse com o interesse comum? Objeções desse tipo pressupõem que a cidade é uma totalidade genuína ou, mais precisamente, que a cidade existe por natureza. Mas a unidade da cidade parece ser convencional ou fictícia. Pois o que é natural surge e existe sem recurso à violência. Toda violência contra um ser

---

34. Platão, *Leis* 889^{d}4-890^{a}2 e 714^{b}3-^{d}10; *República* 338^{d}7-339^{a}4 e 340^{a}7-8; Cícero, *Da república* iii. 23.

força-o a fazer algo contrário à sua inclinação, isto é, contra a sua natureza. Mas a existência da cidade assenta-se na violência, no constrangimento ou na coerção. Não há, portanto, nenhuma diferença essencial entre o governo político e o governo de um senhor sobre seus escravos. E o caráter desnaturado da escravidão parece ser óbvio: é contrário à inclinação de o homem ser feito escravo ou ser tratado como um escravo[35].

Ademais, a cidade é uma multidão de cidadãos. E o cidadão parece ser o fruto, ou o produto natural, de pessoas que nasceram cidadãs, de um pai cidadão e uma mãe cidadã. Todavia, ele só será cidadão se os pais cidadãos que o geraram estiverem legitimamente casados ou, antes, se o seu suposto pai for o marido de sua mãe. Do contrário, ele é apenas um filho "natural", mas não um filho "legítimo". E aquilo que define um filho legítimo não depende da natureza, mas da lei ou convenção. Pois a família em geral, e a família monogâmica em particular, não é um grupo natural, conforme até mesmo Platão foi obrigado a admitir. Consideremos também a "naturalização", que é o fato em virtude do qual um estrangeiro "natural" é artificialmente transformado num cidadão "natural". Numa palavra, dizer quem é e quem não é cidadão depende da lei e apenas da lei. A diferença entre cidadãos e não cidadãos não é natural, mas convencional. Portanto, todos os cidadãos são, na verdade, cidadãos "feitos", e não "natos". É a convenção que isola arbitrariamente um segmento da espécie humana e destaca-o do resto.

---

35. Aristóteles, *Política* 1252^{a}7-17, 1253^{b}20-3, 1255^{a}8-11 (cf. *Ética a Nicômaco*, 1096^{a}5-6, 1109^{b}35-1110^{a}4, 1110^{b}15-7, 1179^{b}28-9, 1180^{a}4-5, 18-21; *Metafísica*, 1015^{a}26-33). Platão, *Protágoras* 337^{c}7-^{d}3; *Leis*, 642^{c}6-^{d}1; Cícero, *Da república* iii. 23; *De finibus* v. 56; Fortescue, *De laudibus legum Angliae* cap. xlii (ed. Chrimes, p. 104).

Poder-se-ia imaginar, por um momento, que a sociedade civil verdadeiramente natural, ou a genuína sociedade civil, é a que coincide com o grupo que compreende todos aqueles, e apenas aqueles, que falam a mesma língua. Mas a língua é reconhecidamente uma convenção. Consequentemente, a distinção entre gregos e bárbaros é apenas convencional, tão arbitrária quanto a classificação dos números em dois grupos: um constituído apenas do número 10 mil e outro de todos os demais números. O mesmo se aplica à distinção entre homens livres e escravos. Ela se baseia na seguinte convenção: os que são feitos prisioneiros em guerra e para os quais não se paga o resgate devem ser escravizados. Não é a natureza, e sim a convenção que os torna escravos, estabelecendo, assim, uma distinção entre homens livres e escravos. Para concluir, a cidade é uma multidão de seres humanos que estão unidos não por natureza, mas tão somente por convenção. Eles se uniram ou se juntaram para cuidar do seu interesse comum – posicionando-se contra outros seres humanos que não são diferentes deles por natureza: os estrangeiros e os escravos. Donde o que se pretende como o bem comum é, na verdade, o interesse de uma parte que pretende ser o todo, ou de uma parte que só forma uma unidade em virtude dessa afirmação, desse pretexto e dessa convenção. Se a cidade é convencional, o bem comum também o é, e com isso está provado que o direito ou a justiça é convencional[36].

---

36. Antifonte, in Diels, *Vorsokratiker* (5ª ed.), B44 (A7, B2). Platão, *Protágoras* 337c7-d3; *República* 456b12-c3 (e contexto); *Político* 262c10-e5; Xenofonte, *Hierão* 4. 3-4; Aristóteles, *Política* 1275a1-2, b21-31, 1278a30-5; Cícero, *Da república* iii. 16-7 e *Leis* ii. 5. Considerar a implicação da comparação das sociedades civis com os "rebanhos" (ver Xenofonte, *Ciropedia* i. 1. 2; cf. Platão, *Minos* 318a1-3).

Diz-se que a validade dessa explicação sobre a justiça se revela pelo fato de que ela "salva os fenômenos" da justiça; diz-se que ela torna inteligíveis aquelas experiências simples, atinentes ao certo e errado, que são a base das doutrinas do direito natural. Nessas experiências, a justiça é compreendida como o hábito de abster-se de prejudicar os outros, ou como o hábito de ajudá-los, ou ainda como o hábito de subordinar o interesse de uma parte (do indivíduo ou de um segmento) ao interesse do todo. Assim compreendida, a justiça é realmente necessária para a preservação da cidade. Mas, para a infelicidade dos defensores da justiça, ela também é necessária para a preservação de um bando de ladrões: o bando não duraria um dia sequer se os seus membros não se abstivessem de prejudicar um ao outro, se não ajudassem uns aos outros ou se cada membro não subordinasse o seu próprio interesse ao interesse do bando. Contrariamente a isso, pode-se levantar a objeção de que a justiça praticada pelos ladrões não é uma justiça genuína, ou que é precisamente a justiça o que diferencia a cidade de um bando de ladrões. A assim chamada "justiça" dos ladrões está a serviço de uma injustiça evidente. Mas não se pode dizer exatamente a mesma coisa sobre a cidade? Se a cidade não é uma totalidade genuína, então aquilo que é chamado de "o bem do todo", ou o justo, em contraposição ao injusto ou egoísta, é, a bem dizer, apenas uma reivindicação do egoísmo coletivo; e não há nenhuma razão para considerar o egoísmo coletivo mais respeitável do que o egoísmo individual. Em outras palavras, afirma-se que os ladrões praticam a justiça apenas entre eles mesmos, ao passo que a cidade pratica também a justiça para com os que não pertencem a ela ou para com outras cidades. Mas será isso verdade? Será que as máximas da política para com outros povos diferem essencialmente das máximas que orientam a ação dos ladrões? Podem elas ser diferentes? As cidades não estão obrigadas a usar a força e a fraude, a pilhar aquilo que pertence a outras cidades para poderem prosperar? Elas não surgem pela usurpação de uma parte da superfície da terra que, por natureza, pertence igualmente a todos?[37]

A cidade pode, é claro, abster-se de prejudicar outras cidades, resignando-se à pobreza; assim como o indivíduo pode, se lhe aprouver, viver de maneira justa. Mas a questão é saber se os homens, ao agirem assim, estariam vivendo conforme a natureza ou apenas seguindo uma convenção. A experiência mostra que poucos indivíduos, e praticamente nenhuma cidade, agem de maneira justa, a menos que sejam obrigados a fazê-lo. A experiência mostra que, por si mesma, a justiça é ineficaz. Isso simplesmente confirma o que foi mostrado antes, que a justiça não tem nenhuma base na natureza. O bem comum provou ser o interesse egoísta de uma coletividade. O interesse egoísta coletivo é derivado do interesse egoísta dos únicos elementos naturais do coletivo, que são os indivíduos. Por natureza, cada um busca o seu próprio bem e apenas o seu próprio bem. A justiça, entretanto, orienta-nos a buscar o bem dos outros homens. O que a justiça exige de nós é, portanto, contra a natureza. O bem natural, que não depende dos caprichos e delírios do homem, esse bem substancial apresenta-se, pois, como o oposto daquele bem obscuro chamado de "direito" ou "justiça". Trata-se do bem que é próprio à pessoa, para o qual cada um é atraído naturalmente, ao passo que o direito ou justiça só se torna atraente por coerção e, em última análise,

---

37. Platão, *República* 335^{d}11-2 e 351^{c}7-^{d}13; Xenofonte, *Memorabilia* iv. 4. 12 e 8. 11; Aristóteles, *Ética a Nicômaco* 1129^{b}11-9, 1130^{a}3-5 e 1134^{b}2-6; Cícero, *Offices* i. 28-9; *Da república* iii. 11-31.

por convenção. Mesmo os que afirmam que o direito é natural têm de admitir que a justiça consiste numa espécie de reciprocidade: os homens estão obrigados a fazer aos outros aquilo que gostariam que lhes fosse feito. Os homens são obrigados a fazer o bem aos outros porque desejam ser beneficiados pelos outros: para ser bem tratado, deve-se bem tratar. A justiça parece assim derivar do egoísmo e submeter-se a ele. O que redunda no reconhecimento de que, por natureza, cada um busca apenas o seu próprio bem. Aquele que é exímio na busca do seu próprio bem é prudente ou sábio. A prudência ou sabedoria é, portanto, incompatível com a justiça propriamente dita. O homem verdadeiramente justo é um imprudente ou um imbecil – um homem ludibriado pela convenção[38].

O convencionalismo pretende ser, assim, perfeitamente compatível com o reconhecimento de que a cidade e o direito são úteis para o indivíduo, já que este, por si só, é muito fraco para viver, ou viver bem, sem a ajuda de outros. É preferível viver numa sociedade civil do que numa condição solitária e selvagem. Todavia, o fato de uma coisa ser útil não implica que ela seja natural. As muletas são úteis para um homem que perdeu uma perna; ora, usar muletas está de acordo com a natureza? Ou, dito de forma mais adequada, será que as coisas que existem exclusivamente em razão do cálculo, que descobriu que elas podem ser úteis, são consideradas naturais para o homem? Pode-se dizer que as coisas desejadas exclusivamente com base no cálculo, ou que não são desejadas espontaneamente ou por elas mesmas, são naturais para

---

38. Trasímaco, in Diels, *Vorsokratiker* (5ª ed.), B8; Platão, *República* 343^{c}3, 6-7, ^{d}2, 348^{c}11-2, 360^{d}5, *Protágoras* 333^{d}4-^{e}1; Xenofonte, *Memorabilia* ii. 2. 11-12; Aristóteles, *Ética a Nicômaco* 1130^{a}3-5, 1132^{b}33-1133^{a}5, 1134^{b}5-6; Cícero, *Da república* iii. 16, 20, 21, 23, 24, 29-30.

o homem? A cidade e o direito têm, sem dúvida, suas vantagens. Mas será que estão livres de grandes desvantagens? Desse modo, o conflito entre o interesse próprio do indivíduo e as prescrições da cidade ou do direito são inevitáveis. A cidade não pode solucionar esse conflito senão declarando que ela ou o direito têm uma dignidade mais elevada do que o interesse próprio do indivíduo, ou que são sagrados. Tal afirmação, porém, que é da essência da cidade e do direito, é essencialmente fictícia[39].

O ponto principal do argumento convencionalista é este: o direito é convencional porque pertence essencialmente à cidade[40], e esta é convencional. Contrariamente à nossa primeira impressão, o convencionalismo não afirma que o significado do direito ou da justiça é completamente arbitrário, ou que não há nenhum consenso unânime relativo ao direito ou à justiça. Ao contrário, o convencionalismo pressupõe que todos os homens entendem fundamentalmente por justiça uma mesma coisa: ser justo significa não prejudicar os outros, ajudar os outros, preocupar-se com o bem comum. O convencionalismo rejeita o direito natural pelas seguintes razões: (1) a justiça situa-se numa tensão inescapável com o desejo natural de cada um, que está direcionado exclusivamente ao seu bem particular; (2) na medida em que a justiça tem um fundamento na natureza – na medida em que, num sentido geral, ela é vantajosa para o indivíduo –, as suas prescrições estão limitadas aos membros da cidade, isto é, a uma unidade convencional; de modo que o que é chamado de "direito natural" consiste em determina-

---

39. Platão, *Protágoras* 322^{b}6, 327^{c}4-^{e}1; Cícero, *Da república* i. 39-40, iii. 23, 26; *De finibus* ii. 59; cf., também, Rousseau, *Discours sur l'origine de l'inégalité* (Ed. Flammarion), p. 173.

40. Aristóteles, *Política*, 1253^{a}37-8.

das regras rudimentares de comodidade social, válidas apenas para os membros de um grupo particular e que carecem, além disso, de validade universal, mesmo quando se trata de relações interiores aos grupos; (3) o que se entende universalmente por "direito" ou "justiça" deixa completamente indeterminado o sentido preciso de "ajudar", "prejudicar" e "bem comum"; é apenas por meio de um detalhamento que esses termos adquirem uma significação plena, e todo detalhamento é convencional. A variedade de noções de justiça não prova, mas confirma, o caráter convencional da justiça.

Ao tentar estabelecer a existência do direito natural, Platão reduz a tese convencionalista à premissa de que o bem é idêntico ao agradável. De maneira recíproca, vemos que o hedonismo clássico levou à depreciação intransigente de toda a esfera política. Não surpreenderia que a equação primitiva que identificava o bem ao ancestral tenha sido substituída, em primeiro lugar, pela que estabelece a identidade entre o bem e o agradável. Quando se rejeita a equação primitiva, com base na distinção entre natureza e convenção, as coisas proibidas pelo costume ancestral ou pela lei divina mostram-se ainda mais naturais e, portanto, intrinsecamente boas. As coisas proibidas pelo costume ancestral são proibidas porque são desejadas; e o fato de serem proibidas por convenção mostra que não são desejadas com base na convenção, mas sim desejadas por natureza. Ora, o que induz o homem a desviar-se da via estreita do costume ancestral ou da lei divina parece ser o desejo de prazer e a aversão à dor. E o bem natural parece ser o prazer. A orientação pelo prazer torna-se o primeiro substituto da orientação pelo ancestral[41].

---

41. Antifonte, in Diels, *Vorsokratiker* (5ª ed.), B44, A5; Tucídides v. 105; Platão, *República*, 364^{a}2-4 e 538^{c}6-539^{a}4; *Leis* 662^d, 875^{b}1-^{c}3, 886^{a}8-^{b}2,

A forma mais desenvolvida do hedonismo clássico é o epicurismo, que, certamente, é a forma de convencionalismo que mais exerceu influência ao longo dos tempos. Pode-se dizer, sem meias-palavras, que o epicurismo é materialista. E foi no materialismo que Platão encontrou a raiz do convencionalismo[42]. O argumento de Epicuro se desenvolve nos seguintes termos: para encontrar aquilo que é bom por natureza, precisamos verificar quais são as coisas cuja excelência é garantida por natureza ou percebida independentemente de qualquer opinião e, num sentido mais específico, independentemente de qualquer convenção. O que é bom por natureza se manifesta naquilo que procuramos desde o momento do nascimento, antes de todo raciocínio, cálculo, disciplina, restrição ou obrigação. O bem, nesse sentido, é apenas o prazer. E o prazer é o único bem imediatamente sentido ou sensivelmente percebido como tal. Portanto, o primeiro prazer é a satisfação do corpo, o que significa, é claro, o prazer de seu próprio corpo; cada um busca por natureza tão somente o seu próprio bem; e toda preocupação com o bem alheio é derivada. A opinião, que é feita ao mesmo tempo de raciocínios certos e errados, leva o homem a três tipos de objetos de escolha: o maior dos prazeres, o útil e o nobre. Quanto ao primeiro, uma vez que observamos que vários tipos de prazer estão associados à dor, somos induzidos a propor a distinção entre prazeres mais ou menos preferíveis. Desse modo, constatamos a diferença entre prazeres naturais necessários e não necessários. Além disso, percebemos que há prazeres livres de qual-

---

888ª3; *Protágoras* 352^{d}6 ss.; *Clitofon* 407^{d}4-6; *Oitava carta* 354^{e}5-355^{a}1 (cf., também, *Górgias* 495^{d}1-5); Xenofonte, *Memorabilia* ii. 1; Cícero, *Das leis* i. 36 e 38-9.

42. *Leis* 889^b-890^a.

quer contaminação da dor e prazeres imbuídos de dor. Por fim, somos levados a ver que o prazer tem um ponto máximo, que existe um prazer completo, o qual se mostra como o fim para o qual estamos inclinados por natureza e que só temos possibilidade de alcançar por meio da filosofia. Quanto ao útil, ele não é em si mesmo agradável, mas conduz ao prazer, ao prazer genuíno. O nobre, por outro lado, não é genuinamente agradável nem conduz ao prazer genuíno. O nobre é aquilo que se venera, e agrada apenas por ser venerado e digno de ser honrado; o nobre é bom tão somente porque as pessoas o chamam de bom ou dizem que é bom; assim, o nobre é bom por convenção. Ele reflete de maneira distorcida o bem real em virtude do qual os homens estabeleceram a convenção fundamental, o pacto social. A virtude pertence à classe das coisas úteis. De fato, ela é desejável, mas não por ela mesma. Só se torna desejável com base no cálculo, e contém um elemento coercitivo e, portanto, de dor. Ela, entretanto, produz prazer[43]. Todavia, há uma diferença crucial entre a justiça e as outras virtudes. A prudência, a temperança e a coragem suscitam prazer devido às suas consequências naturais, ao passo que a justiça

---

43. Epicuro, *Ratae sententiae* 7; Diógenes Laércio x 137; Cícero, *De finibus* i. 30, 32, 33, 35, 37, 38, 42, 45, 54, 55, 61, 63; ii. 48, 49, 107, 115; iii. 3; iv. 51; *Offices* iii. 116-7; *Tusculunae disputationes*. v. 73; *Acad. Pr.* ii. 140; *Da republica* iii. 26. Cf. a formulação do princípio epicurista em Filipe Melanchthon (*Phlilosophiae moralis epitome*, Parte I: *Corpus Reformatorum*, Vol. XVI, col. 32): "Illa actio est finis, ad quam natura ultro fertur, et non coacta. Ad voluptatem ultro rapiuntur homines maximo impetu, ad virtutem vix cogi possunt. Ergo voluptas est finis hominis, non virtus." [Aquela ação é a finalidade a que a natureza é espontaneamente levada, e não coagida. Ao prazer os homens são arrastados espontaneamente com o maior ímpeto, à virtude podem ser coagidos com dificuldade. Portanto, a finalidade do homem é o prazer, não a virtude.] Cf., também, Hobbes, *De cive*, i, 2.

só produz o prazer que dela se espera – uma sensação de segurança – com base na convenção. As outras virtudes têm um efeito salutar independentemente de as outras pessoas saberem ou não se o indivíduo que as pratica é prudente, temperante ou corajoso. Mas para que a justiça tenha um efeito salutar sobre a pessoa que a pratica, é preciso que essa pessoa seja considerada justa. Os vícios correspondentes são maus, independentemente de poderem ou não ser descobertos pelos outros. Mas a injustiça só é um mal na medida em que corre o forte risco de poder ser descoberta. A tensão entre a justiça e aquilo que é bom por natureza se manifesta mais claramente quando se compara a justiça com a amizade. As duas originam-se por cálculo, mas a amizade se mostra intrinsecamente agradável ou desejável em si – incompatível com o constrangimento; ao passo que a justiça e o agrupamento que a aplica – a cidade – residem inteiramente no constrangimento. E todo constrangimento é desagradável[44].

---

44. Epicuro, *Ratae sententiae* 34; *Gnomologium Vaticanum* 23; Cícero, *De finibus* i. 51 (cf. 41), 65-70; ii. 28 e 82; *Offices* iii. 118. Em *Ratae sententiae* 31, Epicuro diz: "O direito de natureza [ou o justo] é um *symbolon* do benefício que decorre de os homens não prejudicarem uns aos outros e não serem prejudicados." Conforme se mostra em *Ratae sententiae* 32 ss., isso não significa que haja o direito natural num sentido estrito, isto é, um direito independente e anterior a todas as convenções ou pactos: o *symbolon* se identifica com um tipo de pacto. O que Epicuro afirma é que, a despeito da infinita variedade das coisas justas, a justiça ou o direito estão destinados, por toda parte, a cumprir uma única e mesma função: o direito, compreendido à luz da sua função universal e primária, é de certa forma "o direito de natureza". Ele se opõe às interpretações fabulosas ou supersticiosas da justiça em geral aceitas nas cidades. "O direito de natureza" é o princípio do direito reconhecido pela doutrina convencionalista. Ele se torna, assim, equivalente à "natureza do direito" (*Ratae sententiae* 37) e se opõe às falsas opiniões sobre o direito. A expressão "a natureza do direito" é empregada por Gláucon no seu resumo da doutrina convencionalista na *República* (359^{b}4-5): a natureza do direito con-

O registro mais importante do convencionalismo filosófico, de fato, o único registro disponível, autêntico e abrangente é o poema *Da natureza das coisas*, do epicurista Lucrécio. De acordo com o autor, os homens perambulavam originalmente pelas florestas, sem nenhum tipo de vínculo social e sem nenhuma restrição convencional. A fraqueza e o medo do perigo representado pelas feras induziram-nos a se unir para a proteção ou para desfrutar o prazer derivado da segurança. Após eles ingressarem na sociedade, a vida selvagem originária deu lugar aos hábitos de bondade e fidelidade. Essa sociedade primitiva, muito anterior à fundação das cidades, foi a melhor e a mais feliz de todas. Se a vida da sociedade primitiva fosse a vida conforme à natureza, o direito seria natural. Mas a vida conforme à natureza é a vida do filósofo. E a filosofia é impossível na sociedade primitiva. A filosofia tem a sua morada nas cidades, e a destruição, ou pelo menos a degradação, do modo de vida da sociedade primitiva caracteriza a vida nas cidades. A felicidade do filósofo, a única verdadeira felicidade, pertence a uma época inteiramente diferente da felicidade da sociedade. Há, portanto, uma desproporção entre as exigências da filosofia, ou da vida conforme à natureza, e as exigências da sociedade enquanto tal. É graças a essa necessária desproporção que o direito não pode ser natural. E a desproporção é necessária pela seguinte razão. A felicidade da sociedade primitiva e não coerciva consistia, em última

---

siste em certa convenção que é contra a natureza. Gassendi, o famoso restaurador do epicurismo, tinha razões mais fortes que os epicuristas antigos para afirmar a existência do direito natural. Além do mais, Hobbes lhe ensinara como o epicurismo poderia ser combinado com a afirmação do direito natural. Todavia, Gassendi não aproveitou a nova oportunidade. Ver a sua paráfrase do *Ratae sententiae* (*Animadversiones* [Lyon, 1649], pp. 1748-9).

análise, no predomínio de uma ilusão salutar. Os membros dessa sociedade viviam dentro dos limites de um mundo finito ou de um horizonte fechado; confiavam na eternidade do universo visível e na proteção que lhes era conferida pela "muralha do mundo". Era essa confiança que os tornava inocentes, bons e dispostos a se empenhar pelo bem dos outros; pois é o medo que os transforma em selvagens. A confiança que tinham na firmeza da "muralha do mundo" não fora ainda abalada pela especulação sobre as catástrofes naturais. Contudo, uma vez abalada, os homens perderam sua inocência e tornaram-se selvagens, e assim surgiu a necessidade de uma sociedade coerciva. Uma vez abalada aquela confiança, os homens não tiveram outra escolha senão buscar apoio e consolo na crença em deuses atuantes; o livre-arbítrio dos deuses garantiria a firmeza da "muralha do mundo" que, acreditavam, precisava de uma solidez intrínseca e natural; a bondade dos deuses substituiria a falta dessa firmeza intrínseca. A crença em deuses atuantes nasceu do medo e do apego ao mundo – o mundo do sol, da lua e das estrelas, da terra recoberta de verde a cada primavera, o mundo da vida, distinto dos elementos inanimados, embora eternos (os átomos e o vazio), do qual nosso mundo surgiu e no qual perecerá. Todavia, por mais que fosse reconfortante a crença em deuses atuantes, ela engendrou males inomináveis. E o único remédio consistiu em romper "a muralha do mundo" – onde a religião chega aos seus limites – e reconciliar-se com o fato de que vivemos, em todos os aspectos, numa cidade sem muros, num universo infinito, onde nada que o homem ame pode ser eterno. O único remédio é a filosofia, pois apenas ela confere o prazer completo. No entanto, a filosofia é repudiada pelo povo, pois ela exige um desapego do "nosso mundo". Por outro lado, o povo não pode mais retornar à feliz simplicidade da sociedade primitiva. É preciso, pois, que eles continuem a levar uma vida completamente antinatural, caracterizada pela cooperação da sociedade coerciva e pela religião. Uma vida excelente, conforme à natureza, é a vida reclusa do filósofo que vive à margem da sociedade civil. A vida dedicada a ela e a ajudar os outros não é a vida conforme à natureza[45].

É preciso fazer uma distinção entre o convencionalismo filosófico e o vulgar. Este último se dá a conhecer de modo bastante claro no "discurso injusto" que Platão pôs na boca de Trasímaco, Glauco e Adimanto. De acordo com tal discurso, o bem maior, ou a coisa mais agradável de todas, é possuir mais do que os outros ou dominar os outros. Mas a cidade e o direito impõem, necessariamente, alguma restrição sobre o desejo pelo prazer maior; ambos são incompatíveis com o prazer maior ou com aquilo que é o bem maior por natureza; eles são contra a natureza e têm sua origem na convenção. Hobbes diria que a cidade e o direito têm origem no desejo pela vida e que este é ao menos tão natural quanto o desejo de dominar.

---

45. Quando se lê o poema de Lucrécio, deve-se constantemente ter em mente o fato de que o que mais chama a atenção do leitor é a "doçura" (ou aquilo que conforta o homem não filosófico), e não o "amargor" ou a "tristeza". A abertura do poema, com a exaltação de Vênus, e o seu fechamento, com a sombria descrição da peste, não são senão os mais óbvios e importantes exemplos do princípio afirmado em i. 935 ss. e iv. 10 ss. Para compreender a seção que trata da sociedade humana (v. 925-1456), é preciso considerar o seu plano: (a) vida pré-política (925-1027), (b) as invenções pertencentes à vida pré-política (1028-1104), (c) a sociedade política (1105-60), (d) as invenções pertencentes à sociedade política (1161-1456). Cf. a referência ao fogo em 1011 com 1091 ss., e as referências a *facies viresque*, bem como ao ouro, em 1111-3 com 1170-1 e 1241 ss. Cf., desse ponto de vista, 977-81 com 1211 ss.; cf., também, 1156 com 1611 e 1222-5 (ver ii. 620-3, e Cícero, *De finibus* i. 51). Ver, também, i. 72-74, 943-45; iii. 16-17, 59-86; v. 91-109, 114-21, 1392-1435; vi. 1-6, 596-607.

A essa objeção os representantes do convencionalismo vulgar responderiam que a vida pura e simples é mera aflição, e que a nossa natureza não busca uma vida miserável. A cidade e o direito são contra a natureza porque sacrificam o bem maior pelo bem menor. É verdade que o desejo de ser superior aos outros só pode tomar forma na cidade; o que significa, tão somente, que a vida conforme à natureza consiste na exploração hábil das oportunidades criadas pela convenção, ou em saber aproveitar a confiança bem-intencionada que muitos depositam na convenção. Tal exploração exige que a pessoa não se estorve com um respeito sincero pela cidade e pelo direito. A vida conforme à natureza exige um desprendimento interior em relação ao poder da convenção, um desprendimento tão perfeito que se coaduna com a aparência de um comportamento convencional. A aparência de justiça coadunada com a injustiça efetiva levará a pessoa ao ápice da felicidade. Com efeito, uma pessoa precisa ser hábil para esconder bem a sua injustiça enquanto a pratica em larga escala; o que significa, tão somente, que a vida conforme à natureza é o privilégio de uma minoria, da elite natural, dos que são verdadeiramente homens e que não nasceram para ser escravos. Mais precisamente, o ápice da felicidade é a vida do tirano, do homem que logrou cometer os maiores crimes, submetendo a cidade como um todo ao seu bem particular, e que pode se dar o luxo de não ter de se valer da aparência da justiça e da legalidade[46].

O convencionalismo vulgar é a versão vulgarizada do convencionalismo filosófico. Ambos estão de acordo quanto aos seguintes pontos: que, por natureza, cada um

---

46. Platão, *República* 344^{a-c}, 348^d, 358^{e}3-362^c, 364^{a}1-4, 365^{c}6-^{d}2; *Leis* 890^{a}7-9.

busca apenas o seu próprio bem; que é conforme à natureza não ter a menor consideração pelo bem alheio; que tal consideração pelo outro surge apenas da convenção. Todavia, o convencionalismo filosófico nega que essa falta de consideração pelos outros signifique o desejo de ter mais do que os outros, ou de ser superior aos outros. Longe de tomar o desejo de superioridade como natural, o convencionalismo filosófico o vê como algo vão ou derivado da opinião. Os filósofos, que, como tais, experimentaram prazeres mais consistentes do que aqueles provindos da riqueza e do poder, entre outros, não poderiam jamais identificar a vida conforme à natureza com a vida do tirano. O convencionalismo vulgar é fruto de uma corrupção do convencionalismo filosófico. É razoável identificar a origem dessa corrupção nos "sofistas". Pode-se dizer que estes "publicaram" e, com isso, degradaram o ensinamento convencionalista dos filósofos pré-socráticos.

O termo "sofista" tem muitos significados. Entre outras coisas, pode significar um filósofo, seja um filósofo que sustenta concepções impopulares, seja um homem que manifesta sua falta de bom gosto ao cobrar para ensinar assuntos nobres. Pelo menos desde Platão, "sofista" é geralmente empregado em contraposição ao termo "filósofo"; por conseguinte, tem um sentido pejorativo. "Os sofistas", num sentido histórico, são os gregos do século V que Platão e outros filósofos apresentaram como sofistas no sentido estrito, ou seja, como não filósofos de certo tipo. Nessa acepção estrita, o sofista é quem ensina uma falsa sabedoria. Esta, porém, não tem a ver com uma doutrina errônea, se não Platão teria sido um sofista aos olhos de Aristóteles e vice-versa. Um filósofo que erra é algo inteiramente diferente de um sofista. Nada impede um sofista de ensinar a verdade vez por outra, ou mesmo habitualmente. O que é característico do sofista é que a verdade, isto é, a verdade do todo, pouco lhe importa. O sofista, em contraposição ao filósofo, não é motivado pelo ardor da tomada de consciência relativa à diferença fundamental entre convicção ou crença e conhecimento genuíno. Mas essa consideração é muito geral, pois a pouca importância que o sofista atribui à verdade do todo não é seu apanágio. O sofista é um homem que não está preocupado com a verdade, ou que não ama a sabedoria, embora saiba, mais que a maioria dos homens, que a sabedoria ou ciência é a mais elevada excelência humana. Consciente do caráter único da sabedoria, ele reconhece que a honra que deriva da sabedoria é a honra mais elevada. Ele se interessa pela sabedoria, não por ela mesma, não por odiar a mentira na alma mais do que qualquer outra coisa, mas pela honra ou o prestígio conferidos pela sabedoria. Ele vive e age segundo o princípio de que o prestígio ou a superioridade sobre os outros ou, ainda, de que ter mais do que os outros, é o maior de todos os bens. Ele age segundo o princípio do convencionalismo vulgar. E por aceitar os ensinamentos do convencionalismo filosófico, expressando-se portanto com mais facilidade do que a maioria, que também age segundo o mesmo princípio, ele pode ser considerado o representante mais apropriado do convencionalismo vulgar. Contudo, uma dificuldade se apresenta: o maior de todos os bens para o sofista é o prestígio que deriva da sabedoria. E para atingir esse bem, ele deve exibir a sua sabedoria, o que significa ensinar a concepção de que a vida conforme à natureza, ou a vida do homem sábio, consiste em combinar uma injustiça real com uma aparência de justiça. Todavia, admitir que se é, de fato, injusto é incompatível com saber preservar a aparência da justiça. É incompatível com a sabedoria e, portanto, impossibilita assim a honra que deriva da sabedoria. Cedo ou tarde o sofista é obrigado a esconder sua sabedoria ou a se submeter às concepções que ele considera apenas puramente convencionais. Deve, pois, se resignar a obter prestígio com a difusão de concepções mais ou menos respeitáveis. Eis a razão pela qual não se pode falar que os sofistas tinham um ensinamento que lhes era próprio e que eles sempre explicitavam.

Platão atribui ao mais famoso dos sofistas, Protágoras, um mito que prefigura a tese convencionalista. O mito apresentado no diálogo *Protágoras* baseia-se na distinção entre natureza, arte e convenção. A natureza é representada pela ação secreta de alguns deuses e pela ação de Epimeteu. Epimeteu, o ser no qual o pensamento é posterior ao ato, representa a natureza no sentido materialista, segundo o qual o pensamento surge depois dos corpos desprovidos de pensamento e de seus movimentos. A ação secreta dos deuses é desprovida de luz e de inteligência, e tem, portanto, o mesmo significado da ação de Epimeteu. A arte é representada por Prometeu, pelo seu furto, pela sua revolta contra a vontade dos deuses no céu. A convenção é representada pela dádiva da justiça que Zeus concede a "todos": essa "dádiva" não tem eficácia senão mediante a atividade repressora da sociedade civil, e as suas prescrições são perfeitamente cumpridas pela simples aparência de justiça[47].

---

47. *Protágoras* 332^{b}6-8, 323^{b}2-^{c}2, 324^{a}3-^{c}5, 325^{a}6-^{d}7, 327^{d}1-2. Parece haver uma contradição entre o mito do *Protágoras* e o do *Teeteto*, no qual a tese convencionalista é apresentada como uma versão aprimorada da tese de Protágoras que, na sua recusa das concepções ordinárias, vai muito além do convencionalismo (167^{c}2-7, 172^{a}1-^{b}6, 177^{c}6-^{d}6). Mas, como mostra o contexto, o que Protágoras fala do mito narrado em *Protágoras* é igualmente uma versão aprimorada da sua verdadeira tese. Em *Protágoras*, o aperfeiçoamento é empreendido sob pressão das circunstâncias (a presença de um eventual discípulo) pelo próprio Protágoras, ao passo que no *Teeteto* é empreendido em seu favor por Sócrates.

Concluo este capítulo com uma breve observação sobre o direito natural pré-socrático. Não pretendo falar dos tipos de doutrina do direito natural que foram plenamente desenvolvidos por Sócrates e seus seguidores. Limito-me aqui a um esboço do tipo que foi rejeitado pelos clássicos: o direito natural igualitário.

A dúvida sobre o caráter natural da escravidão, bem como da divisão da espécie humana em diferentes grupos políticos e étnicos, encontra sua expressão mais simples na tese de que todos os homens são livres e iguais por natureza. A liberdade natural e a igualdade natural são inseparáveis uma da outra. Se todos os homens são livres por natureza, ninguém é por natureza superior aos outros e, portanto, por natureza todos os homens são iguais entre si. Se todos os homens são livres e iguais por natureza, é contra a natureza tratar quem quer que seja como se não fosse livre nem igual; a preservação ou restauração da liberdade e igualdade naturais é uma prescrição do direito natural. Por isso, a cidade parece ser contra o direito natural, pois se funda na desigualdade, na subordinação e na restrição da liberdade. A recusa efetiva da liberdade e da igualdade naturais identifica-se com a violência e, em última análise, com a opinião equivocada, ou com a corrupção da natureza. Isso quer dizer que a liberdade e a igualdade naturais foram plenamente efetivas na origem, quando a natureza ainda não tinha sido corrompida pela opinião. Assim, a doutrina da liberdade e da igualdade naturais tece laços com a doutrina da idade de ouro. Todavia, pode-se considerar que a inocência original não está irreparavelmente perdida e que, a despeito do caráter natural da liberdade e da igualdade, a sociedade civil é imprescindível. Nesse caso, deve-se buscar uma forma pela qual a sociedade civil possa se harmonizar com a liberdade e a igualdade naturais. E a única forma possível é considerar que a sociedade civil, na medida em que está de acordo com o direito natural, está baseada no consentimento ou, mais precisamente, no contrato entre indivíduos livres e iguais.

Não se sabe se as doutrinas da liberdade e da igualdade naturais, bem como do pacto social, foram originalmente pensadas como teses políticas, ou se foram concebidas como teses teóricas destinadas a pôr em questão o caráter da sociedade civil como tal. Enquanto a natureza foi considerada o padrão, a doutrina contratualista – estivesse esta baseada ou não na premissa igualitária – necessariamente envolvia a depreciação da sociedade civil, sob o pretexto de que ela não era natural, mas sim convencional[48]. É preciso ter em mente essas considerações para compreender o caráter específico e a enorme influência política das doutrinas contratualistas dos séculos XVII e XVIII. Pois, na Era Moderna, abandona-se a noção de que a natureza constitui o padrão, e com isso desfaz-se o estigma em relação a tudo aquilo que é convencional ou contratual. Quanto aos tempos pré-modernos, podemos afirmar, sem medo de errar, que todas as doutrinas contratualistas envolviam a depreciação de tudo aquilo cuja origem era contratual.

Numa passagem do *Críton* de Platão, Sócrates deriva de um contrato tácito o seu dever de obediência à cidade de Atenas e às leis desta. Para compreender essa passagem, é preciso compará-la com o seu paralelo na *República*, segundo o qual o dever de obediência do filósofo para com a cidade não deriva de nenhum contrato. A razão para tanto é óbvia. A cidade apresentada na *República* é a melhor cidade, a cidade conforme à natureza. Mas a cidade

---

48. Aristóteles, *Política* 1280^{b}10-3; Xenofonte, *Memorabilia* iv. 4. 13-4 (Cf. *Resp. Laced*. 8. 5).

de Atenas, no qual vigia a democracia, era, conforme o ponto de vista de Platão, uma das cidades mais imperfeitas[49]. O contrato só pode justificar a fidelidade a uma comunidade inferior, pois o homem honesto cumpre as promessas feitas a qualquer um, independentemente do mérito daquele a quem fez a promessa.

---

49. *Críton* 50c4-52e5 (cf. 52e5-6); *República* 519c8-520e1.

CAPÍTULO IV
O DIREITO NATURAL CLÁSSICO

Diz-se que Sócrates foi o primeiro a fazer com que a filosofia descesse do céu à terra, obrigando-a a fazer perguntas sobre a vida e os costumes, sobre as coisas boas e as más. Em outras palavras, diz-se que ele foi o fundador da filosofia política[1]. Na medida em que essa leitura é verdadeira, ele foi o criador de toda a tradição dos ensinamentos do direito natural. A doutrina específica do direito natural criada por Sócrates e desenvolvida por Platão, por Aristóteles, pelos estoicos, por autores cristãos (especialmente Tomás de Aquino), pode ser chamada de doutrina clássica do direito natural – que deve ser diferenciada da doutrina moderna do direito natural surgida no século XVII.

A compreensão plena da doutrina clássica do direito natural exige a compreensão plena daquela mudança no pensamento da qual Sócrates foi o autor. Mas tal com-

---

1. Cícero, *Tusculunae disputationes* v. 10; Hobbes, *De cive*, Prefácio, perto do início. Quanto às supostas origens pitagóricas da filosofia política, considerar Platão, *República* 600ª9-ᵇ5 e Cícero, *Tusculunae disputationes* v. 8-10 e *Da república* i. 16.

preensão não está à nossa disposição. O leitor moderno, ao percorrer os textos pertinentes, que parecem à primeira vista oferecer as informações mais autênticas, chegará quase inevitavelmente à seguinte conclusão: Sócrates pôs de lado o estudo da natureza e limitou suas investigações às coisas humanas. Por não se preocupar com a natureza, ele se recusou a olhar as coisas humanas à luz da distinção subversiva entre natureza e lei (convenção). Em vez disso, estabeleceu a identidade entre lei e natureza e entre justiça e legalidade[2]. Desse modo, conseguiu restaurar, ainda que no plano da reflexão, a moralidade ancestral. Ora, essa concepção considera o ponto de partida ambíguo de Sócrates, ou o resultado ambíguo de suas investigações, como a substância mesma de seu pensamento. Digamos, por ora, que a distinção entre natureza e lei (convenção) guarda toda sua importância para Sócrates e para o direito natural clássico em geral. Os clássicos pressupõem a validade dessa distinção quando determinam que a lei deve seguir a ordem estabelecida pela natureza, ou quando falam da cooperação entre natureza e lei. À recusa do direito natural e da moral natural eles opõem a distinção entre direito natural e direito positivo, bem como a distinção entre moral natural e moral (simplesmente) humana. Nesse sentido, preservam essa distinção quando diferenciam a virtude genuína da virtude política ou vulgar. As instituições que caracterizam o melhor regime em Platão são "conformes à natureza" e "contra os hábitos e costumes", ao passo que as instituições em vigor são, por toda parte, "contra a natureza". Aristóteles não pôde explicar o que é o dinheiro senão

---

2. Platão, *Apologia de Sócrates* 19ª8-ᵈ7; Xenofonte, *Memorabilia* i. 1. 11-16; iv. 3. 14; 4. 12 ss., 7, 8. 4; Aristóteles, *Metafísica* 987ᵇ1-2; *De partibus animalium*. 642ª28-30; Cícero, *Da república* i. 15-6.

pela distinção entre a riqueza natural e a riqueza convencional, nem a escravidão senão pela distinção entre a escravidão natural e a escravidão legal[3].

Vejamos, então, o que está compreendido no ato de Sócrates se voltar para o estudo das coisas humanas. Seu estudo consistiu em propor a questão "o que é?", tendo em conta as coisas humanas – por exemplo, "o que é a coragem?", ou "o que é a cidade?". Mas o feito de Sócrates não se limitava a dirigir esse tipo de questionamento a coisas especificamente humanas tais como as diversas virtudes. Pois ele se viu obrigado a questionar o que são as coisas humanas como tais, isto é, qual é a *ratio rerum humanarum*[4]. Todavia, não se pode apreender o caráter específico das coisas humanas se não se apreende a diferença essencial entre coisas humanas e coisas não humanas, isto é, coisas divinas ou naturais. Isso, por sua vez, pressupõe uma compreensão das coisas divinas ou naturais como tais. A investigação das coisas humanas em Sócrates baseava-se então na investigação abrangente de "todas as coisas". Como todo filósofo, ele identificava a sabedoria, ou o objetivo da filosofia, com a ciência de todos os seres: ele nunca cessou de considerar "o que cada um dos seres é"[5].

Ao contrário das aparências, a dedicação de Sócrates ao estudo das coisas humanas baseava-se não na desconsideração das coisas divinas ou naturais, mas numa

---

3. Platão, *República* 456^{b}12-^{c}2, 452^{a}7, ^{c}6-7, 484^{c}7-^{d}3, 500^{d}4-8, 501^{b}1--^{c}2; *Leis* 794^{d}4-795^{d}5; Xenofonte, *Econômico* 7. 16 e *Hierão* 3. 9; *Aristóteles, Ética a Nicômaco* 1133^{a}29-31 e 1134^{b}18-1135^{a}5; *Política* 1255^{a}1-^{b}15, 1257^{b}10 ss.

4. Comparar Cícero, *Da república* ii. 52, passagem em que a *ratio rerum civilium*, distinta da elaboração de um modelo para a ação política, é entendida como o propósito da *República* de Platão.

5. Xenofonte, *Memorabilia* i. 1. 16; iv. 6. 1, 7; 7. 3-5.

nova abordagem para a compreensão de todas as coisas. Com efeito, essa abordagem era de tal ordem que permitia e favorecia a investigação das coisas humanas como tais, isto é, das coisas humanas na medida em que não se reduzem às coisas divinas ou naturais. Sócrates se afasta de seus predecessores ao identificar a ciência do todo, de tudo aquilo que é, com a compreensão de "o que cada um dos seres é". Pois "ser" significa "ser algo" e, portanto, ser diferente de coisas que são "outra coisa"; "ser" significa, portanto, "ser uma parte". Desse modo, o todo não pode "ser" no mesmo sentido em que toda coisa, que é "alguma coisa", é: o todo deve estar "além do ser". Não obstante, o todo é a totalidade das partes. Compreender o todo significa, então, compreender todas as partes do todo ou a articulação do todo. Se "ser" é "ser alguma coisa", o ser de uma coisa, ou a natureza de uma coisa, é primordialmente o seu Quê, seu "molde", "forma" ou "caráter", particularmente na medida em que se distingue daquilo de onde ela surgiu. Aquilo que a coisa é por ela mesma, a coisa acabada, não pode ser compreendida como um produto do processo que a ela conduz; mas, pelo contrário, o processo só pode ser compreendido à luz da coisa acabada ou do fim do processo. Nesse sentido, o Quê é, como tal, o caráter de uma classe ou de uma "tribo" de coisas – de coisas que, por natureza, coexistem ou formam um grupo natural. O todo tem uma articulação natural. Compreender o todo, portanto, não significa mais descobrir primeiramente as raízes a partir das quais o todo acabado, o todo articulado, o todo constituído de diferentes grupos de coisas, o todo inteligível, o *cosmos*, surgiu; nem descobrir a causa que transformou o *caos* num *cosmos*, ou perceber a unidade oculta por detrás da variedade de coisas ou aparências; significa, sim, compreender a unidade que se revela na articulação manifesta do todo acabado.

Essa concepção oferece a base para a distinção entre as várias ciências, que corresponde à articulação natural do todo. Ela torna possível e favorece particularmente a investigação das coisas humanas como tais.

Sócrates parece ter considerado a mudança por ele acarretada um retorno à "sobriedade" e à "moderação" depois da "loucura" de seus antecessores. Ao contrário destes, ele não separou a sabedoria da moderação. No linguajar atual, pode-se conceber a mudança em questão como um retorno ao "senso comum" ou ao "mundo do senso comum". Aquilo para o qual a questão "O que é?" aponta é o *eidos* de uma coisa, o molde, a forma, o caráter ou a "ideia" de uma coisa. Não é à toa que o termo *eidos* significa, em primeiro lugar, aquilo que é visível a todos sem nenhum esforço especial, ou aquilo que se poderia chamar de "superfície" das coisas. Sócrates não tomou como ponto de partida aquilo que é primeiro em si mesmo ou por natureza, mas aquilo que é primeiro para nós, o que nos afeta à primeira vista, os fenômenos. Mas o ser das coisas, o seu Quê, surge à primeira vista, não naquilo que vemos nessas coisas, mas naquilo que é dito sobre elas ou nas opiniões a seu respeito. Consequentemente, Sócrates tomou como ponto de partida para a compreensão da natureza das coisas as opiniões sobre essa natureza. Pois toda opinião baseia-se numa tomada de consciência, numa percepção mental de alguma coisa. Sócrates deu a entender que desconsiderar as opiniões sobre a natureza das coisas equivaleria a abandonar nosso acesso mais importante à realidade, ou os vestígios mais importantes da verdade que estão ao nosso alcance. Ele também deu a entender que "a dúvida universal" para com todas as opiniões nos levaria não ao centro da verdade, mas ao vazio. A filosofia consiste, portanto, na ascensão que leva das opiniões ao conhecimento ou à verdade, na ascensão que se guia por opiniões. É essa ascensão que Sócrates tinha em mente quando chamava a filosofia de "dialética". A dialética é a arte da conversação ou da disputa amigável. A disputa amigável que leva à verdade se torna possível ou necessária pelo fato de que as opiniões a respeito de o que são as coisas, ou o que são alguns grupos muito importantes de coisas, são contraditórias entre si. Ao reconhecermos a contradição, obrigamo-nos a ir além das opiniões para chegar a uma concepção coerente da natureza da coisa investigada. Essa concepção coerente torna manifesta a verdade relativa das opiniões contraditórias e dá provas de ser uma concepção abrangente ou total. As opiniões se revelam, então, como fragmentos da verdade, fragmentos maculados de uma verdade pura. Em outras palavras, as opiniões são tornadas necessárias pela verdade que subsiste por si, e a ascensão à verdade é guiada pela verdade subsistente por si, que todos os homens sempre pressentem.

Com base nisso, torna-se possível compreender a razão pela qual a variedade de opiniões sobre o direito ou a justiça não apenas é compatível com a existência do direito natural, ou com a ideia de justiça, mas é uma de suas condições. A variedade de noções de justiça poderia ser considerada a refutação da existência do direito natural, se este exigisse o consenso efetivo de todos os homens no que se refere aos princípios do direito. Mas nós aprendemos com Sócrates, ou com Platão, que ele exige apenas um consenso potencial. Platão parece observar o seguinte: conforme lhe aprouver, considere qualquer opinião sobre o direito, por mais fantástica ou "primitiva" que seja; você pode estar seguro, desde o começo de sua investigação, de que ela trata de algo que vai além dela mesma; de que as pessoas que partilham a opinião em questão contradizem-na de alguma forma e, assim, são obrigadas a ir além dela em direção à única verdadeira concepção de justiça, contanto que surja um filósofo entre elas.

Tentemos nos expressar em termos mais gerais. Todo conhecimento, por mais limitado ou "científico" que seja, pressupõe um horizonte: uma concepção abrangente dentro da qual o conhecimento é possível. Toda compreensão pressupõe uma tomada de consciência fundamental acerca do todo: antes de qualquer percepção das coisas particulares, a alma humana deve ter tido uma visão das ideias, uma visão do todo articulado. Por mais diferentes que possam ser as concepções abrangentes que animam as diversas sociedades, todas elas são concepções da mesma coisa – do todo. Portanto, elas não apenas diferem entre si, mas são contraditórias. Esse simples fato obriga o homem a se dar conta de que cada uma dessas concepções, considerada em si mesma, é apenas uma opinião sobre o todo, ou uma expressão inadequada da tomada de consciência fundamental acerca do todo, remetendo assim para além dela mesma em direção a uma expressão adequada. Não há nenhuma garantia de que a busca de uma expressão adequada levará, algum dia, para além de uma compreensão das alternativas fundamentais, ou de que a filosofia ultrapassará legitimamente o estágio da discussão ou da disputa e atingirá o estágio da decisão. O caráter interminável da busca por uma expressão adequada do todo não nos autoriza, entretanto, a limitar a filosofia à compreensão de uma parte, por mais importante que seja. Pois o sentido de uma parte depende do sentido do todo. Em particular, aquela interpretação de uma parte que se baseia unicamente em experiências fundamentais, sem recorrer a suposições hipotéticas sobre o todo, não é, em última análise, superior a outras interpretações da mesma parte que se apoiem de maneira explícita nessas suposições hipotéticas.

O convencionalismo ignora a compreensão incorporada na opinião e abandona esta, fazendo apelo à natureza. Por essa razão, entre tantas outras, Sócrates e seus sucessores foram obrigados a provar a existência do direito natural no terreno mesmo do convencionalismo. Tiveram de provar tal existência apelando aos "fatos", encarados aqui como opostos aos "discursos"[6]. E, conforme poderemos verificar, esse apelo aparentemente mais direto simplesmente confirma a tese socrática fundamental.

A premissa básica do convencionalismo consistia, aparentemente, na identificação do bem com o prazer. Consequentemente, a parte fundamental do ensinamento do direito natural clássico é a crítica do hedonismo. A tese dos clássicos é que o bem é essencialmente diferente e mais fundamental que o prazer. Os prazeres mais comuns estão vinculados à satisfação das necessidades; as necessidades precedem os prazeres; as necessidades fornecem, por assim dizer, os canais dentro dos quais o prazer pode se mover; elas determinam o que pode ser agradável ou não. O fato inicial não é o prazer, ou o desejo de prazer, mas, antes, as necessidades e a luta pela sua satisfação. É a variedade de necessidades que responde pela variedade de prazeres; a diferença de tipos de prazer só pode ser compreendida por referência às necessidades que tornam possíveis os diversos tipos de prazer. Os diferentes tipos de necessidade não formam um fardo único de exigências urgentes; as necessidades seguem uma ordem natural. Diferentes tipos de seres buscam ou desfrutam diferentes tipos de prazer: o prazer de um asno difere do prazer humano. Nesse sentido, a ordem das necessidades de um ser remete à constituição natural, ao Quê do ser em questão; e é essa constituição que deter-

---

6. Ver Platão, *República* 358^{e}3, 367^{b}2-5, ^{e}2, 369^{a}5-6, ^{c}9-10, 370^{a}8-^{b}1.

mina a ordem, a hierarquia das várias necessidades ou das várias inclinações de um ser. A uma constituição específica corresponde uma operação específica, um funcionamento específico. Um ser é bom – ele está "em ordem" – se faz bem aquilo que lhe cabe fazer. Segue-se disso que um homem será bom se fizer bem o seu trabalho humano, o trabalho que corresponde à natureza do homem e que é exigido por ela. Para determinar aquilo que por natureza é bom para o homem, ou o bem humano natural, deve-se determinar o que é a natureza do homem, ou a constituição natural do homem. É a ordem hierárquica da constituição natural do homem que oferece a base para o direito natural conforme os clássicos o compreendiam. De um modo ou de outro, todas as pessoas diferenciam o corpo da alma, sendo obrigadas a admitir que não podem, sem incorrer em contradição, negar que a alma seja superior ao corpo. O que diferencia a alma humana da alma dos animais, o que distingue o homem dos animais, é a palavra, a razão ou o entendimento. Portanto, a tarefa que compete ao homem consiste em viver inteligentemente, em compreender e em agir de maneira inteligente. A vida excelente é a vida conforme à ordem natural do ser humano, a vida que flui da alma bem ordenada ou saudável. Em poucas palavras, a vida excelente é aquela em que as exigências das inclinações naturais do homem são, no grau mais elevado possível, cumpridas na devida ordem; a vida de um homem que está desperto no grau mais elevado possível; a vida de um homem em cuja alma nada permanece inculto. A vida excelente é a perfeição da natureza do homem. É a vida conforme à natureza. Pode-se, desse modo, chamar as regras que delimitam o caráter geral da vida excelente de "lei natural". A vida conforme à natureza é a vida da excelência ou virtude humana; é a vida de uma "pessoa de nível elevado", não a vida do prazer como prazer[7].

A tese de que a vida conforme à natureza é a da excelência humana pode ser sustentada por argumentos hedonistas. Todavia, os clássicos protestaram contra essa maneira de compreender a vida excelente. Pois, do ponto de vista do hedonismo, a nobreza de caráter é boa porque conduz, ou é mesmo indispensável, a uma vida de prazer: a nobreza de caráter é a serviçal do prazer; mas não é boa em si mesma. De acordo com os clássicos, essa interpretação deturpa os fenômenos que todo homem imparcial e competente, isto é, que não é moralmente obtuso, conhece pela experiência. Nós admiramos a excelência sem ter em vista nenhum prazer ou benefício nosso. Ninguém entende por homem bom ou excelente o homem que leva uma vida de prazer. Somos capazes de distinguir os homens melhores dos piores, cuja diferença se reflete, a bem dizer, nos tipos de prazer que preferem. Mas não se pode compreender a diferença de qualidade dos prazeres nos termos exclusivos do prazer: pois o que determina tal qualidade não é o próprio prazer, mas a hierarquia dos seres humanos. Sabemos que é um erro vulgar identificar o homem de excelência com aquele que nos fez um benefício. Sabemos admirar, por exemplo, um gênio estrategista que lidera o exército vitorioso de nossos inimigos. Há coisas que são admiráveis e nobres por natureza, intrinsecamente. E o que é característico de todas as coisas admiráveis, ou da maioria delas, é que, numa ausência total de cálculo, elas não se referem de

---

7. Platão, *Górgias* 499^{e}6-500^{a}3; *República* 369^{c}10 ss.; comparar *República* 352^{d}6-353^{e}6, 433^{a}1-^{b}4, 441^{d}12 ss., 444^{d}13-445^{b}4 com Aristóteles, *Ética a Nicômaco* 1098^{a}8-17; Cícero, *De finibus* ii. 33-4, 40; iv. 16, 25, 34, 37; v. 26; *Das leis* i. 17, 22, 25, 27, 45, 58-62.

modo algum ao interesse egoísta de alguém em particular. As diversas coisas humanas que são, por natureza, nobres ou admiráveis são essencialmente as partes da nobreza humana na sua completude, ou ao menos se relacionam com ela; todas elas almejam a alma bem-ordenada, que é o fenômeno humano incomparavelmente mais admirável. O fenômeno da admiração da excelência humana não pode ser explicado a partir de argumentos hedonistas ou utilitários, a não ser por meio de hipóteses *ad hoc* – que levam a afirmar que toda admiração é, quando muito, um tipo de cálculo premeditado para nosso próprio benefício. Trata-se do resultado de uma concepção materialista, ou criptomaterialista, que obriga seus defensores a ver no mais elevado apenas o efeito do mais baixo, ou que os impede de considerar a possibilidade de existirem fenômenos que simplesmente não se reduzem às suas condições, fenômenos que constituem por si mesmos uma classe. As hipóteses em questão não se coadunam com o espírito da ciência empírica do homem[8].

O homem é por natureza um ser social. Ele é constituído para não poder viver, ou bem viver, senão na companhia de outros. Visto que é a razão ou a linguagem aquilo que o diferencia dos outros animais e que a linguagem é comunicação, o homem é social num sentido mais radical do que qualquer outro animal social: a humanidade é, ela própria, sociabilidade. O homem se refere aos outros ou, antes, ele é reportado aos outros, em cada um de seus atos, pouco importa se esses atos são "sociais" ou "antissociais". Portanto, a sua sociabilidade não procede do cálculo dos prazeres que ele espera obter a partir da

---

8. Platão, *Górgias* 497^{d}8 ss.; *República* 402^{d}1-9; Xenofonte, *Helênicas* vii. 3. 12; Aristóteles, *Ética a Nicômaco* 1174^{a}1-8; *Retórica* 1366^{b}36 ss.; Cícero, *De finibus* ii. 45, 64-5, 69; v. 47, 61; *Das leis* i. 37, 41, 48, 51, 55, 59.

associação; é o seu prazer que deriva da associação, já que por natureza ele é social. O amor, a afeição, a amizade, a piedade lhe são tão naturais quanto o cuidado com seu próprio bem e o cálculo que a ele conduz. É a sociabilidade natural do homem que constitui a base do direito natural num sentido preciso e estrito do direito. E porque o homem é social por natureza, a perfeição da sua natureza inclui a virtude social por excelência, a justiça. Assim, a justiça e o direito são naturais. Todos os membros de uma mesma espécie são aparentados uns com os outros. Esse parentesco natural aprofunda-se e transfigura-se no caso do homem como consequência de sua sociabilidade radical. No caso do homem, o cuidado do indivíduo com a procriação é apenas parte do seu cuidado com a preservação da espécie. Não há nenhuma relação humana em que o homem seja absolutamente livre para agir conforme lhe aprouver ou lhe for conveniente. Todos os homens estão de alguma forma conscientes desse fato. Toda ideologia é uma tentativa do homem de justificar para si mesmo ou para outrem uma linha de conduta que de alguma maneira tem necessidade de justificação, isto é, que não é obviamente correta. Por que os atenienses acreditavam-se autóctones, senão porque sabiam que não é justo privar os outros da terra em que habitram e porque percebiam que uma sociedade que tem respeito próprio não se coaduna com a noção de que a sua fundação foi estabelecida pelo crime?[9] Por que os hindus acreditam na doutrina do *karma*, senão porque sabem

---

9. Platão, *República* 369^{b}5-370^{b}2; *Simpósio* 207^{a}6-^{c}1; *Leis* 776^{d}5-778^{a}6; Aristóteles, *Política* 1253^{a}7-18, 1278^{b}18-25; *Ética a Nicômaco* 1161^{b}1-8 (cf. Platão, *República* 395^{e}5) e 1170^{b}10-4; *Retórica* 1373^{b}6-9; Isócrates, *Panegyricus* 23-4; Cícero, *Da república* i. 1, 38-41; iii. 1-3, 25; iv. 3; *Das leis* i. 30, 33-5, 43; *De finibus* ii. 45, 78, 109-10; iii. 62-71. iv. 17-8; Grotius, *De jure belli*, Prolegômenos, §§ 6-8.

que, de outro modo, o seu sistema de castas seria indefensável? Em virtude de sua racionalidade, o homem tem um escopo de ação mais repleto de alternativas que o de qualquer outro ser sobre a terra. A percepção desse escopo de ação, dessa liberdade, é acompanhada pela percepção de que o exercício pleno e irrestrito dessa liberdade não é correto. A liberdade do homem é acompanhada por uma reverência ao sagrado, por um tipo de pressentimento de que nem tudo é permitido[10]. Podemos chamar esse medo inspirado pela reverência de "consciência natural do homem". O controle ou autocontrole, portanto, é tão natural ou primevo quanto a liberdade. Enquanto o homem não tiver cultivado devidamente a sua razão, ele terá inúmeras noções irreais sobre os limites de sua liberdade e conceberá os mais absurdos tabus. Porém, o que incita os selvagens nos seus feitos selvagens não é a selvageria, mas o pressentimento do direito.

O homem não pode atingir a perfeição senão na sociedade ou, mais precisamente, na sociedade civil. A sociedade civil, ou a cidade, conforme concebida pelos clássicos, é uma sociedade fechada; é aquilo que hoje seria chamado de uma "sociedade pequena". Podemos dizer que a cidade é uma comunidade em que todos os membros se conhecem, se não diretamente, pelo menos no sentido de que estão cientes uns dos outros. Uma sociedade que é feita para a possível perfeição do homem tem de manter sua coesão pela confiança mútua; e esta pressupõe que as pessoas conheçam umas as outras. Sem tal confiança, pensavam os clássicos, não pode haver liberdade; a alternativa à cidade, ou a uma federação de cidades, era o império governado despoticamente (encarnado, quando possível, num governante divinizado)

---

10. Cícero, *Da república* v. 6; *Leis* i. 24, 40; *De finibus* iv. 18.

ou uma condição próxima da anarquia. A cidade é uma comunidade feita à medida do poder natural de conhecimento direto e imediato do homem. Trata-se de uma comunidade que pode ser apreendida por uma pessoa, em que um homem maduro pode se orientar pelas suas próprias observações, sem ter que se apoiar habitualmente em informações indiretas para tratar de questões de importância vital. Pois o conhecimento humano direto só pode ser seguramente substituído pelo conhecimento indireto na medida em que os indivíduos que constituem a multidão política são uniformes, ou "homens das massas". Apenas uma sociedade suficientemente pequena para permitir a confiança mútua será suficientemente pequena para permitir a responsabilidade mútua ou o controle recíproco – o controle das ações ou costumes, indispensável à sociedade voltada para a perfeição de seus membros; numa cidade muito grande, na "Babilônia", todos podem viver mais ou menos como lhes aprouver. Tal como ocorre com o seu poder natural de conhecimento imediato, a capacidade do homem de amar e de se interessar é, por natureza, limitada; os limites da cidade coincidem com o alcance do cuidado que se deve ter com os indivíduos não anônimos. Ademais, a liberdade política, especialmente aquela liberdade política que se justifica pela busca da excelência humana, não é uma dádiva dos céus; ela só se torna efetiva por meio dos esforços de muitas gerações, e a sua preservação sempre requer o grau mais elevado de vigilância. A probabilidade de que todas as sociedades humanas sejam capazes de uma liberdade genuína ao mesmo tempo é extremamente pequena. Pois todas as coisas preciosas são extraordinariamente raras. Uma sociedade aberta ou que tudo abriga consistiria em muitas sociedades, posicionadas em níveis muito diferentes de maturidade política, e a probabilidade de que as sociedades inferiores se sentissem menosprezadas pelas superiores seria enorme. Uma sociedade aberta ou que tudo abriga existirá num plano rebaixado da humanidade em relação ao de uma sociedade fechada que, ao longo de gerações, dedicou um esforço exaustivo à busca da perfeição humana. As perspectivas de existência de uma boa sociedade são, portanto, maiores no caso de uma multidão de sociedades independentes do que quando há apenas uma única sociedade independente. Se a sociedade em que o homem pode alcançar a perfeição de sua natureza é necessariamente uma sociedade fechada, a distinção da espécie humana em vários grupos independentes é conforme à natureza. Tal distinção não é natural no sentido de os membros de uma sociedade civil serem, por natureza, diferentes dos de outras. As cidades não crescem como plantas. Elas não se baseiam em uma descendência comum, mas nascem das ações humanas. Há um elemento de escolha e mesmo de arbitrariedade na "conglomeração" de determinados seres humanos em detrimento de outros – o que só seria injusto se a condição desses excluídos fosse prejudicada em razão de sua exclusão. Mas a condição do povo que ainda não dedicou nenhum esforço sério à busca da perfeição humana é, necessariamente, ruim num aspecto decisivo: não pode de modo algum ser piorada pelo simples fato de que aqueles entre eles que tiveram suas almas animadas pelo chamado da perfeição se esforçaram para respondê-lo. Além disso, não há nenhuma razão necessária pela qual aqueles que foram excluídos não formem a sua própria sociedade. A sociedade civil, como sociedade fechada, é possível, necessária e conforme à justiça porque é conforme à natureza[11].

---

11. Platão, *República* 423ª5-c5; *Leis* 681c4-d5; 708b1-d7, 738d6-e5, 949e3 ss.; Aristóteles, *Ética a Nicômaco* 1158ª10-8, 1170b20-1171ª20; *Políti-*

Se o controle é tão natural para o homem quanto a liberdade – e o controle em muitos casos tem de ser violento para ser eficaz –, não se pode dizer que a cidade é convencional ou contra a natureza pelo fato de ser uma sociedade coercitiva. O homem é construído para não poder atingir a perfeição de sua humanidade sem controlar seus impulsos mais baixos. Não pode controlar o seu corpo pela persuasão – fato esse que mostra, por si só, que mesmo um governo despótico não é, de *per se*, contra a natureza. O que vale para o autocontrole, a autocoerção e o poder que se tem sobre si mesmo se aplica, em princípio, ao controle, à coerção e ao poder sobre os outros. Para considerar o caso extremo, um governo despótico só é injusto quando aplicado a seres que podem ser governados por persuasão, ou cuja inteligência é suficientemente desenvolvida: o governo que Próspero exerce sobre Caliban é justo por natureza. A justiça e a coerção não são mutuamente excludentes; a bem dizer, não é completamente errado descrever a justiça como um tipo de coerção benevolente. Em geral, a justiça e a virtude são, necessariamente, um tipo de poder. Dizer que o poder como tal é mau ou corruptor equivaleria a dizer que a virtude é má ou corruptora. Embora alguns homens sejam corrompidos pelo poder governante, outros são aperfeiçoados por ele: "o poder revela o homem"[12].

A realização completa da humanidade, ao que parece, consistiria, então, não num tipo de participação passiva na sociedade civil, mas na atividade devidamente orien-

---

ca 1253ª30-1, 1276ª27-34 (cf. Tomás de Aquino, *ad. loc.*), 1326ª9-ᵇ26; Isócrates, *Antidosis* 171-2; Cícero, *Das leis* ii. 5; cf. Tomás, *Suma teológica* i. qu. 65, *a.* 2, ad 3.

12. Platão, *República* 327ᵇ7-8 e 607ª4, 519ᵉ4-520ª5, 561ᵈ5-7, *Leis* 689ᵉ ss.; Aristóteles, *Ética a Nicômaco* 1130ª1-2, 1180ª14-22; *Política* 1254ª18-20, ᵇ5-6, 1255ª3-22, 1325ᵇ7 ss.

tada do estadista, do legislador ou do fundador da cidade. As graves preocupações com a perfeição de uma comunidade exigem um grau de virtude superior ao das graves preocupações com a perfeição de um indivíduo. O juiz e o governante têm oportunidades mais amplas e mais nobres para agir com justiça do que o homem comum. O homem bom não é pura e simplesmente idêntico ao bom cidadão, mas sim ao bom cidadão que exerce a função de governante numa sociedade boa. Aquilo que incita os homens a prestar homenagens à grandeza política é, pois, algo mais sólido do que o esplendor e o clamor deslumbrantes dos cargos importantes, algo mais nobre do que a preocupação com o bem-estar de seus corpos. Sensíveis aos grandes objetivos da humanidade – a liberdade e o império –, eles percebem de alguma maneira que a política é o campo em que a excelência humana pode mostrar-se na sua plenitude e de cujo cultivo adequado depende de certa maneira toda forma de excelência. A liberdade e o império são desejados como elementos ou condições de felicidade. Mas os sentimentos mobilizados pelo próprio emprego das palavras "liberdade" e "império" remetem a uma compreensão mais adequada da felicidade do que aquilo que preside a identificação da felicidade com o bem-estar do corpo ou com as satisfações da vaidade; eles remetem à concepção de que a felicidade ou a essência da felicidade consiste na excelência humana. A atividade política se orienta adequadamente quando dirigida à perfeição ou virtude humana. Portanto, no limite a cidade não tem outra finalidade além do indivíduo. A moralidade da sociedade civil ou do Estado é idêntica à do indivíduo. A cidade é essencialmente diferente de um bando de ladrões por não ser meramente uma organização, ou uma expressão, do egoísmo coletivo. Visto que o fim último da cidade é o mesmo que o do indivíduo, o fim da cidade não é a guerra e a conquista, mas sim a atividade pacífica em concordância com a dignidade do homem[13].

Visto que os clássicos concebiam as questões morais e políticas do ângulo da perfeição humana, eles não eram igualitários. Nem todos os homens são igualmente dotados por natureza para progredir no sentido da perfeição, ou, ainda, nem todas as "naturezas" são "boas naturezas". Embora todos os homens, isto é, todos os homens normais, possam ser virtuosos, alguns deles precisam ser guiados por outros, enquanto outros prescindem por completo da ajuda alheia ou dependem dela num grau menor. Além do mais, quaisquer que possam ser suas diferenças naturais, nem todos os homens se esforçam pela virtude com igual dedicação. Por maior que seja a influência da educação sobre os homens, a diferença entre uma boa e uma má formação se deve em parte à diferença entre "ambientes" naturais mais ou menos favoráveis. Visto que os homens diferem entre si no que diz respeito à perfeição humana, isto é, ao que mais importa, segue-se que a igualdade de direitos era vista pelos clássicos como algo muito injusto. Eles afirmavam que alguns homens são, por natureza, superiores a outros e que, portanto, de acordo com o direito natural, devem governar os outros. Por vezes afirma-se que a concepção dos clássicos foi rejeitada pelos estoicos, especialmente por Cícero, e que essa mudança marca uma época no desenvolvimento da doutrina do direito natural, ou ainda, uma ruptura

---

13. Tucídides iii. 45. 6; Platão, *Górgias* 464^{b}3-^{c}3, 478^{a}1-^{b}5, 521^{d}6-^{e}1; *Clitofon* 408^{b}2-5; *Leis* 628^{b}6-^{e}1, 645^{b}1-8; Xenofonte, *Memorabilia* ii. 1. 17; iii. 2. 4; iv. 2. 11; Aristóteles, *Ética a Nicômaco* 1094^{b}7-10, 1129^{b}25-1130^{a}8; *Política* 1278^{b}1-5, 1324^{b}23-41, 1333^{b}39 ss.; Cícero, *Da república* i. 1; iii. 10-1, 34-41; vi. 13, 16; Tomás de Aquino, *De regimine principum* i. 9.

radical com a doutrina do direito natural estabelecida por Sócrates, Platão e Aristóteles. Mas próprio Cícero, sobre quem é razoável considerar que sabia do que estava falando, não estava nem um pouco ciente da diferença radical entre os seus ensinamentos e os de Platão. No *Das leis* de Cícero, a passagem crucial, que de acordo com a opinião comum pretende estabelecer o direito natural igualitário, tem, na verdade, o feito de provar a sociabilidade natural do homem. A fim de provar esse ponto, Cícero fala da semelhança que os homens têm uns com os outros, isto é, do parentesco entre os homens. Ele apresenta a semelhança em questão como a base natural da benevolência de um homem para com os outros: *simile simili gaudet**. Trata-se de uma questão relativamente secundária saber se uma expressão usada por Cícero nesse contexto não poderia ser indicativa de um viés sutil a favor das concepções igualitárias. Basta observar que os escritos de Cícero estão repletos de enunciações que reafirmam a concepção clássica de que os homens não são iguais entre si no aspecto decisivo, reafirmando também as implicações políticas dessa concepção[14].

Para atingir o seu desenvolvimento mais elevado, o homem deve viver na melhor das sociedades, naquela que conduz mais seguramente à excelência humana. Os clássicos chamavam a melhor sociedade de a melhor *politeia*. Com essa expressão, indicavam, antes de tudo, que, para ser boa, a sociedade deve ser civil ou política, uma

---

* O semelhante se regozija no que lhe é semelhante. (N. do T.)

14. Platão, *República* 374e4-376c6, 431c5-7, 485a4-487a5; Xenofonte, *Memorabilia* iv. 1. 2; *Hierão* 7. 3; Aristóteles, *Ética a Nicômaco* 1099b18-20, 1095b10-3, 1179b7-1180a10, 1114a31-b25; *Política* 1254a29-31, 1267b7, 1327b18--39; Cícero, *Das leis* i. 28-35; *Da república* i. 49, 52; iii. 4, 37-8; *De finibus* iv. 21, 56; v. 69; *Tusculunae disputationes* ii. 11, 13; iv. 31-2; v. 68; *Offices* i. 105, 107. Tomás de Aquino, *Suma teológica* i. qu. 96, *a*. 3 e 4.

sociedade em que o governo dos homens se sobrepõe à administração das coisas. O termo *politeia* é comumente traduzido por "constituição". Porém, quando se usa o termo "constituição" num contexto político, os homens modernos entendem quase inevitavelmente um fenômeno jurídico, algo como a lei fundamental do país, mas não algo como a constituição do corpo ou da alma. Todavia, *politeia* não é um fenômeno jurídico. Os clássicos usavam *politeia* em contraposição a "leis". A *politeia* é mais fundamental do que quaisquer leis; ela é a fonte de todas as leis. A *politeia* consiste antes na distribuição fatual de poder no interior da comunidade do que naquilo que o direito constitucional estipula em relação ao poder político. A *politeia* pode até ser definida pelas leis, mas isso não é necessário. As leis da *politeia* podem, por acaso ou propositalmente, induzir a erro no que se refere ao seu verdadeiro caráter. Nenhuma lei e, nesse sentido, nenhuma Constituição podem ser fatos políticos fundamentais, visto que todas as leis dependem dos seres humanos. As leis são adotadas, preservadas e administradas pelos homens. Os seres humanos participantes de uma comunidade política podem estar "organizados" de formas muito variadas com relação ao controle dos assuntos comunitários. Trata-se, pois, basicamente, da "organização" fatual dos seres humanos em relação ao poder político; eis o que se entende por *politeia*.

A Constituição americana não é a mesma coisa que o modo de vida americano. *Politeia* significa antes o modo de vida de uma sociedade do que a sua Constituição. Todavia, não é por acaso que a tradução "Constituição", embora inexata, é geralmente preferida a "modo de vida de uma sociedade". Quando falamos de Constituição, pensamos no governo; mas não pensamos necessariamente no governo quando falamos do modo de vida de uma comunidade. Quando falavam de *politeia*, os clássicos pensavam que o modo de vida de uma comunidade era determinado essencialmente pela sua "forma de governo". Traduziremos *politeia* por "regime", tomando-o num sentido amplo, como quando falamos, por exemplo, do Antigo Regime francês. A ideia que liga o "modo de vida de uma sociedade" à "forma de governo" pode ser provisoriamente formulada da seguinte maneira: o caráter ou temperamento de uma sociedade depende daquilo que ela considera mais respeitável e mais digno de admiração. Porém, ao considerar certos hábitos e atitudes como as mais respeitáveis, a sociedade admite a superioridade, a dignidade superior, daqueles seres humanos que incorporam da maneira mais perfeita os hábitos e as atitudes em questão. Isso quer dizer que toda sociedade considera um tipo humano específico (ou uma mistura específica de tipos humanos) a autoridade mais genuína. Quando o tipo de autoridade mais genuína corresponde ao homem comum, tudo precisa se justificar diante do tribunal do homem comum; e tudo aquilo que não se justifica diante desse tribunal se torna, quando muito, tolerado, se não desprezado ou suspeito. E mesmo os que não reconhecem tal tribunal são, de uma maneira ou de outra, moldados segundo seu veredito. O que é verdadeiro de uma sociedade governada pelo homem comum se aplica também às sociedades governadas pelo sacerdote, pelo comerciante rico, pelo guerreiro, pelo cavalheiro e assim por diante. Para serem verdadeiramente dotados de uma autoridade genuína, os seres humanos que incorporam os hábitos ou as atitudes admiradas devem ter a palavra final dentro da comunidade no sentido mais franco possível: são eles que devem formar o regime. Quando os clássicos tratavam principalmente dos diferentes regimes, e em especial do melhor regime, estava implícita neles a ideia de que o "regime" é supremo, ou seja, aquele fenômeno social que só perde em importância para os fenômenos naturais[15].

A importância central dos fenômenos chamados "regimes" tornou-se um tanto obscurecida. As razões dessa mudança são as mesmas que respondem pelo fato de a história política ter cedido sua preeminência passada para a história social, cultural, econômica etc. O surgimento desses novos ramos da história atinge seu auge – e sua legitimação – no conceito de "civilizações" (ou "culturas"). Adquirimos o hábito de falar de "civilizações" nos casos em que os clássicos falavam de "regimes". A "civilização" é o substituto moderno do "regime". É difícil apreender o significado de "civilização". Diz-se que uma civilização é uma grande sociedade, mas não sabemos ao certo que tipo de sociedade é essa. Se investigarmos como podemos distinguir uma civilização da outra, constataremos que o si-

---

15. Platão, *República* 497ª3-5, 544ᵈ6-7, *Leis* 711ᶜ5-8. Xenofonte, *As rendas* 1.1; *Ciropedia* i. 2. 15; Isócrates, *A Nicocles* 31; *Nicocles* 37; *Areopagiticus* 14; Aristóteles, *Ética a Nicômaco* 1181ᵇ12-23; *Política* 1273ª40 ss., 1278ᵇ11-3, 1288ª23-4, 1289ᵇ12-20, 1292ᵇ11-8, 1295ᵇ1, 1297ª14 ss.; Cícero, *Da república* i. 47; v. 5-7; *Das leis* i. 14-5, 17, 19; iii. 2. Cícero indicou a superioridade do "regime", com relação às "leis" pelo contraste de circunstâncias presente nos seus *Da república* e *Das leis*. Este é concebido como uma continuação do *Da república*. Em *Da república*, o jovem Cipião, um rei-filósofo, conversa durante três dias com alguns de seus contemporâneos sobre a questão do melhor regime. Em *Das leis*, Cícero conversa durante um dia com seus contemporâneos sobre as leis apropriadas ao melhor regime. A discussão em *Da república* ocorre no inverno: os participantes buscam o sol; além disso, ela se dá no ano da morte de Cipião: as coisas políticas são consideradas à luz da eternidade. A discussão em *Das leis* ocorre no verão: os participantes buscam a sombra (*Da república* i. 18; vi. 8, 12; *Das leis* i, 14, 15, ii. 7, 69; iii. 30; *De officiis* iii. 1). Para uma maior elucidação, comparar, *inter alia*, Maquiavel, *Discorsi*, III, 29; Burke, *Conciliation with America*, parte final; John Stuart Mill, *Autobiography* (Coleção "Oxford World's Classics" ed.), pp. 294 e 137.

nal mais óbvio e menos enganoso é a diferença de estilos artísticos. Isso significa que as civilizações são sociedades que costumam ser caracterizadas por algo que nunca está no foco de interesse das grandes sociedades como tais: as sociedades não entram em guerra por causa da diferença de estilos artísticos. A orientação do nosso pensamento para o conceito de civilização em vez do de regime parece ter ocorrido em razão de um peculiar estranhamento em relação às questões de vida e de morte que movem e animam as sociedades e que mantêm a sua coesão.

O melhor regime seria chamado hoje de "regime ideal", ou simplesmente de um "ideal". O termo moderno "ideal" carrega consigo uma multidão de conotações que impedem a compreensão daquilo que os clássicos entendiam pelo melhor regime. Por vezes, os tradutores modernos empregam o termo "ideal" para verter aquilo que os clássicos chamam de "conforme aos desejos" ou "conforme às aspirações", de modo que o melhor regime é aquilo que se deseja ou a que se aspira. Um exame mais detido mostraria que o melhor regime é o objeto de desejo ou aspiração de todos os homens bons ou de todos os cavalheiros: o melhor regime, conforme apresentado pela filosofia política clássica, é o objeto de desejo ou aspiração do cavalheiro, tal como esse objeto é interpretado pelo filósofo. Mas o melhor regime, tal como os clássicos o compreendem, não é apenas o mais desejável; ele também se pretende exequível ou possível, isto é, passível de ser realizado neste mundo. Ele é, a um só tempo, desejável e possível porque é conforme à natureza; e visto que é conforme à natureza, nenhuma mudança na natureza humana, milagrosa ou não, é necessária para a sua realização; assim como não é necessária a abolição ou a extirpação do mal ou daquela imperfeição que é essencial ao homem e à vida humana – nesse sentido, ele é possível. E visto que é conforme às exigências da excelência ou perfeição da natureza humana, ele é o mais desejável. Todavia, embora o melhor regime seja possível, a sua realização não é de forma alguma necessária, já que é muito difícil, improvável e mesmo extremamente improvável que ele ocorra: o homem não tem controle sobre as condições a partir das quais o melhor regime poderia se realizar. A sua realização depende do acaso. O melhor regime, que é conforme à natureza, talvez nunca se tenha realizado; não há nenhuma razão para supor que ele seja uma realidade presente; e pode ser que ele nunca se torne uma realidade. É da sua essência existir na linguagem, o que é diferente de existir como um fato. Em suma, para usar um termo cunhado por um dos mais penetrantes estudiosos da *República* de Platão, o melhor regime é em si mesmo uma "utopia"[16].

O melhor regime só é possível sob condições as mais favoráveis. Portanto, só é justo ou legítimo sob condições as mais favoráveis. Sob condições mais ou menos desfavoráveis, só são possíveis regimes mais ou menos imperfeitos, os quais assim se tornaram legítimos. Há apenas um melhor regime, embora haja uma variedade de regimes legítimos. A variedade de regimes legítimos corresponde à variedade de tipos de circunstâncias pertinentes. Se por um lado o melhor regime só é possível sob condições as mais favoráveis, por outro os regimes legítimos ou justos são possíveis e moralmente necessários em todos os tempos e em todos os lugares. A distinção entre o melhor regime e os regimes legítimos tem ori-

---

16. Platão, *República* 457ª3-4, c2, d4-9, 473ª5-b1, 499b2-c3, 502c5-7, 540d1-3, 592ª11; *Leis* 709d, 710c7-8, 736c5-d4, 740e8-741ª4, 742e1-4, 780b4-6, e1-2, 841c6-8, 960d5-e2; Aristóteles, *Política* 1265ª18-9, 1270b20, 1295ª25-30, 1296ª37-8, 1328ª20-1, 1329ª15 ss., 1331b18-23, 1332ª28-b10, 1336b40 ss.

gem na distinção entre o nobre e o justo. Todas as coisas nobres são justas, mas nem todas as coisas justas são nobres. Pagar dívidas é justo, mas não é nobre. Um castigo merecido é justo, mas não é nobre. Os lavradores e os artesãos levam, segundo o melhor regime de Platão, uma vida justa, mas não uma vida nobre: falta-lhes a oportunidade para agirem de modo nobre. O que um homem faz sob coação é justo no sentido de ele não poder ser acusado por aquilo que fez; mas jamais será nobre. As ações nobres exigem, como diz Aristóteles, certo "preparo", sem o qual elas não são possíveis. Não obstante, somos obrigados a agir de modo justo em todas as circunstâncias. Um regime muito imperfeito pode oferecer a única solução justa aos problemas de determinada comunidade; mas, visto que tal regime não pode ser efetivamente encaminhado à perfeição completa do homem, jamais será nobre[17].

A fim de evitarmos mal-entendidos, é necessário dizer algumas palavras sobre a resposta, característica dos clássicos, à questão do melhor regime. O melhor regime é aquele no qual os homens excelentes, ou a aristocracia, costumam governar. Ainda que a excelência não seja idêntica à sabedoria, ela depende da sabedoria: o melhor regime seria assim o governo dos sábios. Com efeito, a sabedoria era vista pelos clássicos como a mais elevada prerrogativa, conforme à natureza, para governar. Seria absurdo obstruir o livre fluxo da sabedoria por meio de quaisquer regulamentos; donde o fato de o governo do sábio dever ser um governo absoluto. Seria igualmente

---

17. Platão, *República* 431^{b}9-433^{d}5, 434^{c}7-10; Xenofonte, *Ciropedia* viii. 2. 23; *Agesilau* 11. 8; Aristóteles, *Ética a Nicômaco* 1120^{a}11-20, 1135^{a}5; *Política* 1288^{b}10 ss., 1293^{b}22-7, 1296^{b}25-35 (cf. [Tomás de Aquino] *ad. loc.*), 1332^{a}10 ss.; *Retórica* 1366^{b}31-34; Políbio vi. 6. 6-9.

absurdo obstruir o livre fluxo da sabedoria por causa das aspirações insensatas dos insensatos; donde o fato de os governantes sábios não deverem se responsabilizar perante seus súditos insensatos. Tornar o governo dos sábios dependente das escolhas ou do consentimento dos insensatos significaria submeter aquilo que é superior por natureza ao que é inferior por natureza, isto é, agir contra a natureza. Todavia, essa solução, que parece à primeira vista ser a única solução justa para uma sociedade onde existem homens sábios, é impraticável enquanto regra. Os poucos homens sábios não podem governar a multidão de insensatos pela força. Essa multidão deve reconhecer os sábios enquanto tais e obedecer-lhes livremente por causa da sua sabedoria. Mas a capacidade do sábio de persuadir o insensato é extremamente limitada: Sócrates, que vivia o que ensinava, fracassou na sua tentativa de governar Xantipa. Portanto, é extremamente improvável que algum dia as condições necessárias para o governo dos sábios sejam encontradas. O mais provável é que um homem insensato, apelando ao direito natural da sabedoria e atendendo aos desejos mais baixos da multidão, venha a persuadir a multidão acerca de seu direito: as perspectivas de uma tirania são mais promissoras que as de um governo dos sábios. Sendo assim, o direito natural dos sábios deve ser posto em questão e a exigência indispensável da sabedoria deve ser restringida pela exigência do consentimento. O problema da política consiste em reconciliar as exigências da sabedoria com as do consentimento. Mas se, do ponto de vista do direito natural igualitário, o consentimento tem precedência sobre a sabedoria, do ponto de vista do direito natural clássico a sabedoria prima sobre o consentimento. De acordo com os clássicos, a melhor forma de reunir essas duas exigências inteiramente distintas – a da sabedoria e a do consentimento ou da liberdade – seria aquela em que um legislador sábio elaborasse um código que o corpo civil, devidamente persuadido, livremente adotasse. Tal código, que é, por assim dizer, a encarnação da sabedoria, deve ser sujeito a alteração o mínimo possível; o governo das leis deve tomar o lugar do governo dos homens, por mais sábios que estes sejam. A administração das leis deve ser confiada ao tipo de homem que tenha a maior probabilidade de administrá-la de forma equânime, isto é, conforme o espírito do legislador sábio; ou ainda, que seja capaz de "completá-la" conforme a pressão das circunstâncias que o legislador não poderia prever. Os clássicos tinham para si que esse tipo de homem é o cavalheiro (*gentleman*), que não é idêntico ao homem sábio. Ele é o reflexo político, ou a imitação política, do homem sábio. O cavalheiro tem em comum com o sábio o "ser superior" a muitas coisas altamente estimadas pelo vulgo, e o ter experiência das coisas nobres e belas. Ele difere do sábio, por outro lado, porque tem um nobre desprezo pela precisão, recusa-se a tomar conhecimento de certos aspectos da vida e porque, para viver como cavalheiro, deve ser abastado. O cavalheiro será moderadamente rico, tendo adquirido sua riqueza – sobretudo na forma de propriedade fundiária – por herança; mas seu modo de vida será urbano: Ele será, portanto, um patrício urbano que extrai sua renda da agricultura. Nesse sentido, o melhor regime será uma república em que o elemento predominante, que determina o caráter da sociedade, é uma nobreza fundiária, que ao mesmo tempo constitui o patriciado urbano, dotada de boas maneiras e espírito cívico, que segue as leis e as aperfeiçoa, cujos membros alternadamente governam e são governados. Os clássicos aventavam e recomendavam várias instituições que pareciam conduzir ao governo dos melhores. Provavelmente, a sugestão mais influente era a do regime misto, que reunia a monarquia, a aristocracia e a democracia. No regime misto, o elemento aristocrático – a solenidade senatorial – ocupa a posição intermediária, isto é, central. Com efeito, o regime misto é – e assim pretende ser – uma aristocracia reforçada e protegida pela junção das instituições monárquicas e democráticas. Em suma, pode-se dizer que o ensinamento do direito natural clássico compreende dois aspectos distintos que respondem à questão do melhor regime: o melhor regime em si mesmo seria o governo absoluto dos sábios; e o melhor regime em termos práticos é o governo, subordinado à lei, dos cavalheiros, ou seja, o regime misto[18].

De acordo com uma concepção bastante comum hoje, que pode ser descrita como marxista ou criptomarxista, clássicos preferiam o governo do patriciado urbano porque eles próprios pertenciam a esse patriciado ou porque se aproveitavam dele. Não nos cabe aqui discutir a afirmação de que, ao estudarmos uma doutrina política, devemos considerar o viés, e mesmo o viés de classe, do seu autor. Basta-nos, para tanto, determinar se a classe a que o pensador em questão pertence está corretamente identificada. Na opinião comum, ignora-se o fato de que existe um interesse de classe dos filósofos como filósofos;

---

18. Platão, *Político* 293^{e}7 ss.; *Leis* 680^{e}1-4, 684^{c}1-6, 690^{b}8-^{c}3, 691^{d}7--692^{b}1, 693^{b}1-^{e}8, 701^e, 744^{b}1-^{d}1, 756^{e}9-10, 806^{d}7 ss., 846^{d}1-7; Xenofonte, *Memorabilia* iii. 9. 10-3; iv. 6. 12; *Econômico* 4. 2 ss., 6. 5-10, 11. 1 ss., 6. 5-10, 11. 1 ss.; *Anabasis* v. 8. 26; Aristóteles, *Ética a Nicômaco* 1160^{a}32-1161^{a}30; *Ética a Eudemo* 1242^{b}27-31; *Política* 1261^{a}38-^{b}3, 1265^{b}33-1266^{a}6, 1270^{b}8-27, 1277^{b}35-1278^{a}22, 1278^{a}37-1279^{a}17, 1284^{a}4-^{b}34, 1289^{a}39 ss.; Políbio vi. 51. 5-8; Cícero, *Da república* i. 52, 55 (cf. 41), 56-63, 69; ii. 37-40, 55-6, 59; iv. 8; Diógenes Laércio vii. 131; Tomás de Aquino, *Suma teológica* ii. 1. qu. 95, *a*. 1 ad 2 e *a*. 4; qu. 105, *a*. 1.

e essa omissão se deve, em última análise, à negação da possibilidade da filosofia. Os filósofos enquanto filósofos não seguem os ditames de suas famílias. O interesse egoísta do filósofo, ou seu interesse de classe, consiste em ser deixado em paz, em ser autorizado a viver a vida bem-aventurada neste mundo, dedicando-se à investigação das questões mais importantes. Ora, se tivermos em conta a experiência recorrente, ao longo de muitos séculos e em regiões de costumes bastante contrastantes, perceberemos que houve uma e apenas uma classe que manifestou simpatia pela filosofia (e isso não de maneira intermitente, conforme o costume dos reis); e tal classe foi o patriciado urbano. O povo não tinha nenhuma simpatia pela filosofia nem pelos filósofos. Segundo Cícero, os filósofos eram suspeitos aos olhos da multidão. Apenas no século XIX esse estado de coisas mudou profunda e explicitamente, o que ocorreu, em última análise, em razão de uma mudança completa no significado da filosofia.

Quando plenamente desenvolvida, a doutrina do direito natural clássico, na sua forma original, é idêntica à do melhor regime. Pois a questão sobre o que é, por natureza, o direito ou a justiça só encontra a sua resposta completa pela construção, no discurso, do melhor regime. O caráter essencialmente político da doutrina do direito natural clássico aparece mais claramente na *República* de Platão. Igualmente revelador é o fato de a discussão de Aristóteles sobre o direito natural fazer parte da sua discussão sobre o direito político, especialmente quando se contrapõe o início da afirmação de Aristóteles à afirmação de Ulpiano, em que o direito natural é apresentado como parte do direito privado[19]. O caráter político do

---

19. Aristóteles, *Ética a Nicômaco* $1134^{b}18$-9; *Política* $1253^{a}38$; *Digeste* i. 1. 1-4.

direito natural tornou-se obscuro, ou deixou de ser essencial, sob a influência tanto do antigo direito natural igualitário quanto da fé bíblica. Com base nesta última, o melhor regime é pura e simplesmente a Cidade de Deus; portanto, o melhor regime é contemporâneo à Criação e, nesse sentido, é sempre atual; ao passo que a cessação do mal, ou a Redenção, é ocasionada pela ação sobrenatural de Deus. A questão do melhor regime perde, assim, sua importância crucial. O melhor regime, tal como os clássicos o compreendiam, deixa de ser idêntico à ordem moral perfeita. O fim da sociedade civil deixa de ser "a vida virtuosa como tal" e torna-se apenas um segmento da vida virtuosa. A noção de Deus como legislador assume um grau de certeza e nitidez que jamais alcançara na filosofia clássica. Portanto, o direito natural ou, antes, a lei natural torna-se independente do melhor regime e adquire precedência sobre este. A Segunda Tábua do Decálogo e os princípios nela incorporados são de uma dignidade infinitamente superior à do melhor regime[20]. É dessa forma profundamente modificada que o direito natural clássico exerceu a mais poderosa influência sobre o pensamento ocidental quase desde os primórdios da Era Cristã. Contudo, até mesmo essa modificação crucial

---

20. Comparar Tomás de Aquino, *Suma teológica* ii. 1. qu. 105, *a*. 1 com qu. 104, *a*. 3, qu. 100, *a*. 8 e 99, *a*. 4; igualmente ii. 2. qu. 58, *a*. 6 e *a*. 12. Ver Heinrich A. Rommen, *The State in Catholic Thought* (St. Louis, Mo.: B. Herder Book Co., 1945), pp. 309, 330-1, 477, 479. Milton, *Of Reformation Touching Church-Discipline in England* (*Milton's Prose* [Coleção "Oxford World's Classics"], p. 55): "Nossos fundamentos não são nem o direito consuetudinário nem a lei civil, mas a piedade e a justiça; elas não se dobram nem empalidecem diante da aristocracia, da democracia ou da monarquia, tampouco se desviam de seu justo caminho; mas, *longe de tomar conhecimento dessas sutilezas inferiores*, com perfeita simpatia, onde quer que se encontrem, elas se beijam." Os itálicos não estão no original.

do ensinamento clássico foi de certa forma antecipada pelos clássicos, para os quais a vida política como tal é essencialmente inferior em dignidade à vida filosófica.

Essa observação nos encaminha a uma nova dificuldade ou, antes, nos leva de volta à mesma dificuldade com que nos temos confrontado até aqui – por exemplo, quando empregamos termos como "cavalheiros". Se o fim último do homem é transpolítico, então o direito natural tem, ao que parece, uma origem transpolítica. Todavia, será que o direito natural pode ser adequadamente compreendido quando se faz uma referência direta à sua origem? Será que ele pode ser deduzido do fim natural do homem? Será que pode ser deduzido do que quer que seja?

A natureza humana é uma coisa e a virtude ou a perfeição da natureza humana é outra. O caráter exato das virtudes e, em particular, da justiça não pode ser deduzido da natureza humana. Platão diria que a ideia de homem é de fato compatível com a ideia de justiça, mas que se tratam de ideias diferentes. A ideia de justiça parece mesmo pertencer a um *tipo* diferente de ideia, já que a ideia de homem não é problemática no mesmo sentido que a de justiça: dificilmente há desacordo sobre se determinado ser é um homem, ao passo que normalmente há desacordo sobre as coisas justas e nobres. Aristóteles poderia dizer que a relação da virtude com a natureza humana é comparável àquela do ato com a potência; e o ato não pode ser determinado pela potência, já que, ao contrário, a potência se torna conhecida quando se a considera do ponto de vista do ato[21]. A natureza humana "é"

---

21. Platão, *República* 523ª1-524ᵈ6; *Político* 285ᵈ8-286ª7; *Fedro* 250ᵇ1-5, 263ª1-ᵇ5; *Alcibíades* i. 111ᵇ11-112ᶜ7; Aristóteles, *Ética a Nicômaco* 1097ᵇ24--1098ª18; 1103ª23-6; 1106ª15-24; *De anima* 415ª16-22; Cícero, *De finibus* iii. 20-3, 38; v. 46; Tomás de Aquino, *Suma teológica* ii. 1. qu. 54, *a*. 1 e 55, *a*. 1.

de um modo diferente da sua perfeição ou virtude. A virtude existe em muitos casos, se não em todos, como um objeto a que se aspira, não como algo realizado. Portanto, ela existe mais na linguagem do que de fato. Qualquer que seja o ponto de partida apropriado para considerar a natureza humana, o ponto de partida apropriado para considerar a perfeição da natureza humana e, consequente e particularmente, o direito natural, encontra-se naquilo que é dito sobre esses temas, isto é, nas opiniões a seu respeito.

Grosso modo, podemos fazer a distinção entre três tipos de ensinamento do direito natural clássico, ou três maneiras diferentes pelas quais os clássicos compreendiam o direito natural: o socrático-platônico, o aristotélico e o tomista. Quanto aos estoicos, parece-me que o ensinamento que propunham do direito natural pertence ao tipo socrático-platônico. De acordo com uma concepção bastante comum hoje, os estoicos deram origem a um tipo inteiramente novo de doutrina do direito natural. Mas, para nos determos apenas nesta nossa classificação, essa opinião não tem em conta a conexão íntima entre o estoicismo e o cinismo[22], este último originado por um socrático.

Para descrevermos o mais concisamente possível o caráter do que nos aventuramos a chamar de "ensinamento socrático-platônico-estoico do direito natural", vamos partir do conflito entre as duas opiniões mais comuns sobre a justiça: a justiça é boa e justiça consiste em dar a cada um o que lhe é devido. O que é devido ao ho-

---

22. Cícero, *De finibus* iii. 68; Diógenes Laércio vi. 14-5; vii. 3, 121; Sexto Empírico, *Pyrrhonica* iii. 200, 205. Montaigne opõe "[la] secte Stoïque, plus franche" à "la secte Peripatétique, plus civile" (*Essais*, II, 12 ["Chronique des lettres françaises", vol. IV], p. 40).

mem é definido pela lei, isto é, pela lei da cidade. Mas a lei da cidade pode ser estúpida e, portanto, prejudicial e ruim. Portanto, a justiça que dá a cada um o que lhe é devido pode ser ruim. Se quisermos que a justiça continue sendo boa, precisamos concebê-la como essencialmente independente da lei. Devemos então definir a justiça como o hábito de dar a cada um o que lhe é devido conforme à natureza. Para ter alguma noção sobre o que é devido aos outros conforme à natureza, consideremos a opinião geralmente aceita segundo a qual é injusto devolver uma arma perigosa ao seu legítimo proprietário quando este está louco ou está decidido a destruir a cidade. Essa determinação implica que nada que é prejudicial aos outros pode ser justo, ou, ainda, que a justiça é o hábito de não prejudicar os outros. Tal definição, porém, não dá conta dos frequentes casos em que são acusados como injustos os homens que, de fato, nunca prejudicaram ninguém, mas se abstiveram escrupulosamente de ajudar outrem por atos ou palavras. Nesse sentido, a justiça deve ser o hábito de beneficiar os outros. E o homem justo é aquele que dá a cada um não o que uma lei possivelmente estúpida prescreve, mas o que é bom para o outro, isto é, o que lhe é bom por natureza. Todavia, nem todos sabem o que é bom para o homem em geral e para cada indivíduo em particular. Assim como apenas o médico sabe realmente o que é bom, em cada caso, para o corpo, assim também apenas o sábio realmente sabe o que é bom, em cada caso, para a alma. Sendo assim, se a justiça consiste em dar a cada um o que, por natureza, lhe é bom, só pode haver justiça numa sociedade em que os homens sábios têm controle absoluto.

Tomemos o exemplo do menino grande que tinha um casaco pequeno e do menino pequeno que tinha um casaco grande. O menino grande é o dono legítimo do casaco pequeno porque ele, ou seu pai, o comprou. Ainda assim, não lhe é um bom casaco, não lhe cai bem. O governante sábio, portanto, tomará o casaco grande do menino pequeno, dando-o ao menino grande sem nenhuma consideração pelo direito de propriedade. O mínimo que podemos dizer a respeito disso é que a propriedade justa é algo inteiramente diferente da propriedade legal. Para que haja justiça, os governantes sábios devem atribuir a cada um aquilo que lhe é realmente devido ou que lhe é bom por natureza. Desse modo, eles vão dar a cada um apenas aquilo de que puder fazer bom uso, e tomarão de cada um aquilo de que não puder fazer bom uso. A justiça é, pois, incompatível com o que geralmente se entende por propriedade privada. Todo uso de uma coisa tem, em última análise, uma ação por finalidade. Portanto, a justiça exige, sobretudo, que a cada um se atribua uma função, ou um trabalho tal que possa bem desempenhá-lo. Porém, cada um faz melhor aquilo para o que é mais dotado por natureza. Portanto, a justiça só existe numa sociedade onde cada um faz aquilo que pode fazer bem e tem aquilo de que pode fazer bom uso. A justiça é o ato de fazer parte dessa sociedade e ter devoção por ela – uma sociedade conforme à natureza[23].

Vamos seguir em frente. Pode-se dizer que a justiça da cidade consiste em agir de acordo com o seguinte princípio: "de cada um conforme sua capacidade e a cada um conforme seu mérito". Uma sociedade é justa se o princí-

---

23. Platão, *República* 331^{c}1-332^{c}4, 335^{d}11-12, 421^{e}7-422^{d}7 (cf. *Leis* 739^{b}8-^{e}3 e Aristóteles, *Política* 1264^{a}13-7), 433^{e}3-434^{a}1; *Críton* 49^c; *Clitofon* 407^{e}8-408^{b}5, 410^{b}1-3; Xenofonte, *Memorabilia* iv. 4. 12-3, 8. 11; *Econômico* 1. 5-14; *Ciropedia* i. 3. 16-7; Cícero, *Da república* i. 27-8; iii. 11; *Das leis* i. 18-9; *Offices* i. 28, 29, 31; iii. 27; *De finibus* iii. 71, 75; *Lucullus* 136-7; cf. Aristóteles, *Magna moralia* 1199^{b}10-35.

pio que a anima é "a igualdade de oportunidade", isto é, se cada ser humano que a integra tem a oportunidade, correspondente à sua capacidade, de merecer a gratidão da sociedade como um todo e receber a devida recompensa por seus méritos. E como não há motivo válido para aceitar que o mérito da capacidade de ação esteja ligado ao sexo, à beleza, entre outros, a "discriminação" com base nesses critérios é injusta. A única recompensa devida por serviços prestados é a honra e, consequentemente, a única recompensa devida por serviços relevantes é a grande autoridade. Numa sociedade justa, a hierarquia social corresponderá estrita e exclusivamente à hierarquia baseada no mérito. Ora, via de regra, a sociedade civil estabelece como condição indispensável para o acesso a cargos importantes que o indivíduo em questão seja cidadão nativo e filho de pais também cidadãos. Vale dizer, de uma maneira ou de outra a sociedade civil restringe o princípio do mérito, isto é, o princípio por excelência da justiça, ao princípio totalmente desconexo da naturalidade. Para que fosse verdadeiramente justa, a sociedade civil teria que abrir mão dessa restrição e se transformar num "Estado mundial". Também é dito que tal processo é necessário pelo seguinte raciocínio: a sociedade civil, como a sociedade fechada, implica necessariamente a existência de mais de uma sociedade civil; nesse sentido, a guerra é uma possibilidade. A sociedade civil deve, portanto, cultivar hábitos beligerantes. Mas esses hábitos variam conforme as exigências da justiça. Se o povo se volta para a guerra, isso quer dizer que se preocupa com a vitória, e não em conceder ao inimigo aquilo que um juiz imparcial e perspicaz consideraria benéfico ao inimigo. Assim, eles estão preocupados em causar mal aos outros, ao passo que o homem justo surge aqui como aquele que não causa mal a ninguém. A sociedade civil é obrigada então a fazer uma distinção: o homem justo é aquele que não prejudica seus amigos, seus próximos, isto é, seus concidadãos, pois ele os ama; por outro lado, ele é aquele que prejudica e odeia seus inimigos, isto é, os forasteiros, que, como tais, são no mínimo inimigos em potencial de sua cidade. Podemos chamar esse tipo de justiça de "moral-cívica" e diremos, nesse sentido, que a cidade necessariamente exige uma moral cívica. Mas a moral cívica padece de uma inevitável autocontradição; ela assevera que as regras de conduta se aplicam diferentemente em tempos de guerra e em tempos de paz; mas não pode deixar de considerar ao menos algumas regras relevantes, tidas como universalmente válidas, que se aplicam apenas durante a paz. A cidade não pode ignorá-las afirmando, por exemplo, que a fraude, especialmente a fraude às expensas dos outros, é má durante a paz mas recomendável na guerra. Ela não pode deixar de encarar com suspeição a atitude do homem que é hábil na fraude, nem deixar de considerar mesquinhos e repugnantes os subterfúgios e a má-fé exigidos para uma fraude bem-sucedida. Todavia, a cidade deve autorizar e até exaltar esses meios quando são empregados contra o inimigo. A fim de não cair em contradição, a cidade deve transformar-se num "Estado mundial". Mas nenhum ser humano ou agrupamento humano pode governar de maneira justa o conjunto da espécie humana. Portanto, o que se vislumbra quando se fala em "Estado mundial" é uma sociedade humana global submetida a um só governo humano; mas o que se visa, na verdade, é o cosmos governado por Deus, que por sinal é a única verdadeira cidade, a cidade que é pura e simplesmente conforme à natureza e justa. E os homens só são cidadãos livres dessa cidade quando são sábios; sua obediência à lei que regra a cidade natural – sua obediência à lei natural – é a mesma coisa que a prudência[24].

---

24. Platão, *Político* 271ᵈ3-272a1; *Leis* 713ª2-ᵉ6; Xenofonte, *Ciropedia* i. 6. 27-34; ii. 2. 26; Cícero, *Da república* iii. 33; *Das leis* i. 18-9, 22-3, 32, 61; ii. 8-11; Frag. 2; *De finibus* iv. 74; v. 65, 67; *Lucullus* 136-7. J. von Arnim, *Stoicorum veterum fragmenta* iii, Frags. 327 e 334. O problema discutido neste parágrafo encontra-se esboçado na *República* de Platão pelo seguinte aspecto, entre outros: a definição apresentada por Polemarco, segundo a qual a justiça consiste em ajudar os amigos e prejudicar os inimigos, é preservada nas exigências atinentes aos guardiões, que devem ser como cães, isto é, mansos e atenciosos com os amigos e conhecidos, e o oposto disso com os inimigos e estrangeiros (357ª2-376ᵇ1; cf. 378ᶜ7, 537ª4-7; e Aristóteles, *Política* 1328ª7-11). Deve-se notar que é Sócrates, e não Polemarco, quem primeiro fala de "inimigos" (332ᵇ5; cf., também, 335ª6-7), e que Polemarco aparece como testemunha de Sócrates na discussão posterior com Trasímaco, ao passo que a testemunha deste é Clitofonte (340ª1-c1; cf. *Fedro* 257ᵇ3-4). Se levarmos isso em conta, não nos surpreenderemos com a passagem em *Clitofonte* (410ª7-b1) segundo a qual a única definição de justiça que Sócrates pessoalmente sugeriu a Clitofonte é aquela que, na *República*, Polemarco sugere com a ajuda de Sócrates. Muitos intérpretes de Platão não consideram suficientemente a possibilidade de o Sócrates de Platão estar preocupado tanto com a compreensão do que é a justiça, isto é, a compreensão de toda a complexidade do problema da justiça, quanto com a sua pregação. Se estivermos realmente interessados em compreender o problema da justiça, precisaremos percorrer detidamente o estágio em que a justiça se identifica com a moral cívica, e não simplesmente percorrê-lo por alto. Podemos concluir o argumento esboçado até aqui dizendo que não pode haver uma verdadeira justiça se não há um governo divino ou providência divina. Não seria razoável esperar uma grande virtude ou justiça da parte de homens que vivem habitualmente numa condição de extrema escassez e que têm de lutar constantemente uns com os outros para sobreviver. Para que haja justiça entre os homens é preciso cuidar para que eles não sejam forçados a pensar constantemente na mera autopreservação nem a agir em relação a seus semelhantes da maneira como a maioria dos homens age nessas circunstâncias. Mas tal precaução não é da alçada da providência humana. A causa da justiça é infinitamente reforçada desde que a condição do homem como tal, especialmente a condição do homem no começo dos tempos (quando ainda

Essa solução do problema da justiça transcende obviamente os limites da vida política[25]. Ela implica que a justiça possível na cidade só pode ser imperfeita ou, em outros termos, não pode ser inquestionavelmente boa. Há ainda outras razões que obrigam os homens a buscar para além da esfera política a justiça perfeita ou, de maneira mais geral, a vida verdadeiramente conforme à natureza. Não podemos fazer aqui senão indicá-las. Em primeiro lugar, os sábios não desejam governar; eles devem, portanto, ser obrigados a governar. Isso porque dedicaram sua vida inteira à busca de algo que é absolutamente superior em dignidade a todas as coisas humanas – a verdade imutável. E parece ser contrário à natureza preferir o inferior ao superior. Se a luta pelo conhecimento da verdade eterna é a finalidade suprema do homem, a justiça e a virtude moral em geral só se justificam completamente porque são necessárias a essa finalidade, ou porque são a condição da vida filosófica. Desse ponto de vista, o homem que é apenas justo ou moral, mas não é filósofo, assemelha-se a um homem mutilado. A questão assim é saber se o homem justo ou moral e não filósofo é pura e simplesmente superior ao homem "erótico" não filosófico. Outra questão é saber se a justiça e a moral em geral, na medida em que são necessárias à vida filosófica, se identificam em sentido e extensão com a justiça e a moral tal como costumam ser compreendidas; ou ainda,

---

não podia ser corrompido por falsas opiniões), não seja de escassez. Há, portanto, um parentesco profundo entre a noção de lei natural e a noção de um estado original perfeito: a Idade do Ouro, o Jardim do Éden. Cf. Platão, *Leis* 713^{a}2-^{e}2; *Político* 271^{d}3-272^{b}1 e 272^{d}6-273^{a}1: o governo de Deus vinha acompanhado da abundância e da paz; a escassez leva à guerra. Cf. *Político* 274^{b}5 ss. com *Protágoras* 322^{a}8 ss.

25. Cícero, *Das leis* i. 61-2; iii. 13-4; *De finibus* iv. 7, 22, 74; *Lucullus* 136-7; Sêneca *Ep.* 68. 2.

saber se a moral não tem duas origens totalmente diferentes; ou se aquilo que Aristóteles chama de virtude moral não é, na verdade, apenas a virtude política ou vulgar. Esta última questão pode também ser expressa pela seguinte pergunta: será que, ao transformarmos a opinião sobre a moral em conhecimento sobre a moral, não transcendemos a dimensão da moral no sentido politicamente relevante do termo?[26]

Seja como for, a evidente dependência da vida filosófica em relação à cidade e a afeição natural que os homens têm entre si, especialmente em relação a seus parentes, não importando se esses homens têm ou não "boas naturezas" ou se são filósofos em potencial, faz que o filósofo desça novamente à caverna, isto é, que ele cuide dos afazeres da cidade, de maneira direta ou indireta. Ao descer à caverna, o filósofo admite que aquilo que é superior, intrinsecamente ou por natureza, não é o mais urgente para o homem, que é essencialmente um ser "intermediário" – entre os animais e os deuses. Quando tenta guiar a cidade, o filósofo sabe de antemão que, para ser útil ou bom para a cidade, as exigências da sabedoria devem ser restringidas ou abrandadas. E para que tais exigências se identifiquem com o direito natural ou com a

---

26. Platão, *República* 486^{b}6-13, 519^{b}7-^{c}7, 520^{e}4-521^{b}11, 619^{b}7-^{d}1; *Fédon* 82^{a}10-^{c}1; *Teeteto* 174^{a}4-^{b}6; *Leis* 804^{b}5-^{c}1. Quanto ao problema da relação entre justiça e *eros*, comparar integralmente *Górgias* e *Fedro*. Uma tentativa nessa direção foi feita por David Grene, *Man in His Pride: a Study in the Political Philosophy of Thucydides and Plato* (Chicago: University of Chicago Press, 1950), pp. 137-46 (cf. *Social Research*, 1951, pp. 394-7). Aristóteles, *Ética a Nicômaco* 1177^{a}25-34, ^{b}16-8, 1178^{a}9-b21; *Ética a Eudemo* 1248^{b}10-1249^{b}25. Comparar *Política* 1325^{b}24-30 com o paralelismo entre a justiça do indivíduo e a justiça da cidade em *República*. Cícero, *Offices* i. 28; iii. 13-7; *Da república* i. 28; *De finibus* iii. 48; iv. 22; cf., também, *Da república* vi. 29 com iii. 11; Tomás de Aquino, *Suma teológica* ii. 1. qu. 58, *a*. 4-5.

lei natural, estes últimos devem ser abrandados para se tornar compatíveis com as exigências da cidade. A cidade exige que a sabedoria se reconcilie com o consentimento. Porém, admitir a necessidade do consentimento, isto é, do consentimento dos insensatos, equivale a admitir um direito à insensatez, isto é, um direito que, mesmo que seja inevitável, é irracional. A vida civil exige um meio-termo fundamental entre a sabedoria e a loucura, isto é, um meio-termo entre o direito natural depreendido pela razão, ou entendimento, e o direito baseado tão somente na opinião. A vida civil exige o abrandamento do direito natural por meio de um direito simplesmente convencional. Pois o direito natural agiria como dinamite na sociedade civil. Em outras palavras, aquilo que é simplesmente bom, aquilo que é bom por natureza e radicalmente diferente do ancestral, deve ser transformado em algo politicamente bom, que é, por assim dizer, o resultado da união daquilo é simplesmente bom com o que é ancestral: politicamente bom é aquilo que "remove a vasta massa de males sem escandalizar uma vasta massa de preconceitos". É com base nessa necessidade que se funda em parte a necessária imprecisão das questões políticas e morais[27].

A noção de que o direito natural deve ser abrandado para se tornar compatível com a sociedade civil é a origem filosófica da distinção posterior entre o direito natural primário e secundário[28]. Tal distinção vinculava-se à concepção de que o direito natural primário, que exclui a propriedade privada e outros aspectos característicos da sociedade civil, pertencia ao estado original de inocência do

---

27. Platão, *República* 414^{b}8-415^{d}5 (cf. 331^{c}1-3), 501^{a}9-^{c}2 (cf. 500^{c}2-^{d}8 e 484^{c}8-^{d}3); *Leis* 739, 757^{a}5-758^{a}2; Cícero, *Da república* ii. 57.

28. Cf. R. Stintzing, *Geschichte der deutschen Rechtswissenschaft*, I (Munique/Leipzig, 1880), pp. 302 ss., 307, 371; ver também, por exemplo, Hooker, *Laws of Ecclesiastical Polity*, Livro I, cap. x, seç. 13.

homem, ao passo que o direito secundário só encontra a sua razão de ser depois que o homem se tornou corrompido, como um remédio para sua corrupção. Não podemos ignorar, entretanto, a diferença entre a noção de que o direito natural deve ser abrandado e a de um direito natural secundário. Se os princípios que vigoram na sociedade civil são o direito natural abrandado, eles são muito menos veneráveis do que seriam na condição de direito natural secundário, isto é, estabelecidos divinamente e impondo um dever absoluto ao homem decaído. Apenas neste último caso é que a justiça, tal como em geral é compreendida, é inquestionavelmente boa. Apenas neste último caso é que o direito natural num sentido estrito, ou o direito natural primário, deixa de ser uma dinamite para a sociedade civil.

Cícero incorporou aos seus escritos, especialmente no terceiro livro de *Da república* e nos dois primeiros de *Das leis*, uma versão mitigada do ensinamento estoico original sobre a lei natural. Não se encontra nessas obras quase nenhum indício da ligação entre estoicismo e cinismo. A lei natural conforme apresentada por ele não parece ter precisado sofrer nenhum abrandamento para se tornar compatível com a sociedade civil; parece estar em harmonia natural com a sociedade civil. Consequentemente, aquilo que se tende a chamar de "doutrina ciceroniana do direito natural" está muito mais próximo daquilo que alguns estudiosos veem, hoje, como o ensinamento pré-moderno do direito natural, do que todas as doutrinas anteriores, das quais dispomos apenas de fragmentos. Portanto, é muito importante, para evitar mal-entendidos, considerarmos a atitude do próprio Cícero para com o ensinamento em questão[29].

---

29. Ver, por exemplo, *De finibus* iii. 64-7.

Em *Das leis*, obra em que Cícero e seus companheiros procuram a sombra e em que ele próprio apresenta a doutrina estoica da lei natural, ele indica que não está seguro da verdade dessa doutrina. Mas isso não admira. A doutrina estoica da lei natural é baseada na doutrina da Providência Divina e na teleologia antropocêntrica. Em *Da natureza dos deuses*, Cícero submete essa doutrina teológico-teleológica a uma crítica severa, cuja conclusão é a de que ela não nos oferece mais do que uma semelhança próxima da verdade. Do mesmo modo, ele aceita em *Das leis* a doutrina estoica da divinação (que é parte da doutrina estoica da providência), embora ataque esse ponto no segundo livro do seu *De divinatione*. Em *Das leis*, um dos seus interlocutores é o seu amigo Ático, que admite a doutrina estoica da lei natural. Mas, por ser um epicurista, ele não a pode admitir, seja por reconhecê-la como verdade, seja pela sua capacidade de pensador; em vez disso ele a admite como cidadão romano e, mais especificamente, como adepto da aristocracia, por considerá-la politicamente salutar. É razoável supor que a adesão aparentemente irrestrita de Cícero à doutrina estoica da lei natural tem a mesma motivação que a de Ático. O próprio Cícero diz que escreveu seus diálogos com vistas a não apresentar de modo muito direto as suas verdadeiras concepções. Afinal, ele era um cético acadêmico, não um estoico. E o pensador que ele afirma seguir, e que mais admira, é Platão, o fundador da Academia. O mínimo que se pode dizer é que Cícero não via a doutrina estoica da lei natural, na medida em que ia além da doutrina platônica do direito natural, como manifestamente verdadeira[30].

---

30. *Das leis* i. 15, 18, 19, 21, 22, 25, 32, 35, 37-9, 54, 56; ii. 14, 32-4, 38-9; iii. 1, 26, 37; *Da república* ii. 28; iv. 4; *De natura deorum* ii. 133 ss.; iii. 66 ss., 95; *De divinatione* ii. 70 ss.; *Offices* i. 22; *De finibus* ii. 45; *Tusculunae disputationes* v. 11. Comparar n. 24 supra com cap. iii, n. 22.

Em *Da república*, obra em que os interlocutores buscam o sol, reconhecidamente uma imitação livre da *República* de Platão, a doutrina estoica da lei natural ou a defesa da justiça (isto é, a prova de que a justiça é boa por natureza) não são apresentadas pela personagem principal. Cipião, que ocupa na obra de Cícero o lugar que Sócrates ocupa no modelo platônico, está inteiramente convicto da pequenez das coisas humanas e, portanto, aspira desfrutar a vida contemplativa após a morte. Essa versão da doutrina estoica – a versão exotérica –, que está perfeitamente de acordo com as pretensões da sociedade civil, é atribuída a Laélio, que desconfia da filosofia, no sentido pleno e estrito do termo, e se sente absolutamente à vontade na terra, em Roma; ele está no centro, imitando assim a própria terra. Laélio não encontra nenhuma dificuldade para reconciliar a lei natural com as pretensões do Império Romano. Cipião, porém, expõe a doutrina estoica da lei natural na sua integridade original e não mitigada, que é incompatível com as pretensões da sociedade civil. Do mesmo modo, mostra que a força e a fraude foram necessárias para que a grandeza de Roma fosse erigida: o regime romano, que é o melhor que existe, não é simplesmente justo. Cipião parece assim indicar que "a lei natural" sob a qual a sociedade civil pode atuar é, na verdade, a lei natural abrandada por um princípio inferior. Os argumentos contrários ao caráter natural do direito são desenvolvidos por Filo, que é um cético acadêmico como o próprio Cícero[31]. Nesse sentido, é um erro considerar Cícero adepto da doutrina estoica da lei natural.

---

31. *Da república* i. 18, 19, 26-8, 30, 56-7; iii. 8-9; iv. 4; vi. 17-8; cf. *ibid.* ii. 4, 12, 15, 20, 22, 26-7, 31, 53, com i. 62; iii. 20-2, 24, 31, 35-6; cf., também, *De finibus* ii. 59.

Tomemos agora a doutrina aristotélica do direito natural. Em primeiro lugar, é preciso notar que o único tratamento temático do direito natural que é certamente da autoria de Aristóteles e que expressa com certeza a sua concepção pessoal ocupa apenas uma página da *Ética a Nicômaco*. Além disso, a passagem em questão é singularmente evasiva, não recorrendo a nenhum exemplo para ilustrar o que é certo por natureza. Contudo, pode-se afirmar sem medo: segundo Aristóteles, não há nenhum desacordo fundamental entre o direito natural e as exigências da sociedade política; isto é, não há essencialmente nenhuma necessidade de abrandar o direito natural. Nesse e noutros aspectos, Aristóteles se opõe, com a sobriedade incomparável que tão bem o caracteriza, à loucura divinatória de Platão e, por antecipação, aos paradoxos dos estoicos. Um direito que necessariamente transcende à sociedade política, segundo Aristóteles, não pode ser um direito natural para o homem, animal político por natureza. Platão nunca discutiu um tema – seja a cidade, os céus ou os números – sem ter em conta a questão socrática elementar, "qual é o modo de vida correto?". E o modo de vida pura e simplesmente correto é precisamente a vida filosófica. Nesse sentido, Platão define o direito natural com vistas ao fato de que a única vida pura e simplesmente justa é a do filósofo. Aristóteles, por outro lado, trata cada um dos vários níveis do ser, especialmente os níveis da vida humana, nos termos que lhes são próprios. Quando discute a justiça, trata-a conforme todos a conhecem e tal como é compreendida na vida política, recusando-se a entrar no turbilhão dialético que nos leva muito além da justiça no seu sentido ordinário em direção à vida filosófica. Não que ele negue o direito supremo desse processo dialético ou a tensão entre as exigências da filosofia e as da cidade: ele sabe que o regime simplesmente melhor pertence a uma época inteiramente diferente daquela filosofia plenamente desenvolvida. Mas deixa subentendido que os estágios intermediários desse processo, ainda que não sejam absolutamente coerentes, são suficientemente coerentes para todos os propósitos práticos. É verdade que esses estágios só podem existir num horizonte crepuscular, mais isso é razão suficiente para que o analista – principalmente aquele cuja preocupação primeira seja a orientação das ações humanas – deixe-os nesse crepúsculo. No crepúsculo essencial à vida humana, enquanto meramente humana, a justiça que se encontra disponível nas cidades se apresenta como uma justiça perfeita e inquestionavelmente boa: não é necessário abrandar o direito natural. Portanto, o que Aristóteles simplesmente diz é que o direito natural é uma parte do direito político. Isso não significa que não existe um direito natural fora da cidade ou anterior a ela. Não precisamos sequer mencionar a relação entre pais e filhos; a relação de justiça que se estabelece entre duas pessoas completamente estranhas que se encontram numa ilha deserta não é de justiça política e, não obstante, é determinada pela natureza. O que Aristóteles dá a entender é que a forma mais completamente desenvolvida do direito natural é aquela que vigora entre concidadãos; apenas entre estes as relações que são o objeto do direito ou da justiça atingem o máximo de densidade e, com efeito, o seu pleno desdobramento.

A segunda asserção de Aristóteles sobre o direito natural – muito mais surpreendente do que a primeira – é que todo direito natural é mutável. De acordo com Tomás de Aquino, essa afirmação deve ser compreendida com a seguinte ressalva: os princípios do direito natural, os axiomas de que derivam as regras mais específicas do direito natural, são universalmente válidos e imutáveis; o que muda são apenas as regras mais específicas (por exemplo, a regra que manda devolver o que foi recebido em depósito). A interpretação tomista liga-se à concepção de que existe um *habitus* dos princípios práticos, um *habitus* que ele chama de "consciência" ou, mais precisamente, *sindérese*. Os próprios termos que ele emprega, de origem patrística, mostram que essa concepção não está presente em Aristóteles. Além do mais, Aristóteles diz explicitamente que todo direito – e, portanto, todo direito natural – é mutável; tal afirmação é feita sem nenhuma ressalva. Existe outra interpretação medieval da doutrina de Aristóteles, a saber, a concepção averroísta ou, mais especificamente, a concepção característica do *falásifa* (isto é, do aristotelismo islâmico), bem como do aristotelismo judaico. Tal concepção foi introduzida no mundo cristão por Marsílio de Pádua e, presumivelmente, por outros averroístas cristãos ou latinos. De acordo com Averróis, Aristóteles entende por direito natural o "direito natural positivo". Já Marsílio considera que o direito natural é quase natural; a bem dizer, ele depende das instituições ou convenções humanas; mas diferencia-se do direito simplesmente positivo pelo fato de estar baseado nas convenções onipresentes, isto é, nas convenções admitidas por todo o mundo: em todas as sociedades civis, consolidam-se necessariamente as mesmas regras gerais de justiça, que especificam as exigências mínimas da sociedade e que correspondem, aproximadamente, à Segunda Tábua do Decálogo, mas incluem o mandamento de prestar culto à divindade. A despeito do fato de parecerem evidentemente necessárias e universalmente reconhecidas, elas são convencionais pela seguinte razão: por mais elementar que sejam as regras imutáveis, são incompatíveis com a sociedade civil; sob determinadas condições, ignorar essas regras pode ser necessário para a preservação da sociedade; mas, por razões pedagógicas, a sociedade deve apresentar como universalmente válidas as regras que são geralmente válidas. Visto que em tempos normais são essas as regras que vigoram, segue-se que elas é que são ensinadas, e não as que constituem raras exceções. A eficácia das regras gerais exige que elas sejam ensinadas sem reservas, sem "se" nem "mas". Porém a omissão dessas reservas, que torna as regras mais eficazes, faz com que se tornem, ao mesmo tempo, falsas. As regras sem ressalvas não são da alçada do direito natural, mas sim do convencional[32]. Essa concepção do direito natural está de acordo com a de Aristóteles na medida em que admite a variabilidade de todas as regras de justiça. Entretanto, difere da dele na medida em que acarreta a negação do direito natural propriamente dito. Como podemos encontrar um termo seguro que faça a intermediação entre esses temíveis adversários, Averróis e Tomás?

Sentimo-nos tentados a afirmar o seguinte: quando fala do direito natural, Aristóteles não pensa, em princípio, nas proposições gerais, mas nas decisões concretas, no sentido de que toda ação diz respeito a situações particulares. Donde se infere que a justiça e o direito natural residem, por assim dizer, nas decisões concretas, e não nas regras gerais. Na maioria dos casos, é muito mais fácil ver com nitidez que é justo matar numa ocorrência particular do que explicar a diferença específica entre o ato de matar de maneira justa e injusta. Uma lei que soluciona de maneira justa um problema peculiar de determinado país em determinado momento pode ser considerada justa num grau superior ao de qualquer regra geral da lei

---

32. Ver L. Strauss, *Persecution and the Art of Writing* (Glencoe, Illinois: Free Press, 1952), pp. 95-141.

natural que, dada a sua generalidade, pode dificultar a decisão justa atinente a determinado caso. Em todo conflito humano existe a possibilidade de uma decisão justa, exigida pela situação e baseada na consideração completa de todas as circunstâncias envolvidas. O direito natural consiste em tais decisões. Compreendido assim, ele é obviamente mutável. Todavia, dificilmente se pode negar que em todas as decisões concretas os princípios gerais estão implicados e pressupostos. Aristóteles admite a existência de tais princípios quando fala, por exemplo, da justiça "comutativa" e da justiça "distributiva". Do mesmo modo, a sua discussão do caráter natural da cidade (discussão que lida com questões de princípio suscitadas pela anarquia e pelo pacifismo), para não mencionar sua discussão da escravidão, é uma tentativa de estabelecer princípios do direito. Esses princípios pareceriam universalmente válidos e imutáveis. Mas o que, afinal, Aristóteles quer dizer quando afirma que todo direito natural é mutável? Por que, no fim das contas, o direito natural reside antes na decisão concreta do que nas regras gerais?

Os princípios da justiça comutativa e da justiça distributiva em particular não esgotam o sentido de justiça. Antes de ser comutativa ou distributiva, a justiça é o bem comum. O bem comum consiste normalmente naquilo que é exigido pela justiça comutativa e distributiva, por outros princípios morais desse tipo, ou em tudo aquilo que é compatível com tais exigências. Mas o bem comum também compreende, é claro, a mera existência, a mera sobrevivência e a mera independência da comunidade política em questão. Chamemos de situação extrema aquela em que a própria existência de uma sociedade, ou a sua independência, está em jogo. Nas situações extremas, é possível que haja conflitos entre o que a sociedade exige para sua autopreservação e as exigências da justiça comutativa e distributiva. Em tais situações, e apenas nelas, é justo dizer que a segurança pública é a lei suprema. Uma sociedade decente não vai à guerra senão por uma causa justa. Mas o que ela faz durante a guerra depende até certo ponto daquilo que o inimigo – possivelmente um inimigo inescrupuloso e selvagem – a obrigue a fazer. Não há limites que possam ser definidos de antemão; impossível estabelecer os limites para aquilo que pode vir a se tornar uma represália justa. Assim, a guerra projeta suas sombras sobre a paz. A mais justa sociedade não pode viver sem "inteligência", isto é, sem espionagem. A espionagem é impossível sem a suspensão de determinadas regras do direito natural. Mas as sociedades não sofrem apenas ameaças externas. As considerações que se aplicam ao inimigo externo podem perfeitamente se aplicar aos elementos subversivos internos à sociedade. Deixemos essas tristes exigências cobertas pelo véu que lhes deve cobrir. Basta-nos repetir que, nas situações extremas, as regras normalmente válidas do direito natural são legitimamente modificadas, isto é, modificadas em conformidade com o direito natural: as exceções são tão justas quanto as regras. E Aristóteles parece dar a entender que não há uma única regra, por mais básica que seja, que não esteja sujeita à exceção. Todavia, é possível dizer que, em todos os casos, o bem comum deve ser preferido ao bem privado; e que tal regra não comporta exceção. Mas ela quer dizer apenas que a justiça deve ser observada – e vivemos ansiosos para conhecer aquilo que a justiça ou o bem comum nos prescreve. Quando se diz que, nas situações extremas, a segurança pública é a lei suprema, subentende-se que, nas situações normais, a segurança pública não é a lei suprema; pois as leis supremas, nas situações normais, são as regras comuns de justiça. A justiça tem dois princípios diferentes ou dois conjuntos de princípios: as exigências da segurança pública, ou aquilo que é necessário, nas situações extremas, para preservar a existência pura e simples ou a independência da sociedade, por um lado; e as regras de justiça, num sentido mais preciso, por outro. Ora, nenhum princípio define com clareza em quais casos a segurança pública ou as regras precisas de justiça têm prioridade. Não é possível definir com precisão o que distingue uma situação extrema de uma situação normal. Todo inimigo externo ou interno é engenhoso na medida em que é capaz de transformar numa situação extrema aquilo que, com base numa experiência anterior, era considerado de forma razoável uma situação normal. Nesse sentido, o direito natural precisa ser variável para poder enfrentar a engenhosidade da perfídia. O que não pode ser decidido de antemão por regras universais pode ser imediatamente decidido em momentos críticos pelos estadistas mais competentes e conscienciosos; e a justiça compreendida na decisão se tornará evidente para todos no futuro; a distinção objetiva entre as ações extremas justas e as ações extremas injustas é um dos deveres mais nobres do historiador[33].

É importante compreender com clareza a diferença entre a concepção do direito natural em Aristóteles e em Maquiavel. Maquiavel nega o direito natural porque toma como referência as situações extremas, em que as prescrições da justiça se reduzem às exigências da necessidade, e não as situações normais em que tais prescrições são, num sentido estrito, a lei suprema. Ademais, Maquiavel

---

33. Quanto a outros princípios do direito reconhecidos por Aristóteles, basta-nos aqui observar que, de acordo com ele, um homem que não é capaz de ser membro da sociedade civil não é necessariamente um ser humano imperfeito; pelo contrário, ele pode ser um homem superior.

não precisa superar uma relutância quanto aos desvios em relação àquilo que é normalmente justo. Pelo contrário, ele parece sentir grande prazer ao contemplar esses desvios, sem se interessar pelos pormenores de uma investigação que buscasse saber se um desvio em particular é realmente necessário. O verdadeiro estadista em Aristóteles, por outro lado, toma como referência a situação normal e o que é normalmente justo; e é com relutância que se desvia do que é normalmente justo, sendo apenas com vistas à causa da justiça e da própria humanidade que ele o faz. Não é possível encontrar nenhuma expressão jurídica para essa diferença. Mas a sua importância política é óbvia. Os dois extremos opostos, que atualmente são chamados de "cinismo" e "idealismo", associam-se para apagar a diferença. E cada um de nós consegue perceber que eles não foram malsucedidos.

A variabilidade das prescrições de justiça que os homens podem praticar foi reconhecida não só por Aristóteles como também por Platão. Ambos evitaram a Cila do "absolutismo" e o Caribde do "relativismo", elaborando uma concepção que podemos tentar expressar da seguinte maneira: existe uma hierarquia universalmente válida de fins, mas não existem regras de ação universalmente válidas. Para não repetirmos o que já foi indicado, quando se decide o que deve ser feito, quer dizer, o que deve ser feito por tal indivíduo (ou tal grupo de indivíduos) aqui e agora, é preciso considerar não apenas qual entre os vários objetivos concorrentes é o superior em hierarquia, mas também qual é o mais urgente segundo as circunstâncias. O mais urgente é legitimamente preferível ao menos urgente, e o mais urgente é, em muitos casos, inferior em hierarquia ao menos urgente. Mas não é possível elaborar uma regra universal segundo a qual a urgência deve predominar sempre sobre a hierarquia. Pois devemos, o máximo possível, fazer da atividade hierarquicamente superior a coisa mais urgente ou mais necessária. E o máximo de esforço que se pode esperar varia necessariamente de indivíduo para indivíduo. O único padrão universalmente válido é a hierarquia dos fins. Tal padrão permite emitir um juízo sobre o grau de nobreza dos indivíduos ou dos grupos, das ações ou das instituições. Mas é insuficiente para guiar nossas ações.

A doutrina tomista do direito natural ou, num sentido mais genérico, da lei natural, encontra-se livre das hesitações e ambiguidades características das doutrinas, não apenas de Platão e Cícero, mas também de Aristóteles. Ela chega mesmo a ultrapassar, em exatidão e em nobre simplicidade, a mitigada doutrina estoica da lei natural. Não há espaço para nenhuma dúvida, não apenas em relação à harmonia básica entre o direito natural e a sociedade civil, mas também em relação ao caráter imutável das proposições fundamentais da lei natural; os princípios da lei moral, especialmente os formulados na Segunda Tábua do Decálogo, não constituem exceção, salvo talvez por uma intervenção divina. A doutrina da *sindérese*, ou da consciência, explica a razão pela qual a lei natural pode sempre ser convenientemente promulgada a todos os homens e, nesse sentido, fazer-se universalmente obrigatória para eles. É razoável supor que essas profundas mudanças ocorreram pela influência da crença na revelação bíblica. Se essa afirmação provasse ser correta, seríamos obrigados a questionar, entretanto, se a lei natural, tal como a compreendia Tomás de Aquino, é realmente uma lei natural, isto é, uma lei que pode ser conhecida pela mente humana sem o auxílio da graça, não iluminada pela revelação divina. Tal dúvida recrudesce pela seguinte consideração: a lei natural que pode ser conhecida pela mente humana sem o auxílio da graça e que prescreve principalmente nossas ações no sentido estrito está relacionada ao fim natural do homem ou fundada sobre ele; tal fim é duplo: a perfeição moral e a perfeição intelectual; esta última é de uma dignidade superior à da perfeição moral; mas a perfeição intelectual, ou sabedoria, tal como a razão humana a conhece sem o auxílio da graça, não exige a virtude moral. Tomás de Aquino resolve essa dificuldade alegando que, de acordo com a razão natural, o fim natural do homem é insuficiente, aponta para algo além dele mesmo; ou, mais precisamente, que o fim do homem não consiste na investigação filosófica, para não falar na atividade política. A própria razão natural cria uma presunção em favor da lei divina, que completa a lei natural ou a leva à perfeição. De todo modo, a consequência última da concepção tomista da lei natural é que a lei natural é praticamente inseparável não apenas da teologia natural – isto é, de uma teologia natural baseada, de fato, na crença na revelação bíblica –, mas até da teologia revelada. O direito natural moderno foi, em parte, uma reação a essa assimilação da lei natural pela teologia. Os esforços modernos foram, em parte, baseados nessa premissa, que teria sido aceita pelos clássicos: os princípios morais são de uma evidência maior do que os ensinamentos da teologia natural; portanto, a lei natural ou o direito natural devem ser mantidos independentes da teologia e de suas controvérsias. O segundo aspecto importante em que o pensamento político moderno retornou aos clássicos, opondo-se à concepção tomista, é exemplificado por temas tais como a indissolubilidade do casamento e o controle da natalidade. Uma obra como *O espírito das leis* de Montesquieu é mal compreendida quando não se leva em conta o fato de que ela se dirige contra a concepção tomista do direito natural. Montesquieu buscou recuperar para a arte da política uma largueza que tinha sido consideravelmente restringida pela doutrina tomista. Será sempre uma questão controversa saber o que Montesquieu intimamente pensava. Mas pode-se afirmar com segurança que o que ele ensina explicitamente, na qualidade de estudioso da política, sobre a integridade e a correção políticas, está mais próximo do espírito dos clássicos que do de Tomás.

CAPÍTULO V
O DIREITO NATURAL MODERNO

O mais famoso e mais influente de todos os mestres do direito natural moderno foi John Locke. Para nós, entretanto, é particularmente difícil determinar até que ponto Locke é moderno e em que medida ele se afasta da tradição do direito natural, e isso por conta de dificuldades introduzidas pelo próprio Locke. Ele foi um homem dos mais prudentes e soube colher os frutos da sua prudência: ouvido por muitos, exerceu uma influência extraordinariamente grande sobre os homens de ação e sobre uma parcela ampla da opinião pública. Mas a prudência consiste em saber quando se deve falar e quando se deve calar. E, sabendo perfeitamente disso, Locke teve o bom senso de citar apenas os bons autores e manter silêncio sobre os maus autores, ainda que, em última análise, ele tivesse mais em comum com os maus do que com os bons autores. O autor ao qual ele parece ter atribuído mais autoridade era Richard Hooker, o grande teólogo anglicano, que se sobressaía pela altivez e sobriedade; "o judicioso Hooker", como Locke, na esteira de outros, gostava de chamá-lo. Ora, a concepção de Hooker acerca do direito natural é a concepção tomista, e esta, por sua vez, remonta aos Padres da Igreja, que, por sinal, foram discípulos dos estoicos, eles próprios discípulos dos discípulos de Sócrates. Ao que parece, estamos diante de uma tradição ininterrupta de perfeita respeitabilidade que se estende de Sócrates a Locke. Mas quando nos damos ao trabalho de confrontar a totalidade do ensinamento de Locke com a totalidade do ensinamento de Hooker, percebemos que, apesar de certa concordância entre eles, a concepção do direito natural em Locke é fundamentalmente diferente da que se tem em Hooker. De Hooker a Locke, a noção de direito natural sofreu uma mudança fundamental. Uma ruptura na tradição do direito natural ocorreu durante esse trajeto. Isso não nos causa surpresa. O período entre Hooker e Locke testemunhou o surgimento da ciência natural moderna, a ciência natural não teleológica, o que acarretou a destruição das bases do direito natural tradicional. O primeiro homem a extrair as consequências dessas decisivas mudanças para o direito natural foi Thomas Hobbes – esse extremista imprudente, endiabrado e iconoclasta, o primeiro filósofo plebeu, um escritor tão apreciável por causa de sua franqueza quase juvenil, de sua humanidade a toda prova, de sua clareza e força maravilhosas. Ele foi merecidamente punido por seu atrevimento, especialmente por seus compatriotas. Ainda assim, conseguiu exercer uma influência muito grande sobre todo o pensamento político posterior, na Europa continental e mesmo na Inglaterra, especialmente sobre Locke – sobre o judicioso Locke, que judiciosamente se conteve quanto pôde para não fazer menção ao "nome merecidamente denegrido" de Hobbes. Devemos assim nos voltar para Hobbes para compreender o caráter específico do direito natural moderno.

A. Hobbes

Thomas Hobbes se via como o fundador da filosofia política ou da ciência política. Ele sabia, é claro, que a grande honra que reivindicava para si havia sido conferida, quase que por consenso universal, a Sócrates. Ele não podia ignorar o fato notório de que a tradição originada por Sócrates era ainda poderosa à sua época. Ainda assim, ele estava certo de que a filosofia política tradicional "foi mais um sonho do que uma ciência"[1].

Os estudiosos de hoje não se deixam impressionar por essa pretensão de Hobbes. Eles observam a profunda dívida que Hobbes tinha com a tradição que ele próprio desprezava. Alguns deles quase chegam a afirmar que Hobbes foi um dos últimos escolásticos. A fim de não nos perdermos em detalhes, negligenciando o todo, reduziremos por ora os importantes resultados da erudição de nossos dias a uma só sentença. Hobbes devia à tradição uma ideia única, ainda que significativa: ele aceitou com confiança a concepção de que a filosofia política ou a ciência política é possível ou necessária.

Para compreendermos essa espantosa pretensão de Hobbes, precisamos conferir a mesma atenção à sua enfática rejeição da tradição, por um lado, e à sua concordância quase tácita com ela, por outro. Para tanto, é preciso primeiramente identificar a tradição. Mais precisamente, é preciso primeiramente ver a tradição tal como Hobbes a via, e esquecer por um momento como ela se apresenta

---

1. *Elementos da lei*, Epístola dedicatória; I, 1, seç. 1; 13, seç. 3 e 17, seç. 1. *De corpore*, Epístola dedicatória; *De cive*, Epístola Dedicatória e prefácio; *Opera latina*, I, p. xc. *Leviatã*, caps. xxxi (241) e xlvi (438). Nas citações feitas a partir do *Leviatã*, os números entre parênteses indicam as páginas da edição "Blackwell's Political Texts".

para o historiador atual. Hobbes nomeia os representantes dessa tradição: Sócrates, Platão, Aristóteles, Cícero, Sêneca, Tácito e Plutarco[2]. Assim, ele tacitamente identifica a tradição da filosofia política com uma tradição particular. Nesse sentido, identifica-a com uma tradição cuja premissa básica pode ser enunciada como se segue: o nobre e o justo diferem fundamentalmente do agradável e são, por natureza, preferíveis a este; em outros termos, existe um direito natural que é completamente independente de qualquer acordo ou convenção humana; ou, ainda, existe uma ordem política que é a melhor porque é conforme à natureza. Ele identifica a filosofia política tradicional com a busca do melhor regime ou da ordem social pura e simplesmente justa; portanto, identifica-a com uma busca que é política, não apenas por ela lidar com questões políticas, mas sobretudo por ser animada por um espírito político. Identifica a filosofia política tradicional com uma tradição particular que era animada por um espírito público ou – para empregar um termo vago, mas ainda facilmente inteligível hoje – que era "idealista".

Quando fala de filósofos políticos antigos, Hobbes não menciona a tradição cujos mais famosos representantes poderiam ser "os sofistas", Epicuro e Carnéades. A tradição anti-idealista simplesmente não existiu para Hobbes – como tradição filosófico-política. Pois, conforme Hobbes compreendia, tal tradição ignorava a própria ideia de filosofia política. A bem dizer, ela se preocupava com a natureza das coisas políticas e especialmente com a natureza da justiça. Preocupava-se também com a questão da excelência de vida do indivíduo e, portanto, buscava saber se era possível e como seria possível, para

---

2. *De cive*, prefácio e XII, 3; *Opera latina*, V, 358-9.

o indivíduo, usar a sociedade civil com vistas aos seus propósitos particulares e não políticos: para sua comodidade e para sua glória. Mas essa tradição não era política. Não era animada por um espírito público. Não mantinha a orientação do estadista enquanto ampliava as suas próprias concepções, tampouco se voltava para a ordem justa da sociedade como algo digno de ser escolhido por si mesmo.

Ao identificar tacitamente a filosofia política tradicional com a tradição idealista, Hobbes expressa, então, o seu acordo tácito com a concepção idealista sobre a função e o objetivo da filosofia política. Assim como Cícero já o fizera, Hobbes também toma o partido de Catão contra Carnéades. Apresenta a sua nova doutrina como o primeiro tratamento verdadeiramente científico ou filosófico da lei natural; partilha com a tradição socrática a concepção de que a filosofia política está preocupada com o direito natural. A sua intenção é mostrar "o que é a lei, tal como Platão, Aristóteles, Cícero e vários outros fizeram", sem se referir a Protágoras, a Epicuro nem a Carnéades. Ele teme que o seu *Leviatã* possa lembrar seus leitores da *República* de Platão; ninguém poderia sonhar em comparar o *Leviatã* com o *De rerum natura* de Lucrécio[3].

Hobbes rejeita a tradição idealista com base numa concordância fundamental com ela. Ele quer empreender adequadamente aquilo que a tradição socrática fez de maneira inteiramente inadequada; quer ser bem-sucedido naquilo que a tradição socrática tinha falhado. Para tanto, Hobbes atribui o fracasso da tradição idealista a um erro fundamental: a filosofia política tradicional su-

---

3. *Elementos da lei*, Epístola dedicatória; *Leviatã*, cap. xv (94-5), xxvi (172), xxxi (241) e xlvi (437-8).

punha que o homem é, por natureza, um animal político ou social. Ao rejeitar essa suposição, Hobbes adere à tradição epicurista; aceita a concepção dessa tradição segundo a qual o homem é, por natureza, ou originalmente, um animal apolítico ou mesmo um animal associal, aceitando também a premissa de que o bem é fundamentalmente idêntico ao agradável[4]. O uso dessa concepção apolítica em Hobbes tem, entretanto, um propósito político: ele confere à concepção apolítica um sentido político; tenta instilar o estado de espírito do idealismo político na tradição hedonista, tornando-se assim o criador do hedonismo político, doutrina essa que revolucionou a vida humana por toda parte e em proporções nunca antes alcançadas por nenhum outro ensinamento.

A mudança capital que nos vemos obrigados a atribuir a Hobbes foi bem compreendida por Edmund Burke: "Antigamente, a audácia não era o sinal característico dos ateus como tais. Na verdade, eles pareciam ter até um caráter contrário; no passado, assemelhavam-se aos antigos epicuristas, uma espécie pouco empreendedora. Mas, posteriormente, eles se fizeram ativos, astuciosos, turbulentos e sediciosos."[5] O ateísmo político é um fenômeno especificamente moderno. Nenhum ateu pré-mo-

---

4. *De cive*, I, 2; *Leviatã*, cap. vi (33). Hobbes dá mais ênfase à autopreservação que ao prazer e, nesse sentido, parece estar mais próximo dos estoicos que dos epicuristas. A razão pela qual Hobbes dá ênfase à autopreservação é que o prazer é uma "aparência" cuja realidade subjacente é "apenas movimento", ao passo que a autopreservação pertence à esfera não apenas da "aparência", mas também do "movimento" (cf. Espinosa, *Ética*, III, 9 esc. e 11 esc.). A ênfase de Hobbes na autopreservação se deve então a sua noção de natureza ou de ciência da natureza e tem, portanto, uma motivação inteiramente diferente da aparentemente idêntica concepção estoica.

5. *Thoughts on French Affairs*, in *Works of Edmund Burke* ("Bohn's Standard Library", vol. III), p. 377.

derno pôs em dúvida que a vida social exigia a crença em Deus ou a veneração dos deuses. Para não nos deixarmos enganar por fenômenos efêmeros, atentemos ao fato de que o ateísmo político e o hedonismo político estão intrinsecamente vinculados. Eles surgiram conjuntamente no mesmo momento e na mesma mente.

Para compreendermos a filosofia política de Hobbes, não devemos perder de vista a sua filosofia natural, que pertence a um tipo classicamente representado pelas doutrinas físicas de Demócrito e de Epicuro. Ainda assim, Hobbes considerava não Epicuro ou Demócrito, mas Platão "o melhor dos filósofos antigos". O que ele assimilou da filosofia platônica da natureza não foi o fato de que o universo não poderia ser compreendido se não fosse governado por uma inteligência divina. Quaisquer que tenham sido as opiniões pessoais de Hobbes, a sua filosofia natural é tão ateísta quanto a física de Epicuro. O que ele assimilou da filosofia platônica da natureza foi que a matemática é "a mãe de toda ciência natural"[6]. Por ser ao mesmo tempo matemática e materialista-mecanicista, a filosofia natural de Hobbes é uma combinação da física platônica com a física epicurista. Desse ponto de vista, a filosofia pré-moderna ou a ciência pré-moderna foi, como um todo, "mais um sonho do que uma ciência", justamente por não ter considerado tal combinação. A filosofia de Hobbes pode ser tomada, em seu conjunto, como um exemplo clássico da combinação tipicamente moderna do idealismo político com as concepções materialista e ateísta da totalidade.

Certos posicionamentos originalmente incompatíveis podem ser combinados de duas maneiras. A primeira, por meio de um compromisso eclético que permanece

---

6. *Leviatã*, cap. xlvi (438); *English Works*, VII, 346.

no mesmo plano do posicionamento original; a outra é uma síntese que se torna possível pela transição de pensamento, do plano do posicionamento original para um plano inteiramente diferente. A combinação efetuada por Hobbes é uma síntese. Talvez Hobbes soubesse, talvez não, que estava, na verdade, combinando duas tradições opostas. Em todo caso, ele sabia perfeitamente que o seu pensamento pressupunha uma ruptura radical com todo o pensamento tradicional, ou o abandono do plano no qual o "platonismo" e o "epicurismo" travaram a sua contenda secular.

Assim como seus contemporâneos mais ilustres, Hobbes estava dominado pelo sentimento de que a filosofia tradicional havia fracassado completamente. Uma rápida consideração sobre as controvérsias do presente e do passado era o bastante para convencê-los de que a filosofia, ou a busca da sabedoria, não havia conseguido se transformar em sabedoria. Essa transformação, por muito tempo esperada, devia então se efetivar. E para alcançar sucesso onde a tradição havia fracassado, foi preciso partir de reflexões sobre as condições que têm de ser atendidas a fim de tornar efetiva a sabedoria; precisou-se partir de reflexões sobre o método correto. O propósito dessas reflexões era garantir a efetivação da sabedoria.

O que provou mais claramente o fracasso da filosofia tradicional foi o fato de que a filosofia dogmática tinha sido sempre acompanhada, como que por uma sombra, pela filosofia cética. Até então, o dogmatismo jamais havia conseguido superar de uma vez por todas o ceticismo. Garantir a efetivação da sabedoria significa erradicar o ceticismo, fazendo justiça à verdade contida no ceticismo. Para tanto, deve-se primeiramente dar vazão ao ceticismo extremado; e o que sobreviver a esse violento assalto constitui a base absolutamente segura da sabedoria. A efetivação da sabedoria é idêntica à construção de um edifício dogmático totalmente sólido sobre as fundações do ceticismo extremado[7].

O experimento desse ceticismo extremado foi assim guiado pela antecipação de um novo tipo de dogmatismo. De todas as inquirições científicas, apenas a matemática tinha sido bem-sucedida. A nova filosofia dogmática devia, portanto, ser construída conforme o padrão da matemática. O simples fato de o único conhecimento certo, que se achava disponível, não estar voltado para os fins, "consistindo tão somente na comparação de figuras e movimentos", criou um preconceito contra toda concepção teleológica ou a favor da concepção mecanicista[8]. Talvez fosse mais exato dizer que tal fato agravou um preconceito já existente. O mais importante no pensamento de Hobbes era provavelmente a concepção não de um novo tipo de filosofia ou ciência, mas de um universo exclusivamente constituído de corpos e movimentos sem nenhuma finalidade. O fracasso da tradição filosófica predominante poderia ser diretamente atribuído à dificuldade com que toda física teleológica se vê às voltas; de modo que surgiu muito naturalmente a suspeita de que, devido aos diversos tipos de pressões sociais, a concepção mecanicista nunca havia tido oportunidade de mostrar as suas virtudes. Mas justamente porque Hobbes estava sobretudo interessado na concepção mecanicista é que ele foi inevitavelmente levado, naquela situação, à noção de uma filosofia dogmática baseada no ceticismo extremado. Pois ele havia assimilado de Platão e de Aris-

---

7. Comparar a concordância de Hobbes com a tese da primeira *Meditação* de Descartes.
8. *Elementos da lei*, Epístola Dedicatória e I, 13, seção 4; *De cive*, Epístola Dedicatória; *Leviatã*, cap. xi (68); cf. Espinosa, *Ética*, I, Apêndice.

tóteles a noção de que, se o universo é tal como a física de Demócrito e de Epicuro o descreve, ele exclui então a possibilidade de toda física e de toda ciência ou, em outras palavras, que o materialismo coerente necessariamente culmina no ceticismo. O "materialismo científico" seria impossível se não se houvesse antes garantido a possibilidade da ciência contra o ceticismo engendrado pelo próprio materialismo. Apenas uma revolta previdente contra um universo compreendido de maneira materialista tornaria possível a ciência desse universo. Precisou-se então descobrir ou inventar uma ilha que estivesse isenta do fluxo mecânico causal. Hobbes teve de considerar a possibilidade de uma ilha natural. Uma mente incorpórea estava fora de questão. Por outro lado, o que havia assimilado de Platão e de Aristóteles lhe permitiu perceber de alguma maneira que a mente corpórea, composta de partículas lisas e esféricas – com as quais Epicuro se deu por satisfeito – era uma solução inadequada. Dessa forma, Hobbes foi obrigado a cogitar se o universo não reservaria algum espaço para uma ilha artificial, para uma ilha que devia ser criada pela ciência.

A solução lhe foi sugerida pela matemática – o modelo da nova filosofia – que estava exposta ao ataque cético, mas se mostrava capaz de resistir-lhe na medida em que se submetesse a uma transformação ou interpretação particular. Para "evitar as objeções capciosas dos céticos" à "tão célebre evidência da geometria [...] pensei que seria preciso expressar, em minhas definições, aqueles movimentos por meio dos quais as linhas, as superfícies, os sólidos e as figuras são desenhados e descritos". Em termos gerais, temos um conhecimento absolutamente certo ou científico apenas daqueles temas de que somos a causa, cuja construção está em nosso poder e depende do nosso arbítrio. A construção não estaria inteiramente em nosso poder se houvesse uma única etapa da construção fora do alcance do nosso exame. A construção, portanto, deve ser consciente; é impossível conhecer uma verdade científica sem, ao mesmo tempo, o conhecimento de que nós a fizemos. A construção não estaria inteiramente em nosso poder se ela se valesse de uma matéria qualquer, valer dizer, de qualquer coisa que não fosse, ela própria, um construto nosso. O mundo dos nossos construtos é completamente desprovido de enigmas porque somos a sua única causa e, nesse sentido, temos total conhecimento de sua causa. A causa do mundo dos nossos construtos não possui uma causa remota, uma causa que não esteja de todo em nosso poder; o mundo de nossos construtos tem uma origem absoluta; trata-se *stricto sensu* de uma criação. O mundo de nossos construtos é, portanto, a ilha desejada, isenta do fluxo causal cego e sem finalidade[9]. A descoberta ou invenção

---

9. *English Works*, VII, 179 ss.; *De homine*, X, 4-5; *De cive*, XVIII, 4 e XVII, 28; *De corpore*, XXV, 1; *Elementos da lei*, ed. Toennies, p. 168; quarta objeção a *Meditations* de Descartes. A dificuldade à qual se expõe a concepção de ciência de Hobbes é indicada pelo fato de que, como ele diz, toda filosofia ou ciência "tece consequências" (cf. *Leviatã*, cap. ix) embora parta de "experiências" (*De cive*, XVII, 12), ou seja, a filosofia ou ciência dependem, em última análise, daquilo que é dado, e não daquilo que é construído. Hobbes tentou solucionar essa dificuldade estabelecendo a distinção entre as ciências propriamente ditas, que são puramente construtivas ou demonstrativas (matemática, cinemática e ciência política), e a física, que é inferior ao estatuto daquelas (*De corpore*, XXV, 1; *De homine*, X, 5). Essa solução cria uma nova dificuldade, visto que a ciência política pressupõe o estudo científico da natureza do homem, que constitui uma parte da física (*Leviatã*, cap. ix, em ambas as versões; *De homine*, Epístola Dedicatória; *De corpore*, VI, 6). Hobbes aparentemente tentou solucionar essa nova dificuldade da seguinte maneira: é possível conhecer as causas dos fenômenos políticos procedendo tanto do mais elevado ao mais baixo, isto é, dos fenômenos mais gerais (a natureza do movimento, a natureza dos seres vivos, a natureza do homem) às causas; quanto do mais

dessa ilha parecia garantir a possibilidade de uma filosofia ou ciência materialista e mecanicista, que não obrigava a supor uma alma ou uma mente que não pudesse ser reduzida à matéria em movimento. Tal descoberta ou invenção acabou por permitir uma atitude de neutralidade ou indiferença em relação ao conflito secular entre materialismo e espiritualismo. Hobbes tinha o desejo sincero de ser um materialista "metafísico". Foi obrigado, porém, a se contentar com um materialismo "metódico".

Compreendemos apenas o que criamos. Visto que não criamos seres naturais, segue-se que eles são, propriamente falando, ininteligíveis. De acordo com Hobbes, tal fato é perfeitamente compatível com a possibilidade da ciência natural, embora tenha como consequência que a ciência natural é e sempre permanecerá fundamentalmente hipotética. Todavia, isso é tudo de que precisamos para nos tornarmos mestres e proprietários da natureza. De todo modo, por mais bem-sucedido que seja na conquista da natureza, o homem nunca será capaz de compreender a natureza. O universo permanecerá para sempre completamente enigmático. E é esse fato que responde em última análise pela persistência do ceticismo e que, de certa forma, o justifica. O ceticismo é o resultado inevitável do caráter ininteligível do universo ou da crença infundada na sua inteligibilidade. Em outras palavras, visto que as coisas naturais são, como tais, misteriosas, então o conhecimento ou a certeza engendrada pela natureza carece necessariamente de evidência. O conheci-

---

baixo ao mais alto, dos próprios fenômenos políticos, conforme qualquer pessoa conhece por experiência, às mesmas causas (*De corpore*, VI, 7). De qualquer forma, Hobbes afirmou enfaticamente que a ciência política pode basear-se e consistir na "experiência" em contraposição às "demonstrações" (*De homine*, Epístola Dedicatória; *De cive*, Prefácio; *Leviatã*, Introdução e cap. xxxii, começo).

mento baseado na operação natural da mente humana está necessariamente sujeito à dúvida. Eis por que Hobbes se afasta particularmente do nominalismo pré-moderno. Pois o nominalismo pré-moderno tinha fé na operação natural da mente humana. Tal fé está apresentada especialmente no seu ensinamento: *natura occulte operatur in universalibus**, isto é, as "expectativas" em virtude das quais nos orientamos na vida comum e na ciência são produtos da natureza. Para Hobbes, a origem natural dos universais, ou das expectativas, era uma razão a mais para abandoná-los em favor das "ferramentas intelectuais" artificiais. Não há nenhuma harmonia natural entre a mente humana e o universo.

O homem pode garantir a efetivação da sabedoria, visto que esta é idêntica à livre construção. Mas a sabedoria não pode ser uma livre construção se o universo é inteligível. O homem pode garantir a efetivação da sabedoria, não a despeito do fato de o universo ser ininteligível, mas por causa disso. O homem só pode ser soberano porque não existe nenhum fundamento cósmico para a sua humanidade. Ele só pode ser soberano porque é absolutamente um estranho no universo. Ele só pode ser soberano porque é obrigado a ser soberano. Visto que o universo é ininteligível e que o domínio sobre a natureza não exige a compreensão dela, não se conhecem limites para a conquista da natureza. O homem não tem nada a perder senão os seus grilhões, e pode ter tudo a ganhar a partir de tudo o que conhecer. Todavia, o que é certo é que o estado natural do homem é de infelicidade; o vislumbre da Cidade do Homem a se erigir por sobre as ruínas da Cidade de Deus é uma esperança injustificada.

---

* Em latim no original: a natureza cria misteriosamente os universais. (N. do T.)

Para nós, é difícil compreender como Hobbes conseguiu alimentar tanta esperança onde só havia causa para o desespero. De alguma maneira a experiência, bem como a expectativa legítima, de um progresso sem precedentes no âmbito do que está sujeito ao controle humano deve tê-lo tornado insensível ao "eterno silêncio desses espaços infinitos" ou às rachaduras das *moenia mundi**. Para lhe fazermos justiça, devemos acrescentar que a longa série de decepções experimentada pelas gerações seguintes não foi suficiente para extinguir a esperança irradiada por ele e por seus mais ilustres contemporâneos. Tais decepções também não foram suficientes para derrubar as muralhas que Hobbes erigiu como que para limitar a sua própria visão. Os construtos conscientes foram de fato substituídos pelas obras imprevistas da "História". Mas a "História" limita a nossa visão exatamente da mesma maneira que os construtos conscientes limitaram a visão de Hobbes: a "História" cumpre, do mesmo modo, a função de acentuar o estatuto do homem e do seu "mundo", fazendo-o esquecer da totalidade e da eternidade[10]. Na sua etapa derradeira, a limitação

---

* Em latim no original: muralhas do mundo. (N. do T.)

10. Duas citações de autores de campos opostos, embora pertençam à mesma família espiritual, podem servir de exemplo. Em *Ludwig Feuerbach und der Ausgang der deutschen klassischen Philosophie*, de Friedrich Engels, lemos: "nichts besteht vor [der dialektischen Philosophie] als der ununterbrochene Prozess des Werdens und Vergehens, des Aufsteigens *ohne Ende* vom Niedern zum Höhern [...]. Wir brauchen hier nicht auf die Frage einzugehn, ob diese Anschauungsweise durchaus mit dem jetzigen Stand der Naturwissenschaft stimmt, die der Existenz der Erde selbst ein mögliches, ihrer Bewohnbarkeit aber *ein ziemlich sicheres Ende* vorhersagt, die also auch der Menschengeschichte nicht nur einen aufsteigenden, sondern auch einen absteigenden Ast zuerkennt. Wir befinden uns *jedenfalls noch ziemlich weit von dem Wendepunkt*" [nada resiste [à filosofia dialética] além do processo ininterrupto do devir e do

tipicamente moderna encontra-se expressa na ideia de que o princípio supremo que, como tal, não tem nenhuma relação com a causa possível ou com as causas possíveis do todo, consiste no misterioso fundamento da "História"; esse princípio, atrelado ao homem e somente a ele, está longe de ser eterno, pois nasceu com a própria história humana.

Voltando a Hobbes, a sua noção de filosofia ou ciência tem origem na convicção de que a cosmologia teleo-

---

perecimento, da ascensão *sem fim* do inferior ao superior. [...] Não precisamos aqui entrar na questão se esse ponto de vista está inteiramente de acordo com a situação atual das ciências naturais, que chega a prognosticar um fim possível para a existência da Terra, mas *um fim bastante certo* para a sua habitabilidade, portanto, também conferindo à história da humanidade não apenas uma ascendência, mas também uma decadência. *Em todo caso*, ainda estamos *muito longe do ponto de mudança*.] Em *Die Sage von Tanaquil*, de J. J. Bachofen, lemos: "Der Orient huldigt dem Naturstandpunkt, der Occident ersetzt ihn durch den geschichtlichen [...]. Man könnte sich versucht fühlen, in dieser *Unterordnung der göttlichen unter die menschliche Idee* die letzte Stufe des Abfalls von einen früheren erhabeneren Standpunkte zu erkennen [...]. Und dennoch enthält dieser Rückgang den Keim zu einem sehr wichtigen Fortschritt. Denn als solchen haben wir jede Befreiung unseres Geistes aus den lähmenden Fesseln einer kosmich-physischen Lebensbetrachtung anzusehen. [...]. Wenn der Etrusker bekümmerten Sinnes and die Endlichkeit seines Stammes glaubt, so freut der Römer sich der *Ewigkeit seines Staates, an welcher zu zweifeln er gar nicht fähig ist*". "O Oriente enaltece o ponto de vista da natureza, o Ocidente o substitui pelo ponto de vista histórico. [...] Nessa *subordinação da ideia divina à humana*, poderíamos sentir-nos tentados a reconhecer o último grau da decadência de um ponto de vista que antes era mais elevado. [...] E, no entanto, esse retrocesso contém o germe de um progresso muito importante. Pois, desse modo, temos de ver nosso intelecto se libertar dos grilhões paralisantes de uma contemplação cósmica e física da vida. [...] Se o etrusco com ar preocupado acredita na finitude de sua tribo, o romano fica feliz com a *eternidade do seu Estado, da qual ele não é capaz de duvidar*]. (Os itálicos de ambas as citações não estão no original.)

lógica é impossível e na intuição de que a cosmologia mecanicista não atende às exigências de inteligibilidade. A sua solução será a de que o fim, ou os fins, sem o qual nenhum fenômeno pode ser compreendido, não precisa ser inerente aos fenômenos: o fim que preside o interesse do conhecimento basta. O conhecimento como fim supre o imprescindível princípio teleológico. O que substituiu a cosmologia teleológica não foi a nova cosmologia mecanicista, mas sim aquilo que posteriormente será chamado de "epistemologia". Ora, o conhecimento não pode permanecer como fim se a totalidade é simplesmente ininteligível: *Scientia propter potentiam**[11]. Toda inteligibilidade ou todo sentido tem sua base última nas necessidades humanas. O fim ou, digamos, o fim mais irresistível que é posto pelo desejo humano é o princípio supremo, o princípio organizador. Mas se o bem humano se torna o princípio supremo, a ciência política ou a ciência social torna-se o tipo mais importante de conhecimento, tal como Aristóteles havia previsto. Nas palavras de Hobbes, *dignissima certe scientiarum haec ipsa est, quae ad Principes pertinet, hominesque in regendo genere humano occupatos*[12]. Diante disso, não podemos nos dar por satisfeitos com a observação de que Hobbes concorda com a tradição idealista no que diz respeito à função e ao objetivo da filosofia política. A sua expectativa em rela-

---

* Em latim no original: a ciência em vista do poder. (N. do T.)

11. *De corpore*, I, 6. O abandono do primado da contemplação ou teoria em favor do primado da prática é a consequência necessária do abandono do plano no qual o platonismo e o epicurismo levaram adiante sua contenda. Pois a síntese do platonismo e do epicurismo depende inteiramente da concepção segundo a qual compreender é fazer.

12. Aristóteles, *Ética a Nicômaco* 1141^{a}20-2; *De cive*, prefácio; cf. *Opera latina*, IV, 487-8: a única parte séria da filosofia é a filosofia política.

ção à filosofia política é incomparavelmente maior que a dos clássicos. Nenhum sonho de Cipião iluminado por uma visão verdadeira do todo faria com que seus leitores se lembrassem da futilidade elementar de tudo aquilo que os homens podem criar. Da filosofia política assim compreendida, Hobbes é, de fato, o fundador.

* * *

Foi Maquiavel, maior que Colombo, quem descobriu o continente sobre o qual Hobbes pôde erigir a sua construção. Para compreender o pensamento de Maquiavel, é de bom alvitre recordar as palavras que Marlowe inspiradamente lhe atribuiu: "Eu [...] sustento que o único pecado é a ignorância." Tal sentença quase expressa a definição do filósofo. Além disso, nenhuma pessoa ponderada jamais teve dúvida de que o estudo das questões políticas em Maquiavel era animado pelo espírito público. Sendo um filósofo dedicado à vida civil, ele deu continuidade à tradição do idealismo político. Entretanto, combinou a concepção idealista da nobreza intrínseca do estadista com uma concepção anti-idealista que, se não falava sobre a totalidade das coisas, pelo menos versava sobre as origens da humanidade ou da sociedade civil.

A admiração de Maquiavel pela prática política da Antiguidade clássica, especialmente da Roma republicana, não é senão a contrapartida da sua rejeição à filosofia política clássica. Ele rejeitou a filosofia política clássica e, com isso, toda a tradição da filosofia política no sentido amplo do termo, considerando-a inútil: a filosofia política clássica havia partido da questão de como o homem deve viver; e o modo correto de responder à questão da ordem justa da sociedade parte da consideração de como os homens efetivamente vivem. A revolta "realista" de

Maquiavel contra a tradição colocou o patriotismo ou a virtude meramente política no lugar da excelência humana ou, em termos mais específicos, no lugar da virtude moral e da vida contemplativa. Isso acarretou o rebaixamento deliberado do fim último: o fim foi rebaixado a fim de aumentar a probabilidade de alcançá-lo. Tal como Hobbes abandonou, posteriormente, o sentido original de sabedoria a fim de garantir a sua efetivação, Maquiavel abandonou o sentido original da excelência da sociedade e da vida. Quanto ao que poderia acontecer com aquelas inclinações naturais do homem ou da alma humana, cujas prescrições simplesmente transcendem o fim rebaixado, isso não tinha nenhuma importância para Maquiavel. Ele ignorou tais inclinações. Limitou o seu próprio horizonte a fim de obter resultados. E quanto ao poder do acaso, a Fortuna aos olhos de Maquiavel assemelhava-se a uma mulher que pode ser domada por um tipo correto de homem: o acaso pode ser conquistado.

Maquiavel justificou a sua busca de uma filosofia política "realista" valendo-se de reflexões sobre os fundamentos da sociedade civil, ou seja, em última análise, de reflexões sobre a totalidade na qual vive o homem. O fundamento da justiça não é supra-humano nem natural. Todas as coisas humanas são por demais oscilantes para que se admita sua sujeição a princípios estáveis de justiça. É a necessidade, e não o propósito moral, que determina em cada caso qual a conduta sensata. Nesse sentido, a sociedade civil não pode sequer aspirar a tornar-se simplesmente justa. Toda legitimidade tem origem na ilegitimidade; todas as ordens sociais ou morais foram estabelecidas com a ajuda de meios moralmente questionáveis; a sociedade civil tem origem não na justiça, mas na injustiça. O fundador do mais renomado de todos os impérios foi um fratricida. A justiça, em qualquer de seus aspectos, só é possível uma vez estabelecida a ordem social; em qualquer de seus aspectos, a justiça só é possível dentro de uma ordem criada pelo homem. Todavia, a fundação da sociedade civil, que é o caso supremo na política, é reproduzida, no interior da sociedade civil, em todos os casos extremos. Maquiavel, assim, não se orienta pelo modo como vivem os homens, mas pelo caso extremo. Acredita que o caso extremo revela mais sobre as origens da sociedade civil – e, portanto, sobre o seu verdadeiro caráter – do que o caso normal[13]. A origem e a causa eficiente assumem o lugar do fim e do propósito.

A substituição da virtude moral pela virtude meramente política e a admiração de Maquiavel pelas práticas políticas lupinas da Roma[14] republicana apresentaram dificuldades que induziram Hobbes a buscar a restauração dos princípios morais da política, isto é, a lei natural, no plano do "realismo" de Maquiavel. Ao empreendê-la, Hobbes atentou para o fato de que o homem não pode garantir a efetivação da ordem social justa se não tiver algum conhecimento, um conhecimento exato ou científico, a um só tempo da ordem social justa e das condições de sua efetivação. Portanto, a sua busca se deu no sentido de estabelecer primeiramente uma dedução rigorosa a partir da lei natural ou moral. E, para "evitar as objeções capciosas dos céticos", a lei natural tinha de se tornar independente de quaisquer "expectativas" naturais e, portanto, do *consensus gentium**[15]. A tradição então predominante havia definido a lei natural em vista do fim ou da

---

13. Cf. Bacon, *Advancement of Learning* [*O progresso do conhecimento*] (ed. Everyman's Library), pp. 70-1.
14. *De cive*, Epístola dedicatória.
* Em latim no original: o acordo das pessoas. (N. do T.)
15. *Ibid.*, II, 1.

perfeição do homem na condição de animal racional e social. O que Hobbes buscou fazer, com base na objeção fundamental de Maquiavel ao ensinamento utópico da tradição, ainda que no sentido contrário da solução deste, foi preservar a ideia da lei natural, divorciando-a, porém, da ideia de perfeição humana: apenas sob a condição de que a lei natural possa ser deduzida do modo como os homens efetivamente vivem, da força mais poderosa que efetivamente determina todos os homens ou, pelo menos, a maioria dos homens a maior parte do tempo, é que ela poderá ser eficaz e ter um valor prático. A base acabada da lei natural deve ser buscada não na finalidade do homem, mas nas suas origens[16], na *prima naturae* ou, antes, no *primum naturae*. E o que é mais poderoso na maioria dos homens a maior parte do tempo não é a razão, mas a paixão. A lei natural não conseguirá ser eficaz se os seus princípios forem contestados pela paixão, ou se não lhe forem agradáveis[17]. A lei natural deve ser deduzida da mais poderosa de todas as paixões.

Mas a mais poderosa de todas as paixões deverá ser um fato natural; não devemos supor que a justiça ou aquilo que é humano no homem possa ser fundado na natureza. Ou será que existe uma paixão, um objeto da paixão, que em certo sentido é antinatural e estabelece o ponto de indiferença entre o natural e o não natural? Uma pai-

---

16. No subtítulo do *Leviatã* (*A matéria, a forma e o poder de uma república*), não se menciona o "fim". Ver também o que Hobbes diz sobre seu método no Prefácio do *De cive*. Ele alega ter deduzido o fim a partir das origens. Na verdade, porém, ele dá por certo o fim, já que descobre as origens analisando a natureza humana e os afazeres humanos com vistas ao fim (a paz) (cf. *De cive*, I, 1, e *Leviatã*, cap. xi, início). Do mesmo modo, na sua análise sobre o direito ou a justiça, Hobbes dá por certa a concepção geralmente aceita de justiça (*De cive*, Epístola dedicatória).

17. *Elementos da lei*, Epístola dedicatória.

xão ou objeto de paixão que é, por assim dizer, o *status evanescendi* da natureza e, portanto, uma possível origem para a conquista da natureza ou para a liberdade? A mais poderosa de todas as paixões é o medo da morte e, especialmente, o medo da morte violenta acarretada pelos outros: não é, pois, a natureza, mas "aquele terrível inimigo da natureza, a morte" (em todo caso, da morte na medida em que o homem possa fazer algo a esse respeito, isto é, a morte que pode ser evitada ou vingada), que oferece a orientação fundamental[18]. A morte ocupa o lugar do *telos*; ou ainda, para preservarmos a ambiguidade do pensamento de Hobbes, digamos que o medo da morte violenta expressa intensamente o mais poderoso e o mais fundamental de todos os desejos naturais: o desejo primordial, o desejo de autopreservação.

Se a lei natural deve então ser deduzida do desejo de autopreservação; em outras palavras, se o desejo de autopreservação é a origem exclusiva de toda justiça e moral, então o fato moral fundamental não é um dever, mas um direito: todos os deveres derivam do direito fundamental e inalienável da autopreservação. Logo, não há deveres absolutos ou incondicionais; os deveres só são compulsórios na medida em que o seu cumprimento não represente um perigo para nossa autopreservação. Apenas o direito de autopreservação é incondicional ou absoluto. Por natureza, há apenas o direito perfeito, não o dever perfeito. A lei de natureza, que formula os deveres naturais do homem, não é, propriamente falando, uma lei. E visto que o fato moral fundamental e absoluto é um di-

---

18. *Ibid.*, I, 14, seção 6; *De cive*, Epístola dedicatória, I, 7 e III, 31; *Leviatã*, caps. xiv (92) e xxvii (197). Seria preciso partir dessas indicações para compreender o papel do romance policial na orientação moral de hoje.

reito e não um dever, não só a função como também os limites da sociedade civil devem ser definidos nos termos do direito natural do homem, não nos termos do seu dever natural. O Estado não tem a função de motivar ou promover a vida virtuosa, mas de salvaguardar o direito natural de cada um. E o limite absoluto do poder do Estado não se encontra em nenhum outro fato moral além do direito natural[19]. Se podemos chamar de liberalismo a doutrina política que forma os direitos do homem como o fato político fundamental, em contraposição aos seus deveres, e que identifica a função do Estado com a proteção ou salvaguarda desses direitos, devemos dizer que o fundador do liberalismo foi Hobbes.

Ao transplantar a lei natural para o plano de Maquiavel, Hobbes por certo originou um tipo inteiramente novo de doutrina política. As doutrinas pré-modernas da lei natural ensinavam os deveres do homem; e se dispensavam alguma atenção aos seus direitos, concebiam-nos como essencialmente derivados dos seus deveres. Conforme se tem frequentemente observado, ao longo dos séculos XVII e XVIII, uma ênfase muito maior, nunca antes ocorrida, foi conferida aos direitos. Pode-se falar de uma mudança de ênfase dos deveres naturais para os direitos naturais[20]. Mas mudanças quantitativas desse tipo só podem ser compreendidas quando confrontadas com uma transformação qualitativa e fundamental – sem fa-

---

19. *De cive*, II, 10, fim, 18-9; III, 14, 21, 27 e nota, 33; VI, 13; XIV, 3; *Leviatã*, caps. xiv (84, 86-7), xxi (142-3), xxviii (202) e xxxii (243).

20. Cf. Otto von Gierke, *The Development of Political Theory* (Nova York, 1939), pp. 108, 322, 352; e J. N. Figgis, *The Divine Right of the Kings* (2ª ed.; Cambridge: The University Press, 1934), pp. 221-3. Em Kant já se questiona a razão pela qual a filosofia moral é chamada de doutrina dos deveres, e não de doutrina dos direitos (ver *Metaphysik der Sitten* [*Metafísica dos costumes*], ed. Vorlaender, p. 45).

lar que as mudanças quantitativas só se tornam *possíveis* em virtude de uma mudança qualitativa e fundamental. A mudança fundamental de orientação – dos deveres naturais para os direitos naturais – encontra sua expressão mais clara e significativa na doutrina de Hobbes, que, sem rodeios, fez de um direito natural incondicional o fundamento de todos os deveres naturais, os quais, desde então, não são senão condicionais. Hobbes é o modelo clássico e o fundador da doutrina especificamente moderna da lei natural. A profunda mudança que estamos considerando pode ser identificada diretamente no interesse de Hobbes por uma garantia humana para a efetivação da ordem social justa ou na sua intenção "realista". A efetivação da ordem social, definida em termos dos deveres do homem, é necessariamente incerta e até mesmo improvável; tal ordem pode perfeitamente mostrar-se utópica. Muito diferente disso é o que acontece com a ordem social definida em termos dos direitos do homem. Pois os direitos em questão expressam, e pretendem expressar, algo que, seja como for, todo o mundo deseja realmente; eles consagram o interesse privado de cada um, tal como cada um o concebe ou pode ser facilmente levado a concebê-lo. É mais seguro supor que os homens lutarão por seus direitos do que supor que cumprirão de seus deveres. Nas palavras de Burke, "o pequeno catecismo dos direitos dos homens é logo assimilado; e as inferências são feitas a partir das paixões"[21]. Acrescentemos que, na formulação clássica proposta por Hobbes, as premissas já se encontram nas paixões. Para tornar eficaz o direito natural moderno é preciso o esclarecimento e a propaganda, não o apelo à moral. A partir disso podemos compreender o fato frequentemente observado de

---

21. *Thoughts on French Affairs*, p. 367.

que durante o período moderno a lei natural tornou-se, muito mais do que no passado, uma força revolucionária. Tal fato é consequência direta da mudança fundamental na natureza da própria doutrina da lei natural.

A tradição a que Hobbes se opôs considerava que o homem não poderia alcançar a perfeição de sua natureza senão na sociedade civil e por meio dela e, por conseguinte, que a sociedade civil é anterior ao indivíduo. Foi essa premissa que levou à concepção de que o fato moral primário consiste não nos direitos, mas no dever. Só seria possível afirmar a primazia dos direitos naturais afirmando que o indivíduo é, em todos os aspectos, anterior à sociedade civil: todos os direitos da sociedade civil ou do soberano são derivados dos direitos que originalmente pertenciam ao indivíduo[22]. O indivíduo como tal, independente de suas qualidades – e não apenas, como afirmou Aristóteles, o homem que ultrapassa a humanidade –, tinha de ser concebido como um ser essencialmente completo e independente da sociedade civil. Tal concepção está presente na afirmação de que existe um estado de natureza que antecede a sociedade civil. De acordo com Rousseau, "todos os filósofos que examinaram os fundamentos da sociedade civil sentiram a necessidade de retroceder ao estado de natureza". É verdade que a busca da ordem social justa é inseparável da reflexão sobre as origens da sociedade civil ou sobre a vida pré-política do homem. Mas a identificação da vida pré-política com o "estado de natureza" é uma concepção particular, que de forma alguma foi sustentada por "todos" os filósofos políticos. O estado de natureza tornou-se um tópico essencial da filosofia política apenas com Hobbes, que, ainda assim, quase pediu desculpas por empregar esse termo. É só a partir de Hobbes que a

---

22. *De cive*, VI, 5-7; *Leviatã*, caps. xviii (113) e xxviii (202-3).

doutrina filosófica da lei natural transformou-se essencialmente numa doutrina do estado de natureza. Antes dele, o termo "estado de natureza" era comumente empregado pela teologia cristã, mas não pela filosofia política. O estado de natureza distinguia-se principalmente do estado de graça, subdividindo-se em estado de natureza pura e estado de natureza decaída. Hobbes abriu mão dessa subdivisão e substituiu o estado de graça pela sociedade civil. Desse modo, ele negou, se não o fato, pelo menos a importância da Queda e, consequentemente, afirmou que o necessário para remediar as deficiências ou as "inconveniências" do estado de natureza não é a graça divina, mas um governo humano correto. Essa implicação antiteológica do "estado de natureza" dificilmente pode ser separada do seu sentido estritamente filosófico, qual seja, tornar inteligível o primado dos direitos em contraposição aos deveres: o estado de natureza é originalmente caracterizado pelo fato de que há nele direitos perfeitos, não deveres perfeitos[23].

---

23. *De cive*, pref.: "conditionem hominum extra societatem civilem (quam conditionem appelare liceat statum naturae) [condição dos homens fora da sociedade civil (condição que seria lícito chamar de estado da natureza]." Cf. Locke, *Treatises of Civil Government* [*Tratados sobre o governo civil*], II, seção 15. Para o sentido original do termo, cf. Aristóteles, *Física* 246ª10-7; Cícero, *Offices* i. 67; *De finibus* iii. 16, 20; *Das leis* iii. 3 (cf. também *De cive*, III, 25). De acordo com os clássicos, o estado de natureza seria a vida numa sociedade civil sadia, mas não a vida anterior à sociedade civil. O convencionalismo afirma, de fato, que a sociedade civil é convencional ou artificial, o que acarreta a depreciação da sociedade civil. A maioria dos convencionalistas não identifica a vida anterior à sociedade civil com o estado de natureza: eles identificam a vida conforme à natureza com a realização da vida humana (seja a vida do filósofo ou a do tirano); viver conforme à natureza é, nesse sentido, impossível na condição primitiva que antecede a sociedade civil. Por outro lado, os convencionalistas que identificam a vida conforme à natu-

Se cada um tem, por natureza, o direito de se preservar, tem necessariamente o direito aos meios neces-

---

reza, ou o estado de natureza, com a vida anterior à sociedade civil, dizem que o estado de natureza é preferível à sociedade civil (cf. Montaigne, *Essais*, II, 12, *Chronique des lettres françaises*, III, 311). Em Hobbes, a noção de estado de natureza pressupõe a rejeição da concepção dos clássicos e dos convencionalistas, pois ele nega a existência de um fim natural, de um *summum bonum*. Portanto, ele identifica a vida natural com as "origens", que correspondem à vida dominada pelas necessidades mais elementares; ao mesmo tempo, sustenta que essas origens são imperfeitas e que tal imperfeição é remediada pela sociedade civil. Não existe, portanto, de acordo com Hobbes, nenhuma tensão entre a sociedade civil e aquilo que é natural, ao passo que, para o convencionalismo, essa tensão existe. Disso se segue que, de acordo com o convencionalismo, a vida conforme à natureza é superior à sociedade civil, ao passo que, de acordo com Hobbes, ela é inferior à sociedade civil. Acrescentemos que o convencionalismo não é necessariamente igualitário, ao passo que a orientação em Hobbes conduz necessariamente ao igualitarismo. De acordo com Tomás de Aquino, o *status legis naturae* é o estado no qual o homem vivia antes da revelação da Lei Mosaica (*Suma teológica* i. 2. qu. 102, *a*. 3 ad 12). Trata-se do estado em que vivem os gentios e, portanto, uma condição da sociedade civil (cf. Suarez, *Tr. de legibus*, I, 3, seção 12; III, 11 ["in pura natura, vel in gentibus" [em simples ambiente natural ou entre os gentios]]; III, 12 ["in statu purae naturae, si in illo esset respublica verum Deum naturaliter colens" [no estado de simples ambiente natural, se nele houvesse uma república que com naturalidade cultuasse o verdadeiro Deus]]; do mesmo modo, Grotius, *De jure belli* ii. 5, seção. 15. 2, emprega *status naturae* [estado da natureza] em contraposição ao *status legis Christianae* [estado da lei cristã]; e quando Grotius [iii, 7, seção 1] diz: *citra factum humanum aut primaevo naturae statu* [sem a ação humana ou no primevo estado da natureza], ele mostra, ao acrescentar "primevo", que o estado de natureza enquanto tal não é *citra factum humanum* [sem a ação humana] e, portanto, não antecede necessariamente a sociedade civil. Entretanto, se a lei humana é vista como resultado da corrupção humana, o *status legis naturae* se transforma naquela condição em que o homem estava sujeito apenas à lei de natureza, e não ainda às leis humanas (Wyclif, *De civili dominio*, II, 13, ed. Poole, p. 154). Para uma pré-história da noção hobbesiana de estado de natureza, cf. também a doutrina de Soto conforme apresentada por Suarez, *op. cit.*, II, 17, seção 9.

sários para a sua autopreservação. Neste ponto, a questão que se coloca é saber quem deve julgar quais são os meios necessários para a autopreservação do indivíduo ou, em outras palavras, quais são os meios devidos ou justos. Os clássicos teriam respondido que o juiz natural é o homem dotado de sabedoria prática, e essa resposta retomaria por fim a concepção de que o regime pura e simplesmente melhor é o governo absoluto dos sábios; e que o melhor regime é, na prática, o governo dos cavalheiros. De acordo com Hobbes, porém, cada um é, por natureza, o juiz dos meios necessários para a sua autopreservação. E mesmo admitindo, em princípio, a superioridade do homem sábio para o papel de juiz, Hobbes se preocupa muito menos com a autopreservação de um insensato do que o próprio insensato. Mas se cada um, por maior que seja a insensatez, é por natureza juiz do que é necessário para sua autopreservação, tudo pode ser legitimamente visto como necessário para a autopreservação: tudo é justo por natureza[24]. Podemos falar de um direito natural da insensatez. Além disso, se cada qual é por natureza juiz daquilo que conduz à sua autopreservação, o consentimento assume precedência sobre a sabedoria. Mas o consentimento só é eficaz quando se transforma na sujeição ao soberano. Por essa razão, o soberano é soberano não por causa de sua sabedoria, mas porque foi feito soberano pelo pacto fundamental. Consequentemente, o centro da soberania é o comando ou a vontade, e não a deliberação ou o raciocínio; e as leis não são leis em virtude da verdade ou da razoabilidade, mas tão somente em virtude da autoridade[25]. Na doutrina de Hobbes, a

---

24. *De cive*, I, 9; III, 13; *Leviatã*, caps. xv (100) e xlvi (448).
25. *De cive*, VI, 19; XIV, 1 e 17; *Leviatã*, cap. xxvi (180); cf., também, sir Robert Filmer, *Observations Concerning the Original of Government*, Prefácio.

supremacia da autoridade, em contraposição à razão, decorre de um prolongamento extraordinário do direito natural do indivíduo.

A tentativa de deduzir a lei natural ou moral do direito natural de autopreservação ou, em outras palavras, do poder inescapável do medo da morte violenta, levou a modificações muito significativas no conteúdo da lei moral. A modificação acarretou, em primeiro lugar, uma simplificação considerável. O pensamento ao longo dos séculos XVI e XVII tendeu em geral a uma simplificação da doutrina moral. Como um todo, essa tendência levou facilmente à assimilação de uma ampla preocupação com a garantia de efetivação da ordem social justa. Tentou-se substituir a multiplicidade "assistemática" de virtudes irredutíveis por uma única virtude, uma única virtude elementar, a partir da qual todas as outras virtudes pudessem ser deduzidas. Duas vias bem delineadas permitiram que essa redução se realizasse. No ensinamento moral de Aristóteles, "cujas opiniões têm, hoje e neste lugar, uma autoridade maior que quaisquer outros escritos humanos" (Hobbes), ocorrem duas virtudes que compreendem todas as outras ou, digamos, duas virtudes "gerais": a magnanimidade, que compreende todas as outras virtudes na medida em que contribui para a excelência do indivíduo; e a justiça, que compreende todas as outras virtudes na medida em que contribui para o serviço do homem a seus próximos. Nesse sentido, é possível simplificar a filosofia moral reduzindo a moral quer à magnanimidade, quer à justiça. Descartes optou pela primeira via, e Hobbes, pela segunda. A escolha de Hobbes teve a vantagem particular de favorecer uma simplificação ainda maior da doutrina moral: a identificação irrestrita da doutrina das virtudes com a doutrina da lei moral ou natural. Uma vez deduzida do direito natural de autopreservação, a lei moral, por sua vez, foi bastante simplificada. A autopreservação exige a paz. A lei moral tornou-se, portanto, a soma das regras que têm de ser obedecidas para que reine a paz. Assim como Maquiavel reduziu a virtude à virtude política do patriotismo, Hobbes reduziu-a à virtude social da paz. Aquelas formas de excelência humana que não têm nenhuma relação direta ou precisa com a virtude da paz – coragem, temperança, magnanimidade, liberalidade, para não falar da sabedoria – deixam de ser virtudes no sentido estrito. A justiça (juntamente com a equidade e a caridade) permanece como virtude, mas o seu sentido sofre uma mudança radical. Se o único fato moral incondicional é o direito natural de cada um à sua própria preservação, e se todas as obrigações para com os outros surgem de um contrato, a justiça se torna idêntica ao hábito de cumprimento dos contratos. Ela já não consiste mais em atender aos padrões que são independentes da vontade humana. Todos os princípios materiais de justiça – as regras da justiça comutativa e da distributiva, ou a Segunda Tábua do Decálogo – deixam de ter uma validade intrínseca. Todas as obrigações materiais surgem do acordo entre os contratantes e, portanto, surgem na prática da vontade do soberano[26]; pois o contrato que torna possível todos os outros contratos é o contrato social ou o contrato de sujeição ao soberano.

Se a virtude se identifica com a paz ou vida pacífica, o vício se identifica com aquele hábito ou paixão que seja de *per se* incompatível com a paz: algo essencialmente e, por assim dizer, propositadamente voltado para o malefício dos outros; o vício se torna idêntico, em todas as acep-

---

26. *Elementos da lei*, I, 17, seção 1; *De cive*, Epístola dedicatória; III, 3-6, 29, 32; VI, 16; XII, 1; XIV, 9-10, 17; XVII, 10; XVIII, 3; *De homine*, XIII, 9; *Leviatã*, caps. xiv (92), xv (96, 97, 98, 104) e xxvi (186).

ções práticas, ao orgulho, à vaidade ou ao *amour-propre*, e não mais à licenciosidade ou à fraqueza da alma. Em outras palavras, se a virtude se reduz à virtude social, à benevolência ou bondade ou às "virtudes liberais", então "as virtudes austeras", voltadas para uma disciplina pessoal, perdem importância[27]. Precisamos novamente recorrer aqui à análise de Burke acerca do espírito que animava a Revolução Francesa, pois os polêmicos exageros de Burke foram e são indispensáveis para arrancar os disfarces, premeditados ou não, sob os quais a "nova moral" veio a público: "os filósofos parisienses [...] destroem ou tornam odiosa e desprezível a classe de virtudes que disciplina o apetite [...]. No lugar de tudo isso, eles estabelecem uma virtude que chamam de humanidade ou benevolência"[28]. Essa substituição constitui o núcleo daquilo que chamamos de "hedonismo político".

Para estabelecermos o sentido do hedonismo político em termos um tanto mais precisos, devemos contrapor o ensinamento de Hobbes ao hedonismo apolítico de Epicuro. Hobbes poderia concordar com Epicuro nos seguintes pontos: o bem é fundamentalmente idêntico ao agradável; a virtude não merece, portanto, ser escolhida por si mesma, mas apenas com vistas a atingir o prazer e evitar a dor; o desejo de honra e glória é terminantemente vão, isto é, os prazeres sensuais são, como tais, preferíveis à honra e à glória. Para possibilitar o hedonismo político, Hobbes teve de se opor a Epicuro em dois pontos cruciais. Em primeiro lugar, teve que rejeitar a ne-

---

27. "Temperantia privatio potius vitiorum quae oriuntur ab ingeniis cupidis (*quibus non laeditur civitas*, sed ipsi) quam virtus moralis (est)" (*De homine*, XIII, 9). O passo para a concepção posterior, "vícios privados, benefícios públicos", será curto.

28. Carta a Rivarol, 1º de junho de 1791.

gação, implícita em Epicuro, do estado de natureza no sentido estrito, isto é, de uma condição de vida pré-política em que o homem desfruta de direitos naturais; pois Hobbes concordou com a tradição idealista, uma vez que considerou que as prerrogativas da sociedade civil residem substancialmente na existência do direito natural. Além disso, ele não podia aceitar as implicações da distinção em Epicuro entre desejos naturais necessários e desejos naturais não necessários, pois tal distinção acarretava a exigência de um estilo de vida "ascético" para a felicidade, que consiste num estado de repouso. Em Epicuro, as severas prescrições relativas à disciplina pessoal estavam fadadas à utopia para a grande maioria dos homens e deviam assim ser suprimidas por um ensinamento político "realista". A abordagem realista dada à política obrigou Hobbes a suspender todas as restrições à obtenção de prazeres sensuais desnecessários ou, de maneira mais precisa, à busca da *commoda hujus vitae* ou do poder, excetuando apenas as restrições indispensáveis à manutenção da paz. Visto que, conforme diz Epicuro, "a natureza tornou facilmente disponíveis [apenas] as coisas necessárias", a emancipação do desejo de conforto exigiu que a ciência fosse posta a serviço da satisfação desse desejo. Exigiu, sobretudo, uma redefinição radical da função da sociedade civil: a "vida excelente", em nome da qual os homens ingressam na sociedade civil; não é mais a vida da excelência humana, mas a "vida cômoda", como recompensa pelo trabalho penoso. E o dever sagrado dos governantes não é mais "tornar os cidadãos bons e incitá-los às coisas nobres", mas "esforçar-se, tanto quanto a lei permitir, para fornecer abundantemente aos cidadãos todas as coisas boas [...] que conduzem à deleitação"[29].

---

29. *De cive*, I, 2, 5, 7; XIII, 4-6; *Leviatã*, caps. xi (63-4) e xiii, fim; *De corpore*, I, 6.

Não é necessário, para os fins que temos em vista, seguir todos os passos do pensamento de Hobbes desde o direito natural de cada indivíduo, ou desde o estado de natureza, até o estabelecimento da sociedade civil. Essa parte da sua doutrina não pretende ser mais do que a consequência estrita de suas premissas. Ela culmina na doutrina da soberania, da qual ele é geralmente reconhecido como o expoente clássico. A doutrina da soberania é uma doutrina jurídica. Em resumo, ela não diz que seja conveniente atribuir a plenitude do poder à autoridade governante, mas, sim, que essa plenitude pertence por *direito* à autoridade governante. Os direitos de soberania são atribuídos ao poder supremo não com base na lei positiva ou no costume geral, mas na lei natural. A doutrina da soberania formula a lei natural pública[30]. A lei natural pública – *jus publicum universale seu naturale* – é uma nova disciplina surgida no século XVII. Ela surgiu graças à mudança radical de orientação que estamos aqui

---

30. *Leviatã*, cap. xxx, o terceiro e o quarto parágrafos da versão latina. *De cive*, IX, 3; X, 2, início e 5; XI, 4, fim; XII, 8, fim; XIV, 4; cf. também Malebranche, *Traité de morale*, ed. Joly, p. 214. Há uma diferença entre a lei natural no sentido comum e a lei natural pública: esta e o seu objeto (o corpo político) são baseados numa ficção fundamental segundo a qual a vontade do soberano é a vontade de todos e de cada um, ou de que o soberano representa todos e cada um dos membros (*De cive*, V, 6, 9, 11; VII, 14). A vontade do soberano deve ser *vista* como a vontade de todos e de cada um, ao passo que, de fato, existe uma discrepância essencial entre a vontade do soberano e a dos indivíduos, a qual é, por sinal, a única vontade natural: obedecer ao soberano significa precisamente fazer aquilo que o soberano quer, não aquilo que eu quero. Mesmo se minha razão me disser, vez por outra, que eu devo querer aquilo que o soberano quer, essa vontade racional não é necessariamente idêntica à minha inteira vontade, minha vontade efetiva e explícita (cf. a referência a "vontades implícitas" in *Elementos da Lei*, II, 9, seção 1; cf. também *De cive*, XII, 2). De acordo com as premissas hobbesianas, a "representação" não é uma conveniência, mas uma necessidade essencial.

tentando compreender. A lei natural pública representa uma das duas formas tipicamente modernas da filosofia política; a outra é a "política" no sentido da "razão de Estado" de que fala Maquiavel. Ambas se distinguem fundamentalmente da filosofia política clássica. E, apesar de se contraporem, elas são animadas fundamentalmente pelo mesmo espírito original[31]: a preocupação com uma ordem justa ou adequada da sociedade, cuja efetivação é provável, se não certa, e não depende do acaso. Por conseguinte, elas deliberadamente rebaixam o objetivo da política; não estão mais interessadas em ter uma concepção clara da possibilidade política mais elevada a partir da qual todas as ordens políticas efetivas podem ser julgadas de maneira responsável. A doutrina da "razão de Estado" substituiu o "melhor regime" pelo "governo eficiente". A doutrina da "lei natural pública" substituiu o "melhor regime" pelo "governo legítimo".

---

31. Cf. Fr. J. Stahl, *Geschichte der Rechtsphilosophie* (2ª ed.), p. 135: "Es ist eine Eigentümlichkeit der neuern Zeit, dass ihre Staatslehre (das Naturrecht) und ihre Staatskunst (die vorzugsweise sogenannte Politik) zwei völlig verschiedene Wissenschaft sind. Diese Trennung ist das Werk des Geistes, Welcher in dieser Periode die Wissenschaft beherrscht. Das Ethos wird in der Vernunft gesucht, diese hat aber keine Macht über die Begebenheiten und den natürlichen Erfolg; was die äusserlichen Verhältnisse fordern und abnöthigen, stimmt gar nicht mit ihr überein, verhält sich feindlich gegen sie, die Rücksicht auf dasselbe kann daher nicht Sache der Ethik des Staates sein" [É uma particularidade dos tempos modernos o fato de suas ciências políticas (o direito natural) e sua estadística (que se prefere chamar de política) serem duas ciências totalmente diferentes. Essa distinção é obra do intelecto, que, nesse período, domina a ciência. O *ethos* é buscado na razão, mas esta não tem nenhum poder sobre os acontecimentos nem sobre o êxito natural; o que as circunstâncias externas exigem e reclamam não corresponde absolutamente à razão e é hostil em relação a ela; portanto, o respeito por essa exigência não pode ser objeto da ética do Estado]. Cf. Grotius, *De jure belli*, Prolegomena, seção 57.

A filosofia política clássica reconhecia a diferença entre o melhor regime e os regimes legítimos. Ela considerou, portanto, toda uma variedade de regimes legítimos; ou seja, asseverou que o tipo de regime legítimo depende das circunstâncias. A lei natural pública, por outro lado, está voltada para a ordem social justa, cuja efetivação é possível em todas as circunstâncias. Ela busca, nesse sentido, delinear a ordem social que pode reivindicar sua legitimidade ou justiça em todos os casos, independentemente das circunstâncias. Podemos dizer que a lei natural pública substitui a ideia do melhor regime – o qual não oferece nem pretende oferecer uma resposta à questão sobre qual seria a ordem justa aqui e agora – pela ideia da ordem social justa que responde à questão prática básica de uma vez por todas, isto é, independentemente do lugar e do momento[32]. A lei natural pública pretende dar uma solução universalmente válida para o problema político, a fim de se tornar universalmente aplicável na prática. Em outras palavras, enquanto, de acordo com os clássicos, a teoria política propriamente dita precisa essencialmente do complemento da sabedoria prática do governante em exercício, o novo tipo de teoria política soluciona, como tal, o problema prático crucial: o problema da ordem justa aqui e agora. Nesse aspecto decisivo, portanto, não há mais nenhuma necessidade de fazer a distinção entre a arte de governar e a teoria política. Podemos chamar esse tipo de pensamento de "doutrinarismo", acrescentando que ele surgiu no interior da filosofia política – pois os juristas formam uma classe inteiramente à parte – ao longo do século XVII. Nessa época, a fle-

---

32. Cf. *De cive*, Prefácio, quase no fim, sobre o estatuto inteiramente diferente da questão da melhor forma de governo, por um lado, e a questão dos direitos do soberano, por outro.

xibilidade razoável da filosofia política clássica deu lugar à rigidez fanática. O filósofo político tornou-se cada vez mais parecido com o partidário. O pensamento histórico do século XIX tentou recuperar para a arte de governar aquela latitude que a lei natural pública tinha restringido de modo tão severo. Mas, uma vez que o pensamento histórico estava absolutamente sob o diapasão do "realismo" moderno, ele só conseguiu destruir a lei natural pública mediante a concomitante destruição de todos os princípios morais da política.

Quanto a Hobbes, o caráter doutrinário de sua teoria da soberania é demonstrado do modo mais claro possível pelas negações que ela acarreta: a negação da possibilidade de fazer a distinção entre os bons e os maus regimes (monarquia e tirania, aristocracia e oligarquia, democracia e oclocracia) e da possibilidade de regimes mistos e do "Estado de direito"[33]. Visto que essas negações variam conforme a observação dos fatos, a doutrina da soberania equivale, na prática, à negação, não da existência, mas da legitimidade das possibilidades mencionadas: a doutrina hobbesiana da soberania atribui ao príncipe soberano ou ao povo soberano o direito irrestrito de desconsiderar, a seu bel-prazer[34], todas as limitações legais e

---

33. *De cive*, VII, 2-4; XII, 4-5; *Leviatã*, cap. xxix (216). Ver, entretanto, a referência aos reis legítimos e aos governantes ilegítimos in *De cive*, XII, 1 e 3. Em *De cive*, VI, 13, fim e VII, 14, mostra-se que a lei natural, tal como Hobbes a entende, oferece uma base para distinguir objetivamente a monarquia da tirania. Cf., também, *ibid.*, XII, 7, com XIII, 10.

34. Quanto à discrepância entre a doutrina de Hobbes e a prática da humanidade, ver *Leviatã*, caps. xx (fim) e xxxi (fim). Quanto às consequências revolucionárias da doutrina da soberania de Hobbes, ver *De cive*, VII, 16 e 17, bem como *Leviatã*, caps. xix (122) e xxix (210): não há nenhum direito de prescrição; o soberano é o soberano atual (ver *Leviatã*, cap. xxvi).

constitucionais, e impõe, até mesmo sobre homens sensatos, uma proibição derivada da lei natural que os impede de censurar o soberano e suas ações. Mas seria um erro ignorar o fato de que o defeito básico da doutrina da soberania é partilhado, mesmo que em graus distintos, por todas as outras formas de doutrinas da lei natural pública. Basta recordarmos o sentido prático da doutrina segundo a qual o único governo legítimo é a democracia.

Os clássicos tinham concebido os regimes (*politeiai*) não tanto em termos das instituições quanto dos objetivos efetivamente buscados pela comunidade ou por sua parte mais influente. Consequentemente, eles consideravam o melhor regime aquele cujo objetivo é a virtude, e sustentavam que as instituições justas são de fato indispensáveis para estabelecer e assegurar o governo dos homens virtuosos. Todavia, tal consideração era de importância secundária em comparação com a "educação", isto é, com a formação do caráter. Por outro lado, do ponto de vista da lei natural pública, o estabelecimento da ordem social justa precisava menos da formação do caráter que do planejamento das instituições justas. Conforme Kant afirmou ao rejeitar a concepção de que o estabelecimento da ordem social justa exige uma nação de anjos, "por pior que pareça, o problema do estabelecimento do Estado [isto é, a ordem social justa] pode ser solucionado até mesmo numa nação de demônios, desde que estes sejam sensatos" – em outras palavras, desde que se guiem pelo egoísmo esclarecido; o problema político fundamental é simplesmente o da "boa organização do Estado, da qual o homem é realmente capaz". Nas palavras de Hobbes, "quando [os Estados] são dissolvidos, não por violência externa, mas por desordem interna, a culpa não cabe aos homens como *matéria* [do Estado], mas como seus *construtores* e organizadores"[35]. Como construtor da sociedade civil, o homem pode de uma vez por todas solucionar o problema inerente ao ser humano como matéria da sociedade civil. O homem pode garantir a efetivação da ordem social justa porque é capaz de conquistar a natureza humana, compreendendo e manipulando o mecanismo das paixões.

Há um termo que expressa da forma mais condensada o resultado da mudança operada por Hobbes. O termo é "poder". Na doutrina política de Hobbes, o poder se torna pela primeira vez *eo nomine* um tema central. Considerando-se o fato de que, segundo Hobbes, a ciência como tal existe em nome do poder, pode-se chamar o conjunto da filosofia hobbesiana de a primeira filosofia do poder. "Poder" é um termo ambíguo. Ele é *potentia*, por um lado, e *potestas* (ou *jus* ou *dominium*), por outro[36]. O seu sentido compreende tanto o poder "físico" quanto o "jurídico". Mas a ambiguidade é essencial: *potentia* e *potestas* precisam essencialmente coexistir para garantir a efetivação da ordem social justa. O Estado como tal é a um só tempo a maior força humana e a autoridade humana suprema. O poder jurídico é força irresistível[37]. A coincidência necessária da maior força humana com a autori-

---

35. *Leviatã*, cap. xxix (210); Kant, *A paz perpétua*, Artigos definitivos, Primeiro Acréscimo.

36. Cf., por exemplo, os títulos do cap. x das versões inglesa e latina do *Leviatã*, bem como os títulos de *Elementos da lei*, II, 3 e 4, com os do *De cive*, VIII e IX. Para um exemplo do uso sinônimo de *potentia* e *potestas*, ver *De cive*, IX, 8. A comparação do título do *Leviatã* com o Prefácio do *De cive* (início da seção sobre o método) sugere que o "poder" é idêntico à "geração". Cf. *De corpore*, X, 1: *potentia* tem o mesmo sentido de *causa*. Contrapondo-se ao bispo Bramhall, Hobbes insiste na identidade de "poder" com "potencialidade" (*English Works*, IV, 298).

37. *De cive*, XIV, 1 e XVI, 15; *Leviatã*, cap. x (56).

dade humana suprema corresponde exatamente à coincidência necessária da paixão mais poderosa (o medo da morte violenta) com o direito mais sagrado (o direito de autopreservação). *Potentia* e *potestas* têm isto em comum: elas só são inteligíveis em contraposição e em relação ao *actus*: a *potentia* de um homem consiste naquilo que ele *pode* fazer, e a *potestas* ou, num sentido mais geral, o direito de um homem, é aquilo que ele *tem permissão* para fazer. O interesse predominante pelo "poder" é tão somente o outro lado da relativa indiferença para com o *actus*, quer dizer, para com o propósito em vista do qual o poder "físico" e "jurídico" do homem é ou deve ser usado. Essa indiferença pode ser diretamente explicada pela importância que Hobbes atribui a uma doutrina política exata ou científica. O uso adequado do "poder físico", bem como o exercício adequado dos direitos, depende da *prudentia*; ora, nada que constitui a *prudentia* é suscetível de exatidão. Existem dois tipos de exatidão: a matemática e a jurídica. Do ponto de vista da exatidão matemática, o estudo do *actus* e, adicionalmente, dos fins é substituído pelo da *potentia*. O poder "físico", na medida em que se distingue dos propósitos para os quais é empregado, é moralmente neutro e, nesse sentido, se acomoda melhor que o seu emprego ao rigor matemático: o poder pode ser mensurado. Isso explica a razão pela qual Nietzsche, que foi muito além de Hobbes e declarou que a vontade de poder é a essência da realidade, concebeu o poder em termos de *"quanta"*. Do ponto de vista da exatidão jurídica, o estudo dos fins é substituído pelo estudo da *potestas*. Os direitos do soberano, diferentemente do exercício desses direitos, são passíveis de uma definição exata e completamente indiferente a circunstâncias imprevistas; além disso, esse tipo de exatidão não se separa da neutralidade moral: o direito declara o que é permitido, em contraposição ao que é honroso[38]. O poder, entendido como algo distinto do fim para o qual é ou deve ser empregado, torna-se o tema central das reflexões políticas em virtude dessa limitação de horizontes, que é necessária para que haja uma garantia de efetivação da ordem social correta.

A doutrina política de Hobbes pretende ser universalmente aplicável e, por conseguinte, especialmente aplicável também aos casos extremos. Com efeito, eis o que pode ser considerado motivo de orgulho da doutrina clássica da soberania: ela faz justiça ao caso extremo, ao que é válido nas situações de emergência; ao passo que aqueles que põem essa doutrina em questão são acusados de não enxergar nada além da pálida normalidade. Consequentemente, Hobbes erigiu toda sua doutrina moral e política com base em observações atinentes ao caso extremo; sua doutrina do estado de natureza é baseada na experiência da guerra civil. É na situação extrema, quando a estrutura social se rompe por completo, que fica visível a fundação sólida sobre a qual toda e qualquer ordem social deve terminantemente repousar: o medo da morte violenta, que consiste na força mais intrépida da vida humana. Todavia, Hobbes foi obrigado a admitir que o medo da morte violenta é apenas "comumente", ou na maioria dos casos, a força mais poderosa. Assim, o princípio que deveria possibilitar uma doutrina política universalmente aplicável não é, pois, universalmente válido e, portanto, é inútil naquilo que, do ponto de vista de Hobbes, é o caso mais importante – o caso

---

38. *De cive*, X, 16 e VI, 13 nota, fim. Cf. *Leviatã*, cap. xxi (143), sobre a distinção entre o permitido e o honroso (cf. Salmasius, *Defensio regia* [1649], pp. 40-5). Cf. *Leviatã*, cap. xi (64) com Tomás de Aquino, *Summa contra Gentiles* iii, 31.

extremo. Pois como excluir a possibilidade de que predomine a exceção justamente na situação extrema?[39]

Mais precisamente, dois fenômenos políticos importantes elucidam com nítida clareza a validade limitada da argumentação de Hobbes sobre o poder esmagador do medo da morte violenta. Em primeiro lugar, se o único fato moral incondicional é o direito do indivíduo à autopreservação, dificilmente a sociedade civil pode exigir desse indivíduo a renúncia a tal direito, tanto ao mandá-lo para a guerra quanto ao submetê-lo à pena capital. Neste último caso, Hobbes foi coerente o bastante para admitir que, quando é justa e legalmente condenado à morte, um homem não perde o direito de defender a vida, resistindo "aos que o atacam": um assassino condenado de modo justo conserva – digo, adquire – o direito de matar os guardas e qualquer um que entrave o seu caminho de fuga, a fim de salvar a sua estimada vida[40]. Ao fazer essa ressalva, Hobbes admitiu que existe de fato um conflito insolúvel entre os direitos da autoridade política e o direito natural do indivíduo à autopreservação. Esse conflito foi solucionado, seguindo o espírito de Hobbes – ainda que contrário à sua letra – por Beccaria, que inferiu, a partir do primado absoluto do direito de autopreserva-

---

39. *Leviatã*, caps. xiii (83) e xv (92). Pode-se também enunciar essa dificuldade da seguinte maneira: seguindo a intenção do dogmatismo baseado no ceticismo, Hobbes encontrou, naquilo que o cético Carnéades aparentemente via como a refutação definitiva das afirmações levantadas em favor da justiça, a única justificação possível dessas afirmações: a situação extrema – dois náufragos em cima de uma prancha sobre a qual apenas um deles pode se salvar – revela não a impossibilidade da justiça, mas a base dela. Todavia, Carnéades não afirmou que a pessoa é levada numa tal situação a matar o seu competidor (Cícero, *Da república* iii, 29-30): a situação extrema não revela uma necessidade real.

40. *Leviatã*, cap. xxi (142-3); cf. também *De cive*, VIII, 9.

ção, a necessidade de abolir a pena capital. Quanto à guerra, Hobbes, que declarou com orgulho que tenha sido "o primeiro a fugir" quando eclodiu a guerra civil, foi coerente o bastante para ressalvar que se "deve admitir também o temor natural". E, como se desejasse tornar perfeitamente manifesta a audácia que estava disposto a endossar, opondo-se ao espírito lupino de Roma, ele prossegue: "quando exércitos combatem, ocorre, de um dos lados, ou de ambos, uma debandada: mas quando não o fazem por traição, mas por medo, não se deve considerar que o façam injustamente, mas sim desonrosamente"[41]. Ao fazer essa ressalva, ele destruiu a base moral da defesa nacional. A única solução para essa dificuldade que subsiste no espírito da filosofia política de Hobbes é a declaração da legalidade da guerra ou o estabelecimento de um Estado mundial.

Havia apenas uma objeção fundamental ao posicionamento básico de Hobbes, da qual ele se deu conta muito agudamente e fez de tudo para superá-la. Em muitos casos o medo da morte violenta se mostrara mais fraco que o medo das chamas do inferno ou o temor a Deus. Tal dificuldade está bem ilustrada em duas passagens muito diferentes do *Leviatã*. Na primeira, Hobbes diz que o medo do poder dos homens (isto é, o medo da morte violenta) é "comumente" maior do que o medo dos poderes dos "espíritos invisíveis" ou, em outras palavras, da religião. Na segunda passagem, ele diz que "o medo da escuridão e dos fantasmas é maior que outros medos"[42]. Hobbes encontrou um meio de resolver essa contradição:

---

41. *Leviatã*, cap. xxi (143); *English Works*, IV, 414. Cf. *Leviatã*, cap. xxx (227) e *De cive*, XIII, 14, com o capítulo de Locke sobre a conquista.

42. *Leviatã*, caps. xiv (92) e xxix (215); cf., também, *ibid.*, cap. xxxviii (começo); *De cive*, VI, 11; XVII, 2, 5; XVII, 25 e 27.

o medo dos poderes invisíveis será mais forte do que o medo da morte violenta se as pessoas acreditarem nos poderes invisíveis, isto é, se estiverem sob o diapasão das ilusões acerca do verdadeiro caráter da realidade; o medo da morte violenta adquire pleno reconhecimento à medida que as pessoas se esclareçam. Isso que dizer que todo o esquema sugerido por Hobbes exige, para seu funcionamento, o enfraquecimento ou, antes, a eliminação do medo dos poderes invisíveis. Exige-se, pois, uma mudança radical de orientação que só pode ser provocada pelo desencantamento do mundo, pela difusão do conhecimento científico, pelo esclarecimento do povo. A doutrina de Hobbes é a primeira que necessária e inequivocamente aponta para uma sociedade inteiramente "esclarecida", vale dizer, uma sociedade irreligiosa ou ateísta, como solução do problema social e político. Essa importante consequência da doutrina de Hobbes, que é uma das mais relevantes, se fez notar, logo depois de sua morte, por Pierre Bayle, que tentou provar a possibilidade de uma sociedade ateísta[43].

---

43. Uma boa razão para remeter a famosa tese de Bayle à doutrina de Hobbes, em vez de, por exemplo, à de Fausto Socino, está na seguinte passagem de Bayle (*Dictionnaire*, art. "Hobbes", rem. D): "Hobbes se fit beaucoup d'ennemis par cet ouvrage [*De cive*]; mais il fit avouer aux plus clairvoyants, qu'on n'avait jamais si bien pénétré les fondements de la politique." Não posso provar aqui que Hobbes foi um ateu, ainda que ateu o seu modo. Limito-me a pedir ao leitor que compare *De cive*, XV, 14, com *English Works*, IV, 349. Hoje, muitos estudiosos que escrevem sobre temas relacionados não parecem suficientemente conscientes do grau de circunspecção ou de aceitação das concepções que se exigia, no passado, dos "desviacionistas" que desejavam sobreviver ou morrer em paz. Tais estudiosos tacitamente consideram que as páginas que Hobbes dedicou às questões religiosas podem ser compreendidas se forem lidas do mesmo modo que são lidas as declarações correspondentes, digamos, de lorde Bertrand Russell. Em outras palavras, sei

Assim, é apenas a partir da perspectiva do esclarecimento popular que a doutrina de Hobbes adquiriu a coerência que ela possui. As virtudes que ele atribuiu ao esclarecimento são realmente extraordinárias. O poder da ambição e da avareza, diz Hobbes, reside nas falsas opiniões do vulgo sobre o certo e o errado; portanto, uma vez conhecidos os princípios da justiça com uma certeza matemática, a ambição e a avareza perderão poder e a espécie humana gozará de uma paz duradoura. Pois é óbvio que o conhecimento matemático dos princípios de justiça (isto é, a nova doutrina do direito natural e a nova lei natural pública que se erige sobre essa doutrina) não pode destruir as opiniões erradas do vulgo quando este não está a par dos resultados do conhecimento matemático. Platão dizia que os males não deixarão de assolar as cidades enquanto os filósofos não se tornarem reis ou enquanto a filosofia e o poder político não coincidirem. Ele esperava que a salvação da natureza mortal, como se pode razoavelmente achar, viria de uma coincidência sobre a qual a filosofia não tem nenhum controle, mas à qual se pode aspirar e pela qual se pode rogar. Hobbes, por outro lado, estava certo de que a filosofia poderá proporcionar a coincidência da filosofia com o poder político

---

que existem muitas passagens em Hobbes que foram usadas por Hobbes e que podem ser usadas por quem quer que seja para provar que Hobbes era teísta ou mesmo um bom anglicano. O procedimento predominante apenas levaria a erros históricos, talvez a erros históricos graves, pelo simples fato de que os seus resultados são empregados para endossar o dogma de que a mente do indivíduo é incapaz de se liberar das opiniões que controlam a sua sociedade. A última palavra de Hobbes relacionada à questão do culto público é que o Estado está *autorizado* a estabelecer o culto público. E se deixa de fazê-lo, isto é, se o Estado autoriza "muitas espécies de culto", um direito que lhe cabe, "não se pode dizer [...] que a República tenha alguma religião" (cf. *Leviatã*, cap. xxxi com a versão latina [p.m. 171]).

na medida em que se transformar numa filosofia popular e, assim, na opinião pública. O acaso será então conquistado pela filosofia sistemática repercutindo num esclarecimento sistemático: *Paulatim eruditur vulgus*[*44]. Ao projetar o modelo correto de instituição, bem como ao esclarecer o corpo civil, a filosofia garante a solução do problema social, o que o homem não é capaz de fazer quando concebe tal solução como dependente da disciplina moral.

Opondo-se ao "utopismo" dos clássicos, Hobbes visava a uma ordem social cuja efetivação fosse provável e até mesmo certa. A garantia dessa efetivação parecia ser fornecida pelo fato de que a ordem social adequada baseia-se na mais poderosa paixão e, assim, na mais poderosa força humana. Mas se o medo da morte violenta é realmente a força humana mais poderosa, seria de se esperar que a desejada ordem social sempre, ou quase sem-

---

* Em latim no original: o povo é instruído pouco a pouco. (N. do T.)

44. *De cive*, Epístola dedicatória; cf. *De corpore*, I, 7: a causa da guerra civil é a ignorância das causas da guerra e da paz; logo, o remédio é a filosofia moral. Consequentemente, Hobbes, afastando-se caracteristicamente de Aristóteles (*Política* 1302ª35 ss.), busca as causas da rebelião principalmente nas falsas doutrinas (*De cive*, XII). A crença depositada na perspectiva do esclarecimento popular – *De homine*, XIV,13; *Leviatã*, caps. xviii (119), xxx (221, 224-5) e xxxi, fim – baseia-se na concepção segundo a qual a desigualdade natural dos talentos intelectuais dos homens é inexpressiva (*Leviatã*, caps. xiii [80] e xv; *De cive*, III, 13). A expectativa de Hobbes em relação ao esclarecimento parece contradizer a sua crença no poder da paixão, especialmente as paixões do orgulho e da ambição. A contradição é solucionada pela seguinte consideração: a ambição, que representa um risco para a sociedade civil, é característica de uma minoria, qual seja: os "súditos ricos e poderosos de um reino, ou aqueles que são considerados os mais instruídos"; se "as pessoas comuns", que graças à necessidade "se mantêm ocupadas com seus negócios e labutas" forem devidamente instruídas, a ambição e a avareza de poucos perderão poder. Cf., também, *English Works*, IV, 443-4.

pre, se realizasse, pois ela seria produzida pela necessidade natural, isto é, pela ordem natural. Hobbes supera essa dificuldade na medida em considera que os homens, dada a sua estupidez, interferem na ordem natural. Assim, se a ordem social correta em geral não acontece, isso se deve à ignorância dos homens para com tal ordem. A "mão invisível" permanece ineficaz quando não é amparada pelo *Leviatã* ou, se se preferir, pela *Riqueza das nações*.

Há um notável paralelismo – e uma discrepância ainda mais notável – entre a filosofia teórica e a filosofia prática de Hobbes. Em ambas as partes de sua filosofia, ele ensina que a razão é impotente e onipotente, ou que a razão é onipotente porque é impotente. A razão é impotente porque nem ela nem a humanidade contam com um suporte cósmico: o universo é ininteligível e a natureza "dissocia" os homens. Mas o próprio fato de o universo ser ininteligível permite que a razão se sinta satisfeita com seus livres construtos; que ela estabeleça pelos seus construtos uma base arquimediana de operações; e que tenha a expectativa de um progresso ilimitado graças às suas conquistas da natureza. A razão é impotente diante das paixões, mas pode se tornar onipotente se cooperar com a paixão mais forte, ou se estiver a serviço da paixão mais forte. Desse modo, o racionalismo de Hobbes baseia-se, em última análise, na convicção de que, graças à bondade da natureza, a paixão mais forte é a única que pode ser "a origem de todas as grandes e duradouras sociedades", ou que a paixão mais forte de todas é a mais racional. Quanto às coisas humanas, a sua fundamentação não é um livre construto, mas a força natural mais poderosa do homem. Quanto às coisas humanas, nós compreendemos não apenas aquilo que criamos, mas também aquilo que nos faz criar as nossas criações. Se a filosofia ou ciência da natureza permanece fundamentalmente hipotética, a filosofia política baseia-se, por outro lado, num conhecimento não hipotético da natureza humana[45]. Enquanto prevalecer a abordagem de Hobbes, "a filosofia das coisas humanas" continuará sendo o último refúgio da natureza. Assim, a natureza em algum ponto recupera a sua audiência. A tese moderna de que o homem pode "mudar o mundo" ou "banir a natureza" não é de todo descabida. Seguramente, pode-se até mesmo ir além desse ponto, acrescentando que o homem pode explusar a natureza com um forcado. Mas deixa-se a razão de lado quando se esquece o que o poeta-filósofo acrescentou: *tamen usque recurret**.

B. Locke

À primeira vista, Locke parece rejeitar completamente a noção hobbesiana de lei natural e seguir o ensinamento tradicional. Por certo, Locke fala dos direitos naturais do homem como se fossem derivados da lei de natureza e, consequentemente, da lei de natureza como se esta fosse, no sentido estrito do termo, uma lei. A lei de natureza impõe deveres absolutos ao homem como tal, seja no estado de natureza, seja na sociedade civil. "A lei de natureza representa uma regra eterna para todos os homens", pois ela é "evidente e inteligível para todas as criaturas racionais". É idêntica à "lei da razão". Pode ser "conhecida à luz da natureza; isto é, sem a ajuda da revelação positiva". Locke considera inteiramente possí-

---

45. Cf. n. 9 acima.

* Em latim no original. Em Horácio, *Epístolas*, I, 10, 24, a sentença completa diz: *Naturam expellas furca, tamen usque recurret*, isto é, a natureza pode ser expulsa com um forcado, mas ela sempre volta. (N. do T.)

vel que a lei de natureza ou moral seja alçada ao patamar de uma ciência demonstrativa – ciência que tornaria inteligível, "a partir de proposições evidentes por si mesmas, pelas consequências necessárias [...] a medida do certo e do errado". Assim, o homem se tornaria capaz de elaborar, "a partir dos princípios da razão, o corpo da doutrina ética, que seria a lei de natureza, e ensinar todos os deveres da vida"; ou ainda, enunciar "o conteúdo integral da lei de natureza", a "moral completa", um "código" que nos oferece a lei de natureza "inteira". Esse código conteria, entre outras coisas, o direito penal natural[46]. Todavia, Locke nunca se dedicou seriamente à elaboração desse código. O seu erro, ao embarcar num empreendimento de tamanha envergadura, foi devido ao problema posto pela teologia[47].

A lei de natureza é a declaração da vontade de Deus. É a "voz de Deus" no homem. Nesse sentido, ela pode ser denominada "a lei de Deus", "a lei divina" e até mesmo a "lei eterna": trata-se da "lei suprema". É a lei de Deus não apenas de fato. Deve ser conhecida como a lei de Deus para ser lei. Sem tal conhecimento o homem não pode agir moralmente. Pois "o verdadeiro fundamento da moral [...] consiste exclusivamente na vontade e na lei de um Deus". A lei de natureza pode ser demonstrada porque a existência e os atributos de Deus podem ser demonstrados. A lei divina é promulgada não apenas na ou pela razão, mas também pela revelação. Com efeito, é

---

46. *Tratados sobre o governo*, I, seções 86, 101; II, seções 6, 12, 30, 96, 118, 124, 135. *Ensaio sobre o entendimento humano*, I, 3, seção 13 e IV, 3, seção 18. *The Reasonableness of Christianity* [*Justificação da racionalidade do cristianismo* ou *Racionalidade do cristianismo*] (*The Works of John Locke in Nine Volumes*, VI [Londres, 1824], 140-2).

47. Cf. Descartes, "Auctor non libenter scribit ethica" (*Oeuvres*, ed. Adam-Tannery, V, 178).

pela revelação que o homem vem primeiramente a conhecê-la na sua integralidade, e a razão confirma a lei divina assim revelada. Isso não significa que Deus não revelou ao homem algumas leis que são puramente positivas: a distinção entre a lei da razão, que obriga o homem como homem, e a lei revelada no evangelho, que obriga os cristãos, é mantida por Locke[48].

Podemos nos perguntar se o que Locke diz sobre a relação entre a lei de natureza e a lei revelada está livre de dificuldades. Seja como for, a sua doutrina está exposta a uma dificuldade mais óbvia e fundamental, que parece pôr em risco a própria noção de lei de natureza. Por um lado, diz ele que a lei de natureza, para ser uma lei, deve não apenas ter sido concedida por Deus e conhecida como tal, mas precisa, além disso, ter como sanção "as recompensas e punições" divinas, "de uma força e duração infinitas", "em outra vida". Por outro lado, diz também que a razão não pode demonstrar que existe outra vida. É apenas pela revelação que tomamos conhecimento das sanções da lei de natureza, da "única verdadeira pedra de toque da retidão moral". Por conseguinte, a razão natural não é capaz de conhecer a lei de natureza como lei[49]. Isso

---

48. *Tratados*, I, seções 39, 56, 59, 63, 86, 88, 89, 111, 124, 126, 128, 166; II, seções 1, 4, 6, 25, 52, 135, 136 n., 142, 195; *Ensaio*, I, 3, seções 6 e 13; II, 28, seção 8; IV, 3, seção 18 e 10, seção 7; *Racionalidade*, pp. 13, 115, 140, 144 ("a lei suprema, a lei de natureza"), 145; *A Second Vindication of the Reasonableness of Christianity* [*Uma segunda justificação da racionalidade do cristianismo*] (*Works*, VI, 229): "Como homens, Deus é o nosso rei, e estamos subordinados à lei da razão; como cristãos, Jesus, o Messias, é o nosso rei, e estamos subordinados à lei por ele revelada no Evangelho. E embora todo cristão, como deísta e cristão, esteja obrigado a conhecer a lei de natureza e a lei revelada [...]". Cf. n. 51, abaixo.

49. *Ensaio*, I, 3, seções 5, 6, 13; II, 28, seção 8; IV, 3, seção 29; *Racionalidade*, p. 144: "Mas onde ocorreu que a obrigação deles [a obrigação estabelecida pelas justas medidas do certo e do errado] fosse cabalmente

significaria que não existe uma lei de natureza no sentido estrito.

Tal dificuldade é aparentemente superada pelo fato de que "a veracidade de Deus é uma demonstração da verdade daquilo que Ele revelou"[50]. Ou seja, a razão natural não é mesmo capaz de demonstrar que a alma dos homens viverá para sempre. Mas a razão natural é capaz de demonstrar que o Novo Testamento é o documento perfeito da revelação. E visto que o Novo Testamento ensina

---

conhecida e aceita e que eles a tenham acolhido como preceitos de uma *lei*, da lei suprema, da lei de natureza? Isso *não poderia ocorrer* sem que conhecessem e reconhecessem de modo evidente o legislador e as grandes recompensas e castigos para os que lhe obedecessem e para os que não lhe obedecessem." *Ibid.*, pp. 150-1: "A visão do céu e do inferno lançará o desprezo pelos prazeres efêmeros de agora e dará enlevo e encorajamento à virtude, que a razão, o interesse e o cuidado de si não podem senão aceitar e preferir. Sobre tal fundação e *somente* sobre ela a moral permanece firme e resiste a toda disputa." *Second Reply to the Bishop of Worcester* [*Uma segunda réplica ao bispo de Worcester*] (*Works*, III, 489; ver, também, 474 e 480): "Tão inabalável é a verdade proferida pelo Espírito da verdade que, embora a luz da natureza tenha dado um obscuro lampejo, uma dúbia esperança da situação futura, ainda assim a razão humana não poderia alcançar nenhuma outra evidência e certeza sobre isso senão a de que foi só Jesus Cristo que 'deu luz à vida e à imortalidade pelo Evangelho' [...] eis o artigo da revelação, que [...], assegura-nos a Sagrada Escritura, é instituído e tornado certo *apenas* pela revelação". (Os itálicos não estão no original.)

50. *Uma segunda réplica ao bispo de Worcester*, p. 476. Cf. *ibid.*, p. 281: "Penso que é possível ter certeza com base no testemunho de Deus [...] naquilo que eu sei que se trata do testemunho de Deus; pois nesse caso esse testemunho é capaz não apenas de me fazer acreditar, mas, se considerá-lo corretamente, de me fazer saber como as coisas são; e assim posso ter certeza. Pois a veracidade de Deus é tão capaz de me fazer saber que uma proposição é verdadeira quanto qualquer outra prova o é. Num tal caso, portanto, não é que eu apenas acredite, mas sei que a proposição é verdadeira e tenho certeza disso." Ver também *Ensaio* IV, 16, seção 14.

que a alma dos homens viverá para sempre, segue-se que a razão natural é capaz de demonstrar o verdadeiro fundamento da moral, estabelecendo, assim, a dignidade da lei de natureza como a lei verdadeira.

Por se demonstrar que o Novo Testamento é a prova da revelação, fica demonstrado que a lei promulgada por Jesus é uma lei no sentido próprio. Comprova-se que essa lei divina está em total conformidade com a razão, sendo a formulação absolutamente abrangente e perfeita da lei de natureza. Verifica-se, assim, que a razão por si só não teria sido capaz de descobrir integralmente a lei de natureza; e que a razão instruída pela revelação pode reconhecer o caráter completamente razoável da lei revelada no Novo Testamento. Uma comparação entre o ensinamento do Novo Testamento e todos os outros ensinamentos morais mostra que a lei de natureza na sua completude encontra-se disponível somente no Novo Testamento, com uma clareza e evidência perfeitas[51].

---

51. *Racionalidade*, p. 139: "Pelo pouco que foi feito até aqui, tem-se a impressão de que seria uma tarefa muito difícil para a razão natural o estabelecimento da moral em todas as suas partes, a partir de sua verdadeira fundação, com uma compreensão evidente e convincente." *Ibid.*, pp. 142-3: "Existe realmente uma lei de natureza: mas existe alguém que já tenha conseguido ou se incumbido de nos apresentá-la, na sua completude, como uma lei, apresentando, *nem mais nem menos*, o que estivesse contido na lei e com a obrigação de uma lei? Quem terá compreendido todas as suas partes, as reunido e mostrado a sua obrigação ao mundo? Onde terá existido um tal código, ao qual a humanidade possa ter recorrido, na condição de regra infalível, antes da vinda de nosso Salvador? [...] Tal lei moral nos foi dada por Jesus Cristo no Novo Testamento [...] pela revelação. Dele obtivemos uma regra plena e suficiente para nossa conduta, que se conforma à regra da razão." *Ibid.*, p. 147: "E assim não é preciso mais que ler os livros de inspiração divina para ser instruído: todos os deveres morais residem aí de modo claro, evidente e fácil de ser compreendido. E aqui eu rogo, ainda que não seja esta a forma mais confiável, segura e eficaz para ensinar: especialmente quando

Se "a forma mais confiável, segura e eficaz para ensinar" a lei de natureza na sua completude – e, portanto, em qualquer parte dela – é proporcionada pelos "livros de inspiração divina", então o ensinamento completo e perfeitamente evidente da lei natural deveria consistir, principalmente no que diz respeito ao governo, nas citações devidamente arranjadas da Escritura, especialmente do Novo Testamento. Por conseguinte, seria de se esperar que Locke tivesse escrito a "Politique tirée des propres paroles de l'Écriture Sainte"*. Na verdade, porém, ele escreveu os *Dois tratados sobre o governo*, o que surpreendentemente contrasta com o que disse. Locke "sempre acreditou que as ações dos homens são os melhores intérpretes dos seus pensamentos"[52]. Se aplicarmos essa regra ao que talvez tenha sido o seu maior feito, somos forçados a suspeitar que ele tenha deparado com alguns obstáculos escusos na sua trajetória de elaboração da doutrina da lei natural concernente ao governo a partir das Escrituras. É possível que ele tenha se dado conta das dificuldades que obstruiriam seja a demonstração do caráter revelado das Escrituras, seja o estabelecimento de uma equivalência entre a lei contida no Novo Testamento e a lei de natureza, ou ambos.

Mas Locke não teria insistido nessas dificuldades. Ele era um escritor cauteloso. O fato de ser geralmente conhecido como um escritor cauteloso mostra, entretanto, que a sua cautela é por demais evidente, de modo que

---

acrescentamos mais esta consideração, de que assim como tal ensinamento se presta às criaturas racionais de menor capacidade, ele também alcança e satisfaz, ou melhor, ilustra os de maior capacidade." (Os itálicos não estão no original.)

* Em francês no original: Política extraída das próprias palavras da Sagrada Escritura. (N. do T.)

52. *Ensaio*, I, 3, seção 3.

talvez não possa ser tomada pelo que se entende em geral por cautela. Em todo caso, os estudiosos que notam que Locke foi cauteloso nem sempre consideram que o termo "cautela" designa uma variedade de fenômenos e que o único intérprete autêntico da cautela em Locke foi ele próprio. Em especial, os estudiosos de hoje não consideram a possibilidade de que certos procedimentos que com razão eles consideram, do seu ponto de vista, quase inadequados, possam ter sido julgados, em outras épocas e por outros homens, como inteiramente irrepreensíveis.

A "cautela" é um tipo de medo nobre. Trata-se de um termo com diferentes acepções quando aplicado à teoria e à prática ou política. Um teórico não é chamado de cauteloso quando ele não esclarece, em cada caso, o valor dos diferentes argumentos que utiliza ou quando suprime algum fato pertinente. Um homem prático que é cauteloso segundo tal acepção seria chamado de incauto. Podem existir fatos extremamente pertinentes que, quando enfatizados, atiçam as paixões populares, impedindo assim que se lide de modo inteligente com esses mesmos fatos. Um escritor político cauteloso apresentaria os seus argumentos em defesa da boa causa a fim de esperar que se criasse uma boa vontade generalizada para com a boa causa. Ele evitaria mencionar tudo aquilo que "tirasse o véu sob o qual" a parte respeitável da sociedade "dissimula as suas divisões". Se, por um lado, o teórico cauteloso desprezaria o recurso aos preconceitos, por outro o homem prático cauteloso registraria todos os preconceitos dignos de consideração que estão a serviço da boa causa. "A lógica não faz nenhuma concessão. A essência da política é a concessão." Ao agirem dessa maneira, os políticos responsáveis pelo acordo de 1689, defendido por Locke nos *Dois tratados*, "pouco se importavam se sua premissa maior lhes assegurava duzentos votos, e a sua conclusão, outros duzentos, e se aquela concordava ou não com esta"[53]. Ao agir também dessa maneira, Locke, na sua defesa da revolução, lançou mão, quanto lhe foi possível, da autoridade de Hooker – um dos homens menos revolucionários que já existiram. Ele explorou toda a sua concordância parcial com Hooker. E evitou os inconvenientes que uma discordância parcial com Hooker poderia lhe causar, silenciando sobre isso. Uma vez que escrever significa agir, Locke não procedeu de maneira diferente quando escreveu a sua obra mais teórica, o *Ensaio*: "visto que nem todos, nem a maioria dos homens que acreditam em Deus, se esforçam ou têm talento para examinar e compreender claramente as demonstrações acerca do seu ser, não me vi inclinado a mostrar a fraqueza do argumento ali mencionado [in *Ensaio*, IV, 10, seção 7]; pois é possível que, por meio desse argumento, alguns homens tenham confirmada sua crença num Deus, o que é o bastante para preservar neles os verdadeiros sentimentos da religião e da moral"[54]. Locke sempre foi, conforme Voltaire gostava de chamá-lo, *"le sage Locke"*.

Em algumas passagens de *Racionalidade do cristianismo*, Locke apresentou a sua concepção de cautela de modo mais completo. Ao falar dos antigos filósofos, diz ele: "A parte racional e pensante da humanidade [...] quando se punha a excogitá-lo, encontrava o Deus supremo e invisível; mas quando o reconhecia e venerava, só o fazia mentalmente. E então mantinham essa verdade lacrada em seus peitos qual um segredo, jamais ousando tratá-la

---

53. Macaulay, *The History of England* (Nova York: Allison, n. d.), II, 491.

54. *Letter to the Bishop of Worcester* [*Carta ao bispo de Worcester*] (*Works*, III, 53-4).

em público; tampouco entre os clérigos, guardiães atentos de seu credo e de suas úteis invenções." Com efeito, Sócrates "opôs-se e riu do politeísmo [do povo] e das falsas opiniões sobre a divindade; e bem sabemos como o recompensaram por disso. O que Platão e o mais sóbrio dos filósofos pensaram sobre a natureza e a existência do Deus único não os impediu, durante os cultos e manifestações exteriores, de ir ao encontro da multidão e de preservar a religião estabelecida por lei [...]". Ao que parece, Locke não considerava repreensível a conduta dos filósofos antigos. Pode-se, ainda assim, aventar que tal conduta é incompatível com a moral bíblica. Locke, porém, não pensava dessa maneira. Ao falar que Jesus era "cauteloso", "reservado", que guardava seus "segredos", diz que Jesus usava palavras "muito dúbias para serem utilizadas contra ele"; ou palavras "obscuras e dúbias, pouco suscetíveis de serem usadas contra ele"; e que tentou "permanecer fora do alcance de qualquer acusação que pudesse parecer justa e grave para o proposto romano". Jesus "tornou confuso o sentido do que dizia"; "as circunstâncias eram tais que, sem um procedimento prudente e reservado, não poderia ter levado adiante a obra que veio realizar [...]. O sentido de suas palavras era tão intrincado que não era fácil compreendê-lo." Se tivesse agido diferentemente, as autoridades judaicas e romanas "teriam tirado a sua vida, ou ao menos [...] impedido a sua obra". Além disso, se não tivesse sido cauteloso, teria criado "o perigo manifesto de tumulto e sedição"; haveria "motivos para temer que [a sua pregação da verdade] causasse [...] distúrbios nas sociedades civis e nos governos deste mundo"[55]. Vemos assim que, de acordo com Locke, o uso da fala cautelosa é legítimo quando a franqueza irrestrita

---

55. *Racionalidade*, pp. 35, 42, 54, 57, 58, 59, 64, 135-6.

possa obstaculizar a tarefa nobre que alguém busca realizar ou expor essa pessoa à perseguição, ou, ainda, pôr em risco a paz pública; a cautela legítima é perfeitamente compatível com a adesão à multidão nas manifestações públicas, com o uso da linguagem ambígua ou com a ocultação do significado a fim de dificultar a compreensão do que se pretende dizer.

Suponhamos brevemente que Locke tenha sido um racionalista completo, ou seja, que tenha tomado a razão desassistida não apenas como sua "única estrela e única bússola"[56], mas também como suficiente para conduzir o homem à felicidade; e que tenha rejeitado a revelação, tratando-a como supérflua e, portanto, impossível. Mesmo nesse caso, os seus princípios dificilmente lhe permitiriam, dadas as circunstâncias em que escreveu, fazer mais do que argumentar que ele aceitou a verdade do ensinamento do Novo Testamento porque o fato de ele ter sido revelado havia sido demonstrado e porque as regras de conduta que estão enunciadas nele expressam da maneira mais perfeita a lei da razão na sua completude. Entretanto, para compreendermos por que ele escreveu os *Dois tratados sobre o governo*, e não uma "Politique tirée des propres paroles de l'Écriture Sainte", não é necessário supor que Locke tivesse dúvidas sobre a verdade dessas duas afirmações. Basta considerar que ele tinha algum receio de que aquilo que se sentia inclinado a ver como uma sólida demonstração talvez não parecesse da mesma forma a seus leitores. Se tal foi o seu receio, sentiu-se então obrigado a conceber o seu ensinamento político, isto é, o seu ensinamento da lei natural atinente aos direitos e deveres dos governantes e súditos, como algo tão independente quanto possível das Escrituras.

---

56. *Tratados*, I, seção 58.

Para compreendermos por que Locke não tinha certeza se os seus leitores perceberiam que o caráter da revelação do Novo Testamento é demonstrativamente certo, basta termos em conta aquilo que ele via como a prova da missão divina de Jesus. Tal prova nos é apresentada pela "multidão de milagres que ele realizou diante de todo tipo de gente". Ora, de acordo com Locke, que nesse ponto segue tacitamente Espinosa, não se pode provar se determinado fenômeno é ou não um milagre, pois se trata de algo sobrenatural: para se provar que um fenômeno não se dá por causas naturais, é preciso conhecer os limites do poder da natureza; tal conhecimento não está à nossa disposição. Basta que o fenômeno, que em tese comprovaria a missão divina de um homem, exiba um poder maior do que o daqueles fenômenos que contestam a sua pretensão. Pode-se duvidar de que assim se possa estabelecer uma distinção clara entre milagres e não milagres ou basear um argumento demonstrativo na noção de milagres concebida por Locke. De todo modo, para exercer influência sobre aqueles que não foram testemunhas oculares, os milagres devem estar suficientemente comprovados. Os milagres do Antigo Testamento não foram suficientemente comprovados a ponto de convencer os pagãos; já os milagres feitos por Jesus e pelos apóstolos foram suficientemente comprovados para convencer a tal ponto todos os homens que "os milagres que [Jesus] fez [...] nunca foram nem nunca puderam ser negados por nenhum dos inimigos ou opositores do Cristianismo"[57]. Essa passagem extraordinariamente ousada

---

57. "A discourse of miracles" [Um discurso sobre os milagres], *Works*, VIII, 260-4; *Racionalidade*, pp. 135 e 146. *Ibid.*, pp. 137-8: "a revelação" no Antigo Testamento "foi encerrada num pequeno rincão do mundo. [...] O mundo dos gentios, na época de nosso Salvador, bem

é particularmente surpreendente na boca de um dos mais competentes contemporâneos de Hobbes e Espinosa. Talvez achássemos essa observação de Locke menos estranha se tivéssemos certeza de que ele não estava bem familiarizado com aqueles autores que foram "merecidamente denegridos"[58]. Mas será que é necessário conhecer profundamente Hobbes e Espinosa para saber que eles negam a realidade, ou pelo menos a certeza, dos milagres? E a falta de familiaridade de Locke com os escritos de Hobbes e Espinosa não acabaria depreciando, em pleno fim do século XVII, a sua competência como escritor voltado para esses temas? Porém, muito mais importante do que isso é que, se ninguém nega os milagres relatados

---

como em muitas eras anteriores, não pôde ter nenhuma outra comprovação dos milagres, sobre os quais os hebreus erigiram sua fé, senão a partir dos próprios judeus, que era um povo que a maior parte da humanidade desconhecia; os que o conheciam, desprezavam-no e aviltavam-no. [...] Mas nosso Salvador [...] não confinou os seus milagres e sermões à terra de Canaã nem aos que iam adorar em Jerusalém. Pois ele próprio pregou em Samaria e fez milagres em Tiro e Sidônia, diante de multidões de todos os cantos do mundo. Após sua ressurreição, mandou seus apóstolos, acompanhados por milagres, a outras nações; milagres feitos com tanta frequência, diante de testemunhas de todos os tipos e em plena luz do dia, que [...] os inimigos do Cristianismo nunca ousaram negá-los; nem o próprio Juliano, ao qual não faltava talento nem poder para investigar a verdade". Cf. n. 59, abaixo.

58. *Uma segunda réplica ao bispo de Worcester*, p. 477: "Não estou tão familiarizado com Hobbes ou Espinosa para poder dizer quais foram as suas opiniões sobre esse assunto [a vida após a morte]. Embora, possivelmente, existam aqueles que pensem que a autoridade do Senhor lhes será de muito mais utilidade, no caso em questão, do que a desses nomes merecidamente denegridos." *Uma segunda justificação da racionalidade do cristianismo* (*Works*, VI, 420): "Eu [...] não sabia que tais palavras ou outras semelhantes, citadas por ele no *Leviatã*, estavam nessa obra. Tampouco eu as conheço a partir dessa citação nem tinha ciência de que lá se encontram."

no Novo Testamento, Locke parece inferir que todos os homens são cristãos, pois "não se pode rejeitar a doutrina quando se admitem os milagres"[59]. Todavia, Locke sabia que existiam homens que conheciam o Novo Testamento e que não acreditavam na crença cristã: sua obra *Racionalidade do cristianismo*, na qual aparecem suas afirmações mais categóricas sobre os milagres presentes no Novo Testamento, era "destinada principalmente aos deístas", dos quais havia aparentemente "uma grande quantidade" na sua época[60]. Visto que Locke sabia, conforme ele próprio admitiu, que existiam deístas na sua época e no seu país, é possível que ele tenha se dado conta de que um ensinamento político baseado nas Escrituras não seria universal e incontestavelmente aceito, pelo menos não sem um argumento prévio e muito complexo que procuramos em vão nos seus escritos.

Formulemos o problema de maneira mais simples: a veracidade de Deus é realmente uma demonstração de todas as proposições reveladas por Ele. No entanto, "toda a força da certeza depende do nosso conhecimento de que Deus revelou" a proposição em questão; ou ainda, "a

---

59. "Um discurso sobre os milagres", p. 259. Talvez se possa afirmar que Locke estabeleceu uma distinção sutil entre "não negar os milagres" e "admitir os milagres". Nesse caso, o fato de os milagres relatados no Novo Testamento nunca terem sido nem poderem ser negados não provaria a missão divina de Jesus, e não existiria nenhuma prova demonstrativa desse fato. De qualquer modo, a tese em questão torna-se uma contradição em vista do que Locke diz em outra parte. Cf. *Secunda justificação*, p. 340: "O principal entre estes [sinais singularmente apropriados ao Messias] é a sua ressurreição do mundo dos mortos; que é a grande prova demonstrativa da sua condição de Messias [...]" com *ibid.*, p. 342: "A questão de ele ser ou não o Messias depende inteiramente de [ter, ou não, ressuscitado] [...] acreditar em uma das duas coisas é acreditar em ambas; negar uma é descrer de ambas."

60. *Secunda justificação*, pp. 164, 264-5, 375.

garantia que temos não pode ser maior do que nosso conhecimento, que é uma revelação de Deus". E pelo menos em relação a todos os homens que conhecem a revelação apenas pela tradição, "o conhecimento que temos de que essa revelação veio primeiramente de Deus jamais será tão certo quanto o que temos da percepção clara e distinta do acordo ou desacordo de nossas próprias ideias". Consequentemente, a garantia de que a alma dos homens viverá para sempre pertence ao domínio da fé, e não ao da razão[61]. No entanto, visto que sem essa garantia "as justas medidas do certo e do errado" não têm o caráter de lei, tais medidas não constituem uma lei para a razão – o que equivaleria a dizer que não existe uma lei de natureza. Portanto, para que exista "uma lei cognoscível à luz da natureza, isto é, sem a ajuda da revelação positiva", ela deve consistir num conjunto de regras cuja validade não pressuponha a vida após a morte nem a crença na vida após a morte.

Essas regras foram estabelecidas pelos filósofos clássicos. Os filósofos pagãos, "os quais falavam em nome da razão, fizeram pouca menção à divindade em sua ética". Eles mostravam que a virtude "é a perfeição e a excelência de nossa natureza; que ela constitui a sua própria recompensa e que preservará o nosso nome para a posteridade"; porém, tais filósofos deixaram-na "desabonada"[62].

---

61. *Ensaio*, IV, 18, seções 4-8; cf. n. 50 acima.

62. Disso se segue que "o legislador, por estranho que pareça, não tem nada que ver com as virtudes e os vícios morais", pois suas funções se restringem à preservação da propriedade (Cf. *Tratados*, II, seção 124; e J. W. Gough, *John Locke's Political Philosophy* [Oxford: Clarendon Press, 1950], p. 190). Se a virtude é, por si própria, ineficaz, a sociedade civil deve ter outro fundamento que não a perfeição humana ou a inclinação para ela; deve estar baseada no desejo humano mais poderoso, o desejo de autopreservação e, nesse sentido, no interesse pela propriedade.

Não foram capazes de mostrar uma conexão necessária entre a virtude e a prosperidade ou a felicidade; conexão essa que não é visível nesta vida e que só poderá ser garantida se houver vida após a morte[63]. Todavia, embora a razão por si só não consiga estabelecer uma conexão necessária entre a virtude e a prosperidade ou a felicidade, os filósofos clássicos perceberam – e quase todos os homens percebem – uma conexão necessária entre um tipo de prosperidade ou felicidade e um tipo ou um elemento da virtude. Com efeito, existe uma conexão visível entre a "felicidade pública" ou "a prosperidade e a felicidade temporal de um povo" e a submissão geral às *"diversas regras morais"*. Tais regras, que aparentemente são uma parte da totalidade da lei de natureza, "podem receber uma grande aprovação geral da humanidade *sem* que se conheça ou se admita *a verdadeira base* da moral; base que só pode consistir na vontade e na lei de um Deus, que consegue ver os homens na escuridão e tem em suas mãos as recompensas e punições e o poder suficiente para responsabilizar o mais orgulhoso dos ofensores". Mas mesmo que – e precisamente que – essas regras morais estejam separadas da "verdadeira base da moral", elas repousam sobre "suas verdadeiras fundações": "[Antes de

---

63. *Racionalidade*, pp. 148-9: "A virtude e a prosperidade poucas vezes andam juntas, de modo que raramente a virtude teve seguidores. Não surpreende ela não ter predominado num Estado onde os inconvenientes que se lhe seguiriam eram notórios e próximos, ao passo que as recompensas eram dúbias e remotas. A humanidade, que está e deve estar autorizada a buscar a sua felicidade, não pode ser impedida; e não pode deixar de se achar isenta de uma estrita observância de regras, as quais poucas vezes pareceram consistir na sua principal finalidade, a felicidade; pois elas restringiram a humanidade dos desfrutes desta vida, pouco provando e garantindo a existência da outra." Cf. *ibid.*, pp. 139, 142-4, 150-1; *Ensaio*, I, 3, seção 5 e II, 28, seção 10-2.

Jesus], as justas medidas do certo e do errado, que a necessidade havia introduzido por toda parte, que as leis civis prescreviam ou que os filósofos recomendavam, repousavam sobre *suas verdadeiras fundações*. Elas eram vistas como vínculos da sociedade, como apropriadas à vida em comum e como práticas dignas de louvor."[64] Por mais que o estatuto da totalidade da lei de natureza possa ter se tornado dúbio em Locke, a lei de natureza parcial, que se limita às exigências evidentes da "felicidade política" – "o bem da humanidade neste mundo" – parecia estável e firme. Apenas essa lei de natureza parcial pode ter sido reconhecida por Locke, em última análise, como uma lei da razão e, consequentemente, como uma verdadeira lei de natureza.

Precisamos agora considerar a relação entre o que chamamos provisoriamente de lei de natureza parcial e a lei do Novo Testamento. Se o Novo Testamento oferece "nem mais nem menos" do que a lei de natureza integral; se "todas as partes" da lei de natureza são apresentadas no Novo Testamento de modo "claro, evidente e fácil de ser compreendido", então o Novo Testamento deve conter, particularmente, expressões claras e evidentes dessas prescrições da lei de natureza, às quais os homens devem se submeter em nome da felicidade política[65]. De acordo com Locke, uma das regras da "lei de Deus e da natureza" é que o governo "não deve aumentar os impostos sobre a propriedade dos particulares sem o seu consentimento, dado por eles mesmos ou por seus representantes". Locke sequer tenta confirmar essa regra com base em passagens claras e evidentes das Escrituras. Ou-

---

64. *Racionalidade*, pp. 144 e 139; *Ensaio*, I, 3, seções 4, 6 e 10 (os itálicos não estão no original); *Tratados*, II, seções 7, 42 e 107.

65. Cf. também *Ensaio*, II, 28, seção 11.

tra regra muito importante e característica da lei de natureza, conforme Locke a entende, consiste em negar ao conquistador o direito e o título de posse sobre os bens da pessoa derrotada; mesmo numa guerra justa o conquistador não pode "desapossar a posteridade do vencido". Locke admite que tal regra "parecerá uma doutrina estranha", isto é, uma doutrina nova. De fato, a impressão que se tem é que a doutrina contrária é, no mínimo, tão autorizada pelas Escrituras quanto a de Locke. Mais de uma vez ele cita as palavras de Jefté: "Que o Senhor, o Juiz, julgue." Mas ele nem sequer alude ao fato de que essas palavras de Jefté são proferidas no contexto de uma controvérsia sobre o direito de conquista, e que Jefté tinha uma concepção inteiramente contrária à de Locke sobre os direitos do conquistador[66]. Ficamos tentados a dizer que as palavras de Jefté, que se referem a uma controvérsia entre duas nações, são usadas por Locke como o *locus classicus* das controvérsias entre o governo e o povo. Na doutrina de Locke, as palavras de Jefté tomam o lugar das de Paulo: "Que cada alma se submeta aos poderes superiores"; palavras que ele quase nunca cita, se é que cita alguma vez[67].

Além disso, a doutrina política de Locke depende inteiramente do seu ensinamento atinente às origens das sociedades políticas. Este último ensinamento não pode ser baseado nas Escrituras, porque a origem da sociedade

---

66. *Tratados*, II, seções 142 (cf. seção 136 n.), 180, 184; cf. também n. 51, acima. *Ibid.*, seções 21, 176, 241; cf. Juízes 11: 12-24; cf. também *Leviatã*, cap. xxiv (162).

67. Cf. especialmente a citação tirada de Hooker in *Tratados*, II, seção 90 n., com o contexto específico de Hooker: neste, a passagem citada por Locke é imediatamente precedida pela citação de Romanos 13: 1. As palavras de Paulo ocorrem numa citação (*Tratados*, seção 237). Cf. também *ibid.*, seção 13, em que Locke se refere a uma objeção em que se lê "Deus certamente indicou o governo", passagem que não está na réplica de Locke.

política de que trata a Bíblia – isto é, o Estado do povo judeu – constitui a única origem de uma sociedade política que não é natural[68]. Ademais, todo o ensinamento político de Locke baseia-se na suposição do estado de natureza – o que é completamente estranho à Bíblia. O seguinte fato parece-nos bastante revelador: no *Segundo tratado sobre o governo*, em que Locke apresenta a sua doutrina, abundam referências explícitas ao estado de natureza; no *Primeiro tratado*, em que critica a doutrina de Filmer, supostamente extraída das Escrituras, sobre o direito divino dos reis, Locke utiliza muito mais material bíblico do que no *Segundo tratado*, ocorrendo, se não me engano, apenas uma menção ao estado de natureza[69]. Do ponto de vista bíblico, a distinção importante ocorre não entre o estado de natureza e a sociedade civil, mas entre o estado de inocência e o estado posterior à Queda. O estado de natureza, conforme Locke o concebe, não é idêntico ao estado de inocência nem ao estado posterior à Queda. Se existe algum ponto na história bíblica para o estado de natureza de Locke, ele ocorreria posteriormente ao Dilúvio, isto é, muito tempo depois da Queda. Pois antes da promessa que Deus faz a Noé e a seus filhos, os homens não tinham o direito à carne, que é uma consequência do direito natural à autopreservação; e o estado de natureza é o estado em que todo homem tem "todos os direitos e privilégios da lei de natureza"[70]. Ora,

---

68. *Tratados*, II, seções 101, 109 e 115.

69. *Ibid.*, I, seção 90.

70. *Ibid.*, I, seções 27 e 39; II, seção 25; cf. também II, seções 6 e 87; e II, seções 36 e 38. Em II, seções 56-7, Locke aparentemente diz que Adão se encontrava em estado de natureza antes da Queda. De acordo com *ibid.*, seção 36 (cf. 107, 108, 116), o estado de natureza está situado nas "primeiras eras do mundo" ou no "primórdio das coisas" (cf. Hobbes, *De cive*, V, 2); cf. também *Tratados*, II, seção 11, fim, com Gen. 4: 14-5 e 9: 5-6.

se o estado de natureza surge muito tempo depois da Queda, pareceria cabível que ele partilhasse de todas as características do "estado corrompido dos homens degenerados". Entretanto, o estado de natureza é uma "era pobre mas virtuosa", caracterizada pela "inocência e sinceridade" – para não dizermos que é uma era de ouro[71]. Assim como a própria Queda, o castigo que dela decorre deixa de ter qualquer importância na doutrina política de Locke. Afirma ele que mesmo a maldição que Deus lançou sobre Eva não impõe um dever sobre o sexo feminino "de não fazer de tudo para evitar" tal maldição: as mulheres podem evitar as dores do parto "se encontrarem um remédio conveniente para tanto"[72].

A tensão entre o ensinamento do direito natural em Locke e o Novo Testamento talvez seja mais bem ilustrada pelo que ele ensina sobre o casamento e temas afins[73]. No *Primeiro tratado*, ele estabelece que o adultério, o incesto e a sodomia são pecados. Indica aí que são pecados independentemente de "conflitarem com a intenção primordial da natureza". Somos levados a indagar assim se o fato de tais práticas constituírem pecados não se deve, então, principalmente à "revelação positiva". Mais adian-

---

71. Cf. *Racionalidade*, p. 112, e *Tratados*, I, seções 16 e 44-5 com *ibid.*, II, seções 110-1 e 128. Notar o plural de "todas essas [eras]" *ibid.*, seção 110: há muitos exemplos do estado de natureza, ao passo que apenas um do estado de inocência.

72. *Tratados*, I, seção 47.

73. Quanto à relação entre o que Locke diz sobre a propriedade e o ensinamento do Novo Testamento, basta mencionar aqui a sua interpretação de Lucas 18: 22: "Entendo ser este o significado desse ponto; a venda de tudo o que ele tinha, dando-o aos pobres, não é uma lei do reino [de Jesus], mas uma provação destinada a esse jovem, que verifica se ele realmente acredita que Jesus é o Messias e se estava pronto para obedecer seus comandos e a renunciar tudo o que tinha para segui-lo, quando ele, seu príncipe, lhe exigisse" (*Racionalidade*, p. 120).

te, ele questiona: "Qual é, na natureza, a diferença entre uma mulher e uma concubina?" Embora não dê nenhuma resposta, o contexto sugere que a lei de natureza não tem nada a dizer sobre essa diferença. Ademais, ele indica que a distinção entre aquelas com quem os homens podem e não podem se casar é baseada exclusivamente na lei revelada. Na discussão sobre o tema da sociedade conjugal no *Segundo tratado*[74], Locke deixa bastante claro que, de acordo com a lei natural, a sociedade conjugal não é necessariamente vitalícia; a finalidade da sociedade conjugal (a procriação e a educação) exige apenas que "macho e fêmea, na espécie humana, permaneçam unidos por um tempo maior do que as outras criaturas".

---

74. A discussão sobre o tema da sociedade conjugal ocorre no cap. vii do *Segundo tratado*, num capítulo intitulado não "Da sociedade conjugal", mas "Da sociedade política ou civil". Este último é o único capítulo em todos os dois *Tratados* que se inicia com a palavra "Deus". Observe-se também que este é seguido pelo único capítulo, em todos os dois *Tratados*, que se inicia com a palavra "homens". O capítulo vii se inicia com uma clara referência à instituição sagrada do casamento, tal como registrada em Gênesis 2: 18. Mais chocante ainda é o contraste entre a doutrina bíblica (especialmente na sua interpretação cristã) e a doutrina pessoal de Locke. De modo que há também apenas um capítulo no *Ensaio* que se inicia com a palavra "Deus", seguido pelo único capítulo do *Ensaio* cuja primeira palavra é "homem" (III, 1 e 2). No único capítulo do *Ensaio* que se inicia com a palavra "Deus", Locke tenta mostrar que as palavras são "derivadas em última análise de coisas que significam ideias sensíveis", e nota que, pelas observações a que se refere, "podemos tentar adivinhar *que tipos de noções povoam a mente daqueles que criaram a linguagem* e de onde elas se originaram". (Os itálicos não estão no original.) Locke assim contradiz cuidadosamente a doutrina bíblica por ele adotada nos *Tratados* (II, seção 56), de acordo com a qual aquele que fundou a linguagem humana, Adão, "foi criado como um homem perfeito; o seu corpo e a sua mente estavam em plena posse das forças e da razão; de modo que desde o primeiro instante de sua existência ele foi capaz de [...] governar as suas ações de acordo com os ditames da lei da razão que Deus lhe implantou".

Para ele, não basta dizer que "os vínculos conjugais" devem ser mais "duradouros no homem do que em outras espécies animais"; ele prescreve também que esses vínculos sejam "mais firmes [...] no homem do que em outras espécies animais"; não nos diz, porém, quão firmes ele precisam ser. Não há dúvida de que a poligamia é perfeitamente compatível com a lei natural. Note-se ainda que o que Locke diz sobre a diferença entre a sociedade conjugal dos seres humanos e a sociedade conjugal dos animais – a saber, que a primeira é, ou deve ser, "mais firme e duradoura" do que a última – não impõe nenhuma proibição contra o incesto; nesse sentido, ele silencia sobre tais proibições. Em conformidade com tudo isso, declara Locke mais adiante, por sinal em plena concordância com Hobbes e em completo desacordo com Hooker: a sociedade civil é o único juiz das "transgressões" que são (e das que não são) merecedoras de punição[75].

A doutrina lockiana da sociedade conjugal afeta naturalmente seus ensinamentos sobre os direitos e deveres de pais e filhos. Ele não se cansa de citar "Honrar pai e mãe". Mas confere ao mandamento bíblico um sentido não bíblico, ignorando inteiramente a distinção bíblica entre as uniões legítimas e ilegítimas dos casais. Além disso, quanto à obediência que os filhos devem a seus pais, diz ele que esse dever "se encerra quando termina a menoridade do filho". Se os pais mantêm "um forte controle" sobre a obediência de seus filhos depois de estes

---

75. *Tratado*, I, seções 59, 123, 128; II, seções 65 e 79-81. Cf. *Tratados*, II, seções 88 e 136 (e nota) com Hooker, *Laws of Ecclesiastical Polity* [*Leis da comunidade eclesiástica*], I, 10, seção 10, e III, 9, seção 2, por um lado, e Hobbes, *De cive*, XIV, 9, por outro. Cf. Gough, *op. cit.*, p. 189. Quanto à predominância do direito da mãe, comparado ao do pai, ver especialmente *Tratados*, I, seção 55, em que Locke tacitamente segue Hobbes (*De cive*, IX, 3). Cf. n. 84, abaixo.

alcançarem a maioridade, isso se deve simplesmente ao fato de que é "comum que o pai tenha o poder de distribuir [seu patrimônio] de maneira mais parcimoniosa ou mais generosa conforme o comportamento deste ou daquele filho tenha atendido a suas vontades ou humores". "Trata-se", para citar a meia-verdade sugerida por Locke, "de um forte gravame que incide sobre a obediência dos filhos". Mas sem dúvida, explicita Locke, não se trata de um "gravame natural": os filhos, uma vez adultos, não têm mais nenhuma obrigação natural de obedecer a seus pais. Locke insiste de modo mais enfático na "obrigação perpétua" de os filhos "honrarem os pais". "Nada pode anular" esse dever – que é "sempre dos filhos para com os pais". Locke encontra a base da lei natural do dever perpétuo no fato de os pais terem gerado seus filhos. Admite, entretanto, que se os pais foram "desnaturadamente pouco cuidadosos" com seus filhos, eles "talvez possam" perder o seu direito "de exigir em boa medida o dever compreendido no mandamento 'honrar pai e mãe'". Mas ele vai além disso. No *Segundo tratado*, está indicado que "o simples ato de gerar" não confere aos pais nenhuma pretensão de serem honrados por seus filhos: "a honra devida pelo filho confere ao pai o direito perpétuo de ser respeitado, reverenciado e assistido, bem como o de ser obedecido; direito a que faz tanto mais jus quanto maior o zelo, as despesas e a bondade que o pai empenha na educação do filho"[76]. Disso se segue que se o zelo, as despesas e a bondade do pai se reduzirem a zero, o seu

---

76. *Tratados*, I, seções 63, 90, 100; II, seções, 52, 65-7, 69, 71-3. Locke parece querer dizer que, desconsiderados os outros fatores, os filhos dos ricos estão sob uma obrigação mais estrita de honrar seus pais do que um filho de pais pobres. E isso estaria em perfeito acordo com o fato de os pais abastados exercerem um controle maior sobre a obediência dos filhos do que os pais pobres.

direito de ser honrado também se reduz a zero. O imperativo categórico "honrar pai e mãe" torna-se o imperativo hipotético "honrai vosso pai e vossa mãe se eles o merecerem".

Entendemos assim que é possível afirmar com alguma segurança que a "lei de natureza parcial" em Locke não é idêntica aos ensinamentos claros e evidentes do Novo Testamento ou da Escritura em geral. Se "todas as partes" da lei de natureza estão expressas no Novo Testamento de uma maneira clara e evidente, segue-se que "a lei de natureza parcial" não pertence em absoluto à lei de natureza. Essa conclusão apoia-se também na seguinte consideração: para que a lei de natureza seja uma lei no sentido próprio, é preciso saber que ela foi dada por Deus. Mas a "lei de natureza parcial" não exige a crença em Deus. Ela circunscreve as condições que devem ser atendidas por uma nação a fim de ser civil ou civilizada. Ora, os chineses constituem "um povo muito grande e muito civil" e os siameses "são uma nação civilizada", mas ambos "são desprovidos da ideia e do conhecimento de Deus"[77]. A "lei de natureza parcial" não é, portanto, uma lei no sentido próprio do termo[78].

---

77. *Tratados*, I, seção 141; *Ensaio*, I, 4, seção 8; *Segunda réplica ao bispo de Worcester*, p. 486, *Racionalidade*, p. 144: "Essas justas medidas do certo e do errado [...] repousam nas suas fundações verdadeiras. Elas foram consideradas os vínculos da sociedade, as conveniências da vida comum e as práticas dignas de louvor. Mas onde se poderá encontrar que a sua obrigação era completamente conhecida e admitida [antes de Jesus], e que foram recebidas como preceitos de uma lei, da lei suprema, da lei de natureza? Isso não poderia ser assim sem um conhecimento e reconhecimento claros do legislador" (comparar pp. 258-9 acima e n. 49 abaixo).

78. Consequentemente, Locke às vezes identifica a lei de natureza não com a lei da razão, mas com a razão pura e simples (cf. *Tratados*, I, seção 101, com II, seções 6, 11, 181; cf. também *ibid.*, I seção 111, próximo ao fim).

Chegamos assim à conclusão de que Locke não pode ter reconhecido nenhuma lei de natureza no sentido próprio do termo. Essa conclusão contrasta violentamente com o que se pensa em geral sobre a sua doutrina, especialmente a apresentada no *Segundo tratado*. Antes de nos voltarmos para um exame do *Segundo tratado*, pedimos ao leitor que considere os seguintes fatos: a interpretação aceita do ensinamento de Locke leva à conclusão de que "Locke é repleto de falhas absurdas e incoerências"[79] – de incoerências, acrescentamos, tão óbvias que não poderiam ter escapado à atenção de um homem tão eminente e tão sóbrio como ele. Ademais, essa interpretação geralmente aceita baseia-se em algo que equivale à total desconsideração da cautela de Locke, um tipo de cautela que, para dizer o mínimo, é compatível com o ocultamento intencional do sentido da mensagem, a fim de dificultar a sua compreensão, e com a adesão às opiniões da multidão nas declarações públicas. Acima de tudo, essa interpretação não dispensa atenção suficiente ao caráter do *Tratado*; de alguma maneira ela entende que o *Tratado* contém a apresentação filosófica da doutrina política de Locke, quando, na verdade, o que ali se encontra é apenas a sua apresentação "civil". No *Tratado*, quem fala é menos o Locke filósofo do que o Locke inglês, que se dirige não aos filósofos, mas aos ingleses[80]. É por isso que o argumento dessa obra se baseia em parte nas opiniões geralmente aceitas e até, em certa medida, em princípios extraídos das Escrituras: "A maioria não pode saber e, portanto, deve acreditar" nesse ensinamento,

---

79. Gough, *op. cit.*, p. 123.
80. Cf. *Tratados*, II, seção 52 (começo) e I, seção 109 (começo) com *Ensaio*, III, 9, seções 3, 8, 15, e cap. xi, seção 11; *Tratados*, Prefácio, I, seções 1 e 47; II, seções 165, 177, 223 e 239.

de tal modo que, mesmo que a filosofia nos tivesse "dado a ética nos moldes de uma ciência como a matemática, demonstrável em cada uma de suas partes [...], a instrução do povo seria ainda mais proveitosa se fosse deixada a cargo dos preceitos e princípios do evangelho"[81].

Todavia, por mais que Locke tenha sido fiel à tradição no *Tratado*, uma comparação resumida do seu ensinamento com os de Hooker e de Hobbes já mostraria que ele se desviou consideravelmente da doutrina tradicional da lei natural, seguindo a pista dada por Hobbes[82]. Com efeito, há apenas uma passagem no *Tratado* em que Locke explicitamente faz notar a sua divergência em relação a Hooker. Mas a passagem chama nossa atenção para uma divergência radical. Após ter citado Hooker, Locke obser-

---

81. *Racionalidade*, p. 146. Cf. a referência à vida após a morte in *Tratados*, II, seções 21 (fim) com seção 13 (fim). Cf. as referências à religião in *Tratados*, II, seções 92, 112, 209-10.

82. In *Tratados*, II, seções 5-6, Locke cita Hooker, I, 8, seção 7. A passagem é usada por Hooker para estabelecer o dever de amar o próximo como a si mesmo; e por Locke, para estabelecer a igualdade natural de todos os homens. No mesmo contexto, Locke substitui o dever do amor mútuo, de que Hooker tinha falado, pelo dever de abster-se de causar mal aos outros, isto é, ele deixa de lado o dever de caridade (cf. Hobbes, *De cive*, IV, 12 e 23). De acordo com Hooker (I, 10, seção 4), os pais têm por natureza "um poder supremo sobre a sua família"; de acordo com Locke (*Tratados*, II, seções 52 ss.), qualquer direito natural do pai é, no mínimo, inteiramente partilhado pela mãe (cf. n. 75, acima). De acordo com Hooker (I, 10, seção 5), a lei natural prescreve a sociedade civil; de acordo com Locke (*Tratados*, II, seções 95 e 13), "um número qualquer de homens *está autorizado*" a formar a sociedade civil (os itálicos não estão no original). Cf. Hobbes, *De cive*, VI, 2 e n. 67, acima. Cf. a interpretação da autopreservação em Hooker, I, 5, seção 2, com a interpretação inteiramente diferente in *Tratados*, I, seções 86 e 88. Considerar, sobretudo, a discordância radical entre Hooker (I, 8, seções 2-3) e Locke (*Ensaio*, I, 3) no que diz respeito ao *consensus gentium* como prova da lei de natureza.

va: "Mas eu afirmo, além disso, que todos os homens estão naturalmente no [estado de natureza]." Ele sugere assim que, de acordo com Hooker, alguns homens estavam de fato ou acidentalmente no estado de natureza. Na verdade, Hooker nada diz sobre o estado de natureza: toda a doutrina desse estado está baseada numa ruptura com os princípios estabelecidos por Hooker, isto é, com os princípios da doutrina tradicional da lei natural. Em Locke, a noção de estado de natureza é inseparável da doutrina segundo a qual "no estado de natureza todos detêm o poder executivo da lei de natureza". Por duas vezes ele afirma, no contexto em questão, que essa doutrina é "estranha", isto é, nova[83].

Pois qual é a razão pela qual, de acordo com Locke, a suposição de uma lei de natureza exige que se suponha um estado de natureza? E, mais particularmente, por que é preciso admitir que no estado de natureza "cada homem detém o direito de [...] ser o executor da lei de natureza"? "[...] Visto que seria completamente vão supor uma regra designada para as ações livres do homem sem lhe anexar alguma sanção do bem ou do mal, a fim de lhe determinar a vontade, devemos, em todos os casos em que supusermos uma lei, supor também alguma recompensa ou punição anexada a essa lei." Para ser lei, a lei de natureza deve ter sanções. De acordo com a con-

---

83. *Tratados*, II, seção 9, 13 e 15; cf. seção 91 n., em que Locke, citando Hooker, se refere, numa nota explicativa, ao estado de natureza, que não é mencionado por Hooker; cf. também seção 14 com Hobbes, *Leviatã*, cap. xiii (83). Quanto ao "estranho" caráter da doutrina – de que no estado de natureza cada um detém o poder executivo da lei de natureza – cf. Tomás de Aquino, *Suma teológica* ii. 2. qu. 64, *a.* 3; Suarez, *Tr. de legibus*, III, 3, seções 1 e 3, por um lado, e Grotius, *De jure belli* ii. 20, seções 3 e 7; ii. 25, seção 1, bem como Richard Cumberland, *De legibus naturae*, cap. 1, seção 26, por outro.

cepção tradicional, essas sanções são fornecidas pelo juízo da consciência, que é o juízo de Deus. Locke rejeita essa concepção. Para ele, o juízo da consciência está longe de ser o juízo de Deus; de modo que a consciência não seria "nada mais que nossa própria opinião ou juízo sobre a retidão ou depravação moral de nossas próprias ações". Ou ainda, para citar Hobbes, que Locke segue tacitamente: "As consciências privadas [...] são apenas as opiniões privadas." A consciência não pode, portanto, ser um guia; e menos ainda, uma fonte de sanções. Ora, mesmo que o veredito da consciência se identifique com uma opinião justa sobre a qualidade moral de nossas ações, ainda assim a consciência nada pode por si só: "Basta contemplar um exército saqueando uma cidade para ver que, diante de todas as abominações que cometem, não há da parte deles nem observância nem senso de princípios morais, tampouco escrúpulos de consciência." Se as sanções são necessárias para a lei de natureza neste mundo, elas devem provir dos seres humanos. Mas toda "execução" da lei de natureza efetuada na e pela sociedade civil parece resultar de convenções humanas. Portanto, se a lei de natureza não é eficaz no estado anterior à sociedade civil ou ao governo – no estado de natureza –, ela também não será eficaz neste mundo e, nesse sentido, não constitui uma verdadeira lei: mesmo no estado de natureza todos devem ser efetivamente responsáveis perante os outros seres humanos. Isso, entretanto, exige que cada um, no estado de natureza, tenha o direito de ser executor da lei de natureza: "Se não houvesse ninguém no estado de natureza com poder para executar a lei de natureza, ela seria vã, tal como ocorre com outras leis que concernem ao homem neste mundo." De fato, a lei de natureza é dada por Deus. Mas, para ser lei, não é necessário saber que ela foi dada por Deus, uma vez que ela é executada imediatamente, não por Deus ou pela consciência, mas pelos homens[84].

A lei de natureza não pode ser verdadeiramente uma lei se não for eficaz no estado de natureza. E não pode ser eficaz em tal estado se este não for um estado de paz. A lei de natureza impõe sobre cada um o dever perfeito de preservar o restante da humanidade "o tanto que puder", contanto que "a sua própria preservação não esteja em jogo". Se o estado de natureza fosse caracterizado pelo conflito habitual entre a autopreservação e a preservação dos outros, a lei de natureza que "almeja a paz e a preservação de toda humanidade" seria ineficaz: o apelo maior da autopreservação suplantaria o cuidado com os outros. O estado de natureza deve ser, portanto, um "estado de paz, de boa vontade, de assistência e preservação mútuas". Isso significa que o estado de natureza

---

84. *Racionalidade*, p. 114: "[...] se não houvesse punição dos que transgridem [as leis de Jesus], as suas leis não seriam as leis de um rei [...], mas um discurso vazio, sem força e sem nenhuma influência". *Tratados*, II, seções 7, 8, 13 (fim), 21 (fim); cf. *ibid.*, seção 11 com I, seção 56. *Ensaio*, I, 3, seções 6-9 e II, 28, seção 6; Hobbes, *Leviatã*, cap. xxix (212). Ao falar do direito natural de cada um de executar a lei de natureza, Locke refere-se à "grande lei de natureza: 'Quem derramar o sangue do homem, pelo homem o seu sangue será derramado" (Gen. 9: 6) – embora omita a razão dada pela Bíblia: "porque Deus fez o homem à sua imagem". A razão lockiana para o direito de infligir a pena capital aos assassinos é que o homem está autorizado a "destruir as *coisas* nocivas" a ele (os itálicos não estão no original). Locke ignora o fato de que tanto aquele que foi morto quanto o assassino são feitos à imagem de Deus: o assassino "pode ser destruído como um leão ou um tigre, que são grandes bestas selvagens com as quais os homens não podem estabelecer nenhuma sociedade nem ter segurança" (*Tratados*, II, seções 8, 10, 11, 16, 172, 181; cf. I, seção 30). Cf. Tomás de Aquino, *Suma teológica* i. qu. 79, *a.* 13 e ii. 1. qu. 96, *a.* 5 ad 3 (cf. *a.* 4, objeção 1); Hooker, I, 9, seções 2-10, seção 1; Grotius, *De jure belli*, Prolegômenos, seções 20 e 27; Cumberland, *loc. cit.*

deve ser um estado social. Nele, todos os homens "formam uma única sociedade" em virtude da lei de natureza, ainda que não tenham nenhum "superior em comum neste mundo". Na medida em que a autopreservação pressupõe o alimento e outras necessidades, e que a escassez dessas coisas leva ao conflito, o estado de natureza deve ser um estado de abundância: "Deus nos deu todas as coisas com generosidade." Ora, mas se não se conhece a lei de natureza, ela não pode ser uma lei; ela deve ser conhecida e, portanto, ser cognoscível no estado de natureza[85].

Após ter esboçado ou sugerido essa imagem do estado de natureza, especialmente nas primeiras páginas do *Tratado*, Locke a demole à medida que desenvolve o seu argumento. O estado de natureza, que à primeira vista parece ser a idade de ouro governada por Deus ou por bons demônios, é literalmente um estado sem governo, uma "pura anarquia". Ele poderia durar para sempre, "não fosse a corrupção e o vício dos homens degenerados"; infelizmente, "a maior parte" "não observa estritamente a equidade e a justiça". Por isso, para não falarmos do resto, o estado de natureza comporta grandes "inconvenientes". Muitas "agressões mútuas, injúrias e delitos [...] assolam os homens no estado de natureza"; as "lutas e perturbações seriam infindáveis" nele. Trata-se de um estado "repleto de medos e perigos permanentes", em suma, de uma "condição ruim". Longe de ser um estado de paz, é um estado em que a paz e a tranquilidade são incertas. O estado de paz é a sociedade civil; o estado que antecede a sociedade civil é o estado de guerra[86]. Seja

---

85. *Tratados*, I, seção 43; II, seções 6, 7, 11, 19, 28, 31, 51, 56-7, 110, 128, 171, 172.

86. *Ibid.*, II, seções 13, 74, 90, 91 e nota, 94, 105, 123, 127, 128, 131, 135 n., 136, 212, 225-7.

como causa, seja como efeito, a guerra nesse caso está relacionada ao fato de que o estado de natureza é um estado não de abundância, mas de penúria. Os que vivem nele são "necessitados e indigentes". A abundância precisa da sociedade civil[87]. Visto como uma "pura anarquia", o estado de natureza provavelmente não é um estado social. De fato, ele se caracteriza pela "ausência de sociedade". "Sociedade" e "sociedade civil" são sinônimos. O estado de natureza é "precário". Pois o "primeiro e mais forte desejo que Deus plantou nos homens" não é o de cuidar dos outros, nem mesmo da própria descendência, mas sim o desejo de autopreservação[88].

O estado de natureza seria um estado de paz e de boa vontade se os homens, nele, estivessem sujeitos à lei de natureza. Mas "ninguém pode estar sujeito a uma lei da qual não está a par". O homem conheceria a lei de natureza no estado de natureza se "os ditames da lei de natureza" estivessem "implantados nele" ou "escritos no coração da humanidade". Contudo, não há regras morais "impressas em nossas mentes" ou "escritas em nossos corações" ou "seladas em [nossas] mentes" ou "implantadas". E visto que não há nenhum *habitus* de princípios morais nem uma *sindérese* ou consciência, todo conhecimento da lei de natureza é adquirido pelo estudo: para conhecer a lei de natureza é preciso ser "um estudioso dessa lei". A lei de natureza só se torna conhecida por demonstração. A questão, portanto, é se os homens no estado de natureza são capazes de se tornar estudiosos

---

87. *Ibid.*, seções 32, 37, 38, 41-3, 49.
88. *Ibid.*, seções 21, 74, 101, 105, 116, 127, 131 (começo), 132 (começo), 134 (começo) (cf. 124, começo), 211, 220, 243; cf. I, seção 56, com seção 88. Cf. ambas as passagens, bem como I, seção 97 e II, seções 60, 63, 67, 170, com *Ensaio*, I, 3, seções 3, 9, 19.

da lei de natureza. "Falta à maior parte da humanidade ócio ou capacidade de demonstração [...]. E é tão vão esperar que todos os operários e comerciantes, fiandeiras e leiteiras tornem-se excelentes matemáticos quanto que se tornem perfeitos em questões éticas." Todavia, um operário na Inglaterra está em melhor situação do que um monarca que governa os americanos, sendo que, "nos primórdios, o mundo todo era uma América, muito mais do que hoje". Em vez dos hábitos dedicados ao estudo, "os primórdios" são caracterizados pela "inocência negligente e imprevidente"[89]. A condição em que vive o homem no estado de natureza – de "perigo permanente" e "penúria" – inviabiliza o conhecimento da lei de natureza: a lei de natureza não se dá a conhecer no estado de natureza. Visto que a lei de natureza deve ser promulgada no estado de natureza para que seja uma lei no sentido próprio do termo, somos novamente obrigados a concluir que a lei de natureza não é uma lei propriamente dita[90].

Qual é, então, a condição da lei de natureza na doutrina de Locke? Qual o seu fundamento? Não há nenhuma regra da lei de natureza que seja inata, "isto é, [...] impressa na mente sob a forma de um dever". Isso se verifica pelo fato de que não há regras da lei de natureza "que, tal como devem ser os princípios práticos, continuem constante e incessantemente a operar e influenciar nossas ações, [e que] possam ser observadas em todas as pessoas e em todas as épocas como princípios constantes

---

89. Cf., sobretudo, *Tratados*, II, seções 11 (fim) e 56 com *Ensaio*, I, 3, seção 8 e I, 4, seção 12; *Tratados*, II, seções 6, 12, 41, 49, 57, 94, 107, 124, 136; *Ensaio*, I, 3, seções 1, 6, 9, 11-3, 26, 27; *Racionalidade*, pp. 146, 139, 140. Cf. n. 74 (acima).

90. Cf. o uso do termo "crime" (em contraposição a "pecado") in *Tratados*, II, seções 10, 11, 87, 128, 218, 230, com *Ensaio*, II, 28, seções 7-9.

e universais". Entretanto, "a natureza [...] pôs no homem um desejo de felicidade e uma aversão à infelicidade; e estes são, com efeito, princípios práticos inatos", universal e permanentemente eficazes. O desejo de felicidade e a sua busca não são deveres. Porém, "é preciso deixar os homens buscarem a sua felicidade, e mais ainda: é impossível impedi-los de fazer isso". O desejo de felicidade e a sua busca têm o caráter de um direito absoluto, de um direito natural. Há, pois, um direito natural inato, embora não haja nenhum dever natural inato. Para compreender como isso é possível, basta reformular nossa última citação: a busca da felicidade é um direito, "é preciso permiti-la" porque "é impossível impedi-la". Trata-se de um direito que antecede todos os deveres pela mesma razão que, de acordo com Hobbes, estabelece como fato moral fundamental o direito de autopreservação: o homem deve estar autorizado a defender sua vida da morte violenta porque ele é impulsionado a agir assim por uma necessidade natural que não é menor que a de uma pedra em queda livre. Por ser universalmente eficaz, o direito natural, diferente do dever natural, é eficaz no estado de natureza: o homem aqui é "senhor absoluto da sua própria pessoa e das suas posses"[91]. Visto que o direito de natureza é inato, e a lei de natureza não, aquele é mais fundamental do que esta; a bem dizer, ele é a fundação da lei de natureza.

Visto que a felicidade pressupõe a vida, o desejo de viver tem primazia sobre o desejo de felicidade em caso de conflito. Este ditame da razão é ao mesmo tempo uma necessidade natural: "o primeiro e mais forte desejo que Deus plantou nos homens, lavrado a partir dos próprios

---

91. *Ensaio*, I, 3, seções 3 e 12; *Racionalidade*, p. 148; *Tratados*, II, seção 123 (cf. seção 6). Cf. Hobbes, *De cive*, I, 7, e III, 27 n.

princípios da natureza humana, é o da autopreservação". O direito mais fundamental de todos é, portanto, o direito de autopreservação. Embora a natureza tenha posto no homem "o forte desejo de preservar a sua vida e existência", apenas a razão humana lhe ensina o que é "necessário e útil à sua existência". E a razão – ou, antes, a razão aplicada a um objeto que será especificado em breve – é a lei de natureza. A razão ensina que "aquele que é senhor de si mesmo e de sua própria vida tem direito também aos meios de preservá-la". Ela ensina ainda que todos os homens, sendo iguais em relação ao desejo e, portanto, ao direito, de autopreservação, são iguais em relação ao que há de mais essencial, não obstante outras desigualdades naturais[92]. Disso Locke conclui, assim como Hobbes, que no estado de natureza cada um é juiz dos meios que conduzem à sua autopreservação, levando-o, assim como levou Hobbes, à conclusão de que "qualquer homem" no estado de natureza "pode fazer aquilo que considerar apropriado"[93]. Não admira, portanto, que o estado de natureza seja "repleto de medos e perigos permanentes". Contudo, a razão ensina que a vida não pode ser preservada, tampouco desfrutada, a não ser num estado de paz: a razão anseia pela paz. Portanto, ela anseia por determinado curso de ação que conduza à paz. Ela

---

92. *Tratados*, I, seções 86-8, 90 (começo), 111 (próximo do fim); II, seções 6, 54, 149, 168, 172. Pode-se descrever a relação do direito de autopreservação com o direito à busca da felicidade da seguinte maneira: aquele consiste no direito de "subsistir" e compreende o direito ao que é necessário para a existência do homem; este é o direito de "desfrutar as comodidades da vida" ou de uma "conservação confortável" e compreende também, nesse sentido, o direito ao que é útil para a existência do homem, sem, contudo, ser necessário para ela (cf. *Tratados*, I, seções 86, 87, 97; II, seções 26, 34, 41).

93. *Ibid.*, II, seções 10, 13, 87, 94, 105, 129, 168, 171.

dita, consequentemente, que "ninguém deve causar mal a outrem"; que quem o causa – o qual, portanto, renunciou à razão – possa ser punido por qualquer um; e que quem sofreu o mal possa receber reparação. Essas são as regras fundamentais da lei de natureza na qual se baseia a argumentação do *Tratado*: a lei de natureza nada mais é do que a soma dos ditames da razão concernente à "segurança mútua" dos homens ou à "paz e segurança" da humanidade. Visto que no estado de natureza todos os homens são juízes da sua própria causa e visto que esse estado se caracteriza pelo constante conflito que surge da própria lei de natureza, então o estado de natureza "não pode ser suportado": o governo ou a sociedade civil é o único remédio. A razão, consequentemente, dita como a sociedade civil deve ser construída e quais são os seus direitos ou os seus limites: há uma lei pública racional ou uma lei constitucional natural. O princípio dessa lei pública é que todo poder social ou governamental deriva de poderes que, por natureza, pertencem aos indivíduos. O contrato dos indivíduos que têm interesse efetivo em sua autopreservação – não o contrato dos pais como pais, nem um mandato divino, nem um objetivo humano que seja independente da vontade efetiva de todos os indivíduos – é o que cria todo o poder da sociedade: "o poder supremo em cada Estado [é] tão somente o poder conjunto de todos e cada um dos membros da sociedade"[94].

Para compreendermos perfeitamente o ensinamento da lei natural em Locke, é preciso considerar que as leis de natureza por ele reconhecidas são, conforme Hobbes diz, "apenas conclusões ou teoremas a respeito daquilo que conduz à conservação e defesa" do homem em

---

94. *Ibid.*, seções 4, 6-11, 13, 96, 99, 127-30, 134, 135, 142, 159.

relação a outros homens. E é assim que ele deve ser compreendido porque a concepção alternativa expõe-se às dificuldades já apresentadas. A lei de natureza, tal como Locke a concebe, formula as condições de paz ou, de modo mais geral, da "felicidade pública" ou "da prosperidade de qualquer povo". Há, portanto, um tipo de sanção para a lei de natureza neste mundo: negligenciar a lei de natureza leva à miséria e à penúria públicas. Essa sanção, porém, é insuficiente. A obediência universal à lei de natureza garantiria de fato a paz e a prosperidade perpétuas sobre a terra. Entretanto, se ela for rompida, é possível que uma sociedade que obedece à lei de natureza desfrute de menos felicidade temporal que uma sociedade que transgride a lei de natureza. Pois tanto nas questões externas quanto nas internas a vitória nem sempre favorece "o lado justo": os "grandes ladrões [...] são muito grandes para caberem nas mãos fracas da justiça deste mundo". Entretanto, resta pelo menos esta diferença entre aqueles que obedecem estritamente à lei de natureza e os que não o fazem: somente aqueles podem agir e falar coerentemente; eles são os únicos que podem sustentar coerentemente que há uma diferença fundamental entre as sociedades civis e os bandos de ladrões; distinção essa de que toda sociedade e todo governo são obrigados continuamente a lançar mão. Em suma, a lei de natureza é "mais uma criação do entendimento do que uma obra da natureza"; ela existe "apenas na mente"; trata-se de uma "noção", e não de "coisas em si mesmas". Eis a razão decisiva pela qual a ética pode ser alçada ao patamar de uma ciência demonstrativa[95].

---

95. *Ibid.*, seções 1, 12, 176-7, 202; *Ensaio*, III, 5, seção 12 e IV, 12, seções 7-9 (cf. Espinosa, *Ética*, IV, pref. e 18 nota). No que diz respeito ao elemento de ficção jurídica presente na "lei da natureza e da razão", cf.

Não é possível explicar o status da lei de natureza sem considerar o status do estado de natureza. Locke é mais contundente do que Hobbes ao afirmar que os homens efetivamente viveram no estado de natureza, ou que o estado de natureza não é apenas uma suposição hipotética[96]. Em razão disso, entende Locke, em primeiro lugar, que os homens efetivamente viveram e poderiam viver sem se submeter a uma autoridade superior comum aqui na terra. Além do mais, ele entende que os homens que vivem nessa condição, e que estudam a lei de natureza, conseguiriam descobrir um remédio para os inconvenientes de sua condição e criar os alicerces para uma felicidade pública. Mas seriam capazes de conhecer a lei de natureza, quando vivem no estado de natureza, apenas aqueles que já viveram na sociedade civil ou, antes, numa sociedade civil em que a razão foi devidamente cultivada. Um exemplo de homens que se encontram no estado de natureza sob a lei de natureza seria, em vez dos índios selvagens, o de uma elite que vive entre os colonizadores ingleses na América; um exemplo ainda melhor seria o de homens altamente civilizados depois do colapso de sua sociedade. Com apenas mais um passo, chega-se à concepção de que o exemplo mais óbvio

---

Tratados, II, seção 98 (começo) com seção 96. Cf. *Racionalidade*, p. 11: "a lei da razão ou, como é chamada, a lei de natureza". Cf. também Seção A, n. 8 (acima), e nn. 113 e 119 (abaixo). Hobbes, *De cive*, Epístola Dedicatória, e *Leviatã*, cap. xv (96 e 104-5).

96. Cf. Leviatã, cap. xiii (83) – ver também a versão latina – com *Tratados*, II, seções 14, 100-3, 110. A razão pela qual Locke se afasta de Hobbes é que, de acordo com Hobbes, o estado de natureza é pior do que qualquer tipo de governo, ao passo que, para Locke, o estado de natureza é preferível ao governo arbitrário e sem leis. De onde o fato de Locke ensinar que o estado de natureza é mais viável, do ponto de vista dos homens razoáveis, que a "monarquia absoluta": o estado de natureza deve ser, ou deve ter sido, efetivo.

de homens no estado de natureza sob a lei de natureza é o daqueles que vivem numa sociedade civil, na medida em que eles refletem sobre o que poderiam reivindicar da sociedade civil de maneira justa ou sobre quais as condições em que seria razoável a obediência civil. Em última análise, torna-se irrelevante saber se o estado de natureza, compreendido como um estado em que os homens estão submetidos apenas à lei de natureza, e não a uma autoridade superior que seja comum a todos neste mundo, existiu ou não[97].

É com base na concepção hobbesiana da lei de natureza que Locke se opõe às conclusões de Hobbes. Ele tenta mostrar que o princípio hobbesiano – o direito de autopreservação –, longe de favorecer o governo absoluto, exige um governo limitado. A liberdade, "a independência em relação ao poder arbitrário e absoluto", é "o escudo" da autopreservação. A escravidão, portanto, é contrária à lei de natureza, exceto quando substitui a pena capital. Tudo aquilo que é incompatível com o direito básico de autopreservação e, consequentemente, tudo aquilo em relação ao que não é presumível que uma criatura racional tenha consentido livremente, é necessariamente injusto; de onde se segue que a sociedade civil ou o governo não podem ser legitimamente estabelecidos pela força ou a conquista: apenas o consentimento "deu ou poderia dar início a qualquer governo legítimo neste mundo". Pela mesma razão, Locke condena a monarquia absoluta ou, mais precisamente, "o poder absoluto e arbitrário [...]

---

97. Cf. *Tratado*, II, seções 111, 121, 163; cf. Hobbes, *De cive*, pref.: "in jure civitatis, civiumque officiis investigandis opus est, non quidem ut dissolvatur civitas, sed tamen ut tamquam dissoluta consideretur" [no direito civil, é necessário investigar também os deveres dos cidadãos, certamente não para que a cidade se desagregue, mas todavia para que esta, mesmo desagregada, seja examinada].

de apenas um ou de muitos", bem como o fato de "governar sem leis estabelecidas e vigentes"[98]. A despeito das limitações prescritas por Locke, o Estado continua sendo para ele, assim como para Hobbes, "o poderoso leviatã": ao ingressarem na sociedade civil, "os homens abrem mão do seu poder natural, cedendo-o à sociedade na qual ingressam". Assim como Hobbes, Locke reconhece um único contrato: o contrato que une cada indivíduo com todos os outros da mesma multidão é idêntico a um contrato de sujeição. Assim como Hobbes, Locke ensina que, em virtude do contrato fundamental, todo homem "se submete, perante cada membro da sociedade, à determinação da maioria e se deixa limitar por ela"; ensina, portanto, que o contrato fundamental estabelece imediatamente uma democracia irrestrita; que essa democracia primordial pode decidir, pela maioria, seja pela sua manutenção, seja pela sua transformação numa nova forma de governo; e que o contrato social não é idêntico à sociedade, mas sim ao contrato de sujeição ao "soberano" (Hobbes) ou ao "poder supremo" (Locke)[99]. Locke se opõe a Hobbes por ensinar que onde quer que "o povo" ou "a comunidade", isto é, a maioria, tenha estabelecido o poder supremo, ainda assim conserva "o poder supremo de remover ou alterar" o governo estabelecido; em outras palavras, o povo conserva o direito de revolução[100].

---

98. *Tratados*, I, seções 33 e 41; II, seções 13, 17, 23, 24, 85, 90-5, 99, 131, 132, 137, 153, 175-6, 201-2; cf. Hobbes, *De cive*, V, 12; VIII, 1- 5.

99. *Tratados*, II, seções 89, 95-9, 132, 134, 136; Hobbes, *De cive*, V, 7; VI, 2, 3, 17; VIII, 5, 8, 11; cf. também *Leviatã*, caps. xviii (115) e xix (126).

100. *Tratados*, II, seções 149, 168, 205, 208, 209, 230. Locke ensina, por um lado, que a sociedade pode existir sem o governo (*ibid.*, seções 121, fim, 211) e, por outro, que a sociedade não pode existir sem o governo (*ibid.*, seções 205 e 219). A contradição desaparece quando se considera o fato de que a sociedade só pode existir e atuar sem o governo no

Mas tal poder (que normalmente está latente) não diminui a sujeição do indivíduo à comunidade ou sociedade. Pelo contrário, nada mais justo dizer que Hobbes enfatiza, muito mais do que Locke, o direito do indivíduo de resistir à sociedade ou ao governo sempre que a sua autopreservação está em perigo[101].

Não obstante, Locke teria tido razão em afirmar que o poderoso leviatã, conforme ele o havia concebido, oferecia uma garantia maior de autopreservação para o indivíduo do que o Leviatã de Hobbes. O direito individual de resistir à sociedade organizada, que Hobbes havia enfatizado e que Locke não negou, é uma garantia ineficaz para a autopreservação do indivíduo[102]. Visto que a única alternativa à pura anarquia – uma condição em que a autopreservação de todos está em perigo constante – é que "os homens abram mão do seu poder natural, cedendo-o à sociedade na qual ingressam", segue-se que a única garantia eficaz para os direitos do indivíduo consiste em construir a sociedade de tal modo que ela não seja capaz de oprimir os seus membros; apenas uma sociedade ou governo assim construído é legítimo ou conforme à lei natural; apenas tal sociedade pode exigir legitimamente que o indivíduo abra mão de todo o seu poder

---

momento da revolução. Se a sociedade, ou o "povo", não pudesse existir nem atuar na ausência de governo, isto é, de um governo legítimo, não poderia haver nenhuma ação do "povo" contra o governo *de facto*. Entendida assim, a ação revolucionária é um tipo de decisão da maioria que estabelece um novo poder legislativo ou supremo exatamente quando abole o governo antigo.

101. Concordando com esse ponto, Locke afirma, mais enfaticamente do que Hobbes, a obrigatoriedade do serviço militar para o indivíduo (cf. *Tratados*, II, seções 88, 130, 168, 205 e 208, com *Leviatã*, caps. xxi [142-3], xiv [86-7] e xxviii).

102. *Tratados*, II, seções 168 e 208.

natural. De acordo com Locke, as melhores salvaguardas institucionais dos direitos dos indivíduos são proporcionadas por uma Constituição que, em quase todas as questões internas, subordine rigorosamente o Poder Executivo (que deve ser forte) à lei e, em última análise, a uma Assembleia Legislativa bem definida. Tal Assembleia deve limitar-se a elaborar as leis, que diferem dos "decretos extemporâneos e arbitrários"; os membros que a compõem devem ser eleitos pelo povo por períodos de mandato relativamente curtos e, portanto, devem estar, "eles próprios, sujeitos às leis que elaboraram"; o sistema eleitoral deve ter em conta tanto a quantidade de pessoas quanto a riqueza[103]. Pois embora Locke dê a impressão de ter pensado que a autopreservação do indivíduo encontra-se menos seriamente ameaçada pelo governo da maioria do que por um governo monárquico ou oligárquico, não se pode dizer que ele tenha tido uma fé implícita na maioria no papel de garantir os direitos do indivíduo[104]. Nas passagens em que ele parece descrever a maioria como garantidora desses direitos, está falando de casos em que a autopreservação do indivíduo está ameaçada pela monarquia tirânica ou pelos governantes oligarcas; em que, portanto, a última e única esperança para o indivíduo oprimido repousa sobre as disposições da maioria. Locke entendia o poder da maioria como um controle sobre o mau governo e como o último recurso contra o governo tirânico, mas não como um substituto do governo nem como idêntico a ele. A igualdade, considerou Locke,

---

103. *Ibid.*, seções 94, 134, 136, 142, 143, 149, 150, 153, 157-9.

104. Ver os exemplos de tirania mencionados in *Tratados*, II, seção 201: não se apresenta nenhum exemplo de tirania da maioria. Cf. também as observações de Locke sobre o caráter do povo, *ibid.*, seção 223: o povo é "indolente" em vez de "inconstante".

é incompatível com a sociedade civil. A igualdade de todos os homens em relação ao direito de autopreservação não elimina completamente o direito especial dos homens mais razoáveis. Pelo contrário, o exercício desse direito especial conduz à autopreservação e à felicidade de todos. Principalmente porque, como a propriedade é necessária à autopreservação e à felicidade, a ponto de se poder dizer que o fim da sociedade civil consiste na preservação da propriedade, a proteção dos membros da sociedade (que são proprietários) contra as exigências dos indigentes – ou a proteção dos homens industriosos e racionais contra os preguiçosos e irascíveis – é essencial para a felicidade pública ou o bem comum[105].

Em Locke, a doutrina da propriedade, que corresponde quase literalmente à parte central do seu ensinamento político, é certamente a sua parte mais característica[106]. É essa doutrina que distingue mais claramente o seu ensinamento político não apenas do de Hobbes, mas também do ensinamento tradicional. A propriedade constitui uma parte do seu ensinamento da lei natural, partilhando com esta todas as suas complexidades. E a dificuldade que lhe é peculiar pode ser provisoriamente formulada da seguinte maneira: a propriedade é uma instituição da lei natural, que define a maneira e as limitações da apropriação justa. Os homens possuem propriedade antes de seu ingresso na sociedade civil, que é feito com vistas a preservar ou proteger a propriedade

---

105. *Ibid.*, seções 34, 54, 82, 94, 102, 131, 157-8.
106. Após ter terminado este capítulo, minha atenção se voltou para o artigo de C. B. Macpherson, "Locke on Capitalist Appropriation", *Western Political Quarterly*, 1951, pp. 550-66. Há muitos pontos em comum entre a interpretação que Macpherson faz do capítulo sobre a propriedade e a interpretação que desenvolvo no texto. Cf. *American Political Science Review*, 1950, pp. 767-70.

que adquiriram no estado de natureza. Mas, uma vez formada a sociedade civil, ou mesmo antes, a lei natural atinente à propriedade deixa de ser válida; aquilo que podemos chamar de propriedade "convencional" ou "civil" – a propriedade que se adquire na sociedade civil – baseia-se exclusivamente na lei positiva. Todavia, mesmo que a sociedade civil crie a propriedade civil, ela não a domina: a sociedade civil deve respeitar a propriedade civil, e não tem, por assim dizer, nenhuma outra função além de servir àquilo que ela mesma criou. Locke reivindica para a propriedade civil uma santidade muito maior do que aquela atribuída à propriedade natural, isto é, a propriedade adquirida e possuída exclusivamente com base na lei natural, a "lei mais elevada". Mas por que ele deseja tanto provar que a propriedade antecede a sociedade civil?[107]

O direito natural à propriedade é um corolário do direito fundamental de autopreservação: ele não deriva do pacto social nem de nenhuma ação da sociedade. Se cada um tem o direito natural de preservar a si mesmo, então cada um tem direito a tudo que é necessário para sua autopreservação. E o que é necessário à sua autopreservação consiste mais nos víveres do que nas facas ou armas de fogo, como Hobbes parece ter acreditado. O

---

107. "Parece haver uma incoerência entre essa aceitação do 'consentimento', como base do direito efetivo de propriedade, e a teoria de que o governo existe para defender o direito natural de propriedade. Locke teria, sem dúvida, solucionado a contradição passando, como faz constantemente, da fraseologia da 'lei de natureza' para as considerações utilitárias" (R. H. I. Palgrave, *Dictionary of Political Economy*, s. v. "Locke"). Não é necessário que Locke "passe" da lei da natureza para considerações utilitárias porque a lei de natureza tal como ele a compreende, a saber, como a formulação das condições de paz e felicidade pública, é "utilitária" em si mesma.

alimento só leva à autopreservação se for consumido, isto é, se for apropriado de maneira a se tornar a propriedade exclusiva do indivíduo. Existe, portanto, um direito natural a um "domínio privado que exclui o resto da humanidade". Aquilo que é verdadeiro sobre o alimento aplica-se *mutatis mutandis* a todas as outras coisas necessárias à autopreservação e até mesmo a uma autopreservação confortável, pois o homem tem o direito natural não apenas à autopreservação, mas também à busca da felicidade.

Para não ser incompatível com a paz nem com a preservação da humanidade, o direito natural de cada um de se apropriar de todas as coisas que lhe são úteis deve ser limitado. Ele deve excluir qualquer direito de apropriação de coisas que já foram apropriadas por outras pessoas; pois tomar as coisas de que outros se apropriaram, isto é, causar mal aos outros, é contra a lei natural. Do mesmo modo, a lei natural não incentiva a mendicância: a situação de carência como tal não implica um direito à propriedade. A persuasão tampouco confere direito à propriedade, e o mesmo se pode dizer da força. O único modo honesto de se apropriar das coisas consiste em tomá-las, não de outros homens, mas diretamente da natureza, "a mãe de todos", transformando aquilo que anteriormente não pertencia a ninguém (e que, portanto, podia ser tomado por qualquer um) num bem exclusivamente seu; o único modo honesto de se apropriar das coisas é a partir do seu próprio trabalho. Cada um é, por natureza, o dono exclusivo de seu corpo e, portanto, do trabalho de seu corpo. Assim, se um homem conjumina o seu trabalho – mesmo que este consista apenas em colher frutas – com coisas das quais ninguém é proprietário, essas coisas se tornam um misto indissolúvel daquilo que é a sua propriedade exclusiva com aquilo que não é propriedade de ninguém, transformando-se assim na sua propriedade exclusiva. O trabalho é o único título de propriedade em conformidade com o direito natural. "O homem, por ser senhor de si mesmo e proprietário de sua própria pessoa, de suas ações e do seu trabalho, [detém] em si mesmo o grande fundamento da propriedade"[108]. Não é, pois, a sociedade, mas o indivíduo – o indivíduo exclusivamente mobilizado pelo seu interesse próprio – que origina a propriedade.

A natureza estabeleceu "uma medida para a propriedade": existem limitações determinadas pela lei natural sobre aquilo de que um homem pode se apropriar. Pelo trabalho, cada um pode se apropriar do tanto que lhe é necessário e útil para sua autopreservação. O homem está autorizado a se apropriar particularmente da quantidade de terra que conseguir utilizar para aragem e pastagem. E se ele tem mais do que consegue utilizar de um tipo de coisa (*a*), e menos do que consegue utilizar de outro tipo (*b*), pode transformar *a* em algo útil, trocando-o por *b*. Do que se segue que todo homem pode se apropriar, pelo seu trabalho, não apenas daquilo que lhe é diretamente útil, mas também daquilo que se lhe pode tornar útil quando trocado por outras coisas úteis. O homem pode se apropriar pelo seu trabalho de todas aquelas coisas, e apenas daquelas que são, ou podem se tornar, úteis para ele. Mas não pode se apropriar de coisas que, em razão de sua apropriação, deixam de ser úteis; ele pode se apropriar na medida em que "consiga se servir com benefício para si antes que a coisa apropriada se deteriore". Pode, portanto, acumular muito mais as nozes, que "se conservam em bom estado para sua alimentação durante todo o ano", do que as ameixas "que estragariam em uma semana". Quanto às coisas que nunca se deterioram e que, além disso, não têm nenhum "uso real",

---

108. *Treatises*, II, seções 26-30, 34, 44.

tais como ouro, prata e diamantes, ele pode "acumular" o tanto que quiser. Pois não é a "extensão" daquilo que o homem se apropria pelo seu trabalho (ou pelas trocas dos produtos do seu trabalho), mas "o perecimento de qualquer coisa que se encontre inutilmente sob sua posse" que faz dele um homem culpado de um crime contra a lei natural. Portanto, ele pode acumular poucas coisas perecíveis e úteis, mas pode acumular muitas coisas duráveis. E pode acumular quantidades infinitamente grandes de ouro e prata[109]. Os pavores da lei natural não mais impressionam os cobiçosos, mas sim os perdulários. A lei natural da propriedade tem o propósito de impedir o desperdício; ao se apropriar das coisas pelo seu trabalho, o homem deve pensar exclusivamente em impedir o desperdício; ele não tem que pensar nos outros seres humanos[110]. *Chacun pour soi; Dieu pour nous tous.*

A lei natural da propriedade, conforme até aqui resumida, se aplica apenas ao estado de natureza ou até determinado estágio do estado de natureza. A "lei de natureza original" esteve em vigor "nas primeiras eras do mundo" ou "na origem" do mundo[111]. Ela só vigorou nesse passado remoto porque as condições em que os homens viviam assim o exigiam. A lei de natureza podia não dizer nada sobre os interesses ou necessidades dos outros homens, pois tais necessidades eram atendidas pela "mãe de todos"; por mais que o homem pudesse se apropriar das coisas pelo seu trabalho, o que havia "em comum

---

109. *Ibid.*, seções 31, 37, 38, 46.
110. Cf. *Ibid.*, seções 40-4, com Cícero, *Offices* ii. 12-4: o mesmo tipo de exemplo que Cícero utiliza para provar a virtude do homem que ajuda outro homem é usado por Locke para provar a virtude do trabalho.
111. *Tratados*, II, seções 30, 36, 37, 45. Considerar a transição do tempo presente para o passado nas seções 32-51; considerar especialmente a seção 51.

era suficiente para os outros". A lei de natureza original era, inicialmente, um ditame da razão, pois nos seus primórdios o mundo era esparsamente povoado, havendo "provisões naturais em abundância"[112]. Mas isso não quer dizer que, no passado, os homens viviam num estado de abundância que lhes era dispensado pela sua mãe comum; fosse assim, o homem não teria sido forçado desde os seus primórdios a trabalhar para sobreviver e a lei de natureza não teria proibido tão severamente todo e qualquer tipo de desperdício. A abundância natural se dá apenas num sentido potencial: "a natureza e a terra forneciam apenas materiais que em si mesmos quase não tinham valor"; forneciam "bolotas de carvalho, água, folhas e couro animal", isto é, a comida, a bebida e a vestimenta típicas da idade de ouro ou do Jardim do Éden, diferentemente do "pão, do vinho e das roupas". A abundância natural, a abundância de priscas eras, nunca se tornou uma abundância efetiva durante esse período; o que se tinha na verdade era uma situação de penúria. Sendo assim, era de todo impossível que o homem pelo seu trabalho se apropriasse de algo além daquilo que atendesse às suas necessidades básicas ou daquilo que era absolutamente necessário à mera autopreservação (diferentemente de uma autopreservação confortável); o direito natural a uma autopreservação confortável era ilusório. E, justamente por isso, todo homem era forçado a se apropriar pelo seu trabalho do necessário à sua autopreservação sem nenhuma preocupação com os outros. O homem só é obrigado a se preocupar com a conservação dos outros quando "a sua própria conservação não está em jogo"[113].

---

112. *Ibid.*, seções 27, 31, 33, 34, 36.
113. *Ibid.*, seções 6, 32, 37, 41, 42, 43, 49, 107, 110. Locke diz que, no passado, os homens não desejavam ter "mais do que o necessário". Mas

Locke justifica explicitamente o direito natural do homem de se apropriar e de tomar posse sem se preocupar com as necessidades dos outros, referindo-se à abundância de provisões naturais disponível no passado; mas, uma vez aceito que os homens viviam em estado de penúria, pode-se perfeitamente justificar essa indiferença em relação aos outros com base nos princípios de Locke; e de fato deve-se justificar assim, pois Locke diz que os únicos homens aos quais a lei de natureza original se aplicava viviam em estado de penúria. A pobreza das primeiras eras do mundo explica a razão pela qual a lei de natureza original (1) determinava a apropriação exclusivamente pelo trabalho; (2) determinava a proibição do desperdício; (3) permitia a indiferença para com a necessidade dos outros seres humanos. A apropriação indiferente à necessidade alheia justifica-se simplesmente porque era lícita quer os homens vivessem num estado de abundância, quer vivessem num estado de penúria.

é preciso se perguntar se os indivíduos "necessitados e desditosos" que povoavam a terra no passado tinham sempre o que precisavam. Pelas razões apresentadas no texto, o homem deve ter o direito natural de se apropriar pelo seu trabalho daquilo que precisa para a sua autopreservação, sem se preocupar se restou o bastante para os outros. O mesmo raciocínio parece levar à conclusão de que uma apropriação legítima não pode ser limitada à apropriação pelo trabalho. Pois num estado de extrema escassez cada um pode tomar dos outros aquilo de que necessita para sua própria autopreservação, sem se preocupar se os outros estão ou não famintos. Isso significa tão somente que numa condição de extrema escassez a paz é completamente impossível; ora, a lei natural diz como os homens devem agir em nome da paz quando esta não é uma impossibilidade completa: a lei natural da propriedade permanece necessariamente nos limites determinados pela lei de natureza como tal. Mas nas selvas nebulosas que se estendem para além desses limites, existe apenas o direito de autopreservação, que nessa situação é tão precário quanto irrevogável.

Consideremos agora a forma da lei natural da propriedade que substituiu a lei de natureza original, ou que regula a propriedade na sociedade civil. De acordo com a lei de natureza original, o homem pode se apropriar pelo seu trabalho de tudo aquilo de que pode se servir antes que se deteriore; nenhuma outra limitação é exigida, uma vez que ainda resta para os outros o bastante daquilo que até então não foi apropriado por ninguém. De acordo com a lei de natureza original, o homem pode se apropriar pelo seu trabalho de quanto ouro e prata lhe aprouver, porque tais coisas não têm valor em si mesmas[114]. Quase tudo na sociedade civil foi apropriado; em particular, a terra se tornou escassa. O ouro e a prata não são apenas escassos, pois, com a invenção do dinheiro, tornaram-se "valiosos a ponto de serem entesourados"[115]. Desse modo, seria de se esperar que a lei de natureza original fosse substituída por regras que impusessem restrições muito mais severas sobre a apropriação do que as que existiam no estado de natureza[116]. Visto que agora não há mais o suficiente para todos, a equidade deveria prescrever que o direito natural do homem de se apropriar de quanto possa se servir se restringisse ao direito de se apropriar de tanto quanto necessita, para que os pobres não "vivam à míngua". E visto que o ouro e a prata são agora muito valiosos, a equidade deveria prescrever que o homem abrisse mão do direito natural de acumular tanto dinheiro quanto lhe aprouver. Todavia, Locke ensina exatamente o contrário: o direito de se apropriar é muito mais

---

114. *Ibid.*, seções 33, 34, 37, 46.
115. *Ibid.*, seções 45 e 48.
116. "As obrigações da lei de natureza não deixam de vigorar na sociedade; antes, *em muitos casos* se tornam mais rigorosas" (*ibid.*, seção 135) (os itálicos não estão no original). O caso da propriedade não se inclui nos "muitos casos" de que fala Locke.

restrito no estado de natureza do que na sociedade civil. O homem desfruta de um privilégio no estado de natureza que de fato é negado na sociedade civil: o trabalho não cria mais um título suficiente de propriedade[117]. Mas essa perda é apenas uma parte do ganho enorme que o direito de apropriação criou depois de "as eras passadas" terem chegado ao seu termo. Na sociedade civil, o direito de apropriação está completamente livre dos grilhões aos quais, segundo Locke, ainda estava acorrentado durante o regime da lei de natureza original: a introdução do dinheiro trouxe "a possibilidade de grandes posses e o direito a elas"; o homem pode agora "legitimamente e sem cometer nenhuma injúria possuir mais do que ele próprio consegue fazer uso"[118]. Embora Locke enfatize o fato de que a invenção do dinheiro tenha revolucionado a propriedade, ele não diz uma palavra sobre o fato de que o direito natural de acumular tanto ouro e prata quanto se quiser tenha sido afetado por essa revolução. De acordo com a lei natural – ou seja, a lei moral –, o homem na sociedade civil pode adquirir tantos bens dos mais variados tipos quantos quiser, em particular o dinheiro; e pode adquiri-lo de todas as maneiras autorizadas pela lei positiva, que mantém a paz entre os concorrentes e salvaguarda os interesses deles. Até mesmo a proibição que a lei natural estabelece contra o desperdício perde validade na sociedade civil[119].

---

117. "O trabalho, *no passado*, conferia um direito de propriedade" (*ibid.*, seção 45); "*inicialmente* o trabalho podia gerar um título de propriedade" (seção 51); cf. também seções 30 e 35 (os itálicos não estão no original).

118. *Ibid.*, seções 36, 48, 50.

119. Luigi Cossa, *An Introduction to the Study of Political Economy* (Londres, 1893), p. 242: Locke "livra-se, por afirmar de maneira clara o poder produtivo do trabalho, do velho erro de Hobbes, o qual tinha em conta a terra e a parcimônia como componentes da produção". De acordo

Locke não incorre no absurdo de justificar a emancipação da aquisição apelando a um direito absoluto de

---

com Locke, a lei de natureza original da propriedade continua válida na relação entre sociedades civis, pois "todas as sociedades políticas estão em estado de natureza umas em relação às outras" (*Tratados*, II, seções 183 e 184; cf. Hobbes, *De cive*, XIII, 11; XIV, 4; *Leviatã*, caps. xiii [83] e xxx). Segue-se disso que a lei de natureza original determina os direitos que o conquistador adquire sobre os derrotados numa guerra justa. Por exemplo, o conquistador numa guerra justa não adquire o título da propriedade sobre a terra do conquistado, mas pode tomar o seu dinheiro como reparação por dano, pois "tais riquezas e economias [...] não têm senão um valor imaginário fantasioso, que não foi estabelecido pela natureza" (*Tratados*, II, seções 180-4). Ao fazer tal afirmação, Locke não ignora o fato de que o dinheiro é imensamente valioso nas sociedades civis e que a conquista pressupõe a existência das sociedades civis. A dificuldade é resolvida pela seguinte consideração: a função básica da análise da conquista em Locke é mostrar que ela não pode legitimar um governo. Portanto, ele teve que mostrar, particularmente, que o conquistador não se torna o governante legítimo do conquistado por se tornar proprietário de sua terra; assim, era necessário enfatizar a diferença essencial entre a terra e o dinheiro, bem como o valor superior da terra para a autopreservação. Além disso, ele trata nesse contexto de uma situação em que o comércio e a indústria são inexpressivos, e diz que o que está em jogo não é autopreservação confortável, mas sim a autopreservação em estado puro (dos inocentes que foram conquistados). Essa situação é radicalmente diferente daquela que existe em um estado de natureza propriamente dito: naquela, o conquistador "tem, e de sobra"; não resta nada em comum daquilo que os conquistados possam fazer uso; o conquistador tem, portanto, a obrigação de ser caridoso (*Tratados*, II, seção 183). Mas no estado de natureza propriamente dito, ou ninguém "tem, e de sobra", ou resta ainda o bastante para os outros homens. Locke abstém-se de discutir o que os conquistadores devem fazer quando não "têm" nem podem "emprestar"; ou, em outras palavras, "quando o mundo todo está sobrecarregado de habitantes". De acordo com os seus princípios, visto que os conquistadores, quando sua própria conservação está ameaçada, não têm obrigação de considerar as súplicas dos conquistados, Locke teria respondido a questão tal como Hobbes: "então, o último remédio é a guerra, que se encarrega de suprir as necessidades dos homens quer pela vitória, quer pela morte" (*Leviatã*, cap. xxx; cf. *De cive*, Epístola dedicatória).

propriedade que não existe. Ele justifica a emancipação da aquisição do único modo pelo qual é possível defendê-la: mostra que a aquisição conduz ao bem comum, à felicidade pública e à prosperidade temporal da sociedade. As restrições sobre a aquisição eram exigidas no estado de natureza porque a situação era de penúria. Na sociedade civil, pode-se seguramente abandoná-las porque se trata de um estado de abundância: "o rei de um território vasto e fértil [na América] é mais mal alimentado, alojado e vestido do que um diarista na Inglaterra"[120]. O diarista na Inglaterra não tem nenhum direito natural, nem mesmo para queixar-se da perda do seu direito natural de apropriar-se da terra e de outras coisas pelo seu trabalho: o exercício de todos os direitos e privilégios do estado de natureza lhe daria menos riqueza do que o salário "de subsistência" que recebe pelo seu trabalho. Longe de piorar de situação, o pobre enriquece por causa da emancipação da aquisição. Pois tal emancipação não é simplesmente compatível com a abundância geral, mas é a sua causa. A apropriação ilimitada e indiferente à necessidade dos outros é a verdadeira caridade.

Não há dúvida de que o trabalho faz as vezes de título original de propriedade. Mas ele também é a origem de quase todo valor: "o trabalho, na grande maioria dos

---

120. *Tratados*, II, seção 41. "Quando considero o direito de propriedade – o direito dos indivíduos de ter e possuir, com vistas a fazer uso pessoal e desfrutar isolada e egoisticamente do produto de sua própria indústria, dispondo livremente de poder para se valer de todo ele da maneira que lhes parece mais agradável – vejo-o como essencial para o bem-estar e mesmo para a permanência da sociedade [...] acreditando [...], com o sr. Locke, que a natureza estabeleceu tal direito" (Thomas Hodgskin, *The Natural and Artificial Right of Property Contrasted* [1832], p. 24; citado a partir de W. Stark, *The Ideal Foundations of Economic Thought* [Londres, 1943] p. 59).

casos, confere valor às coisas que desfrutamos neste mundo". Ele deixa de conferir o título de propriedade na sociedade civil, mas continua sendo o que sempre foi: a origem do valor ou da riqueza. O trabalho, por conseguinte, é importante, não como criador do título de propriedade, mas como origem da riqueza. Mas qual, afinal, é a causa do trabalho? O que é que induz os homens a trabalhar? O homem é induzido a trabalhar por suas necessidades, suas necessidades egoístas. Todavia, aquilo de que necessita para a sua mera autopreservação é bem pouco e, portanto, não exige muito trabalho; a coleta de bolotas de carvalho e de maçãs extraídas das árvores é suficiente. O verdadeiro trabalho – o aperfeiçoamento dos dons espontâneos concedidos pela natureza – pressupõe a insatisfação do homem com suas necessidades. Os seus apetites não se tornarão maiores sem que, antes disso, as suas concepções tenham sido ampliadas. Os homens de concepções mais elevadas são "racionais" e constituem uma minoria. O verdadeiro trabalho pressupõe, além disso, que o homem esteja disposto e seja capaz de suportar a austeridade do trabalho com vistas a comodidades futuras; sendo que os "industriosos" são uma minoria. "Os preguiçosos e os desatentos" constituem "de longe a grande maioria". A geração de riquezas exige, portanto, que os homens industriosos e racionais, que espontaneamente trabalham com afinco, assumam a liderança e forcem os preguiçosos e desatentos a trabalhar contra a vontade para o seu próprio bem. O homem que trabalha com afinco no aperfeiçoamento dos dons concedidos pela natureza a fim de possuir não apenas aquilo de que necessita, mas também aquilo que pode usar, e por nenhuma outra razão, "não diminui, senão aumenta o suprimento comum da humanidade". Trata-se de um benfeitor da humanidade muito mais importante do que aquele que dá esmola aos pobres; este último diminui, em vez de aumentar, o suprimento comum da humanidade. Mais do que isso. Apropriando-se de tanto quanto pode fazer uso, os homens industriosos e racionais reduzem a "extensão das vastas terras comuns do mundo" que são desperdiçadas; graças a "esse cerco", criam um tipo de escassez que força os preguiçosos e os desatentos a trabalhar muito mais do que fariam de outro modo, aperfeiçoando assim a sua própria condição na medida em que aperfeiçoam a condição de todos. Mas a verdadeira abundância não será produzida se o indivíduo não tiver um incentivo para apropriar-se de uma quantidade maior do que pode usar. Até mesmo os homens industriosos e racionais reincidirão na preguiça e letargia, tão características do homem do passado, se o seu *amor habendi* não tiver outros objetos além das coisas que são úteis em si mesmas, tais como a terra fértil, animais úteis e habitações confortáveis. O trabalho necessário à geração de abundância não aparecerá na ausência de dinheiro: "basta encontrar alguma coisa entre seus vizinhos que tenha o uso e o valor do dinheiro, e verificareis que o homem em questão passará imediatamente a aumentar as suas posses" "para além da serventia e do consumo abundante de sua família". Embora o trabalho seja a causa necessária da abundância, não é a sua causa suficiente; o incentivo ao trabalho que gera a verdadeira abundância é a aquisição – o desejo de ter mais do que se consegue fazer uso – que surge a partir da invenção do dinheiro. Observe-se ainda que aquilo que o dinheiro engendrou passa a ser desfrutável apenas por meio de descobertas e invenções forjadas pela ciência natural: "o estudo da natureza [...] pode ter um benefício para a humanidade maior do que os monumentos de caridade exemplar que foram erigidos a tão elevadas expensas pelos fundadores de hospitais e asilos. Aquele que primeiro tornou públicos as virtudes e o bom uso do *kin-kina* [...] tirou mais vidas da sepultura do que aqueles que construíram [...] hospitais"[121].

Se o fim do governo não é senão "a paz, a segurança e o bem público do povo"; se a paz e a segurança são as condições indispensáveis da abundância; se o bem público do povo é idêntico à abundância; se o fim do governo é, portanto, a abundância; se esta precisa da emancipação da aquisição; e se a aquisição necessariamente definha sempre que a sua recompensa não pertence de modo seguro àqueles que a merecem – se tudo isso é verdade, segue-se que o fim da sociedade civil é a "preservação da propriedade". "O fim principal [...] da união dos homens numa sociedade política e da sua subordinação ao governo é a preservação das suas propriedades." Por essa afirmação central, Locke não entende que os homens ingressem na sociedade civil com vistas a preservar aqueles "limites estreitos da pequena propriedade de cada homem", em que os seus desejos estavam confinados pelo "modo simples e pobre de viver" "no primórdio dos tempos" ou no estado de natureza. Os homens ingressam na sociedade com vistas não tanto a preservar quanto a expandir as suas posses. A propriedade que deve ser "preservada" pela sociedade civil não é a propriedade "estagnada" – a pequena fazenda herdada do pai e que será legada aos filhos –, mas sim a propriedade "dinâmica". O pensamento de Locke está perfeitamente expresso nas palavras de Madison: "A proteção de [faculdades diferentes e desiguais, com o propósito de *adquirir* propriedade] é o objetivo primeiro do governo."[122]

---

121. *Tratados*, II, seções 34, 37, 38, 40-4, 48-9; *Ensaio*, I, 4, seção 15; e IV, 12, seção 12; cf. Hobbes, *Leviatã*, cap. xxiv: "O dinheiro é o sangue de uma república."

122. *Tratados*, II, seções 42, 107, 124, 131; *The Federalist*, nº 10 (os itálicos não estão no original). Cf. n. 104 acima.

Uma coisa é dizer que a finalidade do governo ou da sociedade é a preservação da propriedade ou a proteção das faculdades desiguais de aquisição; outra inteiramente diferente e, ao que parece, inteiramente supérflua é afirmar, como faz Locke, que a propriedade é anterior à sociedade. Todavia, ao afirmar que a propriedade é anterior à sociedade civil, Locke diz que até mesmo a propriedade civil – aquela que se possui com base na lei positiva – é fundamentalmente independente da sociedade e, portanto, não é uma criação da sociedade. O "homem", isto é, o indivíduo, tem "ainda em si mesmo o grande fundamento da propriedade". A propriedade é criada pelo indivíduo e, em diferentes graus, por diferentes indivíduos. A sociedade civil apenas cria as condições sob as quais os indivíduos podem desempenhar, sem entraves, a sua atividade produtivo-aquisitiva.

A doutrina da propriedade de Locke é diretamente inteligível hoje quando considerada a doutrina clássica do "espírito do capitalismo" ou como uma doutrina relativa ao objetivo principal da política pública. Desde o século XIX, os leitores de Locke se deram conta da dificuldade de entender por que ele usou "a fraseologia da lei da natureza" ou por que razão estabeleceu a sua doutrina em termos da lei natural. Dizer que a felicidade pública exige a emancipação e a proteção das faculdades voltadas para a aquisição equivale a dizer que a acumulação de tanto dinheiro e de outras riquezas quanto se quiser é certa e justa, isto é, intrinsecamente justa, ou justa por natureza. E as regras que nos permitem fazer a distinção entre o que é justo e o que é injusto por natureza, seja num sentido absoluto seja até mesmo em condições específicas, eram chamadas de "proposições das leis de natureza". Os adeptos de Locke nas gerações posteriores não acreditavam mais que fosse necessária "a fraseologia da lei de natureza" porque estavam seguros daquilo de que Locke não esteve seguro: Locke ainda pensava que tinha que provar que a aquisição ilimitada de riqueza não é injusta ou moralmente errada.

De fato, Locke não teve dificuldades para ver um problema onde, posteriormente, as pessoas viram apenas uma ocasião para aplaudir o progresso ou para congratularem-se; na sua época, a maioria das pessoas ainda era adepta da visão antiga, de acordo com a qual a aquisição ilimitada de riquezas é injusta ou moralmente errada. Isso também explica por que Locke, ao formular a sua doutrina da propriedade, "é tão complicado no que diz, que não é fácil compreendê-lo", bem como por que ele se esforçava ao máximo para "seguir o rebanho". Embora escondesse da massa de seus leitores o caráter revolucionário da sua doutrina da propriedade, ainda assim deixava-o indicado de maneira suficientemente clara – o que ele faz quando ocasionalmente menciona e aparentemente aprova a visão antiga. Ele atribuiu a introdução "do direito às grandes posses" ao "desejo que o homem tem de adquirir mais do que" necessita, ou ao aumento da "cobiça" (*amor sceleratus habendi*, ou concupiscência malévola"). E seguindo uma mesma índole, fala afrontosamente das "pequenas peças de metal dourado" e de "cascalhos reluzentes"[123]. Mas, logo depois, deixa de lado essas *niaiseries*: no seu capítulo sobre a propriedade, o ponto central é que a cobiça e a concupiscência, em vez de serem essencialmente malévolas ou estúpidas, são, quando devidamente direcionadas, eminentemente benéficas e razoáveis, muito mais do que a "caridade exemplar". Ao se erigir a sociedade civil sobre as "bases rudimentares, porém sólidas", do egoísmo ou de certos "vícios

---

123. *Tratados*, II, seções 37, 46, 51 (fim), 75, 111.

privados", torna-se possível adquirir "benefícios públicos" muito maiores do que quando se apela futilmente para a virtude, que é por natureza "desabonada". É preciso orientar-se não pelo modo como os homens devem viver, mas pelo modo como eles realmente vivem. Locke chega quase a citar as palavras do apóstolo: "Deus nos deu em abundância todas as coisas para nosso proveito", e fala das "bênçãos prodigiosas que Deus dá [ao homem] com mão generosa"; contudo, "a natureza e a terra fornecem apenas coisas que, nelas mesmas, quase não têm valor"[124]. Diz Locke que Deus é "o único senhor e proprietário de todo o mundo", que os homens são propriedade de Deus e que "a posse do homem sobre as criaturas não é senão a liberdade, permitida por Deus, para usá-las"; mas ao mesmo tempo diz que "o homem no estado de natureza [é] senhor absoluto de sua própria pessoa e de suas posses"[125]. Locke diz que, "para um homem de boa situação, será sempre um pecado deixar o seu ir-

---

124. *Ibid.*, I, seções 40, 43; II, seções 31, 43. Cf. as afirmações de Locke sobre a importância relativa dos dons concedidos pela natureza e do trabalho humano com uma afirmação de Ambrósio, em *Hexaemeron*, trad. George Boas, em *Essays on Primitivism and Related Ideas in the Middle Ages* [*Ensaio sobre o primitivismo e ideias afins na Idade Média*] (Baltimore: Johns Hopkins Press, 1948), p. 42.

125. *Tratados*, I, seção 39; II, seções 6, 27, 123. Por sinal, podemos observar que se "o homem no estado de natureza [é] senhor absoluto de suas [...] posses" e se a propriedade destina-se "ao benefício e vantagem exclusivos do proprietário", então o direito natural dos filhos "de herdar os bens de seus pais" (*ibid.*, I, seções 88, 93, 97; II, seção 190) está sujeito a uma restrição crucial: os filhos têm esse direito se os pais não dispuserem de sua propriedade de outra maneira, o que eles podem fazer, segundo Locke (I, seção 87; II, seções 57, 65, 72, 116, fim). O direito natural dos filhos de herdar a propriedade de seus pais resume-se tão somente no seguinte: se os pais morrem intestados, supõe-se que eles teriam preferido, como herdeiros de seus bens, os seus filhos a estranhos. Cf. I, seção 89, com Hobbes, *De cive*, IX, 15.

mão morrer por não lhe oferecer recursos provindos de suas posses". Mas, na sua discussão sobre a propriedade, ele não se pronuncia sobre nenhum dever de caridade[126].

O ensinamento de Locke sobre a questão da propriedade e, por conseguinte, toda a sua filosofia política, é revolucionário não apenas em relação à tradição bíblica, mas também em relação à tradição filosófica. Em razão da mudança de ênfase dos deveres ou obrigações naturais para os direitos naturais, o indivíduo, o ego, tornou-se o centro e a origem do mundo moral, já que o homem – em contraposição à finalidade do homem – tornou-se esse centro ou origem. A doutrina da propriedade de Locke é uma expressão muito mais "avançada" dessa mudança radical do que a filosofia política de Hobbes. De acordo com Locke, o homem, não a natureza, e o trabalho do homem, não os dons concedidos pela natureza, constituem a origem de quase tudo o que existe de valioso: o homem deve ao seu próprio esforço quase tudo o que existe de valioso. Não é a gratidão resignada nem a obediência à natureza ou a imitação consciente dela, mas a autoconfiança e a criatividade otimistas que se tornam, doravante, as marcas da nobreza humana. O homem está efetivamente emancipado dos vínculos com a natureza e, desse modo, o indivíduo está emancipado dos vínculos sociais que antecedem o consentimento ou contrato por força da emancipação de sua aquisição produtiva, que é necessariamente, mesmo que acidentalmente, benéfica e, portanto, propícia a se tornar o vínculo social mais forte:

---

126. *Tratados*, I, seção 42 (quanto ao uso do termo "pecado", cf. n. 90 acima). Cf. *ibid.*, seção 92: "A propriedade [...] destina-se *tão somente* ao benefício e vantagem do proprietário" (os itálicos não estão no original). Sobre a menção ao dever de caridade no capítulo sobre a conquista (ii, seção 183), ver nota 119 acima. Cf. nota 73 acima.

a contenção dos apetites é substituída por um mecanismo cujo efeito é humanitário. E a emancipação é alcançada pela intercessão do protótipo das coisas convencionais, a saber, o dinheiro. O mundo em que a criatividade humana parece reinar soberana é, na verdade, o mundo que substituiu o regime da natureza pelo da convenção. De agora em diante, a natureza apenas fornece coisas que em si mesmas não têm valor; as formas são dadas pelo homem, pela livre criação humana. Pois não há formas naturais nem "essências" inteligíveis: as "ideias abstratas" são "invenções e criações do entendimento, feitas por ele para o seu próprio uso". O entendimento e a ciência são, para o que nos é "dado", aquilo que o trabalho humano, estimulado ao máximo pelo dinheiro, é para os materiais brutos. Não há, portanto, princípios naturais do entendimento: todo conhecimento é adquirido; todo conhecimento depende do trabalho e é trabalho[127].

Locke é um hedonista: "aquilo que é propriamente bom ou mau não é senão o simples prazer ou a simples dor". Mas o seu hedonismo é peculiar: "A maior felicidade consiste" não em desfrutar dos maiores prazeres, mas "em possuir aquelas coisas que produzem os maiores prazeres". Não é de todo acidental que o capítulo em que essas afirmações são feitas, e que acaba sendo o mais longo capítulo de todo o *Ensaio*, intitula-se "Do poder". Pois se, como diz Hobbes, "o poder de um homem [...] consiste nos seus meios atuais, a fim de obter algum aparente bem futuro", Locke diz, com efeito, que a maior

---

127. Ao falar de uma concessão que seus oponentes não deveriam fazer, Locke diz: "Pois isso equivaleria a destruir aquela *generosidade da natureza de que eles parecem tanto gostar*, quando fazem o conhecimento desses princípios depender do *trabalho* de nossos pensamentos" (*Ensaio*, I, 2, seção 10) (os itálicos não estão no original).

felicidade consiste no maior poder. Visto que não há naturezas cognoscíveis, não há nenhuma natureza humana que nos permita distinguir os prazeres que são conformes à natureza dos prazeres contrários à natureza; ou os prazeres que são superiores por natureza dos prazeres inferiores por natureza: o prazer e a dor são "coisas muito diferentes [...] para cada pessoa". Portanto, "os filósofos do passado procuravam em vão saber se o *summum bonum* consistia nas riquezas, nos deleites do corpo, na virtude ou na contemplação". Na ausência de um *summum bonum*, o homem não contaria com nenhuma estrela nem com uma bússola para conduzir a sua vida se não houvesse um *summum malum*. "O desejo é sempre movido pelo mal, para fugir dele."[128] O desejo mais forte é o desejo de autopreservação. O mal de que o desejo mais forte recua é a morte. A morte deve ser assim o mal maior: não é a doçura natural de viver, mas o medo da morte que faz com que nos apeguemos à vida. O que a natureza solidamente estabelece é aquilo a partir do qual o desejo se afasta, o ponto de partida do desejo; o objetivo para o qual o desejo se move é secundário. O fato primordial é a falta. Mas essa falta, essa carência, não é mais compreendida como aquilo que aponta para algo completo, perfeito, total. As necessidades da vida não são mais compreendidas como necessárias *para* a vida completa ou a vida excelente, mas simplesmente como inescapáveis. Portanto, a satisfação dessas carências não é limitada pelas prescrições da vida excelente, tornando-se assim despropositada. O objetivo do desejo é definido por natureza apenas negativamente – a negação da dor. Não é o prazer mais ou menos obscuramente antecipado que solicita os esforços humanos: "o maior estímulo, se

---

128. *Ensaio*, II, 21, seções 55, 61, 71; cap. 20, seção 6.

não o único, da diligência e ação humanas é a inquietude." Tão poderoso é o primado natural da dor que a negação ativa da dor é, ela própria, dolorosa. A dor que remove a dor é o trabalho[129]. E é essa dor e, portanto, essa imperfeição, que dá originariamente ao homem o mais importante de todos os direitos: os sofrimentos e as imperfeições, no lugar dos méritos e das virtudes, originam os direitos. Hobbes identificou a vida racional com a vida dominada pelo medo do medo, pelo medo que nos alivia do medo. Levado pelo mesmo espírito, Locke identifica a vida racional com a vida dominada pela dor que alivia a dor. O trabalho substitui a arte que imita a natureza; pois o trabalho é, nas palavras de Hegel, a atitude negativa para com a natureza. O ponto de partida dos esforços humanos é a infelicidade: o estado de natureza é um estado desditoso. O caminho para a felicidade é um movimento de abandono do estado de natureza, de abandono da natureza: a negação da natureza é o caminho para a felicidade. E se o movimento em direção à felicidade é a efetividade da liberdade, a liberdade é negatividade. Assim como a própria dor primária, a dor que alivia a dor "cessa apenas com a morte". Desse modo, visto que não há prazeres puros, não há nenhuma tensão necessária entre a sociedade civil, na condição do poderoso leviatã ou da sociedade coercitiva, e a vida excelente: o hedonismo se torna utilitarismo ou hedonismo político. O doloroso alívio da dor não culmina tanto nos maiores prazeres quanto "na obtenção daquelas coisas que produzem os maiores prazeres". A vida é a triste busca da alegria.

---

129. *Tratados*, II, seções 30, 34, 37, 42.

CAPÍTULO VI
A CRISE DO DIREITO NATURAL MODERNO

A. Rousseau

A primeira crise da modernidade ocorreu no pensamento de Jean-Jacques Rousseau. Rousseau não foi o primeiro a perceber que a aventura moderna foi um erro radical e a buscar o remédio num retorno ao pensamento clássico. Basta aqui mencionar o nome de Swift. Mas Rousseau não era um "reacionário". Ele se entregou à modernidade. Somos tentados a dizer que foi só por aceitar o destino do homem moderno que ele foi levado de volta à Antiguidade. Em todo caso, tal retorno foi, ao mesmo tempo, um avanço da modernidade. Ao contrapor Hobbes, Locke e os enciclopedistas a Platão, Aristóteles e Plutarco, ele rejeitou importantes elementos do pensamento clássico que os seus antecessores modernos ainda tinham preservado. Em Hobbes, o uso da autoridade da razão tinha emancipado a paixão, que adquiriu o status de uma mulher liberta; a razão continuava controlando tudo, mesmo que apenas por controle remoto. Em Rousseau, a paixão assumiu a iniciativa e rebelou-se; usurpando o lugar da razão e negando furiosamente o seu passado libertino, a paixão começou a emitir juízos, nos tons da severa virtude de um Catão, sobre a torpeza da razão. As rochas incandescentes, com que a erupção rousseauniana soterrara o mundo ocidental, foram usadas, depois de resfriadas e lavradas, para construir as imponentes estruturas erigidas pelos grandes pensadores do fim do século XVIII e começo do século XIX. Com efeito, os discípulos de Rousseau elucidaram suas concepções, embora seja cabível perguntar se eles preservaram uma visão tão larga quanto a sua. O seu ataque apaixonado e impetuoso lançado contra a modernidade e em nome de algo que consistia, a um só tempo, na Antiguidade clássica e numa modernidade ainda mais avançada, foi reiterado, com não menos paixão e força, por Nietzsche, que desencadeou a segunda crise da modernidade – a crise de nosso tempo.

Rousseau atacou a modernidade em nome de duas ideias clássicas: a cidade e a virtude, por um lado, e a natureza, por outro[1]. "Os políticos do passado falavam incessantemente de costumes e virtudes; os nossos não falam senão de comércio e dinheiro." O comércio, o dinheiro, a ilustração, a emancipação da aquisição, a luxúria e a crença na onipotência da legislação são características do Es-

---

1. Nas notas desta seção, utilizam-se as seguintes formas de abreviação para os títulos das obras: *D'Alembert* = *Lettre à d'Alembert sur les spetacles*, org. Léon Fontaine; *Beaumont* = *Lettre à M. de Beaumont* (ed. Garnier); *Confissões* = *Les Confessions*, org. Ad. Van Bever; *C.S.* = *Contrat social*; *Primeiro discurso* = *Discours sur les sciences et sur les arts*, org. G. R. Havens; *Segundo discurso* = *Discours sur l'origine de l'inegalité* (ed. Flammarion); *Emílio* = *Émile* (ed. Garnier); Hachette = *Oeuvres complètes*, ed. Hachette; *Julie* = *Julie ou la Nouvelle Héloïse* (ed. Garnier); *Montagne* = *Lettres écrites de la Montagne* (ed. Garnier); *Narcisse* = *Préface de Narcisse* (ed. Flammarion); *Rêveries* = *Les Rêveries du promeneur solitaire*, org. Marcel Raymond.

tado moderno, seja ele a monarquia absoluta ou a república representativa. Os costumes e a virtude encontram sua morada na cidade. Com efeito, Genebra é uma cidade, mas num sentido inferior ao das cidades da Antiguidade clássica, especialmente Roma: nos seus elogios a Genebra, Rousseau considera não os genebrinos, mas os romanos o modelo de todos os povos livres. Os romanos são os mais respeitáveis porque foram os mais virtuosos, os mais poderosos e o povo mais livre que já existiu. Os genebrinos não são os romanos, os espartanos, tampouco os atenienses, pois eles não têm o espírito público ou o patriotismo dos antigos: estão mais voltados para seus negócios privados ou domésticos do que para a pátria. Falta-lhes a grandeza de alma dos antigos. Em vez de cidadãos, eles são burgueses. Ao longo das eras pós-clássicas, a unidade sagrada da cidade foi destruída pelo dualismo entre poder temporal e poder espiritual e, finalmente, pelo dualismo entre a pátria terrestre e a pátria celeste[2].

O Estado moderno se apresentou como um corpo artificial que surge por convenção e sana as deficiências do estado de natureza. Desse modo, para o crítico do Estado moderno, trata-se de saber se o estado de natureza não é preferível à sociedade civil. Rousseau sugeriu o retorno de um mundo de artificialidade e convencionalismo ao estado de natureza, à natureza. Durante toda a sua carreira, ele jamais se contentou em apenas invocar a

---

2. *Primeiro discurso*, p. 134: *Narcisse*, pp. 53-4, 57 n.; *Segundo discurso*, pp. 66, 67, 71-2; *D'Alembert*, pp. 192, 237, 278; *Julie*, pp. 112-3; *C.S.*, IV, 4, 8; *Montagne*, pp. 292-3. Nenhum pensador moderno conseguiu compreender tão bem quanto Rousseau a concepção filosófica da *polis*, que consiste na associação completa que corresponde ao alcance natural das faculdades de conhecimento e amor do homem. Ver especialmente *Segundo discurso*, pp. 65-6, e *C.S.*, II, 10.

cidade clássica contra o Estado moderno. Quase simultaneamente, ele invocava o "homem de natureza", o selvagem pré-político, contra a própria cidade clássica[3].

Há uma tensão manifesta entre o retorno à cidade e o retorno ao estado de natureza. Essa tensão é a substância do pensamento de Rousseau. Ele apresenta ao seu leitor o confuso espetáculo de um homem que muda perpetuamente, oscilando entre duas posições diametralmente opostas. Num momento, ele defende ardorosamente os direitos do indivíduo ou os direitos do coração contra toda restrição e toda autoridade. No momento seguinte, prescreve com igual ardor a submissão completa do indivíduo à sociedade ou ao Estado, em favor da mais rigorosa disciplina moral e social. Hoje, os estudiosos mais compenetrados de Rousseau se inclinam para a tese de que, no fim, ele conseguiu superar aquilo que veem como uma hesitação temporária. O Rousseau maduro, afirmam eles, encontrou uma solução que, na opinião dele mesmo, satisfazia igualmente as reivindicações legítimas do indivíduo e da sociedade, solução essa que consiste em certo tipo de sociedade[4]. Essa interpretação é vulnerável a uma objeção decisiva. Rousseau acreditou até o fim que mesmo a sociedade justa é uma forma de sujeição. Portanto, não é possível que ele tenha considerado que a sua solução para o problema do conflito entre indivíduo e sociedade

---

3. *Primeiro discurso*, pp. 102 n., 115 n., 140. "On me reproche d'avoir affecté de prendre chez les anciens mes examples de vertu. Il y a bien de l'apparence que j'en aurais trouvé encore davantage, si j'avais pu remonter plus haut" (Hachette, I, 35-6).

4. A formulação clássica dessa interpretação de Rousseau será encontrada em Kant, na "Idee zu einer allgemeinen Geschichte in weltbürgerlicher Absicht"[Ideia de uma história universal sob o ponto de vista cosmopolita], Siebenter Satz (*The Philosophy of Kant*, org. Carl J. Friedrich [col. "Modern Library"], pp. 123-7).

fosse mais do que uma aproximação tolerável da solução – uma aproximação que permanece exposta a dúvidas legítimas. O dizer adeus à sociedade, à autoridade, à restrição e à responsabilidade, em suma, o retorno ao estado de natureza permanece para ele como uma possibilidade legítima[5]. A questão, portanto, não é saber como ele solucionou o conflito entre o indivíduo e a sociedade, mas sim como concebeu esse conflito insolúvel.

O *Primeiro discurso* de Rousseau permite-nos precisar melhor a formulação dessa questão. Nesse escrito, que constitui o seu primeiro texto importante, ele lança um ataque contra as ciências e as artes em nome da virtude: as ciências e as artes são incompatíveis com a virtude; e a virtude é a única coisa que realmente importa[6]. Aparentemente a virtude exige o apoio da fé ou do teísmo, embora não necessariamente do monoteísmo[7]. Todavia, a ênfase recai sobre a virtude. Rousseau indica o sentido de virtude de modo suficientemente claro para o seu propósito, referindo-se a exemplos de cidadãos-filósofos como Sócrates, Fabrício e, sobretudo, Catão, que foi "o maior dos homens"[8]. A virtude é primordialmente a virtude política, a virtude do patriota ou a virtude de todo um povo. Ela pressupõe uma sociedade livre e uma sociedade livre pressupõe a virtude: a virtude e a socie-

---

5. *C.S.*, I, 1; II, 7, 11; III, 15; *Emílio*, I, 13-6, 79-80, 85; *Segundo discurso*, pp. 65, 147, 150, 165.

6. *Primeiro discurso*, pp. 97-8, 109-10, 116. Hachette, I, 55: A moralidade é infinitamente mais sublime que as maravilhas do entendimento.

7. *Primeiro discurso*, pp. 122, 140-1; *Emílio*, II, 51; *Julie*, pp. 502 ss., 603; *Montagne*, p. 180,

8. *Primeiro discurso*, pp. 120-2; *Segundo discurso*, p. 150; *Julie*, p. 325. Hachette, I, 45-6: a igualdade originária é "a fonte de toda virtude". *Ibid.*, p. 59: Catão ofereceu ao gênero humano o espetáculo e o modelo da mais pura virtude que já existiu.

dade livre estão intrinsecamente ligadas[9]. Em dois pontos, Rousseau se afasta dos seus modelos clássicos. Seguindo Montesquieu, ele vê a virtude como o princípio da democracia: a virtude é inseparável da igualdade ou do reconhecimento da igualdade[10]. Em segundo lugar, ele acredita que o conhecimento exigido para alcançar a virtude é proporcionado não pela razão, mas pelo que chama de "consciência" (ou "a sublime ciência das almas simples"), pelo sentimento, ou ainda, pelo instinto. O sentimento que ele tem em mente vem a provar que se trata originalmente do sentimento de compaixão, a base natural de toda bondade genuína. Rousseau via uma conexão entre a sua inclinação pessoal pela democracia e o fato de preferir o sentimento à razão[11].

Visto que Rousseau considerava que a virtude e a sociedade livre estão intrinsecamente ligadas, ele pôde provar que a ciência e a virtude são incompatíveis na medida em que provou que a ciência e a sociedade livre são incompatíveis. O raciocínio que preside o *Primeiro discurso* pode ser reduzido a cinco considerações centrais, que estão de fato insuficientemente desenvolvidas nessa obra, mas se tornam suficientemente claras quando lemos o *Primeiro discurso* levando em conta os escritos posteriores de Rousseau[12].

---

9. *Narcisse*, pp. 54, 56, 57 n.; *Emílio*, I, 308; *C. S.*, I, 8; *Confissões*, I, 244.

10. Hachette, I, 41, 45-6; *Segundo discurso*, pp. 66, 143-4; *Montagne*, p. 252. Comparar a citação extraída da *Apologia de Sócrates* (21ᵇ ss.), de Platão, presente no *Primeiro discurso* (pp. 118-20), com o texto original de Platão: Rousseau não cita a censura que Sócrates faz ao homem de Estado (democrático ou republicano); e substitui a censura de Sócrates aos artesãos por uma censura aos artistas.

11. *Primeiro discurso*, p. 162; *Segundo discurso*, pp. 107-10; *Emílio*, I, 286-87, 307; *Confissões*, I, 199; Hachette, I, 31, 35, 62-3.

12. Não há objeção a esse procedimento pois o próprio Rousseau diz que ainda não apresentou por completo os seus princípios no *Pri-*

De acordo com Rousseau, a sociedade civil é essencialmente uma sociedade particular ou, mais especificamente, uma sociedade fechada. Rousseau sustenta que a sociedade civil só poderá ser saudável quando tiver características próprias, o que exige que a sua individualidade seja produzida ou cultivada por instituições nacionais e exclusivas. Essas instituições devem ser animadas por uma "filosofia" nacional, um modo de pensamento que não é transferível para outras sociedades: "a filosofia de cada povo é pouco adequada para outro povo". Por outro lado, a ciência ou filosofia é essencialmente universal. A ciência ou filosofia necessariamente enfraquece o poder das "filosofias" nacionais e, com isso, o vínculo dos cidadãos com um modo de vida particular, ou os costumes de sua comunidade. Em outras palavras, enquanto a ciência é essencialmente cosmopolita, a sociedade por sua vez deve ser animada por um espírito patriota, por um espírito de maneira nenhuma irreconciliável com os ódios nacionais. A sociedade política, que é uma sociedade que tem de se defender de outros Estados, deve cultivar as virtudes militares; e normalmente ela desenvolve um espírito guerreiro. A filosofia ou ciência, em contrapartida, compromete o espírito guerreiro[13]. Além disso, a sociedade exige que os seus membros estejam completamente voltados para o bem comum ou que se ocupem e ajam a favor de seus companheiros: "todo ci-

---

meiro discurso, e que essa obra também não é adequada por outras razões (*Primeiro discurso*, pp. 51, 56, 92, 169-70). Por outro lado, o *Primeiro discurso* revela mais claramente do que nas obras posteriores a unidade da concepção fundamental de Rousseau.

13. *Primeiro discurso*, pp. 107, 121-3, 141-6; *Narcisse*, pp. 49 n., 51-2, 57 n.; *Segundo discurso*, pp. 65-6, 134-5, 169-70, *C.S.*, II, 8 (próximo do fim); *Emílio*, I, 13; *Gouvernement de Pologne*, caps. ii e iii; *Montagne*, pp. 130-3.

dadão indolente é um patife". Por outro lado, a base da ciência é reconhecidamente o ócio, que não é bem diferenciado da indolência. Em outras palavras, o verdadeiro cidadão está voltado para o dever, ao passo que o filósofo ou cientista busca de maneira egoísta o seu prazer[14]. Além do que, a sociedade exige que seus membros se tornem inquestionavelmente adeptos de certas crenças religiosas. As certezas salutares, os "nossos dogmas" ou os "dogmas sagrados autorizados pelas leis" são postos em xeque pela ciência. A ciência visa à verdade como tal, independentemente de sua utilidade; ela corre o risco, pelo seu próprio objetivo, de levar a verdades inúteis ou mesmo danosas. Na prática, porém, a verdade é inacessível; de modo que a busca da verdade leva ao erro perigoso ou ao ceticismo perigoso. O elemento fundamental da sociedade é a fé ou opinião. Portanto, a ciência, ou a tentativa de substituir a opinião pelo conhecimento, necessariamente põe a sociedade em perigo[15]. Além do mais,

---

14. *Primeiro discurso*, pp. 101, 115, 129-32, 150; Hachette, I, 62; *Narcisse*, pp. 50-3; *Segundo discurso*, p. 150; *D'Alembert*, pp. 120, 123, 137; *Julie*, p. 517; *Emílio*, I, 248.

15. *Primeiro discurso*, pp. 107, 125-6, 129-33, 151, 155-7; *Narcisse*, pp. 56, 57 n.; *Segundo discurso*, pp. 71, 152; *C.S.*, II, 7; *Confissões*, II, 226. Hachette, I, 38 n.: "Ce serait en effet un détail bien flétrissant pour la philosophie, que l'exposition des maximes pernicieuses et des dogmes impies de ses diverses sectes [...] y-a-til une seule de toutes ces sectes qui ne soit tombée dans quelque erreur dangereuse? Et que devons--nous dire de la distinction des deux doctrines, si avidement reçu de *tous* les philosophes, et par laquelle ils professaient en secret des sentiments contraires à ceux qu'ils enseignaient publiquement? Pythagore fit le premier qui fut usage de la doctrine intérieure; il ne la découvrait à ses disciples qu'après de longues épreuves et avec le plus grand mystère. Il leur donnait en secret des leçons d'athéisme, et offrit solennellement des hécatombes à Jupiter. Les philosophes se trouvaient si bien de cette méthode, qu'elle se répandit rapidement dans la Grèce, et de là dans Rome, comme on le voit par les ouvrages de Cicéron, qui se moquiat

uma sociedade livre pressupõe que os seus membros abandonaram a sua liberdade original ou natural em favor da liberdade convencional, isto é, da obediência às leis da comunidade ou às regras de conduta uniformes, para cuja elaboração cada um pode ter contribuído. A sociedade civil exige a conformidade ou a transformação do homem natural em cidadão. Mas o filósofo ou cientista deve seguir o seu "próprio gênio" com absoluta sinceridade e sem nenhuma consideração pela vontade geral ou o modo comunal de pensar[16]. Por fim, a sociedade li-

---

avec ses amis des dieux immortels, quil attestait avec tant d'emphase sur le tribunal aux harangues. La doctrine intérieure n'a point été portée d'Europe à la Chine; mais elle y est née aussi avec la philosophie; et c'est à elle que les Chinois sont redevables de cette foule d'athées ou de philosophes qu'ils ont parmi eux. L'histoire de cette fatale doctrine, faite par un homme instruit et sincère, serait un terrible coup porté à *la philosophie ancienne et moderne*" [Com efeito, seria um detalhe muito difamante para a filosofia a exposição das máximas perniciosas e dos dogmas ímpios de suas diversas seitas [...]. De todas essas seitas, existiria uma única que não tenha incorrido em algum erro perigoso? E o que devemos dizer da distinção das duas doutrinas, tão avidamente recebida por *todos* os filósofos, e pela qual eles professavam em segredo sentimentos contrários àqueles que ensinavam publicamente? Pitágoras foi o primeiro a fazer uso da doutrina interior; ele a revelava a seus discípulos somente após longos testes e com o maior mistério. Ele lhes dava em segredo lições de ateísmo e oferecia solenemente hecatombes a Júpiter. Os filósofos se sentiam tão bem com esse método que ele logo se expandiu na Grécia e, de lá, para Roma, como se vê pelas obras de Cícero, que, com seus amigos, zombava dos deuses imortais, que ele tomava como testemunhas nas arengas proferidas nos tribunais. A doutrina interior não foi levada da Europa à China, mas também surgiu nesse país com a filosofia, e é a ela que os chineses devem essa multidão de ateus ou de filósofos que têm entre si. A história dessa doutrina fatal, feita por um homem instruído e sincero, seria um terrível golpe para *a filosofia antiga e moderna*]. (Os itálicos não estão no original.) Cf. *Confissões*, II, 329.

16. *Primeiro discurso*, pp. 101-2, 105-6, 158-9; *Segundo discurso*, p. 116; *C.S.*, I, 6, 8; II, 7; *Emílio*, I, 13-5.

vre surge com a substituição da desigualdade natural pela igualdade convencional. A busca da ciência, entretanto, exige o cultivo dos talentos, isto é, da desigualdade natural; o incremento da desigualdade lhe é tão característico que é razoável dizer que o interesse pela superioridade, ou o orgulho, é a base da ciência ou filosofia[17].

Foi por meio da ciência ou filosofia que Rousseau estabeleceu a tese de que a ciência ou filosofia é incompatível com a sociedade livre e a virtude. Agindo assim, ele tacitamente admitia que a ciência ou filosofia pode ser salutar, isto é, compatível com a virtude. Mas não se limitou a essa admissão tácita. Já no *Primeiro discurso* ele teceu grandes elogios às sociedades instruídas, cujos membros devem combinar o saber com a moralidade; chamou Bacon, Descartes e Newton de instrutores do gênero humano; e prescreveu que os estudiosos mais capacitados encontrassem abrigo nas cortes dos príncipes, a fim de poderem a partir daí ilustrar as pessoas acerca dos seus deveres, contribuindo assim para a felicidade humana[18].

Rousseau propôs três soluções diferentes para essa contradição. De acordo com a primeira, a ciência é ruim para a boa sociedade e boa para a má sociedade. Numa sociedade corrupta, governada despoticamente, o ataque lançado contra todas as opiniões sagradas ou preconceitos é legítimo porque a moral social não pode se tornar pior do que já é. Nessa sociedade, apenas a ciência pode propiciar algum consolo para o homem: a discussão sobre os fundamentos da sociedade pode levar à descoberta de paliativos para os abusos predominantes. Essa solução bastaria se Rousseau tivesse escrito apenas para seus

---

17. *Primeiro discurso*, pp. 115, 125-6, 128, 137, 161-2; *Narcisse*, p. 50; *Segundo discurso*, p. 147; *C.S.*, I, 9 (fim); Hachette, I, 38 n.

18. *Primeiro discurso*, pp. 98-100, 127-8, 138-9, 151-2, 158-61; *Narcisse*, pp. 45, 54.

contemporâneos, isto é, para os membros de uma sociedade corrompida. Mas ele queria que seus escritos vivessem para além de seu tempo, e previu uma revolução. Portanto, também escreveu com vistas às exigências de uma boa sociedade e, de fato, de uma sociedade mais perfeita do que as que tinham existido antes, que poderia ser estabelecida depois da revolução. Essa solução do problema político, que seria a melhor solução, é descoberta pela filosofia e apenas por ela. Disso se segue que a filosofia não pode ser boa apenas para uma sociedade má; ela é indispensável para o surgimento da melhor sociedade[19].

De acordo com a segunda solução de Rousseau, a ciência é boa para os "indivíduos", isto é, "alguns grandes gênios", "algumas almas privilegiadas", ou ainda "o pequeno grupo de verdadeiros filósofos", entre os quais ele se inclui, mas ruim para "os povos", "o público", ou ainda "os homens comuns" (*les hommes vulgaires*). Assim, no *Primeiro discurso*, ele lançou um ataque não contra a ciência como tal, mas contra a ciência popularizada, contra a difusão do conhecimento científico. Tal difusão é desastrosa não apenas para a sociedade, mas para a própria filosofia ou ciência; pela sua popularização, a ciência degenera em opinião; a luta contra o preconceito torna-se, ela mesma, um preconceito. A ciência deve permanecer restrita a uma minoria; deve ser mantida escondida do homem comum. E visto que todo livro é acessível não apenas à minoria, mas a todos aqueles que sabem ler, Rousseau foi obrigado, pelo seu princípio, a apresentar o seu ensinamento filosófico ou científico com muita reserva. Com efeito, ele acreditava que, numa sociedade corrompida, como aquela em que ele viveu, a difusão do

---

19. *Primeiro discurso*, p. 94 (cf. 38, 46, 50); *Narcisse*, pp. 54, 57-8, 60 n.; *Segundo discurso*, pp. 66, 68, 133, 136, 141, 142, 145, 149; *Julie*, Prefácio (início); *C.S.*, I, 1; *Beaumont*, pp. 471-2.

conhecimento filosófico não poderia ser danosa; mas, como já foi dito, ele não escreveu apenas para seus contemporâneos. O *Primeiro discurso* deve ser entendido à luz desses fatos. A função dessa obra é acautelar os homens contra a ciência – não todos os homens, mas apenas os homens comuns. Quando rejeita a ciência, considerando-a pura e simplesmente má, Rousseau fala como um homem comum que se dirige a homens comuns. Mas dá a entender que, longe de ser um homem comum, ele é um filósofo sob as vestes do homem comum; do mesmo modo que, longe de se dirigir em última análise ao "povo", ele tem em conta apenas aqueles que não foram subjugados pelas opiniões que predominam na época, no país ou na sociedade em que vivem[20].

---

20. *Primeiro discurso*, pp. 93-4, 108 n., 120, 125, 132-3, 152, 157-62, 227; Hachette, I, 23, 26, 31, 33, 35, 47 n. 1, 48, 52, 70; *Segundo discurso*, pp. 83, 170, 175; *D'Alembert*, pp. 107-8; *Beaumont*, p. 471; *Montagne*, pp. 152-3, 202, 283. Um crítico do *Primeiro discurso* disse: "On ne saurait mettre dans um trop grand jour des vérités qui heurtent autant de front le goût general..." [Não poderíamos revelar em grande medida verdades que batem tão de frente contra o gosto geral [...]]. Ao que Rousseau respondeu: "Je ne suis pas tout-à-fait de cet avis, et je crois qu'il faut laisser des osselets aux enfants" [Não compartilho absolutamente dessa opinião e creio que é preciso deixar os ganizes às crianças] (Hachette, I, 12; cf. também *Confissões*, II, 247). O ponto de partida de Rousseau era dizer a verdade "en toute chose *utile*" [em todas as coisas úteis] (*Beaumont*, pp. 472, 495; *Rêveries*, IV); assim, pode-se não apenas suprimir ou encobrir verdades desprovidas de toda utilidade possível, mas pode-se mesmo induzir positivamente a um erro afirmando o contrário dessas verdades, sem que se cometa o pecado de mentir. A consequência relativa às verdades danosas ou perigosas é óbvia (cf. também *Segundo discurso*, fim da primeira parte, e *Beaumont*, p. 461). Comparar Dilthey, *Gesammelte Schriften*, XI, 92: "[Johannes von Mueller spricht] von der sonderbaren Aufgabe: 'sich so auszudrücken, dass die Obrigkeiten die Wahrheit lernen, ohne dass ihn die Untertanen verstünden, und die Untertanen so zu unterrichten, dass sie vom Glück ihres Zustandes recht überzeugt sein möchten'." [[Johannes von Mueller fala] da curiosa tarefa: "exprimir-se de tal forma

O fato de Rousseau acreditar na desproporção fundamental entre ciência e sociedade (ou "povo") pode parecer o motivo principal que o levou a acreditar que o conflito entre indivíduo e sociedade é insolúvel, ou que o levou a fazer uma concessão irrevogável em favor do "indivíduo", isto é, das poucas "almas privilegiadas", contra as pretensões até mesmo da melhor sociedade. Tal impressão se confirma por que Rousseau encontra os fundamentos da sociedade nas necessidades do corpo; e por que diz, a respeito de si mesmo, que nada relacionado aos interesses do seu corpo poderia realmente ocupar a sua alma; ele encontra nas alegrias e enlevos da contemplação pura e desinteressada – por exemplo, no estudo das plantas em conformidade com o espírito de Teofrasto – uma felicidade perfeita e um contentamento divino[21]. Desse modo, tem-se cada vez mais a impressão de que Rousseau buscou restaurar a ideia clássica de filosofia em contraposição ao Iluminismo. É certamente em oposição ao Iluminismo que ele reafirma a importância crucial da desigualdade natural dos homens no que se refere aos seus dons intelectuais. Entretanto, é preciso acrescentar que, no momento em que Rousseau assume a concepção clássica, ele sucumbe novamente às forças das quais tentou se livrar. A mesma razão que o obriga a invocar a natureza contra a sociedade civil o obriga a invocar a natureza contra a filosofia ou ciência[22].

---

que as autoridades aprendam a verdade, sem que seus subordinados a entendam, e que os subordinados a ensinem de tal forma que, em razão de sua posição, consigam ser bastante convincentes"].

21. *Primeiro discurso*, p. 101; *Montagne*, p. 206; *Confissões*, III, 205, 220-1; *Rêveries*, V-VII.

22. *Primeiro discurso*, p. 115 n.; *Narcisse*, pp. 52-3; *Segundo discurso*, pp. 89, 94, 109, 165; *Julie*, pp. 415-7; *Emílio*, I, 35-6, 118, 293-4, 320-1. Hachette, I, 62-3: "osera-t-on prendre le parti de l'instinct contre la raison? C'est précisément ce que je demande".

A contradição do *Primeiro discurso*, com relação ao valor da ciência, é solucionada tão completamente quanto possível por Rousseau na sua terceira proposta, que compreende a primeira e a segunda. Estas duas solucionam a contradição por meio da distinção entre os dois tipos de público a que a ciência se dirige. E a terceira proposta é alcançada pela distinção entre dois tipos de ciência: um que é incompatível com a virtude e que se pode chamar de "metafísica" (ou ciência puramente teórica), e outro que é compatível com a virtude e que pode ser chamado de "sabedoria socrática". A sabedoria socrática é o autoconhecimento; o conhecimento da sua própria ignorância. Trata-se, portanto, de um tipo de ceticismo, um "ceticismo involuntário" que não é perigoso. A sabedoria socrática não é idêntica à virtude, pois a virtude é "a ciência das almas simples", e Sócrates não era alma simples. Embora todos os homens possam ser virtuosos, a sabedoria socrática é o privilégio de uma minoria. Ela é essencialmente ancilar: a prática humilde e silenciosa da virtude é a única coisa que importa. A sabedoria socrática tem a função de proteger "a ciência das almas simples", ou a consciência, contra todos os tipos de sofismas. A necessidade dessa defesa não é acidental nem limitada aos tempos de corrupção. Conforme um dos maiores discípulos de Rousseau observou, a simplicidade ou a inocência é de fato uma coisa maravilhosa, mas pode facilmente se tornar uma ilusão; "eis por que a sabedoria, que consiste, aliás, em fazer ou se abster de fazer, e não em conhecer, tem necessidade da ciência". A sabedoria socrática é necessária não para Sócrates, mas para as almas simples, para o povo. Os verdadeiros filósofos cumprem a função absolutamente necessária de serem os guardiães da virtude ou da sociedade livre. E por serem eles os tutores do gênero humano, segue-se que apenas eles podem ilustrar as pessoas acerca dos seus deveres e do caráter preciso da boa sociedade. Para tanto, a sabedoria socrática exige, como base principal, a totalidade da ciência teórica; ela é, pois, a finalidade e o coroamento da ciência teórica. Esta última, que não está intrinsecamente a serviço da virtude, sendo, nesse sentido, má, deve ser posta a serviço da virtude para se tornar boa[23]. Entretanto, ela só pode se tornar boa na medida em que o seu estudo permanecer como privilégio dos poucos que são, por natureza, destinados a conduzir os povos; apenas uma ciência teórica esotérica pode se tornar boa. Mas isso não desmerece o fato de que, em tempos de corrupção, a restrição da popularização da ciência pode e deve ser abrandada.

Essa proposta poderia ser vista como definitiva se o cidadão virtuoso, e não o "homem natural", fosse o padrão último de Rousseau. Mas, aos olhos de Rousseau, até mesmo o filósofo é, sob certos aspectos, mais parecido com o homem natural do que o cidadão virtuoso. Basta aqui referirmo-nos ao "ócio" que o filósofo tem em comum com o homem natural[24]. Em nome da natureza, Rousseau questionou não apenas a filosofia, mas também a cidade e a virtude. E foi obrigado a fazê-lo porque a sua filosofia socrática está baseada, em última análise, na ciência teórica ou, antes, num tipo particular de ciência teórica, a saber, a ciência natural moderna.

---

23. *Primeiro discurso*, pp. 93, 97, 99-100, 107, 118-22, 125, 128, 129, 130 n., 131-2, 152-4, 161-2; Hachette, I, 35; *Narcisse*, pp. 47, 50-1, 56; *Segundo discurso*, pp. 74, 76; *Emílio*, II, 13, 72, 73; *Beaumont*, p. 452. Cf. Kant, *Grundlegung zur Metaphysic der Sitten* [Fundamentação da metafísica dos costumes], Erster Abschnitt (próximo do fim).

24. *Primeiro discurso*, pp. 105-6; *Segundo discurso*, pp. 91, 97, 122, 150-1, 168; *Confissões*, II, 73; III, 205, 207-9, 220-1; *Rêveries*, VI (fim) e VII.

Para compreendermos os princípios teóricos de Rousseau, devemos nos voltar para o seu *Discurso sobre a origem da desigualdade*. Contrariamente ao que diz a maioria dos estudiosos de hoje, ele sempre entendeu essa obra (o *Segundo discurso*) como sendo "da maior importância". Afirmou que nela teve a pretensão de desenvolver os seus princípios "por completo"; ou, ainda, que o *Segundo discurso* constitui o escrito em que revelou os seus princípios "com grande ousadia, para não dizer audácia"[25]. O *Segundo discurso* é de fato a obra mais filosófica de Rousseau, contendo as suas reflexões mais fundamentais. Em particular, o *Contrato social* baseia-se nas fundações estabelecidas no *Segundo discurso*[26]. Trata-se decididamente da obra de um "filósofo". A moral é vista aqui não como um pressuposto não discutido e mesmo inquestionável, mas como um objeto ou um problema.

O *Segundo discurso* pretende ser uma "história" do homem. A forma dessa história é modelada pela interpretação do destino do gênero humano apresentada por Lucrécio no livro quinto do seu poema[27]. Mas Rousseau separa essa interpretação do contexto epicurista, inserindo-a no contexto preenchido pela ciência natural e social do período moderno. Lucrécio havia descrito o destino do gênero humano a fim de mostrar que tal destino pode ser perfeitamente compreendido sem nenhuma necessidade de recorrer à atividade divina. Os remédios para os males que ele foi obrigado a mencionar se encontravam

---

25. *Confissões*, II, 221, 246.
26. Cf. especialmente *C.S.*, I, 6 (início), em que se mostra que a *raison d'être* do contrato social é elaborada não no *C.S.*, mas no *Segundo discurso*. Cf. também *C.S.*, I, 9.
27. *Segundo discurso*, p. 84; cf. também *Confissões*, II, 244. Ver Jean Morel, "Recherches sur les sources du discours de l'inégalité", *Annales de la Société J.-J. Rousseau*, V (1909), 163-4.

no afastamento filosófico em relação à vida política. Rousseau, por outro lado, narra a história do homem a fim de descobrir qual ordem política é conforme ao direito natural. Além disso, pelo menos no início, em vez de Epicuro, ele prefere seguir Descartes, no sentido de que assume que os animais são máquinas e que o homem transcende o mecanismo geral, ou a dimensão da necessidade (mecânica), em virtude exclusivamente da espiritualidade de sua alma. Descartes havia feito a integração da cosmologia "epicurista" com a estrutura teísta: depois que Deus criou a matéria e estabeleceu as leis de seus movimentos, o universo, com a exceção da alma racional do homem, surgiu por meio de processos puramente mecânicos; a alma racional exige um modo especial de criação porque o pensamento não pode ser compreendido como uma modificação da matéria passiva; a racionalidade é a diferença específica que distingue o homem dos animais. Rousseau questiona não apenas a criação da matéria, mas também a definição tradicional do homem. Ao aceitar a concepção de que os animais são máquinas, ele dá a entender que existe apenas uma diferença de grau entre os homens e os animais no que se refere ao entendimento, ou que as leis da mecânica explicam a formação das ideias. É o poder que o homem tem de escolher e a sua consciência dessa liberdade que não podem ser explicados fisicamente, o que prova a espiritualidade da sua alma. "Não é, pois, tanto o entendimento que destaca o homem das bestas quanto a sua qualidade de agente livre." Todavia, o que quer que Rousseau tenha pensado sobre essa questão, o argumento do *Segundo discurso* não se baseia na premissa de que a liberdade da vontade é constituinte da essência humana; em termos mais gerais, o argumento não se baseia na metafísica dualista. Rousseau prossegue dizendo que a mencionada definição de homem está sujeita a altercações; assim, ele substitui a "liberdade" pela "perfectibilidade"; e ninguém pode negar o fato de que o homem se diferencia dos animais pela perfectibilidade. Rousseau pretende assim firmar a sua doutrina em bases mais sólidas; ele não quer torná-la dependente da metafísica dualista, expondo-a a "objeções insolúveis", a "objeções poderosas" ou a "dificuldades insuperáveis"[28]. O argumento do *Segundo discurso* busca ser aceito, entre outros, pelos materialistas – busca mostrar-se neutro em relação ao conflito entre materialismo e antimaterialismo, ou ainda se pretende "científico" no sentido atual do termo[29].

A investigação "física"[30] do *Segundo discurso* pretende-se idêntica a um estudo das bases do direito natural e, por conseguinte, da moral; a investigação "física" pretende-se reveladora do caráter preciso do estado de natureza. Rousseau está convicto de que, para estabelecer o direito natural, é preciso retornar ao estado de natureza. Ele aceita as premissas de Hobbes. Ao rejeitar o ensinamento do direito natural dos filósofos antigos, diz ele, "Hobbes enxergou perfeitamente o defeito de todas as definições modernas de direito natural". Os "modernos" ou "os nossos juristas" (diferentemente dos "juristas romanos", isto é, Ulpiano) aceitaram erroneamente que o homem é por natureza capaz de usar plenamente a sua razão, isto é, que o homem como tal está sujeito aos deveres absolutos da lei natural. Evidentemente, Rousseau entende por "definições modernas do direito natural" as

---

28. *Segundo discurso*, pp. 92-5, 118, 140, 166; *Julie*, p. 589 n.; *Emílio*, II, 24, 37; *Beaumont*, pp. 461-3; *Rêveries*, III. Cf. *Primeiro discurso*, p. 178.

29. Quanto à pré-história dessa abordagem, ver acima, pp. 209-10 e 246-7.

30. *Segundo discurso*, pp. 75, 173.

definições tradicionais ainda predominantes no ensinamento acadêmico de sua época. Ele concorda, pois, com o ataque que Hobbes lança contra o ensinamento tradicional da lei natural: a lei natural deve ter o seu fundamento nos princípios que são anteriores à razão, isto é, nas paixões, que não precisam ser especificamente humanas. Além do mais, ele concorda com Hobbes na medida em que situa o princípio da lei natural no direito de autopreservação, compreendendo aí o direito que cada um tem de ser o único juiz dos meios apropriados à sua autopreservação. Essa concepção pressupõe, para ambos os pensadores, que a vida no estado de natureza é "solitária", isto é, caracterizada pela ausência, não apenas da sociedade, mas também da própria sociabilidade[31]. Rousseau expressa sua lealdade ao espírito hobbesiano de reforma do ensinamento da lei natural, substituindo "essa máxima sublime da justiça racional, 'faça aos outros aquilo que você gostaria que lhe fizessem' [por] esta outra máxima menos perfeita, mas talvez mais útil: 'faça o bem para si causando o menor mal possível aos outros'". Com não menos seriedade do que Hobbes, ele tenta encontrar a base da justiça "considerando o homem tal como é", e não como deveria ser. E aceita a redução hobbesiana da virtude à virtude social[32].

---

31. *Ibid.*, pp. 76, 77, 90, 91, 94-5, 104, 106, 118, 120, 151; *Julie*, p. 113; *C.S.*, I, 2; II, 4, 6; cf. também *Emílio*, II, 45.

32. *Segundo discurso*, p. 110; cf. também *C.S.*, I (começo); *D'Alembert*, pp. 246, 248; e *Confissões*, II, 267. Rousseau estava perfeitamente ciente das implicações antibíblicas presentes no conceito de estado de natureza. Por isso apresentou originalmente a sua interpretação do estado de natureza sob uma forma completamente hipotética; a noção de que tal estado foi, outrora, real contradiz o ensinamento bíblico que todo filósofo cristão é obrigado a aceitar. Mas o ensinamento do *Segundo discurso* não é o de um cristão; trata-se do ensinamento de um homem que se

Rousseau se afasta de Hobbes pelas mesmas razões que se afasta de todos os filósofos políticos anteriores. Em primeiro lugar, "os filósofos que examinaram os fundamentos da sociedade sentiram necessidade, todos eles, de retroceder ao estado de natureza, embora nenhum deles tenha conseguido chegar lá". Todos eles retrataram o homem civilizado quando afirmavam descrever o homem natural ou o homem no estado de natureza. Os predecessores de Rousseau tentaram estabelecer o caráter do homem natural considerando o homem tal como é agora. Tal procedimento seria razoável contanto que se assumisse que o homem é um ser social por natureza. A partir dessa premissa, seria possível delinear a fronteira

---

dirige à humanidade, o qual se sente em casa no liceu de Platão e Xenócrates, e não no século XVIII; um ensinamento alcançado pela luz natural aplicada ao estudo da natureza do homem, pois a natureza não mente jamais. E em conformidade com essas afirmações, Rousseau assevera, posteriormente, que conseguiu provar a sua interpretação do estado de natureza. O que permanece hipotético ou não tão certo quanto à sua interpretação do estado de natureza é a interpretação do processo pelo qual se passa do estado de natureza ao despotismo ou à "história dos governos". No final da primeira parte dessa obra bipartite, Rousseau chama o estado de natureza de um "fato": o problema consiste em estabelecer a ligação entre "dois fatos que são dados como reais a partir de uma sequência de fatos intermediários, desconhecidos efetiva ou supostamente". Os fatos dados são o estado de natureza e o despotismo contemporâneo. É aos fatos intermediários, e não às características do estado de natureza, que Rousseau se refere quando diz, no primeiro capítulo do *C.S.*, que os desconhece. Se a interpretação do estado de natureza em Rousseau fosse hipotética, todo o seu ensinamento político seria hipotético; a consequência prática seria a oração e a paciência, mas não a insatisfação e, sempre que possível, a reforma. Cf. *Segundo discurso*, pp. 75, 78-9, 81, 83-5, 104, 116-7, 149, 151-2, 165; cf. também a referência aos "milhares de séculos" necessários para o desenvolvimento da mente humana (*ibid.*, p. 98) com a cronologia bíblica; ver também Morel, *op. cit.*, p. 135.

entre o natural e o positivo, ou o convencional, identificando o convencional com aquilo que é manifestamente estabelecido por convenção. Seria possível presumir que pelo menos todas aquelas paixões que surgem no homem, independentemente da criação da sociedade, são naturais. Mas no momento em que se rejeita, a partir de Hobbes, a sociabilidade natural, torna-se necessário considerar a possibilidade de que muitas paixões surgidas no homem, conforme o observamos, são convencionais na medida em que se originam sob a influência sutil e indireta da sociedade e, assim, da convenção. Rousseau afasta-se de Hobbes porque aceita a sua premissa; Hobbes é totalmente incoerente porque, por um lado, nega que o homem seja um ser social por natureza e, por outro, tenta estabelecer o caráter do homem natural referindo-se à sua experiência humana, que é aquela dos homens em sociedade[33]. Ao desenvolver seu argumento por meio da crítica de Hobbes à concepção tradicional, Rousseau ficou frente a frente com a dificuldade que embaraça a maioria dos cientistas sociais de hoje: não é a reflexão sobre a experiência humana dos homens, mas tão somente um procedimento especificamente "científico" que parece ser capaz de levar a um conhecimento genuíno da natureza do homem. Em Rousseau a reflexão sobre o estado de natureza, em contraposição à reflexão de Hobbes, assume a característica de uma investigação "física".

Hobbes havia estabelecido a identidade entre o homem natural e o selvagem. Várias vezes Rousseau aceita essa identificação e, nesse sentido, faz vasto uso da literatura etnográfica da época. Mas a sua doutrina do estado de natureza é, em princípio, independente desse tipo de conhecimento, visto que, conforme indica, o selvagem

---

33. *Segundo discurso*, pp. 74-5, 82-3, 90, 98, 105-6, 137-8, 160, 175.

já se encontra moldado pela sociedade e, portanto, não constitui propriamente um homem natural. Rousseau também sugere alguns experimentos que poderiam ajudar a estabelecer o caráter do homem natural. Mas tais experimentos, por estarem inteiramente relacionados ao futuro, não podem ser a base de sua doutrina. O método que usa consiste, pois, numa "meditação sobre as primeiras e mais simples operações da alma humana"; os atos mentais que pressupõem a sociedade não podem pertencer à constituição natural do homem, visto que o homem é solitário por natureza[34].

A segunda razão pela qual Rousseau se afasta de Hobbes pode ser expressa da seguinte maneira: Hobbes havia ensinado que, para o direito natural ser eficaz, ele deve estar baseado na paixão. Por outro lado, ele havia concebido as leis naturais (as regras que prescrevem os deveres naturais do homem) aparentemente segundo a maneira tradicional, como ditames da razão, descrevendo-as como "raciocínios ou teoremas". Rousseau conclui que, já que a crítica de Hobbes à concepção tradicional é adequada, é preciso pôr em questão a concepção hobbesiana das leis de natureza: não apenas o direito de natureza, mas as leis de natureza ou os deveres naturais do homem, ou ainda, as suas virtudes sociais, devem estar diretamente enraizadas na paixão; todos eles devem ter um sustentáculo muito mais poderoso do que o raciocínio ou o cálculo. Por natureza, a lei de natureza "deve falar imediatamente através da voz da natureza"; ela deve ser pré-racional, ditada pelo "sentimento natural" ou pela paixão[35].

---

34. *Ibid.*, pp. 74-7, 90, 94-5, 104, 124, 125, 174; cf. também Condorcet, *Esquisse d'un tableau historique des progrès de l'esprit humain* [Esboço de um quadro histórico dos progressos do espírito humano], Primeira Época (começo).

35. *Segundo discurso*, pp. 76-7, 103, 107-10; cf. também *Emílio*, I, 289.

Rousseau resumiu o resultado de seu estudo do homem natural no enunciado de que o homem é bom por natureza, o que pode ser entendido como a consequência de uma crítica, fundada nas premissas hobbesianas, à doutrina de Hobbes. Eis como procede o seu argumento: o homem é por natureza associal, conforme admitiu Hobbes. Mas o orgulho ou o *amour-propre* pressupõe a sociedade. Donde se segue que o homem natural não pode ser orgulhoso ou vaidoso, conforme Hobbes havia pretendido. Mas o orgulho ou a vaidade é a origem de todo vício, como Hobbes também pretendera. Portanto, o homem natural está livre de todo vício. Ele é influenciado pelo amor de si, isto é, pelo interesse da sua autopreservação; portanto, ele causará mal aos outros quando acreditar que, agindo assim, se preservará; mas ele não estará interessado em causar mal aos outros em nome do próprio mal, o que faria se fosse orgulhoso ou vaidoso. Além disso, o orgulho e a compaixão são incompatíveis: na medida em que estamos interessados em nosso prestígio, somos insensíveis ao sofrimento alheio. O poder da compaixão diminui com o aumento do refinamento ou da convenção. Rousseau dá a entender que o homem natural é compassivo: antes da existência das restrições convencionais, o gênero humano não teria subsistido se os poderosos impulsos do instinto de autopreservação não tivessem sido mitigados pela compaixão. Desse modo, ele parece considerar que o desejo instintivo de preservação das espécies sofre uma bifurcação no desejo de procriação e na compaixão. A compaixão é a paixão da qual derivam todas virtudes sociais. Assim, conclui Rousseau, o homem é bom por natureza porque ele é por natureza influenciado pelo amor de si e pela compaixão, estando livre da vaidade e do orgulho[36].

---

36. *Segundo discurso*, pp. 77, 87, 90, 97-9, 104, 107-10, 116, 120, 124-5, 147, 151, 156-7, 160-1, 165, 176-7.

A razão pela qual o homem natural não tem orgulho é a mesma que responde pela sua falta de entendimento, de razão e, com isso, de liberdade. A razão é contemporânea da linguagem, e a linguagem pressupõe a sociedade: o homem natural, na condição de ser pré-social, é pré-racional. Aqui Rousseau novamente extrai uma conclusão necessária das premissas hobbesianas que o próprio Hobbes não havia extraído. Ter razão significa ter ideias gerais. Mas as ideias gerais, diferentemente das imagens da memória ou da imaginação, não são produtos de um processo natural ou inconsciente; as ideias gerais pressupõem definições; a sua existência é fruto da definição. Por isso elas pressupõem a linguagem. Visto que a linguagem não é natural, tampouco a razão é natural. A partir disso podemos compreender melhor por que Rousseau substitui a definição tradicional do homem, como animal racional, por uma nova definição. Ademais, visto que o homem natural é pré-racional, ele é totalmente incapaz de qualquer conhecimento da lei de natureza, que é a lei da razão, embora "ele se atribua [em conformidade] com a razão o direito às coisas de que necessita". O homem natural é pré-moral em todos os aspectos: ele não tem coração. O homem natural é subumano[37].

---

37. *Ibid.*, pp. 85, 89, 93-4, 98-9, 101, 102, 105-6, 109, 111, 115, 118, 157, 168. Morel (*op. cit.*, p. 156) aponta para a direção certa, dizendo que Rousseau "substitue à la fabrication naturelle des idées générales, leur construction scientifiquement réfléchie" [substitui pela fabricação natural das ideias gerais sua construção cientificamente refletida] (cf. acima, pp. 208-10). De acordo com o modelo seguido por Rousseau, o poema de Lucrécio (v. 1028-90), a gênese da linguagem é descrita sem nenhuma referência à gênese da razão; esta pertence à constituição natural do homem. Em Rousseau, a gênese da linguagem coincide com a gênese da razão (*C.S.*, I, 8; *Beaumont*, pp. 444, 457).

A tese de Rousseau de que o homem é bom por natureza deve ser compreendida à luz da sua concepção de que o homem é subumano por natureza. Ele é bom por natureza porque é, por natureza, aquele ser subumano capaz de se tornar bom ou mau. Não é possível falar nada sobre uma constituição natural do homem: tudo o que é especificamente humano adquire-se ou, em última análise, depende do artifício ou da convenção. Ele é por natureza quase infinitamente perfectível. Não há nenhum obstáculo natural para o progresso quase ilimitado do homem, ou para o seu poder de se libertar do mal. Pela mesma razão, não há obstáculos naturais para a sua quase ilimitada degradação. Por natureza o homem é quase infinitamente maleável. Nas palavras do abade Raynal, a espécie humana é aquilo que queremos fazer dela. A rigor, o homem não tem uma natureza que possa estabelecer um limite para aquilo que ele pode fazer de si mesmo[38].

---

38. O argumento de Rousseau, segundo o qual o homem é bom por natureza, é deliberadamente ambíguo, expressando duas concepções incompatíveis – uma muito tradicional e outra completamente antitradicional. A primeira pode ser formulada da seguinte maneira: o homem é bom por natureza e mau por sua própria culpa; quase todos os males são de origem humana; quase todos são frutos da civilização; esta tem o seu fundamento no orgulho, isto é, no uso indevido da liberdade. A consequência prática dessa concepção é que os homens deveriam suportar os males da civilização, hoje inevitáveis, conforme o estado de espírito de quem tem paciência e reza. De acordo com Rousseau, essa visão está baseada na crença da revelação bíblica. Além disso, o homem natural ou o homem no estado de natureza, conforme Rousseau o descreve, é incapaz de sentir orgulho; portanto, o orgulho não pode ter sido a causa de que o homem deixasse o estado de natureza (um estado de inocência) ou de que embarcasse na aventura da civilização. Em termos mais gerais, o homem natural não conta com a liberdade da vontade; portanto, ele não pode fazer uso indevido de sua liberdade; o homem natural se caracteriza não pela liberdade, mas pela perfectibilidade. Cf. *Segundo discurso*, pp. 85, 89, 93-4, 102, 160; C.S., I, 8; cf. acima, n. 32.

Se a humanidade do homem é adquirida, essa aquisição deve ser então explicada. De acordo com as exigências da "investigação física", a humanidade do homem deve ser compreendida como um produto da causalidade fortuita, problema esse que dificilmente existiu para Hobbes. Todavia, ele necessariamente surgiu com base nas premissas hobbesianas. Hobbes havia estabelecido a distinção entre a produção natural ou mecânica dos seres naturais e a produção voluntária ou arbitrária dos construtos humanos. Ele havia concebido o mundo do homem como um tipo de universo no interior do universo. Havia concebido que o ato de deixar o estado de natureza e estabelecer a sociedade civil era uma espécie de revolta humana contra a natureza. Contudo, a sua noção de totalidade exigia, conforme assinalado por Espinosa, que a dualidade entre estado de natureza e sociedade civil, ou entre mundo natural e mundo humano, fosse reduzida ao monismo do mundo natural, ou que a transição do estado de natureza para a sociedade civil (a revolta do homem contra a natureza) fosse entendida como um processo natural[39]. Hobbes escondera de si mesmo essa necessidade, em parte porque supôs erroneamente que o homem pré-social já é um ser racional capaz de fazer contratos. Portanto, a transição do estado de natureza para a sociedade civil coincidiu, em Hobbes, com a conclusão do contrato social. Por perceber as implicações necessárias que estavam presentes nas premissas hobbesianas, Rousseau foi obrigado a conceber que a transição era um processo natural, ou pelo menos era decisivamente preparada por um tal processo: o abandono do estado de natureza, que leva o homem a embarcar na aven-

---

39. Cf. a crítica de Espinosa a Hobbes in *Ep.* 50 com *Tratado teológico-político*, cap. iv (início) e *Ética* III, pref.; cf. acima, cap. V, A, n. 9.

tura da civilização, não se deve a um bom ou mau uso de sua liberdade nem a uma necessidade essencial, mas a uma causalidade mecânica ou a uma série de acidentes naturais.

Assim, a humanidade ou racionalidade do homem é adquirida. A razão surge depois das necessidades elementares do corpo. A razão emerge no processo de satisfação dessas necessidades. Originalmente, essas necessidades básicas e uniformes são facilmente satisfeitas. Mas esse mesmo fato leva a um enorme aumento da população e, assim, dificulta a satisfação das necessidades elementares. O homem é então obrigado a pensar – a aprender a pensar – para sobreviver. Além disso, as necessidades elementares são satisfeitas de diferentes maneiras sob diferentes condições climáticas, entre outras variáveis. Desse modo, a mente desenvolve-se proporcionalmente segundo a maneira particular pela qual as necessidades básicas, ou a sua satisfação, se modificam em virtude das circunstâncias particulares. Estas últimas moldam o pensamento dos homens. Uma vez assim moldados, os homens desenvolvem novas necessidades, e, buscando satisfazê-las, a mente se desenvolve ainda mais. O progresso da mente é então um processo necessário, já que os homens são obrigados a inventar em razão de mudanças (formação de ilhas, erupções vulcânicas, entre outras) que, embora não estejam direcionadas para um fim, sendo, portanto, acidentais, são, ainda assim, efeitos necessários de causas naturais. Os acidentes forçam a compreensão humana e o seu desenvolvimento. Sendo esse o caráter particular da transição do estado de natureza para a vida civilizada, talvez não seja surpreendente que o processo da civilização tenha destruído a bem-aventurança subumana do estado de natureza ou que os homens tenham cometido graves erros na organização das sociedades. Todavia, toda essa miséria e estultícia foram necessárias, na medida em que resultaram da falta de experiência e de filosofia do homem primitivo. Por outro lado, é na sociedade e por meio dela mesma, por mais imperfeita que seja, que a razão se desenvolve. Por fim, a falta de experiência e de filosofia é superada e o homem consegue estabelecer o direito público sobre bases sólidas[40]. Nesse momento, justamente naquele em que Rousseau viveu, o homem não será mais moldado pelas circunstâncias fortuitas, mas pela sua razão. O homem, produto de um destino cego, se torna finalmente o mestre clarividente de seu destino. A criatividade humana ou o domínio sobre as forças cegas da natureza é produto dessas forças cegas.

Com a doutrina do estado de natureza de Rousseau, a doutrina moderna do direito natural chega ao seu estágio crítico. Ao considerar atentamente essa doutrina, Rousseau se viu diante da necessidade de abandoná-la por completo. Se o estado de natureza é subumano, é absurdo retroceder ao estado de natureza para encontrar a norma humana. Hobbes havia negado a possibilidade de o homem ter um fim natural. Tinha acreditado que conseguiria encontrar uma base natural ou não arbitrária do direito nas origens do homem. Já Rousseau mostrou que as origens do homem carecem de qualquer traço humano. Com base na premissa hobbesiana, portanto, tornou-se necessário abandonar completamente a tentativa de encontrar a base do direito na natureza, na natureza humana. Mas Rousseau parecia ter mostrado uma alternativa, pois havia mostrado que aquilo que é caracteristica-

---

40. *Segundo discurso*, pp. 68, 74-5, 91, 94-6, 98-100, 116, 118-9, 123, 125, 127, 128, 130, 133, 135, 136, 141, 142, 145, 179; *Narcisse*, p. 54; *Julie*, p. 633 n.

mente humano não é uma dádiva da natureza, mas um resultado daquilo que o homem fez, ou foi forçado a fazer, para superar ou mudar a natureza: a humanidade do homem é o produto do processo histórico. Por um momento – que por sinal durou mais de um século – parecia possível encontrar o padrão da ação humana no processo histórico. Essa solução pressupunha que o processo histórico e os seus resultados são inequivocamente preferíveis ao estado de natureza, ou que o processo "tem um sentido". Mas Rousseau não pôde aceitar esse pressuposto. Na medida em que o processo histórico é acidental, ele se deu conta de que tal processo não pode fornecer um padrão, e que, se o processo tem um propósito oculto, o seu propósito só pode ser reconhecido se existirem padrões trans-históricos. O processo histórico não pode ser reconhecido como progresso sem um conhecimento prévio do fim ou do propósito do processo. Para ter sentido, o processo histórico deve culminar no conhecimento perfeito do verdadeiro direito público; sem esse conhecimento o homem não pode ser, nem se tornar, o mestre clarividente do seu destino. Portanto, não é o conhecimento do processo histórico, mas o conhecimento do verdadeiro direito público que oferece o verdadeiro padrão ao homem.

Tem-se alegado que as contradições em Rousseau se devem a mero mal-entendido. No ensinamento acadêmico de sua época, o estado de natureza era entendido não como a condição em que o homem efetivamente vivera nas suas origens, mas como mera "suposição": o homem no estado de natureza é dotado de todas as faculdades essenciais devidamente desenvolvidas, embora seja "considerado" unicamente submetido à lei natural; "considerado", nesse sentido, portador de todos os deveres e direitos, e apenas daqueles deveres e direitos derivados da lei natural; saber se o homem efetivamente viveu num estado em que não estava subordinado a nenhuma lei positiva é irrelevante. No *Segundo discurso*, ele mesmo alude a essa concepção de estado de natureza e parece aceitá-la. Logo no início do *Contrato social*, ele parece dizer que o conhecimento do estado de natureza "histórico" é irrelevante para o conhecimento do direito natural. De modo que o seu ensinamento do estado de natureza não teria nenhum outro mérito além de ter tornado plenamente claríssima a necessidade de manter completamente separados os dois sentidos do estado de natureza, que são inteiramente independentes um do outro: o estado de natureza como condição original do homem (um fato do passado) e como *status* jurídico do homem como tal (uma abstração ou suposição). Em outras palavras, Rousseau parece ser, contra sua própria vontade, testemunha do fato de que o ensinamento acadêmico do direito natural era superior ao ensinamento de homens como Hobbes e Locke[41]. Essa crítica ignora, porém, a conexão necessária entre a questão da existência e do conteúdo do direito natural e a questão das sanções do direito natural, sendo que esta última é idêntica à questão do *status* do homem no interior da totalidade, ou da origem do homem. Portanto, Rousseau não está inteiramente errado quando diz que todos os filósofos políticos sentem necessidade de retroceder ao estado de natureza, isto é, à condição original do homem; todos os filósofos políticos são obrigados a refletir sobre a possibilidade de (e sobre até que ponto seria possível) as prescrições da justiça contarem com um apoio independente dos decretos humanos. Rousseau só poderia retomar o

---

41. Moses Mendelssohn, *Gesammelte Schriften* (Jubilaeums – Ausgabe), II, 92; cf. *Segundo discurso*, p. 83, e acima, pp. 279-80.

ensinamento acadêmico do direito natural de sua época se adotasse pura e simplesmente a teologia natural tradicional na qual tal ensinamento está explícita ou implicitamente baseado[42].

Não só o conteúdo, mas também o caráter do direito natural podem ser decisivamente afetados pela maneira como se concebe a origem do homem. Isso não impede que o direito natural se remeta ao homem tal como é agora e não ao animal estúpido que vivia no estado de natureza de Rousseau. Portanto, é difícil de entender como Rousseau poderia ter baseado o seu ensinamento do direito natural naquilo que acreditava conhecer do homem natural ou do homem em estado de natureza. Sua concepção do estado de natureza visa a um ensinamento do direito natural que não se baseia mais em considerações sobre natureza do homem; ela visa a uma lei da razão que não é mais compreendida como uma lei de natureza[43]. Pode-se dizer que Rousseau assinalou o caráter dessa lei da razão por meio de seu ensinamento sobre a vontade geral, um ensinamento que pode ser visto como resultado da tentativa de encontrar um substituto "realista" da lei natural tradicional. De acordo com esse ensinamento, a limitação dos desejos humanos não ocorre pelas exigências ineficazes da perfeição humana, mas pelo reconhecimento, em todos os homens, do mesmo direito que cada qual reivindica para si; todos assumem necessariamente um interesse real pelo reconhecimento de seus direitos, ao passo que poucos, ou talvez nenhum, se interessam efetivamente pela perfeição dos outros homens. Sendo assim, o meu desejo se transfor-

---

42. Cf. *C.S.*, II, 6 (ver cap. III, n. 18, p. 113, acima). Quanto à conexão entre o *C.S.* e o *Segundo discurso*, ver nn. 26 e 32 acima.

43. Cf. *C.S.*, II, 4, e *Segundo discurso*, p. 77.

ma num desejo racional quando é "generalizado", isto é, quando é concebido como o conteúdo de uma lei que obriga igualmente todos os membros da sociedade; um desejo que sobrevive à prova da "generalização" mostra-se, por isso mesmo, racional e, nesse sentido, justo. Ao deixar de conceber a lei da razão como uma lei da natureza, Rousseau poderia ter tornado a sua sabedoria socrática radicalmente independente da ciência natural. Todavia, ele não deu esse passo. A lição que havia aprendido de Montesquieu contrariou, nele mesmo, as tendências doutrinárias inerentes à lei natural constitucional: o doutrinarismo extremado foi o resultado da tentativa de fazer que a lei da razão se tornasse radicalmente independente do conhecimento da natureza do homem[44].

As conclusões sobre o estado de natureza que Rousseau extraiu das premissas hobbesianas pareciam sugerir um retorno à concepção do homem como um animal social. Mas havia uma razão a mais pela qual Rousseau poderia ter retornado a essa concepção. De acordo com Hobbes, todas as virtudes e deveres surgem do interesse exclusivo pela autopreservação e, por conseguinte, são resultados imediatos do cálculo. Rousseau, porém, percebeu que o cálculo ou o autointeresse não é suficiente-

---

44. Rousseau corrobora os clássicos quando concorda explicitamente com o "princípio estabelecido por Montesquieu", segundo o qual "a liberdade, que não é fruto de todos os climas, não está ao alcance de todos os povos" (*C.S.*, III, 8). A aceitação desse princípio explica o caráter moderado da maioria das propostas de Rousseau que pretendiam ter uma aplicação imediata. Ao se afastar de Montesquieu e dos clássicos, Rousseau ensina, entretanto, que "todo governo legítimo é republicano" (II, 6), de modo que quase todos os regimes existentes são ilegítimos: "pouquíssimas nações têm leis" (III, 15). Isso equivale a dizer que, em muitos casos, os regimes despóticos são inevitáveis, embora isso não os torne legítimos: o estrangulamento do sultão é tão legítimo quanto todas as ações governamentais do sultão (*Segundo discurso*, p. 149).

mente forte para se firmar como vínculo social, nem suficientemente profundo para ser a base da sociedade. Todavia, ele se recusou a admitir que o homem fosse um ser social por natureza. Para ele, a base da sociedade pode ser encontrada nas paixões ou sentimentos humanos, não na sociabilidade fundamental do homem. O seu argumento pode ser enunciado nos seguintes termos: se a sociedade é natural, ela não é essencialmente baseada na vontade dos indivíduos; de modo que é essencialmente a natureza, e não a vontade do homem, que o torna membro da sociedade. Por outro lado, o primado do indivíduo sobre a sociedade é preservado caso o lugar que Hobbes tinha designado para o cálculo ou o autointeresse seja atribuído à paixão ou ao sentimento. Rousseau recusou-se, então, a retornar à concepção do homem como animal social porque estava preocupado com a independência radical do indivíduo, isto é, de cada ser humano. Conservou a noção de estado de natureza para garantir a independência radical do indivíduo. Manteve a noção de estado de natureza porque buscava um padrão natural que pudesse favorecer ao máximo a independência do indivíduo[45].

Rousseau não poderia ter conservado a noção de estado de natureza se a depreciação do estado de natureza – a qual, sem o querer, ele efetuou – não tivesse sido compensada, no seu pensamento, por um correspondente aumento da importância da independência ou liberdade, isto é, do aspecto mais característico do homem no estado de natureza. Na doutrina de Hobbes, a liberdade, ou o direito de cada um de ser o único juiz dos meios que conduzem à sua autopreservação, tinha sido subordinada à autopreservação; e no caso de conflito entre liberdade e

---

45. Hachette, I, 374; *Emílio*, I, 286-7, 306, II, 44-5.

autopreservação, esta última adquire precedência. De acordo com Rousseau, porém, a liberdade é um bem superior à vida. Com efeito, Rousseau tende a identificar a liberdade com a virtude ou com a bondade – diz ele que a liberdade consiste em obedecer à lei que a pessoa deu a si mesma. Isso significa, em primeiro lugar, que não só a obediência à lei, mas a própria legislação deve se originar no indivíduo. Em segundo lugar, significa que a liberdade não é a condição nem a consequência da virtude, mas a própria virtude. E o que se aplica à virtude também pode ser dito sobre a bondade, que Rousseau distingue da virtude: a liberdade é idêntica à bondade; ser livre, ou ser o que se é, é ser bom – eis um dos sentidos da sua tese de que o homem é bom por natureza. Mas, sobretudo, Rousseau sugere que a definição tradicional de homem seja substituída por uma nova definição de acordo com a qual não é a racionalidade, mas a liberdade, que constitui a distinção específica do homem[46]. Nesse sentido, pode-se dizer que Rousseau deu origem à "filosofia da liberdade". Ninguém percebeu tão claramente quanto Hegel a conexão entre a forma desenvolvida da "filosofia da liberdade", isto é, o idealismo alemão, e Rousseau e, portanto, Hobbes. Hegel notou o parentesco entre o idealismo de Kant e Fichte e o "dos sistemas antissocialistas do direito natural", isto é, aquelas doutrinas do direito natural que negam a sociabilidade natural do homem e "postulam o ser do indivíduo como a entidade primordial e mais elevada"[47].

---

46. *Segundo discurso*, pp. 93 (cf. Espinosa, *Ética*, III, 9 nota), 116, 130, 138, 140-1, 151; *C.S.*, I, 1 (começo), 4, 8, 11 (começo); III, 9 n. (fim). Cf. os títulos dos capítulos das duas primeiras partes do *De cive* de Hobbes; cf. também Locke, *Tratados*, II, seções 4, 23, 95, 123.

47. "Wissenschaftliche Behandlungsarten des Naturrechts", *Schriften zur Politik und Rechtsphilosophie*, ed. Lasson, pp. 346-7: "In einer nie-

"Os sistemas antissocialistas do direito natural" haviam surgido em virtude de uma transformação do epicurismo. De acordo com a doutrina epicurista, o indivíduo é livre por natureza de todos os vínculos sociais porque o bem natural é idêntico ao agradável, isto é, fundamentalmente agradável para o corpo. Mas, para essa mesma doutrina, o indivíduo é mantido por natureza no interior de fronteiras definidas porque existe um limite natural para o prazer, nomeadamente, o maior ou mais elevado prazer: a luta interminável é contrária à natureza. A transformação do epicurismo operada por Hobbes implicou a libertação do indivíduo não apenas em relação a todos os vínculos sociais não oriundos de sua vontade, mas também de qualquer fim natural. Ao rejeitar a noção de um fim natural humano, Hobbes deixou de compreender a "vida excelente" do indivíduo como a sua submissão ou assimilação a um padrão universal que é apreendido antes de ser desejado. Hobbes concebeu a vida excelente nos termos da origem do homem, ou do seu direito natural, em contraposição ao seu dever, perfeição ou virtude. O direito natural, tal como entendido por Hobbes, canaliza, em vez de limitar, o desejo infinito: esse desejo infinito de poder e mais poder, que se origina na busca da

---

drigern Abstraktion ist die Unendlichkeit zwar auch als Absolutheit des Subjekts in der Glückseligkeitslehre überhaupt, und im Naturrecht insbesondere von den Systemen, welche anti-sozialistisch heissen und das Sein des einzelnen als das Erste und Höchste setzen, herausgehoben, aber nicht in die reine Abstraktion, welche sie in dem Kantischen oder Fichteschen Idealismus erhalten hat" [Em uma abstração inferior, a infinitude também é salientada como caráter absoluto do sujeito na doutrina da felicidade, de modo geral, e, no direito natural, especialmente pelos sistemas chamados de antissocialistas e que colocam o ser do indivíduo como o primeiro e mais elevado; no entanto, isso não ocorre na abstração pura, que a infinitude obteve no idealismo kantiano ou fichtiano]. Cf. Hegel, *Enciclopedia*, seções 481-2.

autopreservação, torna-se idêntico à busca legítima da felicidade. Entendido nesses termos, o direito natural leva tão somente a deveres condicionais e a uma virtude mercenária. Rousseau aceitava que a felicidade, tal como compreendida por Hobbes, era indiscernível da infelicidade constante[48], bem como que a compreensão "utilitária" da moral em Hobbes e Locke era inadequada: a moral deve ter uma base mais sólida do que o cálculo. Ao tentar restaurar uma compreensão adequada da felicidade e da moral, Rousseau teve que recorrer a uma versão consideravelmente modificada da teologia natural tradicional, embora tenha percebido que mesmo essa versão estava exposta a "objeções insolúveis"[49]. Assim, na medida em que se impressionou com o poder dessas objeções, sentiu-se obrigado a tentar compreender a vida humana a partir da noção hobbesiana do primado do direito ou da liberdade em contraposição ao primado da perfeição, da virtude ou do dever. Nesse sentido, Rousseau tentou transplantar a noção de deveres incondicionais e de virtude não mercenária para a noção hobbesiana de primado da liberdade ou dos direitos. Por assim dizer, ele aceitou que os deveres tinham de ser concebidos como derivados dos direitos, ou que não há, propriamente falando, nenhuma lei natural que seja anterior à vontade humana. Todavia, teve o pressentimento de que o direito básico em questão não é o direito de autopreservação, isto é, um direito que leva apenas a deveres condicionais e que é, ele próprio, derivado de um impulso que o homem partilha com os animais. Para que a moral e a humanidade fossem compreendidas adequadamente, elas tinham que ser remetidas

---

48. *Segundo discurso*, pp. 104-5, 122, 126, 147, 160-3; cf. também *Emílio*, I, 286-7.
49. Cf. n. 28 acima.

a um direito ou a uma liberdade radical e especificamente humana. Hobbes admitira implicitamente a existência de tal liberdade. Admitira implicitamente que se a dualidade tradicional das substâncias (mente e corpo) fosse abandonada, a ciência não seria possível, a não ser que o sentido, a ordem e a verdade se originassem exclusivamente da ação criadora do homem, isto é, que o homem tivesse a liberdade de um criador[50]. De fato, Hobbes foi obrigado a substituir essa dualidade tradicional entre corpo e mente não pelo monismo materialista, mas pela nova dualidade entre natureza (ou substância) e liberdade. De fato, o que Hobbes sugerira em relação à ciência foi aplicado por Rousseau à moral. A tendência, portanto, era que Rousseau concebesse a liberdade fundamental, ou o direito fundamental, como um ato criador que resultasse no estabelecimento de deveres incondicionais e mais nada: a liberdade é essencialmente autolegislação. O resultado final dessa tentativa foi a substituição da virtude pela liberdade ou a concepção segundo a qual não é a virtude que torna o homem livre, mas sim a liberdade que o torna virtuoso.

É verdade que Rousseau diferencia a verdadeira liberdade ou a liberdade moral, que consiste na obediência à lei, que o indivíduo dá a si mesmo e que pressupõe a sociedade civil, não apenas da liberdade civil, mas, sobretudo, da liberdade natural que pertence ao estado de natureza, isto é, ao estado onde reina o apetite cego e, por conseguinte, a escravidão no sentido moral. Mas também é verdade que ele obscurece essas diferenciações. Pois ele também diz que, na sociedade civil, cada um "obedece apenas a si mesmo e permanece tão livre quanto antes", isto é, quando no estado de natureza. Isso significa que a

---

50. Ver pp. 208-10 acima.

liberdade natural continua sendo o modelo para a liberdade civil, assim como a igualdade natural continua sendo o modelo da igualdade civil[51]. A liberdade civil, por sua vez, que é de certa forma a obediência apenas a si mesmo, está certamente muito próxima da liberdade moral. O ofuscamento das distinções entre liberdade natural, liberdade civil e liberdade moral não é nenhum erro acidental: a nova compreensão da liberdade moral tem origem na noção de que o primeiro fenômeno moral é a liberdade do estado de natureza. De todo modo, o enaltecimento do status da "liberdade" dá à noção quase desacreditada de estado de natureza uma nova vida na doutrina de Rousseau.

Seria possível dizer que nas doutrinas de Hobbes e Locke o estado de natureza consiste num padrão negativo: o estado de natureza é caracterizado por tamanha contradição interna que acaba apontando para uma, e apenas uma solução suficiente, aquela do "poderoso leviatã" em cujas "veias corre dinheiro". Rousseau, entretanto, acreditava que a sociedade civil como tal, para não tratarmos da sociedade civil concebida por Hobbes e Locke, é caracterizada por uma contradição interna fundamental, ao passo que é precisamente o estado de natureza que está livre dessa contradição; o homem no estado de natureza é feliz por ser radicalmente independente, ao passo que o homem na sociedade civil é infeliz por ser radicalmente dependente. Portanto, a sociedade civil deve ser ultrapassada, não no sentido do fim humano mais elevado, mas no da sua origem, do seu mais remoto passado. Assim, o estado de natureza tem, para Rousseau, o propósito de se tornar um padrão positivo. Todavia, ele reconheceu que a necessidade acidental tinha obrigado o

---

51. *C.S.*, I, 6, 8; *Segundo discurso*, p. 65. Quanto à ambiguidade da "liberdade", cf. também *Segundo discurso*, pp. 138-41.

homem a deixar o estado de natureza, transformando-o de tal maneira que ele se tornou incapaz para sempre de retornar a esse estado abençoado. Nesse sentido, a resposta de Rousseau à questão da vida excelente assume a seguinte forma: a vida excelente consiste na maior proximidade que se possa estabelecer com o estado de natureza no nível da humanidade[52].

No plano político, essa aproximação estreita é atingida por uma sociedade que se constrói de acordo com as exigências do contrato social. Como Hobbes e Locke, Rousseau parte da premissa segundo a qual, no estado de natureza, todos os homens são livres e iguais, sendo o seu desejo fundamental a autopreservação. Afastando-se de seus predecessores, ele argumenta que, inicialmente, ou no estado de natureza original, os aguilhões do desejo de autopreservação eram moderados pela compaixão e que o estado de natureza original foi consideravelmente alterado pela necessidade acidental antes de o homem ingressar na sociedade civil; a sociedade civil só se torna necessária ou possível num estágio bastante tardio do estado de natureza. A mudança decisiva no estado de natureza consistiu num enfraquecimento da compaixão, por força do surgimento da vaidade ou do orgulho e, em última análise, por causa do surgimento da desigualdade e, portanto, da dependência mútua dos homens. Como consequência desse desenvolvimento, a autopreservação ficou enormemente comprometida. Atingido seu ponto crítico, a autopreservação prescreve então a introdução de um substituto artificial da compaixão natural, ou de um substituto convencional da liberdade e igualdade naturais que existiam originalmente. Assim, é a autopre-

---

52. *Segundo discurso*, pp. 65, 104-5, 117-8, 122, 125-6, 147, 151, 160-3, 177-9; *Julie*, p. 385; *C.S*, II, 11; III, 15; *Emílio*, II, 125.

servação de cada um que passa a exigir que a máxima aproximação possível à liberdade e à igualdade originais seja alcançada na sociedade[53].

A base da sociedade civil tende a estar, então, exclusivamente no desejo ou no direito de autopreservação. Tal direito compreende os meios necessários à autopreservação. Consequentemente, existe um direito natural de apropriação. Cada um tem, por natureza, o direito de se apropriar, de acordo com o que necessita, dos frutos da terra. Cada um está autorizado a adquirir pelo seu trabalho, e apenas pelo seu trabalho, um direito exclusivo aos produtos da terra que cultivou, um direito exclusivo à própria terra, pelo menos até a próxima colheita. O cultivo contínuo pode até legitimar a posse contínua da terra cultivada, embora não crie um direito de propriedade sobre essa terra; o direito de propriedade é uma criação da lei positiva; antes da sanção da lei positiva, a terra é usurpada, isto é, adquirida pela força, e não é verdadeiro objeto de propriedade. Do contrário, o direito natural consagraria o direito do primeiro ocupante em detrimento do direito de autopreservação daqueles que, talvez por nenhuma incompetência de sua parte, não conseguiram tomar posse da terra; os pobres mantêm o direito natural de adquirir, como homens livres, aquilo de que necessitam para sua autopreservação. E se não são capazes de se apropriar do que necessitam quando cultivam um pedaço de terra, visto que todas as coisas já foram apropriadas por outros, eles podem se valer da força. Assim, surge um conflito entre o direito do primeiro ocupante e o direito daqueles que precisam se apoiar na força. A necessidade de apropriação das coisas necessárias à vida trans-

---

53. *Segundo discurso*, pp. 65, 75, 81, 109-10, 115, 118, 120, 125, 129, 130, 134; C.S., I, 6 (começo); I, 2.

forma o derradeiro estágio do estado de natureza no mais terrível estado de guerra. Alcançado esse ponto, é do interesse de cada um (dos pobres e dos ricos) que o direito suceda à violência, isto é, que a paz seja garantida pela convenção ou pacto. Isso equivale a dizer que "de acordo com a máxima do sábio Locke, não poderia haver injustiça onde não há nenhuma propriedade", ou que cada um, no estado de natureza, tem "um direito ilimitado a todas as coisas a que se sentir inclinado ou que conseguir obter". O pacto que está na base das sociedades efetivas transformou as posses efetivas dos homens, que existiam no fim do estado de natureza, em propriedade genuína. Ele, portanto, sancionou as usurpações passadas. A sociedade efetiva assenta-se na fraude perpetrada pelos ricos contra os pobres: o poder político assenta-se no poder "econômico". Nenhum aprimoramento jamais poderá sanar esse defeito original da sociedade civil; é inevitável que a lei proteja os ricos contra os pobres. Todavia, a despeito disso, a autopreservação de cada um exige que o contrato social seja firmado e mantido[54].

O contrato social poria em risco a autopreservação do indivíduo se não permitisse que este continue a ser o juiz dos meios necessários à sua autopreservação, isto é, a permanecer tão livre quanto antes. Por outro lado, é da essência da sociedade civil que o juízo privado seja substituído pelo juízo público. Essas exigências conflitantes conciliam-se, na medida em que isso é possível, quando os juízos públicos emitidos em atos do executivo se conformam estritamente à lei; ou seja, quando tais juízos, que são leis, são obra da sociedade civil; e quando cada homem adulto sujeito às leis tem a possibilidade de in-

---

54. *Segundo discurso*, pp. 82, 106, 117, 118, 125, 128-9, 131-5, 141, 145, 152; C.S., I, 2, 8, 9; II, 4 (próximo do fim); *Emílio*, I, 309; II, 300.

fluir no conteúdo destas por meio do seu voto. Votar uma lei significa conceber o objeto da vontade particular ou natural de cada um como o objeto de uma lei, que é igualmente obrigatória e benéfica para todos; ou ainda, significa restringir o desejo egoísta de cada um tendo em conta as consequências indesejáveis que se seguiriam se todos os outros também dessem livre curso a seus desejos egoístas. A legislação criada pelo corpo de toda a sociedade civil é, portanto, o substituto convencional da compaixão natural. De fato, o cidadão tem uma liberdade menor do que o homem no estado de natureza, visto que não pode seguir irrestritamente o seu juízo privado; mas tem mais liberdade do que o homem no estado de natureza, visto que se encontra comumente protegido pelos seus pares. O cidadão é tão livre quanto o homem no estado de natureza (original), visto que, sujeitando-se apenas à lei ou à vontade pública ou à vontade geral, não está sujeito à vontade privada de nenhum outro homem. Mas para que todo tipo de dependência pessoal, ou de "governo privado", seja evitado, cada um e cada coisa devem estar sujeitos à vontade geral; o contrato social exige "a alienação total de cada membro, o qual dispõe de todos os seus direitos, em favor de toda a comunidade", ou a transformação de "cada indivíduo que, por si mesmo, é uma totalidade perfeita e solitária, numa parte de uma totalidade maior, da qual o indivíduo, de certa forma, recebe sua vida e existência". Para permanecer na sociedade tão livre quanto antes, ele deve se tornar completamente "coletivizado" ou "desnaturalizado"[55].

A liberdade em sociedade só é possível em virtude da renúncia completa de cada um (e em particular do go-

---

55. *C.S.*, I, 6, 7; II, 2-4, 7; *Emílio*, I, 13. A discussão do contrato social no *Segundo discurso* é reconhecidamente provisória (p. 141).

verno) em favor da vontade de uma sociedade livre. Renunciando a todos os seus direitos em favor da sociedade, o homem perde o direito de invocar o direito natural contra os veredictos da sociedade, isto é, contra a lei positiva: todos os direitos tornam-se direitos sociais. A sociedade livre baseia-se em e depende do fato de a lei positiva assimilar o direito natural. O direito natural é legitimamente assimilado pela lei positiva de uma sociedade construída em conformidade com o direito natural. A vontade geral toma o lugar da lei natural. "Pelo simples fato de ser, o soberano sempre é aquilo que deve ser."[56]

Rousseau por vezes chama a sociedade livre, tal como a concebeu, de uma "democracia". A democracia está mais próxima da igualdade do estado de natureza do que qualquer outro regime. Todavia, a democracia deve ser "sabiamente temperada". Embora cada um tenha o direito de votar, os votantes devem ser "ajustados" de maneira a favorecer a classe média e a população rural contra *la canaille* das grandes cidades. Do contrário, aqueles que nada têm a perder poderiam vender sua liberdade em troca de pão[57].

A assimilação do direito natural pela lei positiva de uma democracia devidamente limitada seria justificável se houvesse uma garantia de que a vontade geral – e isso significa, para todos os propósitos práticos, a vontade da maioria legítima – não pudesse errar. A vontade geral ou a vontade do povo não erra nunca na medida em que quer sempre o bem do povo; mas o povo nem sempre

---

56. *C.S.*, I, 7; II, 3, 6. Cf. *ibid.*, II, 12 ("Divisão das leis") com o paralelo em Hobbes, Locke e Montesquieu, para não mencionarmos Hooker e Suarez; Rousseau nem sequer menciona a lei natural.

57. *Segundo discurso*, pp. 66, 143; *Julie*, pp. 470-1; *C.S.*, IV, 4; *Montagne*, pp. 252, 300-1. Cf. a crítica de Rousseau ao princípio aristocrático dos clássicos in *Narcisse*, pp. 50-1, e in *Segundo discurso*, pp. 179-80.

sabe qual é o seu bem. De modo que a vontade geral tem necessidade de esclarecimento. Os indivíduos esclarecidos podem ver o bem da sociedade, mas não há nenhuma garantia de que eles venham a abraçá-lo quando este entrar em conflito com o seu bem privado. O cálculo e o interesse particular não são vínculos sociais suficientemente fortes. Tanto o povo na sua totalidade quanto os indivíduos têm igualmente a necessidade de um guia; o povo deve aprender a saber o que quer, e o indivíduo, que como um ser natural se interessa exclusivamente pelo seu bem privado, deve se transformar num cidadão que, sem hesitações, prefere o bem comum ao seu bem privado. A solução desse duplo problema é dada pelo legislador, ou o pai da nação, isto é, por um homem de inteligência superior que, imputando uma origem divina ao código que ele elaborou, ou honrando os deuses com sua própria sabedoria, convence o povo da boa qualidade das leis que ele submete à votação e faz com que o indivíduo deixe de ser natural, transformando-se em cidadão. Somente pela ação do legislador o convencional pode adquirir, se não o status, pelo menos a força do natural. Nem é preciso dizer que os argumentos por meio dos quais o legislador convence os cidadãos da sua missão divina, ou da sanção divina do código por ele proposto, são necessariamente de uma solidez duvidosa. Seria possível considerar que, uma vez ratificado o código, desenvolvido um "espírito social" e aceita a legislação (com base mais na prova de sua sabedoria do que na sua pretensa origem), a crença na origem sobre-humana do código não seria mais necessária. Tal sugestão ignora, contudo, o fato de que o respeito vivo pelas leis antigas, o "preconceito da antiguidade", imprescindível para a saúde da sociedade, dificilmente sobreviverá ao questionamento público das narrativas que contam a origem dessas leis. Em outras palavras, a transformação do homem natural em cidadão é um problema coetâneo à sociedade; de modo que a sociedade tem a necessidade permanente de pelo menos um equivalente da ação, envolta em mistério e temor respeitoso, do legislador. Pois a sociedade só pode ser saudável se as opiniões e os sentimentos engendrados por ela superam e, por assim dizer, aniquilam os sentimentos naturais. Vale dizer, a sociedade deve fazer todo o possível para que os cidadãos se esqueçam justamente dos próprios fatos que a filosofia política põe no centro de suas atenções, tomando-os como fundamentos da sociedade. Num sentido radical, a sociedade livre deve sua existência a um obscurecimento contra o qual a filosofia necessariamente se revolta. O problema posto pela filosofia política deve ser esquecido para que a solução, a que a filosofia política conduz, funcione[58].

Não resta dúvida de que a doutrina do legislador em Rousseau pretende muito mais elucidar o problema da sociedade civil do que sugerir uma possível solução prática, exceto quando tal doutrina prefigura justamente a função do próprio Rousseau. A razão específica pela qual ele teve de abandonar a noção clássica do legislador é que tal noção obscurece facilmente a soberania do povo, isto é, contribui, tendo em conta todos os fins práticos, para que a soberania plena do povo seja substituída pela supremacia da lei. A noção clássica do legislador é irreconciliável com a noção de liberdade em Rousseau, a qual leva à exigência periódica de um recurso à vontade soberana do povo contra toda a ordem estabelecida, ou à von-

---

58. *Narcisse*, p. 56; *Segundo discurso*, pp. 66-7, 143; *C.S.*, II, 3, 6-7; III, 2, 11. Comparar a referência aos milagres no capítulo sobre o legislador (*C.S.*, II, 7) com a discussão explícita do problema dos milagres in *Montagne*, ii-iii.

tade da geração atual contra a das gerações passadas. Rousseau, portanto, precisou encontrar um substituto para a ação do legislador. Conforme sua sugestão definitiva, a função originalmente confiada ao legislador deve ser deferida a uma religião civil, que é descrita a partir de diferentes pontos de vista no *Contrato social*, por um lado, e no *Emílio*, por outro. Apenas a religião civil conseguirá engendrar os sentimentos necessários no cidadão. Não precisamos procurar saber se o próprio Rousseau subscrevia integralmente a religião que ele apresentou na profissão de fé do vigário de Saboia – pergunta que não pode ser respondida pelo que ele disse quando tal profissão lhe custou uma perseguição. O que é decisivo é que, de acordo com suas concepções expressas sobre a relação entre conhecimento, fé e povo, o povo não consegue afinal ter mais do que uma mera opinião sobre a verdade dessa ou de qualquer outra religião. Pode-se até duvidar de que algum ser humano consiga ter algum conhecimento genuíno sobre isso, visto que a religião pregada pelo vigário de Saboia está exposta a "objeções insolúveis". Portanto, toda religião civil pareceria ter, em última análise, o mesmo caráter que tem a interpretação dada pelo legislador sobre as origens de seu código, pelo menos na medida em que ambos estão sob o risco de um "perigoso pirronismo" ensejado pela ciência; as "objeções insolúveis", a que mesmo a melhor de todas as religiões está exposta, são verdades perigosas. Uma sociedade livre não pode existir se aquele que duvida do dogma fundamental da religião civil não se conformar aparentemente[59].

À parte a religião civil, o equivalente da ação do legislador antigo é o costume. O costume também socializa as vontades dos indivíduos, independentemente da

---

59. *Julie*, pp. 502-6; *C.S.*, IV, 8; *Beaumont*, p. 479; *Montagne*, pp. 121--36, 180; cf. também n. 28 acima.

generalização das vontades que vêm à baila no ato da legislação. A lei é até precedida pelo costume. Pois a sociedade civil é precedida pela nação ou tribo, isto é, um grupo que se mantém coeso pelos costumes oriundos do fato de que todos os membros do grupo estão expostos às mesmas influências naturais e são moldados por elas. A nação pré-política é mais natural do que a sociedade civil, visto que as causas naturais são mais eficazes na sua produção do que na gênese da sociedade civil, que é produzida pelo contrato. A nação está mais próxima do estado de natureza original do que a sociedade civil; portanto, ela é superior à sociedade civil em aspectos importantes. A sociedade civil estará mais próxima do estado de natureza no nível da humanidade (ou será mais saudável) quando se estruturar sobre as bases quase naturais da nacionalidade ou tiver uma individualidade nacional. O costume ou a coesão nacional é, para a sociedade civil, uma raiz mais profunda do que o cálculo, o interesse particular e, portanto, do que o contrato social. O costume nacional e a "filosofia" nacional são a matriz da vontade geral, assim como o sentimento é a matriz da razão. Disso se segue que o passado, e especialmente o passado remoto, de uma nação tende a se tornar muito mais digno do que quaisquer aspirações cosmopolitas. Se a humanidade do homem é adquirida pela causalidade acidental, tal humanidade será radicalmente diferente de nação para nação e de época para época[60].

Não surpreende que Rousseau não tenha considerado a sociedade livre por ele concebida a solução do pro-

---

60. *Narcisse*, p. 56; *Segundo discurso*, pp. 66-7, 74, 123, 125, 150, 169-70; *C.S.*, II, 8, 10, 12; III, 1; *Emílio*, II, 287-8; *Polônia*, caps. ii-iii. Cf. também Alfred Cobban, *Rousseau and the Modern State* [*Rousseau e o Estado moderno*] (Londres, 1934), p. 284.

blema humano. Mesmo que essa sociedade preenchesse as exigências da liberdade de maneira mais completa do que qualquer outra, o que se seguiria disso seria simplesmente que a verdadeira liberdade deve ser buscada num horizonte além da sociedade civil. Se a sociedade civil e o dever coincidem, como afirma Rousseau, a liberdade humana deve ser buscada num horizonte que ultrapasse até o do dever ou da virtude. Com vistas à conexão entre virtude e sociedade civil, bem como ao caráter problemático da relação entre virtude e felicidade, Rousseau estabeleceu uma distinção entre virtude e bondade. A virtude pressupõe o esforço e o hábito; trata-se sobretudo de um fardo, as suas prescrições são penosas. A bondade, isto é, o desejo de fazer o bem, ou pelo menos a ausência completa do desejo de fazer o mal, é pura e simplesmente natural; os prazeres da bondade vêm imediatamente da natureza; a bondade está diretamente ligada com o sentimento natural da compaixão e tem sua fonte no coração, não na consciência ou na razão. De fato, Rousseau ensinou que a virtude é superior à bondade. Todavia, a ambiguidade que se manifesta na sua noção de liberdade ou, em outras palavras, o seu anseio pela felicidade da vida pré-política, torna esse ensinamento questionável, do seu próprio ponto de vista[61].

A partir disso podemos compreender a atitude de Rousseau em relação à família ou, mais precisamente, ao amor conjugal e paternal, bem como ao amor heterossexual. O amor está mais próximo do estado de natureza original do que a sociedade civil, o dever ou a virtude. O amor é simplesmente incompatível com a coerção e mes-

---

61. Cf. especialmente *C.S.*, I, 8 e II, 11; *Segundo discurso*, pp. 125-6, 150; *Julie*, pp. 222, 274, 277; *Emílio*, II, 48, 274-5; *Confissões*, II, 182, 259, 303; III, 43; *Rêveries*, vi.

mo com a autocoerção; ou ele é livre ou, então, não é amor. É por isso que os amores conjugal e paternal podem ser "os sentimentos mais suaves", ou ainda "os sentimentos mais suaves da natureza conhecidos pelo homem"; o que também responde pelo fato de o amor heterossexual poder ser pura e simplesmente "a mais suave das paixões" ou "o sentimento mais prazeroso que pode penetrar o coração humano". Tais sentimentos dão origem aos "direitos do sangue" e aos "direitos do amor"; eles criam vínculos mais sagrados do que aqueles criados pelo homem. Pelo amor, o homem consegue estar mais próximo do estado de natureza, no nível da humanidade, do que conseguiria pela vida cidadã ou pela virtude. Rousseau deixa a cidade clássica e retorna para a família e o amor do casal. Para empregar os seus próprios termos, podemos dizer que ele deixa as preocupações sobre o cidadão e retorna à mais nobre preocupação do burguês[62].

No entanto, pelo menos conforme aquele texto de Rousseau no qual ele revelou seus princípios "com grande ousadia, para não dizer audácia", há um elemento convencional ou mesmo faccioso no amor[63]. Visto que o amor é um fenômeno social, e visto que o homem é um ser associal por natureza, torna-se necessário considerar se o indivíduo solitário não será capaz de se aproximar o máximo possível do estado de natureza no nível da humanidade. Rousseau falou entusiasmadamente dos encantos e êxtases da contemplação solitária. Por "contemplação solitária" ele não entende a filosofia ou o ponto culminante da filosofia. A contemplação solitária, tal como a

---

62. *Segundo discurso*, pp. 122, 124; *D'Alembert*, pp. 256-7; *Julie*, pp. 261, 331, 392, 411 (cf. também pp. 76, 147-8, 152, 174 n., 193, 273-5); *Rêveries*, x (p. 164).

63. *Segundo discurso*, pp. 111, 139.

entende, é completamente diferente do pensamento ou observação, para não dizer hostil a ele. Ela consiste no, ou conduz ao, "sentimento de existência", isto é, a sensação agradável da própria existência. Se o homem se retirou de tudo aquilo que está fora dele, se se esvaziou de toda outra afeição além do sentimento de existência, ele desfruta da felicidade suprema – a autossuficiência e a impassibilidade semelhantes às dos deuses; só encontra consolo em si mesmo quando é completamente ele mesmo, quando pertence completamente a si mesmo, haja vista que o seu passado e o seu futuro foram extintos. Quando se permite por inteiro esse sentimento, o homem civilizado conclui o retorno humano ao primitivo estado de natureza. Pois se o homem sociável extrai o sentimento de existência, por assim dizer, exclusivamente das opiniões de seus pares, o homem natural – e até mesmo o selvagem – sente a sua existência naturalmente; ele se permite "o sentimento único da sua existência presente sem nenhuma ideia de futuro". O sentimento de existência é o "primeiro sentimento humano". É algo mais fundamental do que o desejo de autopreservação; o homem, aqui, está interessado na preservação de sua existência porque a própria existência, a simples existência, é por natureza agradável[64].

O sentimento de existência, conforme experimentado e descrito por Rousseau, possui uma rica articulação que, possivelmente, faltava ao sentimento de existência experimentado pelo homem no estado de natureza. Aqui, finalmente, o homem civilizado, ou aqueles homens civilizados que da sociedade civil retornaram à solidão, atinge um grau de felicidade do qual o animal estúpido deve

---

64. *Ibid.*, pp. 96, 118, 151, 165; *Emílio*, I, 286; *Rêveries*, V e VII. Ver acima, pp. 316-7.

ter sido totalmente incapaz. Em última análise, apenas essa superioridade do homem civilizado, ou dos melhores homens entre os civilizados, permite a Rousseau afirmar sem hesitações que, embora o surgimento da sociedade civil tenha sido ruim para o gênero humano ou para o bem comum, ele foi bom para o indivíduo[65]. A justificativa última da sociedade civil é, pois, o fato de ela autorizar que certo tipo de indivíduo desfrute da felicidade suprema retirando-se da sociedade civil, isto é, vivendo à margem desta. Na sua primeira obra importante, o cidadão de Genebra dissera que "todo cidadão inútil pode ser considerado um homem pernicioso"; ao passo que no seu último escrito diz que ele mesmo sempre foi, a bem dizer, um cidadão inútil – embora seus contemporâneos tenham errado ao proscrevê-lo da sociedade como um membro pernicioso, em vez de apenas removê-lo da sociedade como um membro inútil[66]. O tipo de homem anunciado por Rousseau, que justifica a sociedade civil na medida em que a transcende, não é mais o filósofo, mas aquele que posteriormente virá a ser chamado de "artista". A reivindicação de tratamento privilegiado por parte deste está baseada mais na sua sensibilidade que na sua sabedoria; mais na sua bondade e compaixão que na sua virtude. Ele reconhece o caráter precário de sua reivindicação: é um cidadão com má consciência. Todavia, visto que a sua consciência lança a acusação não somente contra ele mesmo, mas ao mesmo tempo contra a sociedade à qual pertence, ele tende a ver a si mesmo como a consciência da sociedade. Está fadado a ter uma má consciência por ser a má consciência da sociedade.

---

65. *Segundo discurso*, pp. 84, 116, 125-6; *Beaumont*, p. 471.
66. *Primeiro discurso*, p. 131; *Rêveries*, VI (fim).

É preciso contrapor o caráter onírico da contemplação solitária de Rousseau à vigília da contemplação filosófica. Além disso, é preciso ter em conta o conflito insolúvel entre os pressupostos da sua contemplação solitária e sua teologia natural (e, por conseguinte, a moral baseada nessa teologia). O que se constata a partir de então é que as reivindicações que ele ressalta a favor do indivíduo, ou de alguns indivíduos raros, e contra a sociedade, carecem de clareza e precisão. Mais especificamente, a determinação do ato de reivindicar contrasta fortemente com a indeterminação do conteúdo da reivindicação. Isso, porém, não surpreende. A noção de que a vida excelente consiste no retorno, no nível da humanidade, ao estado de natureza, isto é, a um estado que carece por completo de qualquer traço humano, leva necessariamente à conclusão de que o indivíduo reivindica uma emancipação final em relação à sociedade que carece de qualquer conteúdo humano determinado. Mas esse defeito fundamental do estado de natureza, na medida em este é tomado como finalidade das aspirações humanas, era, aos olhos de Rousseau, a sua justificativa perfeita: a própria indeterminação do estado de natureza, tomado como finalidade das aspirações humanas, faz desse estado o veículo ideal da liberdade. Ter reservas à sociedade em nome do estado de natureza significa ter reservas à sociedade sem ser obrigado nem capaz de indicar o modo de vida, a causa ou a busca em nome de que tais reservas são feitas. A noção de um retorno ao estado de natureza no nível da humanidade era a base ideal para reivindicar uma libertação da sociedade que não fosse uma libertação em vista de algo. Era a base ideal para invocar a partir da sociedade algo impreciso e indefinível: uma inviolabilidade sagrada e última do indivíduo como indivíduo, não remido nem justificado. E isso constituiu precisamente aquilo que muitos homens vieram a entender por liberdade. Toda liberdade que é liberdade para algo, que se justifica na medida em que se refere a algo mais elevado do que o indivíduo ou do que o homem como meramente homem, restringe necessariamente a liberdade ou, o que dá no mesmo, estabelece uma distinção plausível entre liberdade e licença. A liberdade se torna dependente do propósito que se reivindica. Rousseau diferencia-se de muitos de seus seguidores pelo fato de ainda ver claramente a desproporção entre essa liberdade indefinida e indefinível e as exigências da sociedade civil. Conforme confessou no fim de sua carreira, nenhum livro lhe interessou tanto quanto os escritos de Plutarco. O sonhador solitário ainda se curvava diante dos heróis de Plutarco[67].

B. Burke

As dificuldades que Rousseau encontrou por aceitar o ensinamento do direito natural moderno e refletir sobre ele poderiam ter-lhe sugerido um retorno à concepção pré-moderna de direito natural. Esse retorno foi buscado, por assim dizer, na última hora, por Edmund Burke. Burke tomou o partido de Cícero e de Suarez contra Hobbes e Rousseau. "Continuamos lendo, como nos dois últimos séculos, e de maneira mais generalizada do que se faz, no continente, os bons autores da Antiguidade. São eles que habitam nossas mentes." Burke tomou o partido "dos bons autores da Antiguidade" contra "os filósofos parisienses" e especialmente contra Rousseau, que deram origem a uma "nova moral"; ou, ainda, contra os "audaciosos experimentadores da moral". Repudiou

---

67. *Rêveries*, IV (início).

com escárnio "essa filosofia que pretende ter descoberto a *terra australis* da moral"[68]. Sua atividade política era, de fato, guiada pela sua devoção à Constituição britânica, embora ele concebesse essa Constituição de uma maneira muito parecida com a concepção de Cícero sobre o regime romano.

Burke não escreveu uma única obra teórica sobre os princípios da política. Todas as suas declarações sobre o direito natural ocorrem em formulações *ad hominem* e pretendem servir de imediato a um propósito prático e específico. Consequentemente, a sua apresentação dos princípios políticos muda, de certa maneira, conforme a mudança da situação política. Nesse sentido, ele poderia facilmente parecer incoerente. Na realidade, porém, ele se manteve adepto, durante toda a sua carreira, dos mesmos princípios. Uma única e mesma fé animou as suas ações em favor dos colonos americanos, dos irlandeses católicos, contra Warren Hastings e contra a Revolução Francesa. Em conformidade com o pendor eminentemente prático de seu pensamento, ele afirmou seus princípios da maneira mais contundente e clara quando a afirmação em questão era urgentemente necessária, isto é, quando esses princípios sofriam os mais intransigentes e eficazes ataques – após a deflagração da Revolução Francesa, que afetou as suas expectativas quanto ao progresso futuro da Europa; embora dificilmente tenha afetado, ou não fez mais do que confirmar, as suas concepções sobre o certo e o errado no sentido moral e político[69].

---

68. *The Works of Edmund Burke* [*Obras de Edmund Burke*] ("Bohn's Standard Library"), II, 385, 529, 535, 541; VI, 21-3. Citado, daqui em diante, como *Obras*.

69. *Ibid.*, II, 59-62; III, 104; VI, 144; VI, 144-53. Quanto ao tema do progresso, cf. II, 156; III, 279, 366; VI, 31, 106; VII, 23, 58; VIII, 439; *Letters of Edmund Burke: a Selection*, org. Harold J. Laski, p. 363 [*Cartas de Ed-*

O caráter prático do pensamento de Burke explica em parte a razão pela qual ele não hesitava em usar a linguagem do direito natural moderno sempre que isso pudesse ajudá-lo a persuadir seu público moderno sobre a excelência de uma política por ele recomendada. Ele tratou do estado de natureza, dos direitos de natureza, dos direitos do homem, do pacto social e do caráter artificial da República[70]. Pode-se, porém, dizer que ele integrou essas noções a uma estrutura clássica e tomista.

Limitemo-nos a alguns exemplos. Burke admite de bom grado que os homens no estado de natureza, os homens "não submetidos à convenção", têm direitos naturais; no estado de natureza, cada um tem "o direito de se defender, [que é] a primeira lei da natureza"; o direito de se governar, isto é, "julgar por si mesmo e fazer valer a sua causa"; e até mesmo "o direito a todas as coisas". No entanto, "por terem direito a todas as coisas, eles têm necessidade de todas as coisas". O estado de natureza é o estado de "nossa natureza nua e tiritante"; de nossa natureza ainda não afetada de alguma forma por nossas virtudes; ou de nossa barbárie original. De modo que o estado de natureza e os "direitos plenos dos homens" que pertencem a tal estado não são capazes de oferecer o padrão da vida civilizada. Todas as nossas necessidades naturais – e certamente todas as necessidades mais elevadas de nossa natureza – almejam, num distanciamento em relação ao estado de natureza, a sociedade civil: não é, pois, o "estado de natureza rude", mas a sociedade civil que constitui o verdadeiro estado de natureza. Burke ad-

---

mund Burke] (citado, daqui em diante, como *Cartas*); cf. também Burke, *Select Works*, org. E. J. Payne, II, 345.

70. Cf., por exemplo, *Obras*, I, 314, 348, 470; II, 19, 29-30, 145, 294-5, 331-3, 366; III, 82; V, 153, 177, 216; IV, 29.

mite que a sociedade civil é "fruto da convenção" ou de "um contrato". Trata-se, porém, de "um contrato", de "uma associação" especial – "uma associação em cada virtude e em toda perfeição". Trata-se de um contrato quase no mesmo sentido em que a totalidade da ordem providencial, "o grande e primeiro contrato da sociedade eterna", pode ser chamado de contrato[71].

Burke reconhece que a sociedade civil tem por propósito a salvaguarda dos direitos do homem e especialmente do direito à busca da felicidade. Mas só se pode encontrar a felicidade pela virtude, pelas restrições "que as virtudes impõem sobre as paixões". De modo que a sujeição à razão, ao governo, à lei, ou "as restrições aos homens, bem como às suas liberdades, devem ser computadas no conjunto dos seus direitos". O homem não pode nunca agir "sem um vínculo moral", visto que "os homens não se encontram nunca num estado de total independência recíproca". A vontade do homem deve sempre estar sob o domínio da razão, da prudência e da virtude. Desse modo, Burke busca a fundamentação do governo "numa conformidade com nossos deveres", e não nos "direitos imaginários dos homens". Consequentemente, nega a afirmação segundo a qual todos os nossos deveres surgem do consentimento ou do contrato[72].

A discussão relativa aos "direitos imaginários dos homens" concentra-se no direito de cada um ser o único juiz daquilo que conduz à sua autopreservação ou à sua felicidade. Esse suposto direito parecia justificar a prescrição de que cada um deve ter uma participação – uma participação, de certa forma, tão ampla quanto qualquer outra – no poder político. Burke questiona essa prescrição

---

71. *Ibid.*, II, 220, 332-3, 349, 368-70; III, 82, 86; V, 212, 315, 498.
72. *Ibid.*, II, 310, 331, 333, 538; III, 109; V, 80, 122, 216, 424.

retomando o princípio sobre o qual o suposto direito básico está fundado. Ele admite que cada um tem um direito natural à autopreservação e à busca da felicidade. Nega, contudo, que esse direito se torne nulo quando nem todos dispõem do direito de julgar os meios que conduzem à sua autopreservação e felicidade. Portanto, o direito à satisfação das necessidades ou ao usufruto dos benefícios da sociedade não é necessariamente um direito à participação no poder político. Pois o juízo de muitos, ou "a vontade de muitos, bem como seus interesses, diferem muito frequentemente". O poder político ou a participação no poder político não faz parte dos direitos do homem, pois os homens têm o direito a um bom governo, e não há nenhuma ligação necessária entre um bom governo e o governo da maioria; os direitos do homem, propriamente compreendidos, visam à predominância da "verdadeira aristocracia natural" e, nesse sentido, à predominância da propriedade, especialmente da propriedade da terra. Em outras palavras, cada um é de fato capaz de julgar devidamente os agravos sofridos tomando como critério seus próprios sentimentos, contanto que não seja seduzido por agitadores a julgar, em razão da imaginação destes, os ditos agravos. Porém as causas dos agravos "não são da alçada do sentimento, mas da razão e da previsão, e frequentemente de considerações passadas e de uma combinação bastante variada de circunstâncias, que [a maioria] se mostra em última análise incapaz de compreender". Burke, portanto, busca a fundamentação do governo não nos "direitos imaginários dos homens", mas "no provimento de nossas necessidades em conformidade com nossos deveres". Consequentemente, nega que o direito natural possa, por si mesmo, ter muito a dizer sobre a legitimidade de determinada Constituição: é legítima a Constituição que permite em determinada sociedade a melhor maneira de satisfazer as necessidades humanas e que promove a virtude nessa sociedade; a sua conveniência não pode, porém, ser determinada pelo direito natural, mas apenas pela experiência[73].

Burke não rejeita as concepções de que toda autoridade tem a sua origem última no povo, nem que a soberania reside em última análise no povo, nem que toda a autoridade é em última análise fruto de um pacto de homens até então "não submetidos à convenção". Mas nega que essas verdades últimas, ou meias-verdades, sejam politicamente relevantes. "Se a sociedade civil é fruto da convenção, então essa convenção deve ser a sua lei." Para quase todos os propósitos práticos, a convenção, o pacto original, isto é, a Constituição estabelecida, é a mais alta autoridade. E como a função da sociedade civil é a satisfação das necessidades, a Constituição estabelecida deriva sua autoridade menos da convenção original, ou da sua origem, que do seu funcionamento benéfico ao longo de gerações e ou por meio dos seus resultados. A fonte da legitimidade está menos no consentimento ou no contrato do que na confirmação dos benefícios, isto é, na prescrição. Apenas a prescrição, em contraposição ao pacto original dos selvagens "não submetidos à convenção", pode revelar a sabedoria da Constituição e, portanto, legitimar a Constituição. Os hábitos produzidos com base no pacto original, especialmente os da virtude, são infinitamente mais importantes do que o ato original em si. Apenas a prescrição, em contraposição ao ato original, pode consagrar determinada ordem social. O povo, em vez de senhor da Constituição, é a sua criatura. A estrita noção de

---

73. *Ibid.*, I, 311, 447; II, 92, 121, 138, 177, 310, 322-5, 328, 330-3, 335; III, 44-5, 78, 85-6, 98-9, 109, 352, 358, 492-3; V, 202, 207, 226-7, 322-3, 342; VI, 20-1, 146.

soberania do povo implica, pois, que a geração atual é soberana: "a conveniência do momento" torna-se o único "princípio de comprometimento" para com a Constituição. "Os locatários e possuidores temporários" num Estado, "que negligenciam aquilo que receberam de seus ancestrais", tornam-se inevitavelmente negligentes em relação àquilo "que legam à posteridade". O povo, ou qualquer outro soberano nesse caso, é ainda menos senhor da lei natural, pois esta não se assimila à vontade do soberano nem à vontade geral. Como consequência, a distinção entre guerras justas e injustas conserva em Burke toda sua importância; ele abomina a noção de que se deve determinar a política externa de uma nação exclusivamente com base nos seus "interesses materiais"[74].

Burke não nega que, sob determinadas condições, o povo pode alterar a ordem estabelecida. Mas reconhece tal possibilidade apenas como um direito a ser exercido em último caso. A saúde da sociedade exige que a soberania última do povo esteja quase sempre adormecida. Ele se opõe aos teóricos da Revolução Francesa por transformarem "um caso de necessidade numa lei geral", por entenderem como normalmente válido aquilo que só é válido em casos extremos. "O próprio hábito de apresentar esses casos extremos não é muito elogiável nem seguro." As opiniões de Burke, por outro lado, "não podem jamais levar ao extremo, pois a sua própria fundação é oposta aos extremos"[75].

---

74. *Ibid.*, II, 58, 167, 178, 296, 305-6, 331-2, 335, 349, 359-60, 365-7, 422-3, 513-4, 526, 547; III, 15, 44-5, 54-5, 76-85, 409, 497, 498; V, 203-5, 216; VI, 3, 21-2, 145-7; VII, 99-103.

75. *Ibid.*, I, 471, 473, 474; II, 291, 296, 335-6, 468; III, 15-6, 52, 81, 109; V, 120. Cf. G. H. Dodge, *The Political Theory of the Huguenots of the Dispersion* (Nova York, 1947), p. 105: Jurieu sustenta que o melhor "para a paz pública" é que o povo não conheça o verdadeiro alcance do seu

Burke associa o extremismo da Revolução Francesa a uma nova filosofia. "A antiga moral" era uma moral "de benevolência social e abnegação individual". Os filósofos parisienses negam a nobreza da "disciplina individual", da temperança e das "virtudes severas e restritivas". Reconhecem tão somente as virtudes "liberais": "uma virtude que chamam de humanidade ou benevolência"[76]. Entendida assim, a humanidade se coaduna com o desregramento. Ela até mesmo o enseja, e propicia o desatar dos laços do matrimônio, pondo o teatro no lugar da igreja. Além disso, "a mesma disciplina que [...] relaxa os seus costumes" "endurece o seu coração": o humanitarismo extremo dos teóricos da Revolução Francesa leva necessariamente à bestialidade. Pois esse humanitarismo baseia-se na premissa de que os fatos morais fundamentais são os direitos que correspondem às necessidades corporais elementares; toda sociabilidade é uma derivação e, de fato, um artifício; a sociedade civil é sem dúvida radicalmente artificial. De modo que as virtudes do cidadão não podem ser enxertadas "no caule das afeições naturais". Mas a sociedade civil é considerada não apenas necessária como também nobre e sagrada. Consequentemente, os sentimentos naturais, todos os sentimentos naturais, devem ser sacrificados sem nenhuma compaixão

---

poder; os direitos do povo são "remédios que não devem ser desperdiçados ou aplicados em casos menores. Eles são os mistérios que não devem ser profanados pela sua exposição excessiva aos olhos da multidão comum". "Quando houver risco de destruição do Estado ou da religião, poder-se-á então recorrer a eles [esses remédios]; em outras situações, não vejo mal algum no fato de serem encobertos pelo silêncio."

76. *Carta a Rivarol* (1/6/1791) (cf. *Obras*, I, 130-1, 427; II, 56, 418), *Obras*, V, 208, 326. Cf. Montesquieu, *O espírito das leis*, XX, 1 (e XIX, 16) sobre a relação do comércio com o abrandamento dos costumes, em contraposição à sua pureza.

em nome das supostas exigências do patriotismo ou da humanidade. Os revolucionários franceses conseguiram chegar até essas exigências na medida em que abordaram as questões humanas seguindo a atitude dos cientistas, geômetras e químicos. De modo que eles são, desde o início, "pior[es] do que os homens indiferentes aos sentimentos e hábitos que sustentam o mundo moral". Eles "consideram os homens nos seus experimentos como fariam exatamente com os ratos numa bomba de ar, ou num recipiente com gás mefítico". Consequentemente, "estão prestes a declarar que não consideram 2 mil anos um período muito longo para o bem que buscam". "A sua humanidade não se desvaneceu. Eles apenas a postergaram [...]. A sua humanidade permanece em seu horizonte – e, como todo horizonte, está sempre fugindo deles." A atitude "científica" dos revolucionários franceses ou dos seus mestres também explica por que o seu desregramento, que eles opõem às convenções da antiga galanteria apresentando-o como algo natural, é uma "mistura informe, rude, ácida, sombria e feroz de pedantismo e de lascívia"[77].

Burke desaprova, então, não apenas essa mudança na substância do ensinamento moral. Ele também desaprova, principalmente, a mudança de modo: a nova doutrina moral é obra de homens que pensam as questões humanas assim como geômetras pensam as figuras e planos, e não como homens de ação que pensam sobre o que devem fazer. É essa mudança fundamental de um enfoque prático para um enfoque teórico que, de acordo com Burke, deu à Revolução Francesa o seu caráter singular.

"A revolução atual na França parece-me [...] apresentar pouca semelhança ou analogia com algumas daquelas que ocorreram na Europa a partir de princípios

---

77. *Obras*, II, 311, 409, 419, 538-40; V, 138, 140-2, 209-13.

puramente políticos. Trata-se de uma revolução de doutrina e de dogma teórico. Ela tem muito mais a ver com aquelas mudanças de ordem religiosa, em que o espírito de proselitismo é parte essencial." A Revolução Francesa, portanto, tem alguma semelhança com a Reforma. Todavia, "esse espírito generalizado de facção política", ou essa "doutrina armada", está "separada da religião", sendo, na verdade, ateísta; o "dogma teórico" que guia a Revolução Francesa é puramente político. Mas, uma vez que essa revolução amplia o poder da política sobre a religião, e "até mesmo sobre a constituição da mente humana", ela é a primeira "revolução *completa*" na história do gênero humano. O seu sucesso, entretanto, não pode ser explicado pelos princípios políticos que a animam. Pois tais princípios tiveram, em todas as épocas, um apelo poderoso; são "os que mais agradam às tendências naturais da multidão ignara". De modo que no passado houve tentativas de insurreição "baseadas nesses direitos do homem", como a Jacquerie, a insurreição de John Ball na Idade Média, bem como os esforços da ala extremista durante a guerra civil inglesa. Mas nenhuma dessas tentativas foi bem-sucedida. O sucesso da Revolução Francesa só pode ser explicado por aquele aspecto particular que a diferencia de todos os paralelos. A Revolução Francesa é a primeira "revolução filosófica". É a primeira revolução feita por homens letrados, filósofos, "metafísicos em estado puro", que "não se posicionam como instrumentos subordinados ou arautos da sedição, mas como os principais planejadores e manipuladores". É a primeira revolução em que "o espírito da ambição está ligado ao espírito da especulação"[78].

---

78. *Ibid.*, II, 284-7, 299, 300, 302, 338-9, 352, 361-2, 382-4, 403-5, 414, 423-4, 527; III, 87-1, 164, 350-2, 354, 376, 377, 379, 442-3, 456-7; V, 73, 111, 138, 139, 141, 245, 246, 259 (o itálico está no original).

Opondo-se a essa intrusão do espírito especulativo ou teórico no campo da prática ou da política, podemos considerar que Burke restaurou a concepção antiga, de acordo com a qual a teoria não pode ser a única orientação suficiente na prática. Podemos considerar que ele retomou particularmente Aristóteles. Mas, para nos limitarmos apenas a esse ponto, é preciso logo acrescentar que ninguém antes de Burke havia falado desse tema com tanta ênfase e força. Podemos mesmo considerar que, do ponto de vista da filosofia política, as observações de Burke sobre o problema da teoria e da prática constituem a parte mais importante da sua obra. Ele tratou desse problema com mais ênfase e de maneira mais assertiva do que Aristóteles, justamente porque Burke teve que enfrentar uma forma nova e mais poderosa de "doutrina especulativa", um doutrinarismo político de origem filosófica. A abordagem política da "doutrina especulativa" despertou sua atenção crítica bem antes da Revolução Francesa. Antes de 1789, ele já falava dos "especulatistas de nossa era especulativa". Muito cedo em sua carreira, portanto, a crescente importância política adquirida pela especulação levou-o a atentar para a "antiga querela entre a especulação e a prática"[79].

À luz dessa querela, Burke concebeu as suas maiores ações políticas: não apenas contra a Revolução Francesa, mas também em favor dos colonos americanos. Em ambos os casos, os líderes políticos combatidos por Burke insistiam em determinados direitos: o governo inglês insistia nos direitos de soberania e os revolucionários franceses, nos direitos do homem. Em ambos os casos, Burke procedeu exatamente da mesma maneira: questionou menos os direitos do que a sabedoria presente no exercício

---

79. *Ibid.*, I, 311; II, 363; III, 139, 356; V, 76; VII, 11.

dos direitos. Em ambos os casos, ele tentou restaurar a abordagem genuinamente política contrapondo-se à abordagem legalista. Ora, de modo bastante característico, percebeu que a abordagem legalista era uma forma de "doutrina especulativa", sendo que as abordagens do historiador, do metafísico, do teólogo e do matemático constituem outras formas especulativas. Todas essas abordagens de temas políticos têm isto em comum: elas não são controladas pela prudência, a virtude que rege toda prática. O que quer que se diga sobre a justeza da prática em Burke, basta observar que, quando julgou os líderes políticos aos quais se opôs nas duas mais importantes ações políticas de sua vida, ele detectou que a falta de prudência desses líderes tinha como origem não tanto a paixão quanto a intrusão do espírito teórico no campo da política[80].

Já se disse muitas vezes que Burke, em nome da história, atacou as teorias que prevaleceram em sua época. Como veremos mais adiante, essa interpretação não é de todo indevida. Mas, a fim de verificar qual é a parte correta dessa interpretação, comecemos pelo fato de que aquilo que se mostrou às gerações posteriores a Burke como uma virada para a História, para não dizer uma descoberta da História, foi fundamentalmente um retorno à concepção tradicional das limitações essenciais da teoria em contraposição à prática ou à prudência.

A "doutrina especulativa" na sua forma mais completa equivaleria à concepção segundo a qual toda a luz de que a prática necessita é suprida pela teoria, filosofia ou ciência. Contra essa concepção, Burke assevera que a teoria é insuficiente para orientar a prática e, além disso,

---

80. *Ibid.*, I, 257, 278, 279, 402, 403, 431, 432, 435, 479-80; II, 7, 25-30, 52, 300, 304; III, 16; V, 295; VII, 161; VIII, 8-9; cf. também Ernest Barker, *Essays on Government* [Ensaios sobre o governo] (Oxford, 1945), p. 221.

tende essencialmente a induzir a prática ao erro[81]. A prática e, portanto, a sabedoria prática, ou a prudência, são diferentes da teoria: em primeiro lugar, a prática está voltada para o particular e o mutável, ao passo que a teoria se volta para o universal e imutável. A teoria, "que considera o homem e as questões humanas", está fundamentalmente voltada para os princípios da moral, para "os princípios da verdadeira política [que] são a extensão dos princípios da moral"; ou ainda, para os "fins próprios do governo". Mesmo sabendo quais são esses fins, não se sabe nada sobre como e até que ponto eles podem ser realizados aqui e agora, sob determinadas circunstâncias particulares, fixas ou transitórias. As circunstâncias dão "a cada princípio político o seu tom particular e o seu efeito diferencial". A liberdade política, por exemplo, pode ser uma bênção ou uma maldição, conforme a diferença de circunstâncias. "A ciência voltada para a construção, renovação e reforma de um Estado", diferentemente do conhecimento dos princípios da política, é uma "ciência experimental que não se deve ensinar *a priori*". Assim, a teoria lida não apenas com os fins próprios do governo, mas também com os meios para esses fins. Mas é pouquíssimo provável que haja uma regra para tais meios que seja universalmente válida. Por vezes, encontramo-nos diante "da terrível exigência em que a moral se sujeita à suspensão das suas regras em favor de seus princípios"[82]. E visto que existem muitas regras desse tipo, que são válidas na maioria dos casos, elas têm uma plausibilidade

---

81. *Obras*, I, 259, 270-1, 376; II, 25-6, 306, 334-5, 552, III, 110; VI, 148; *Cartas*, p. 131.

82. *Obras*, I, 185, 312, 456; II, 7-8, 282-3, 333, 358, 406, 426-7, 431, 520, 533, 542-3, 549; III, 15-6, 36, 81, 101, 350, 431-2, 452; V, 158, 216; VI, 19, 24, 114, 471; VI, 93-4, 101.

que tende a induzir a erro nos casos raros em que sua aplicação seria fatal. Tais regras não levam muito em conta o acaso, "em relação ao qual os especuladores raramente mostram-se contentes em atribuir-lhe uma maior participação, que justamente lhe cabe, nas questões humanas". Ignorando o poder do acaso e, assim, esquecendo que "a única coisa sobre a qual certamente temos alguma responsabilidade moral são os cuidados de nossa própria época, eles não falam como políticos, mas como profetas". A preocupação com o universal ou geral cria provavelmente certo tipo de cegueira relacionada ao particular e ao singular. As regras políticas derivadas da experiência expressam as lições extraídas daquilo que foi bem-sucedido ou que fracassou até o presente. Elas não são, portanto, aplicáveis a novas situações. Por vezes, as novas situações surgem como reação às próprias regras que a experiência prévia incontestada confirmou como universalmente válidas: o homem é inventivo no bem e no mal. Portanto, é possível que "a experiência baseada em outros dados [que são diferentes das circunstâncias efetivas do caso presente] seja de todas as coisas a mais enganadora"[83].

Segue-se disso que a história tem um valor muito limitado. Da história "pode-se assimilar muita sabedoria política", mas apenas "como hábito, não como preceito". A história pode desviar o entendimento humano dos "afazeres com que se defronta", levando-o a analogias errôneas, e os homens são naturalmente inclinados a sucumbir a essa tentação. Pois é necessário um esforço muito maior para sistematizar uma situação até aqui não sistematizada na sua particularidade do que para interpretá-la

---

83. *Ibid.*, I, 277-8, 312, 365; II, 372, 374-5, 383; III, 15-7; V, 78, 153-4, 257.

à luz dos precedentes que já foram sistematizados. "Observei constantemente", diz Burke, "que a grande maioria das pessoas está pelo menos cinquenta anos atrasada em relação à política [...] para elas, todas as coisas estão resolvidas nos livros, sem que tenham exercido nenhuma diligência ou sagacidade consideráveis." O que não quer dizer que o político não venha algumas vezes a precisar da história com vista aos "afazeres com que se defronta". Por exemplo, a razão e o bom-senso prescrevem irrevogavelmente que, "sempre que estamos envolvidos em dificuldades oriundas das medidas que tomamos, devemos submetê-las a um rigoroso exame ou investigar amplamente os pormenores históricos". A história tem isto em comum com a sabedoria prática – ambas estão voltadas para o particular; e tem isto em comum com a teoria – que os objetos da história, isto é, as ações ou interações passadas (*acta*) não são objetos da ação propriamente dita (*agenda*), isto é, não são coisas com que temos de lidar agora. Assim, a história, ou a "sabedoria retrospectiva", cria a ilusão de que poderia "servir admiravelmente para reconciliar a antiga querela entre a especulação e a prática"[84].

Outro modo pelo qual os homens buscam furtar-se à dura tarefa de sistematizar situações difíceis e lidar com elas consiste no recurso à lei. Por vezes, eles agem sob o pretexto de que as questões propriamente políticas, que, como tais, dizem respeito ao aqui e agora, podem ser perfeitamente respondidas por meio do recurso à lei que, como tal, diz respeito aos universais. Com vista a essa diferença entre o prudencial e o legal, Burke às vezes chama a abordagem jurídica de "especulativa" ou de "metafísica". Contrasta o caráter "limitado ou fixo" do jurídico, que é "adaptado às ocasiões comuns", com o pru-

---

84. *Ibid.*, I, 311, 384-5; II, 25; III, 456-7; V, 258.

dencial, que só consegue guiar os homens "quando se abre uma cena nova e perturbadora"[85].

A teoria, portanto, é capaz de atingir uma simplicidade, uniformidade e exatidão que necessariamente falta à sabedoria prática. Um aspecto característico da teoria, atinente ao homem e aos afazeres humanos, é que ela está voltada, primeiramente, seja para a melhor ordem, que é pura e simplesmente justa, seja para o estado de natureza. Em ambas as formas, a teoria está voltada, primeiramente, para o caso mais simples. Este, porém, nunca ocorre na prática; nenhuma ordem efetiva é simplesmente justa, e toda ordem social é fundamentalmente diferente do estado de natureza. Portanto, a sabedoria prática sempre tem a ver com exceções, modificações, compensações, concessões e composições. "Esses direitos metafísicos, que ingressam na vida comum como raios de luz que trespassam um meio denso, sofrem, pelas leis da natureza, uma refração em relação à linha reta." Visto que "os objetos da sociedade são da maior complexidade possível", "os direitos primitivos dos homens" não podem subsistir "na simplicidade de sua direção original"; "e na medida em que [esses direitos] são metafisicamente verdadeiros, eles são moral e politicamente falsos". A sabedoria prática, em contraposição à teoria, exige, portanto, "a mais delicada e complicada habilidade", que surge apenas de uma prática longa e variada[86].

Por outro lado, Burke caracteriza a teoria como "sutil" e "refinada" e vê na simplicidade ou clareza um caráter essencial da boa política: "a política refinada sempre foi fonte de confusão". Pode-se dizer que, pelos seus sen-

---

85. *Ibid.*, I, 199, 406-7, 431, 432; II, 7, 25, 28; V, 295.
86. *Ibid.*, I, 257, 336-7, 408, 433, 500-1; II, 29-30, 333-5, 437-8, 454-5, 515; III, 16; V, 158; VI, 132-3.

timentos e pela sua consciência, cada um conhece as necessidades a que a sociedade deve atender e os deveres aos quais deve se conformar. A teoria política suscita a questão relativa à melhor solução do problema político. No que se refere a esse problema – para não mencionar nenhum outro –, a teoria política transcende os limites da experiência comum: ela é "refinada". O homem dotado de discernimento civil tem apenas uma vaga consciência da melhor solução do ponto de vista teórico, mas vê nitidamente qual variação da melhor solução é conveniente para as circunstâncias. Para considerarmos um exemplo atual, ele está consciente do fato de que, no momento, apenas "uma cultura mais vasta, ainda que mais simples"[87], é possível. A clareza indispensável à boa ação não é necessariamente realçada pela clareza nítida da melhor solução nem por qualquer outra clareza teórica: a luz clara da torre de marfim ou, no caso em questão, do laboratório, obscurece as coisas políticas, alterando o meio em que elas existem. Talvez seja preciso uma "habilidade extremamente delicada e complicada" para imaginar uma política que concorde satisfatoriamente com as finalidades do governo em determinada situação. Mas tal política será um fracasso se o povo não conseguir reconhecer a sua conveniência: a "política refinada" destrói a confiança e a obediência plena. A política deve ser "clara" no que diz respeito "a todos os fundamentos mais gerais da política", embora não seja necessário que "a razão de uma medida particular, que faz parte de um plano", se "acomode às capacidades comuns daqueles que devem usufruí-la", ou mesmo que essa razão lhes seja divulgada. "Do ponto de vista mais essencial, os menos inquisitivos"

---

87. Winston S. Churchill, *Blood, Sweat, and Tears* [Sangue, suor e lágrimas] (Nova York, 1941), p. 18.

podem e devem estar, em virtude "dos seus sentimentos e da sua experiência, em pé de igualdade com os mais sábios e com os que mais conhecem"[88].

Além disso, a prática pressupõe a proximidade com algo particular ou, mais precisamente, com "aquilo que a cada um diz respeito" (seu país, seu povo, sua religião), ao passo que a teoria é distanciada. Estar próximo de alguma coisa significa cuidar, preocupar-se, sentir-se afetado, ter interesse nela. As questões práticas, diferentemente das teóricas, "atingem os homens nos seus afazeres e afetos". O teórico como tal está tão interessado no seu caso, ou no do grupo do qual faz parte, quanto em qualquer outro. Ele é imparcial e neutro, para não dizer "frio e lânguido". "Os que especulam devem ser neutros. Um ministro pode não ser assim." O homem de ação é necessária e legitimamente parcial em relação ao que lhe diz respeito; é seu dever tomar partido. Com isso, Burke não quer dizer que o teórico não deve emitir "juízos de valor"; mas que, na condição de teórico, ele é um partidário da excelência, onde quer e quando quer que ela se encontre; prefere, sem reservas, o bem àquilo que lhe diz respeito. O homem de ação, entretanto, se preocupa sobretudo com o que lhe diz respeito, com o que lhe está mais próximo e com o que lhe é mais caro, por mais que isso careça de excelência. O horizonte da prática é necessariamente mais estreito que o da teoria. Ao expandir as perspectivas, revelando assim as limitações de toda investigação de ordem prática, a teoria tende a pôr em risco a devoção total à prática[89].

---

88. *Obras*, I, 337, 428-9, 435, 454, 489; II, 26, 30, 304, 358, 542; III, 112, 441; V, 227, 278; VI, 21, 24; VII, 349.

89. *Ibid*, I, 185-6, 324, 501; II, 29, 120, 280-1, 548; III, 379-80; VI, 226; VIII, 458.

A prática também não tem a liberdade da teoria porque ela não pode esperar: "Devemos submeter [...] os afazeres ao tempo". O pensamento prático é concebido tendo em vista um prazo. Ele está, antes, voltado para o mais iminente do que para o mais desejável. Faltam-lhe a tranquilidade e o ócio da teoria; ele não permite ao homem "furtar-se de emitir uma opinião" ou suspender seu juízo. Portanto, deve se satisfazer com um grau de clareza e certeza inferior ao do pensamento teórico. Toda "decisão" teórica é reversível; as ações são irreversíveis. A teoria pode e deve sempre voltar ao zero. A própria questão da melhor ordem social implica a possibilidade "de se debaterem casos teóricos [...] sobre a suposta ruína da Constituição", isto é; fazer algo que, no pensamento prático, evidenciaria um "mau hábito". Diferentemente da teoria, a prática é limitada pelas decisões passadas e, portanto, pelo que está estabelecido. Nas questões humanas, a posse é tomada por um título, ao passo que nas teóricas não há nenhuma presunção em favor das ideias aceitas[90].

Por ser essencialmente "privada", a especulação está voltada para a verdade sem nenhuma consideração pela opinião pública. Mas as "medidas nacionais" ou os "problemas políticos não dizem respeito primeiramente à verdade ou falsidade. Eles estão relacionados com o bem ou o mal". Estão relacionados com a paz e a "comodidade mútua"; o seu tratamento satisfatório exige a "confiança insuspeita", o consentimento, acordos e concessão. A ação política exige uma "condução judiciosa do temperamento do povo". Mesmo que se dê "uma direção [...] para o sentido geral da comunidade", ela deve "seguir [...] a incli-

---

90. *Ibid.*, I, 87, 193, 323, 336, 405; II, 26, 427-8, 548, 552; VI, 19; VII, 127.

nação pública". A despeito do que se poderia pensar sobre "o valor abstrato da voz do povo, [...] a opinião, que é o grande esteio do Estado, [depende] inteiramente dessa voz". De modo que é perfeitamente possível que aquilo que é metafisicamente verdadeiro seja politicamente falso. "As opiniões estabelecidas", "as opiniões autorizadas que tanto contribuem para a tranquilidade pública", não devem ser abaladas, mesmo não sendo "infalíveis". Os preconceitos devem ser "aplacados". A vida política exige que os princípios fundamentais propriamente ditos, que, como tais, transcendem a Constituição estabelecida, sejam mantidos num estado de dormência. As soluções temporárias de continuidade não devem ser "visíveis"; um "véu político bem trabalhado" deve encobri-las. "É preciso que um véu sagrado encubra a origem de todos os governos." Se a especulação é "inovadora", se as "águas" da ciência "devem ser agitadas antes de poder exercer a sua virtude", a prática deve ser mantida o mais próxima possível do precedente, do exemplo e da tradição: "O costume antigo [...] é o grande esteio de todos os governos do mundo." A sociedade baseia-se, de fato, no consentimento. Todavia, o consentimento não pode ser obtido apenas pela razão, e particularmente pelo simples cálculo das vantagens da vida conjunta – cálculo esse que pode ser feito num curto espaço de tempo –, mas apenas pelos hábitos e preconceitos que se desenvolvem no decorrer de longos períodos. Ainda que a teoria rejeite o erro, o preconceito e a superstição, o estadista se vale deles[91].

A intromissão da teoria na política tende a produzir um efeito perturbador e incendiário. Nenhuma ordem

---

91. *Ibid.*, I, 87, 190, 257, 280, 307, 352, 375, 431, 432, 471, 473, 483, 489, 492, 502; II, 27-9, 33-4, 44, 292, 293, 306, 335, 336, 349, 429-30, 439; III, 39-40, 81, 109, 110; V, 230; VI, 98, 243, 306-7; VII, 44-8, 59, 60, 190; VIII, 274; *Cartas*, pp. 299-300.

social efetiva é perfeita. "As investigações especulativas" necessariamente trazem à luz o caráter imperfeito da ordem estabelecida. Se essas investigações são introduzidas na discussão política, a qual, necessariamente, não tem "a frieza da investigação filosófica", elas tendem a "suscitar descontentamento no povo" com relação à ordem estabelecida, descontentamento que pode impossibilitar uma reforma racional. Os problemas teóricos mais legítimos tornam-se, na arena política, "questões inquietantes" e acarretam um "espírito litigioso" e "fanatismo". As considerações que transcendem "os argumentos dos Estados e dos reinos" devem ser deixadas "para as escolas; pois apenas nestas elas podem ser discutidas com segurança"[92].

Pelo que se pode inferir dos parágrafos precedentes, Burke não se dá por satisfeito com a defesa da sabedoria prática contra as intromissões da ciência teórica. Ele diverge da tradição aristotélica na medida em que deprecia a teoria e especialmente a metafísica. Emprega os termos "metafísica" e "metafísico" num sentido frequentemente pejorativo. Existe em Burke uma conexão entre esse uso específico e o fato de considerar a filosofia natural de Aristóteles "algo indigno dele", ao passo que a física epicurista lhe parece ser "a mais próxima da razão"[93]. E existe uma conexão entre suas críticas à metafísica e a tendência cética de seus contemporâneos, como Hume e Rousseau. Deixemos ao menos indicado que a distinção estabelecida por Burke entre teoria e prática é radicalmente diferente da de Aristóteles, visto que aquela não está baseada numa convicção clara da superioridade absoluta da teoria ou da vida teórica.

---

92. *Obras*, I, 259-60, 270-1, 432; II, 28-9, 331; III, 12, 16, 25, 39, 81, 98-9, 104, 106; VI, 132.

93. *Ibid.*, VI, 250-1.

Para sustentar essa afirmação, não precisamos nos apoiar inteiramente na impressão geral que decorre do modo como Burke emprega as palavras e das tendências do seu pensamento. Ele escreveu uma única obra teórica: *A Philosophical Inquiry into the Origin of Our Ideas of the Sublime and Beautiful* [*Investigação filosófica sobre a origem de nossas ideias do sublime e do belo*]. Nela, ele fala num tom não polêmico sobre as limitações da ciência teórica: "Quando damos um só passo além das qualidades sensíveis imediatas das coisas, perdemos o pé acerca daquilo que acontece. Tudo o que fazemos a partir de então não passa de uma luta débil, que nos mostra que estamos numa seara que não é nossa." Nosso conhecimento sobre os fenômenos corporais e mentais limita-se à maneira como eles operam, ao seu Como; não se pode nunca chegar ao seu Porquê. O próprio título da investigação revela a linha ancestral a que se vincula o único esforço teórico de Burke; ele nos faz lembrar de Locke e de um conhecido de Burke, Hume. Sobre Locke, Burke diz que "a autoridade desse grande homem é sem dúvida tão grande quanto a que um homem pode ter". A tese mais importante da *Investigação* de Burke está em perfeita harmonia com o sensualismo britânico e em explícita oposição aos clássicos; Burke nega a existência de uma ligação entre a beleza, de um lado, e a perfeição, a proporção, a virtude, a comodidade, a ordem, a aptidão, entre outras "criações do entendimento", de outro. Isso significa que ele se recusa a compreender a beleza visível ou sensível à luz da beleza intelectual[94].

A emancipação da beleza sensível em relação à beleza intelectual, contrariando a tese tradicional, prenuncia ou acompanha certa emancipação do sentimento e do

---

94. *Ibid.*, I, 114 ss., 122, 129, 131, 143-4, 155; II, 441; VI, 98.

instinto em relação à razão, ou, por outra, certa depreciação da razão. É essa nova atitude para com a razão que responde pelas nuanças não clássicas nas observações de Burke sobre a diferença entre teoria e prática. A oposição de Burke ao "racionalismo" moderno transforma-se quase insensivelmente numa oposição ao "racionalismo" como tal[95]. De fato, o que ele diz sobre os defeitos da razão é, em parte, tradicional. Em algumas ocasiões, Burke não faz mais do que depreciar o juízo do indivíduo em favor do "juízo do gênero humano", da sabedoria da "espécie" ou do "sentido antigo e permanente da humanidade", isto é, do *consensus gentium*. Em outras, não faz mais do que depreciar a experiência que o indivíduo pode adquirir em favor de uma experiência muito maior e mais variada de "uma longa sucessão de gerações" ou da "razão acumulada ao longo das eras"[96]. O novo elemento da crítica da razão em Burke se revela com menos ambiguidade na sua consequência prática mais importante: ele nega que as Constituições possam ser "feitas" e defende que elas sejam "expandidas"; desse modo, rejeita em particular a concepção de que a melhor ordem social pode ser ou deve ser a obra de um indivíduo, de um sábio "legislador" ou fundador[97].

---

95. Na *Investigação*, Burke diz que: "ainda que nossos jardins não mostrassem mais nada, mostrariam nosso sentimento de que as ideias matemáticas não são as verdadeiras medidas da beleza"; e que essa concepção errônea "surgiu da teoria platônica da adequação e aptidão" (*Obras*, I, 122). Em *Reflexões sobre a revolução na França*, ele compara os revolucionários franceses aos "jardineiros de decoração" (*Obras*, II, 413). Cf. *ibid.*, II, 306, 308; I, 280.

96. *Obras*, II, 359, 364, 367, 435, 440; VI, 146-7.

97. Friedrich von Gentz, tradutor alemão de *Reflexões sobre a revolução na França*, diz: "Konstitutionen können shlechterdings nicht gemacht werden, sie müssen sich, wie Natur-Werke, durch allmähliche Entwicklung von selbst bilden. [...] Diese Wahrheit ist die kostbarste, *viel-*

Para compreender isto com mais clareza, é preciso contrapor a sua concepção da Constituição britânica, que ele considerava, para dizer o mínimo, inigualável, com a concepção clássica da melhor Constituição. De acordo com os clássicos, a melhor Constituição é um projeto da razão, isto é, da atividade consciente ou do planejamento de um ou de alguns indivíduos. Ela está em conformidade com a natureza, ou constitui uma ordem natural, visto que atende no mais elevado grau as exigências da perfeição da natureza humana, ou ainda, visto que a sua estrutura imita o padrão da natureza. Mas ela não é natural no que se refere ao modo de produção: trata-se de uma obra projetada, planejada, de um fazer consciente; ela não surge por meio de um processo natural ou pela imitação de um processo natural. A melhor Constituição está direcionada para uma variedade de fins, ligados uns aos outros naturalmente de tal maneira que um desses fins seja o mais elevado; portanto, a melhor Constituição está direcionada, particularmente, a um único fim que é, por natureza, o mais elevado. De acordo com Burke, por outro lado, a melhor Constituição está em conformidade com a natureza; ela é primeira e fundamentalmente natural porque surge não pelo planejamento, mas pela imitação de um processo natural, isto é, porque surge sem uma reflexão diretriz, contínua e lentamente, para não

---

leicht die einzige wirklich neue (denn höchstens geahnt, aber nicht vollständig erkannt wurde sie zuvor), um welche die französische Revolution die höhere Staatswissenschaft bereichert hat" [As Constituições não podem simplesmente ser feitas; elas precisam formar-se por si mesmas através de um desenvolvimento gradual, como obras da natureza. [...] Essa verdade é a mais valiosa, *talvez a única de fato nova (pois, antes, quando muito foi intuída, mas não totalmente reconhecida)*, usada pela Revolução Francesa para enriquecer as ciências políticas superiores] (*Staatsschriften und Briefe* [Munique, 1921], I, 344) (os itálicos não estão no original).

dizer imperceptivelmente, ao longo de um processo "temporal muito extenso e através de uma grande variedade de acidentes"; todas as "novas repúblicas imaginadas e fabricadas" são necessariamente más. Portanto, a melhor Constituição não "se forma a partir de um plano regular ou com uma unidade de projeto", mas dirige-se a "uma grande variedade de fins"[98].

Iríamos além do que Burke disse se lhe atribuíssemos a concepção de que uma boa ordem política deve ser o produto da História. Aquilo que veio a ser chamado de "histórico" era para Burke ainda "local e acidental". O que veio a ser chamado de "processo histórico" era para Burke ainda uma causalidade acidental, ou uma causalidade acidental modificada pela manipulação prudente das situações à medida que elas surjam. Consequentemente, a boa ordem política é para ele, em última análise, o resultado imprevisto da causalidade acidental. Ele aplicou à produção da boa ordem política aquilo que a economia política moderna ensinara sobre a produção da prosperidade pública: o bem comum é o produto das atividades que não são ordenadas por si mesmas para o bem comum. Burke aceitou o princípio da economia política moderna, que é diametralmente oposto ao princípio clássico: "o amor do lucro", "esse princípio [...] natural, razoável", "é a grande causa da prosperidade em todos os Estados"[99]. A ordem boa e racional é resultado de for-

---

98. *Obras*, II, 33, 91, 305, 307-8, 439-40; V, 148, 253-4.

99. *Ibid.*, II, 33; V, 313; VI, 160; *Cartas*, p. 270. Sobre a afinidade de Burke com os "políticos econômicos" modernos, ver especialmente *Obras*, I, 299, 462; II, 93, 194, 351, 431-2; V, 89, 100, 124, 321; VIII, 69. Uma das poucas coisas que Burke parece ter aprendido com a Revolução Francesa é que o poder e a influência não são necessariamente acompanhados da propriedade. Comparar *Obras*, III, 372, 456-7; V, 256 com VI, 318; ver também Barker, *op. cit.*, p. 159.

ças que, por si mesmas, não tendem à ordem boa e racional. Esse princípio foi inicialmente aplicado ao sistema planetário e, em seguida, ao "sistema de necessidades", isto é, à economia[100]. A aplicação desse princípio à gênese da boa ordem política foi um dos dois elementos mais importantes da descoberta da "História". O outro, igualmente importante, foi fornecido pela aplicação do mesmo princípio à compreensão da humanidade do homem; compreendia-se que a humanidade do homem fora adquirida em virtude da causalidade acidental. Tal concepção, cuja exposição clássica se encontra no *Segundo discurso* de Rousseau, teve como consequência a tese de que o "processo histórico" devia culminar, acreditava-se, num momento absoluto: o momento em que o homem, produto de um destino cego, se torna o mestre visionário de seu destino, compreendendo pela primeira vez, de maneira adequada, aquilo que é certo e errado na moral e na política. Teve como consequência, portanto, uma "revolução completa", uma revolução que atingiu "até mesmo a constituição da mente humana". Burke nega a possibilidade de um momento absoluto; o homem não pode nunca se tornar o mestre visionário do seu destino; o que o indivíduo mais sábio pode pensar por si mesmo é sempre inferior ao que foi produzido "ao longo de um processo temporal muito extenso e através de uma grande variedade de acidentes". Ele nega, portanto, se não o caráter exequível, pelo menos a legitimidade de uma "revolução completa"; todos os erros morais e políticos tornam-se quase insignificantes se comparados aos erros que presidiram a Revolução Francesa. Longe de ser um momento absoluto, a Revolução Francesa é a "era mais des-

---

100. Cf. Hegel, *Rechtsphilosophie* [*Filosofia do direito*], séc. 189 Zusatz.

tituída de luzes, a menos qualificada para legiferar, que talvez tenha existido desde a primeira formação da sociedade civil". Estamos inclinados a dizer que se trata da era da perfeita pecaminosidade. Não é, pois, a admiração, mas o desprezo do presente; e não o desprezo, mas a admiração da ordem antiga e, finalmente, da era do cavalheirismo, que constitui a atitude recomendável – tudo o que é bom é herdado. O necessário não é a "jurisprudência metafísica", mas a "jurisprudência histórica"[101]. Burke prepara, assim, o terreno para a "escola histórica". Mas a sua oposição intransigente à Revolução Francesa não deve ocultar o fato de que, ao se opor a ela, Burke recorreu ao mesmo princípio fundamental que está no fundo dos teoremas revolucionários e que é estranho a todo pensamento antigo.

É quase desnecessário dizer que Burke vê a conexão entre "o amor do lucro" e a prosperidade, por um lado, e "uma grande variedade de acidentes" e uma ordem política salutar, por outro, como parte da ordem providencial; porque os processos não guiados pela reflexão humana são parte da ordem providencial, os seus produtos são infinitamente superiores em sabedoria aos produtos da reflexão. De um ponto de vista semelhante, Kant interpretou a mensagem do *Segundo discurso* de Rousseau como uma justificação da Providência[102]. Consequentemente, a ideia de História, exatamente como a economia política moderna, pôde, ao que parece, ter surgido através da modificação da crença tradicional na Providência. Tal modificação é em geral descrita como "secularização".

---

101. *Obras*, II, 348-9, 363; VI, 413; ver também Thomas W. Copeland, *Edmund Burke: Six Essays* (Londres, 1950), p. 232.

102. *Obras*, II, 33, 307; V, 89, 100, 321; *Kant, Sämtliche Werke*, ed. Karl Vorländer, VIII, 280.

A "secularização" é a "temporalização" do espiritual ou do eterno. É a tentativa de integrar o eterno ao contexto temporal. Ela pressupõe, portanto, um eterno não mais compreendido como eterno. Em outras palavras, a "secularização" pressupõe uma mudança radical de pensamento, uma transição em que o pensamento passa de um plano para outro inteiramente diferente. Essa mudança radical se manifesta explicitamente no surgimento da filosofia ou ciência moderna; não se trata, essencialmente, de uma mudança no interior da teologia. O que se apresenta como a "secularização" de conceitos teológicos precisará ser compreendido, em última análise, como uma adaptação da teologia tradicional ao clima intelectual fomentado pela filosofia ou ciência moderna, tanto natural quanto política. A "secularização" do conhecimento da Providência culmina na concepção segundo a qual os caminhos de Deus podem ser decifrados pelos homens suficientemente esclarecidos. A tradição teológica reconhecia o caráter misterioso da Providência, principalmente pelo fato de Deus usar ou permitir o mal em vista dos seus fins bons. Ela asseverava, portanto, que o homem não pode se orientar pela providência de Deus, mas apenas pela lei de Deus, que proíbe pura e simplesmente o homem de fazer o mal. Na medida em que a ordem providencial passou a ser vista como humanamente inteligível e o mal passou a ser visto como evidentemente necessário ou útil, a proibição de praticar más ações perdeu sua evidência. Por isso, várias formas de ação, antes condenadas por serem más, puderam então ser vistas como boas. Os fins da ação humana foram rebaixados. Mas é precisamente o rebaixamento desses fins que a filosofia política moderna tinha conscientemente em vista desde o começo.

Burke estava convencido de que a Revolução Francesa era inteiramente má. Condenou-a de modo tão peremptório e irrestrito quanto nós condenamos hoje a revolução comunista. Considerou possível que a Revolução Francesa, que movera "uma guerra contra todas as seitas e religiões", se tornasse vitoriosa e, portanto, que o Estado revolucionário viesse a existir "como um estorvo sobre a terra por várias centenas de anos". Ele considerou, portanto, possível que a vitória da Revolução Francesa tivesse sido decretada pela Providência. Em conformidade com sua compreensão "secularizada" da Providência, ele concluiu que "se o sistema europeu, incluindo suas leis, costumes, religião e política", está condenado, "aqueles que persistirem em se opor a essa poderosa corrente das questões humanas [...] não serão resolutos nem firmes, mas perversos e obstinados"[103]. Burke chega muito perto de dizer que se opor a uma corrente absolutamente má, no que tange às questões humanas, é perverso quando tal corrente é suficientemente poderosa; ele se esquece da nobreza que existe em resistir até o fim. Não considera que, de um modo imprevisível, uma oposição de resistência desesperada contra os inimigos da humanidade, "descendo aos infernos com armas em chamas e estandartes brandindo", possa contribuir enormemente para manter viva a lembrança da imensa perda sofrida pela humanidade; possa inspirar e fortalecer o desejo e a esperança da sua retomada; e possa se transformar num farol para aqueles que humildemente levam adiante as obras da humanidade num aparentemente interminável vale de trevas e destruição. Ele não considera essas possibilidades porque está completamente certo de que o homem pode saber se uma causa hoje perdida estará para

---

103. *Obras*, III, 375, 393, 443; VIII, 510; *Cartas*, p. 308.

sempre perdida; ou ainda, está certo de que o homem pode compreender de maneira satisfatória o sentido de um arranjo providencial, na medida em que este se distingue da lei moral. O pensamento de Burke está a um passo de substituir a distinção entre bem e mal pela distinção entre progressista e retrógrado, ou entre aquilo que está e aquilo que não está em harmonia com o processo histórico. Encontramo-nos certamente no polo oposto ao de Catão, que ousou abraçar uma causa perdida.

Embora o "conservadorismo" de Burke esteja em perfeito acordo com o pensamento clássico, a sua interpretação do "conservadorismo" anunciou uma atitude para com as questões humanas que é ainda mais estranha ao pensamento clássico do que o próprio radicalismo dos teóricos da Revolução Francesa. A filosofia política, ou a teoria política, tinha sido desde a sua origem a busca da sociedade civil tal como ela deveria ser. A teoria política de Burke é, ou tende a se tornar, idêntica a uma teoria da Constituição britânica, isto é, uma tentativa de "descobrir a sabedoria latente que predomina" na atualidade. Poderíamos pensar que Burke teria que avaliar a Constituição britânica a partir de um padrão que a transcendesse para nela reconhecer a sabedoria, e, até certo ponto, ele faz precisamente isso: não se cansa de falar do direito natural, que, como tal, é anterior à Constituição britânica. Mas também diz que "nossa Constituição é prescritiva; é a Constituição cuja única autoridade deriva do fato de existir desde tempos imemoriais"; ou ainda, que a Constituição britânica afirma e assevera as liberdades dos ingleses "como um patrimônio que pertence especialmente ao povo desse reino, sem referência alguma a qualquer outro direito mais geral ou anterior". A prescrição não pode ser a única autoridade para uma Constituição; portanto, o recurso aos direitos anteriores à Constituição, isto é, aos direitos naturais, não pode ser supérfluo a não ser que a prescrição, por si só, seja uma garantia suficiente de excelência. Os padrões transcendentes podem ser dispensados se o padrão é inerente ao processo; "o real e o atual é o racional". O que poderia parecer um retorno à equivalência primeva do bem com o ancestral é, na verdade, uma preparação para Hegel[104].

Já observamos que aquilo que se mostrou posteriormente como a descoberta da História foi, na origem, a retomada da distinção entre a teoria e a prática. Essa distinção fora obscurecida pelo doutrinarismo dos séculos XVII e XVIII ou, o que equivale fundamentalmente à mesma coisa, pela ideia de toda teoria estaria essencialmente a serviço da prática (*scientia propter potentiam*). A retomada dessa distinção entre teoria e prática foi marcada desde o início pelo ceticismo quanto à metafísica teórica, ceticismo esse que culminou na depreciação da teoria em favor da prática. Em conformidade com esses antecedentes, a forma superior da prática – a fundação ou formação de uma sociedade política – foi vista como um processo quase natural não controlado pela reflexão, podendo se converter assim num tema puramente teórico. A teoria política se tornou a compreensão daquilo que a prática engendra ou a compreensão do real e deixou de ser a busca daquilo que deveria ser; a teoria política deixou de ser "teoricamente prática" (isto é, deliberativa em segundo grau) e se tornou puramente teórica do mesmo modo que a metafísica (e a física) era tradicionalmente entendida como puramente teórica. Eis que surge então um novo tipo de teoria, de metafísica, tendo como tema mais importante a ação humana e o seu produto, no lu-

---

104. *Obras*, II, 306, 359, 443; III, 110, 112; VI, 146; Hegel, *op. cit.*, prefácio; cf. também Barker, *op. cit.*, p. 225.

gar da totalidade, que de forma alguma poderia ser objeto da ação humana. No interior da totalidade e da metafísica, que se orienta a partir daquela, a ação humana ocupa um lugar elevado, embora subordinado. Quando a metafísica passou a ver, como acontece agora, a ação humana e o seu produto como o fim para o qual todos os outros seres ou processos estão direcionados, a metafísica tornou-se a filosofia da história. A filosofia da história era essencialmente uma teoria, isto é, uma contemplação da prática humana e necessariamente, por conseguinte, da prática humana acabada; ela pressupunha que a ação humana significativa, a História, estava acabada. Ao se tornar o tema mais importante da filosofia, a prática deixou de ser prática propriamente dita, isto é, a preocupação com os *agenda*. As revoltas de Kierkegaard e de Nietzsche contra o hegelianismo, na medida em que exercem agora uma forte influência sobre a opinião pública, mostram-se assim como tentativas de retomar a possibilidade da prática, isto é, de uma vida humana que tem diante de si um futuro significativo e indeterminado. Mas essas tentativas aumentaram ainda mais a confusão, visto que destruíram, na medida em que puderam, a possibilidade mesma da teoria. O "doutrinarismo" e o "existencialismo" aparecem para nós como dois extremos carregados de erros. Ainda que se oponham, eles concordam entre si num aspecto decisivo – ambos ignoram a prudência, "o deus deste mundo inferior"[105]. A prudência e "este mundo inferior" não podem ser propriamente considerados sem um conhecimento do "mundo superior" – sem uma genuína *theoria*.

Entre os grandes escritos teóricos do passado, nenhum parece estar mais próximo do espírito das afirmações de

---

105. *Obras*, II, 28.

Burke sobre a Constituição britânica do que o *Da república* de Cícero. A semelhança é ainda mais marcante porque dificilmente Burke conhecia a obra-prima de Cícero, que só foi recuperada em 1820. Assim como Burke considera a Constituição britânica o modelo, Cícero afirma que o melhor regime político é o de Roma; Cícero opta por descrever o regime romano em vez de inventar um novo, tal como Sócrates fizera na *República* de Platão. Consideradas nelas mesmas, as afirmações de Burke e de Cícero estão em perfeito acordo com os princípios clássicos: em sendo o melhor regime essencialmente "possível", ele poderia ter se tornado efetivo em algum lugar e em algum momento. É preciso notar, entretanto, que enquanto Burke tinha para si que a Constituição exemplar era efetiva em seu tempo, Cícero acreditava que o melhor regime tinha sido efetivo no passado, mas não existia mais. Sobretudo, Cícero foi perfeitamente explícito ao considerar que as características do melhor regime podem ser determinadas sem o recurso a nenhum exemplo, especialmente ao exemplo do regime romano. Quanto ao que nos interessa, não há nenhuma diferença entre Cícero e Platão em particular; Platão iniciou um sucedâneo de sua *República*, a saber, o *Crítias*, em que se devia mostrar que o regime "inventado" da *República* tinha sido efetivo no passado ateniense. Mas a seguinte concordância entre Burke e Cícero parece ser mais importante: assim como Burke reconheceu a excelência da Constituição britânica pelo fato de ela existir "há muito tempo", incorporando assim "o patrimônio da razão ao longo dos séculos", Cícero reconheceu a superioridade do regime romano pelo fato de que este não foi obra de um homem ou de uma geração, mas de muitos homens ao longo de muitas gerações. Cícero chama o caminho trilhado pela ordem romana até atingir o melhor regime de "uma via natural". Ainda assim, "a própria ideia da fabricação de um novo governo" não encheu Cícero, como o fez com Burke, de "desgosto e horror". Se Cícero preferia o regime romano, que era a obra de muitos homens ao longo de muitas gerações, ao regime espartano, que era obra de um único homem, ainda assim ele não negou que o regime espartano era respeitável. Na sua exposição das origens do regime romano, Rômulo parece ser quase o correlato de Licurgo; Cícero não abandonou a noção de que as sociedades civis são fundadas por indivíduos superiores. O "conselho e o exercício", em contraposição ao acaso, são compreendidos por Cícero como a "via natural" pela qual o regime romano atingiu sua perfeição; ele não entende por "via natural" um processo não orientado pela reflexão[106].

Burke discordou dos clássicos no que diz respeito à gênese da boa ordem social porque não concordava com eles quanto ao caráter da boa ordem social. Como vimos, a boa ordem social ou política não deve, para Burke, ser "formada segundo um plano regular ou com uma unidade de projeto", porque tais procedimentos "sistemáticos", tal "presunção de sabedoria das invenções humanas", seriam incompatíveis com o grau mais elevado possível de "liberdade pessoal"; o Estado deve buscar a "mais diversificada variedade de fins" e deve, minimamente, "sacrificar um desses fins em vista de outro, ou do todo". Deve se preocupar com a "individualidade" ou ter a mais alta consideração pelo "sentimento e interesse individuais". Por isso a gênese da boa ordem social não deve ser um processo orientado pela reflexão, mas sim estar tão pró-

---

106. Cícero, *Da república* i. 31-2, 34, 70-1; ii. 2-3, 15, 17, 21-2, 30, 37, 51-2, 66; v. 2; *Offices* i. 76. Considerar também Políbio vi. 4. 13, 9. 10, 10. 12-4, 48. 2.

xima quanto possível de um processo natural, imperceptível: o natural é o individual; o universal é uma criação do entendimento. Naturalidade e livre florescimento da individualidade são a mesma coisa, de modo que o livre desenvolvimento dos indivíduos nas suas individualidades, longe de levar ao caos, acarreta a melhor ordem, uma ordem que não só é compatível com "uma irregularidade presente na massa inteira" como também a pressupõe. Há beleza na irregularidade: o "método e a exatidão, o espírito de proporção, são mais prejudiciais do que proveitosos à causa da beleza"[107]. A querela entre os antigos e os modernos diz respeito, afinal, e talvez desde o início, ao status da "individualidade". O próprio Burke ainda estava muito imbuído do espírito da "boa antiguidade" para permitir que o interesse pela individualidade sobrepujasse o interesse pela virtude.

---

107. *Obras*, I, 117, 462; II, 309; V, 253-5.

ÍNDICE REMISSIVO

Acton, lorde, 8
Ambrósio, 300 n.
Antifonte, 125 n., 130 n.
Aristófanes, 111, 121 n.
Aristóteles, 9, 13 n., 19, 28,
   34 n., 44, 50 n., 74 n., 98,
   98 n., 106 n., 111 n., 112,
   114 nn., 115 nn., 116n.,
   117 n., 120 n., 121 n., 122 n.,
   124 n., 125 n., 127 n., 128 n.,
   129 n., 138, 142 n., 145, 146,
   154 n., 155 n., 156 n., 159 n.,
   160 n., 161 n., 163, 166 n.,
   168 n., 169, 172 n., 173-5,
   183, 183 n., 188-96, 202,
   203, 208, 214, 222, 223 n.,
   242 n., 305, 367, 377
Averróis, 190-1

Babeuf, 82-3
Bachofen, J. J., 212-3 n.
Bacon, 74 n., 217 n., 314

Barker, Ernest, 2 n., 368 n.,
   381 n., 387 n.
Bayle, Pierre, 109 n., 240
Beard, Charles, 111
Beccaria, 238
Bergbohm, Karl, 13 n.
Burke, 84, 100, 166, 204, 221,
   228, 357-91

Calvino, 71-5
Carnéades, 202-3, 238 n.
Cathrein, Victor, 112 n.
Charnwood, lorde, 84 n.
Churchill, 85 n., 373 n.
Cícero, 100 n., 101 n., 110 n.,
   114 nn., 115 nn., 117 n.,
   117 nn., 123 n., 124 n.,
   125 n., 127 n., 128 n., 131 n.,
   132 n., 133 n., 136 n., 145 n.,
   146 n., 147 n., 154 n., 155 n.,
   156 n., 157 n., 160 n., 162 n.,
   165, 166 n., 173, 175 n.,
   176 n., 178 n., 181 n., 182 n.,

183 n., 185-7, 196, 202, 203, 223 n., 238 n., 288 n., 313 n., 357, 389-90
Cínicos, 176, 185
Cobban, Alfred, 351 n.
Condorcet, 326 n.
Copeland, Thomas W., 383 n.
Cossa, Luigi, 232 n.
Cumberland, Richard 269 n., 271 n.

Demócrito, 205, 208
Descartes, 17 n., 207, 226, 245, 314, 321
Dilthey, Wilhelm, 316 n.
Diógenes Laércio, 114 n., 132 n., 172 n., 176 n.
Dodge, G. H., 363 n.

Empírico, Sexto, 114 n., 117 n., 176 n.
Engels, Friedrich, 212 n.
Epicuro, 131-3, 186, 203, 204, 205, 208, 214 n., 228-9, 320-1, 339, 377
Espinosa, 112 n., 204 n., 207 n., 254-5, 278 n. 330, 338 n.
Ésquilo, 121 n.
Estoicos, 18, 100 n., 145, 162, 176-88, 196, 200, 204 n.

Fichte, 338
Figgis, J. N., 220 n.
Filmer, *sir* Robert, 225 n., 261
Fortescue, 124 n.
Fustel de Coulanges, 101 n.

Gassendi, 134 n.
Gentz, Friedrich von, 379 n.
Gierke, Otto von, 2 n., 220 n.
Gough, J. W., 257, 264, 267
Grene, David, 183 n.
Grotius, Hugo, 113 n., 114 n., 156 n., 224 n., 231 n., 269 n., 271 n.

Hegel, 35, 44, 115 n., 304, 338, 382 n., 387, 388
Heráclito, 112, 121 n.
Herder, 18 n.
Heródoto, 100 n., 102
Hobbes, 12 n., 74 n., 114 n., 132 n., 134 n., 136, 145 n., 200-44, 255, 260 n., 261 n., 264, 268, 270, 271 n., 275-82, 284, 285, 292 n., 297 n., 300 n., 301-4, 305, 322-42, 347 n., 357
Hodgskin, Thomas, 294 n.
Homero, 107 n.
Hooker, Richard, 184 n., 199-200, 251, 260 n., 264, 268-9, 271 n., 347 n.
Hume, 24, 377-8

Isócrates, 156 n., 160 n., 166 n.

Jurieu, 363 n.

Kant, 18 n., 24, 52, 73 n., 93, 115 n., 220 n., 234-5, 308 n., 319 n., 338, 383
Kelsen, Hans, 5 n.

Kierkegaard, 388
Klein, Jacob, 94 n.

Leibniz, 113 n.
Lessing, 27 n.
Locke, 12 n., 119 n., 199-200, 223 n., 239 n., 244-304, 305, 334, 338 n., 340, 342, 345, 347 n., 378
Lucrécio, 134-6, 203, 320, 328

Macaulay, 251 n.
Macpherson, C. B., 284 n.
Madison, James, 297
Maimônides, 100 n.
Malebranche, 230 n.
Maquiavel, 4, 74, 166 n., 194, 215-8, 220, 227, 231
Marlowe, 215
Marsílio de Pádua, 12 n., 190
Marx, Karl, 172
Melanchthon, 132 n.
Mendelssohn, 18 n., 334 n.
Mill, J. S., 166 n.
Milton, 174 n.
Montaigne, 176 n., 224 n.
Montesquieu, 12 n., 197-8, 310, 336, 347 n., 364 n.
Morel, Jean, 320 n., 324 n., 328 n.

Newton, 314
Nietzsche, 31-2, 78, 236, 306, 388
nominalismo, 211

Palgrave, 285 n.
Parmênides, 109 n.

Pascal, 100 n.
Pitágoras, 313 n.
Platão, 12 n., 14, 15, 19, 32, 44, 70, 98 n., 100 n., 101-2, 103 n., 106 n., 109 n., 111 n., 114 n., 115 nn., 116 n., 117 nn., 121 nn., 122 n., 123 n., 124 n., 125 n., 127 n., 128 n., 129 n.,130, 131, 133 n., 136-40, 142-6, 147 n., 150, 152 n., 154 n., 155 n., 156 n., 159 n., 160 n., 162 n., 163, 166 n., 168, 169, 172 n., 173, 175, 176-88, 195, 196, 202, 203, 205, 208, 214 n., 241, 252, 305, 310 n., 324 n., 389
Plutarco, 202, 305, 357
Políbio, 115 n., 170 n., 172 n., 390 n.
Protágoras, 140, 203

Raynal (abade), 329
Reinhardt, Karl, 108 n.
Rommen, Heinrich, 174 n.
Rousseau, 12 n., 18, 113 n., 129 n., 222, 305-58, 377, 382
Russell, lorde Bertrand, 240 n.

Salmasius, 237 n.
Sêneca, 182 n., 202
Socino, Fausto, 113 n., 240 n.
Sócrates, 8, 44, 52, 101, 111, 141, 142, 146-52, 163, 170, 170-87, 200-3, 252, 309, 318, 330

Sofistas, 138-40, 202
Soto, D., 224 n.
Stahl, Fr. J., 231 n.
Stark, W., 294 n.
Stintzing, R., 184 n.
Suarez, 224 n., 269 n., 347 n., 357
Swift, 305

Tácito, 202
Tawney, R. H., 74 n.
Teofrasto, 317
Tomás de Aquino, 9, 10, 84 n., 106 n., 107 n., 111 n., 145, 160 n., 162 n., 163 n., 169 n., 172 n., 174 n., 175 n., 176, 183 n., 189, 191, 196-8, 199, 224 n., 237 n., 269 n., 271 n., 359

Trasímaco, 8, 128 n., 136
Troeltsch, Ernst, 2 n., 74 n.
Tucídides, 70, 130 n., 162 n.

Ulpiano, 173, 322

Voltaire, 26, 251

Weber, Max, 45-94
Whitehead, A. N., 106 n.
Wyclif, 224 n.

Xenócrates, 324 n.
Xenofonte, 101 n., 103 n., 117 n., 121 nn., 125 n., 127 n., 128 n., 131 n., 142 n., 146 n., 147 n., 155 n., 162 n., 163 n., 166 n., 169 n., 172 n., 178 n., 181 n.